东南司法评论

SOUTHEAST JUSTICE REVIEW

（2024年卷·总第13卷）

主编　王杏飞

厦门大学出版社　国家一级出版社
XIAMEN UNIVERSITY PRESS　全国百佳图书出版单位

图书在版编目（CIP）数据

东南司法评论. 2024 年卷 ： 总第 13 卷 / 王杏飞主编.
厦门 ：厦门大学出版社，2024. 9. -- ISBN 978-7-5615-
9496-4

Ⅰ. D926-53

中国国家版本馆 CIP 数据核字第 2024M2E505 号

责任编辑 李　宁
美术编辑 张雨秋
技术编辑 许克华

出版发行 厦门大学出版社
社　　址 厦门市软件园二期望海路 39 号
邮政编码 361008
总　　机 0592-2181111　0592-2181406(传真)
营销中心 0592-2184458　0592-2181365
网　　址 http://www.xmupress.com
邮　　箱 xmup@xmupress.com
印　　刷 厦门市金凯龙包装科技有限公司

开本 720 mm×1 020 mm　1/16
印张 26.5
插页 2
字数 520 千字
版次 2024 年 9 月第 1 版
印次 2024 年 9 月第 1 次印刷
定价 98.00 元

厦门大学出版社
微信二维码

厦门大学出版社
微博二维码

· 主编简介 ·

王杏飞，男，湖南益阳人，法学博士，法学博士后。现为厦门大学法学院副院长，司法改革研究中心主任，教授、博士生导师、博士后合作导师，入选"闽江学者"特聘教授，厦门大学南强青年拔尖人才（A类），兼任最高人民检察院民事行政案件咨询专家、中国法学会审判理论研究会常务理事、中国法学会民事诉讼法学研究会理事、福建省法学会诉讼法学研究会副会长、厦门市法学会首席法律咨询专家。

前 言

  《东南司法评论》创办于 2008 年,由厦门大学司法改革研究中心主办,"国家一级出版社""全国百佳图书出版单位"厦门大学出版社出版。《东南司法评论》始终秉持"立足我国国情、借鉴域外经验、推进司法改革、构建中国特色多元纠纷解决机制"的理念,坚持正确的政治方向,坚持理论联系实际,关注各国司法改革发展趋势与动向,关注中国特色社会主义法治体系建设的重大理论与实践问题,收录关于司法改革的系列优秀文章,在法学界与法律界产生了较好的反响。

  截至 2019 年,《东南司法评论》已连续出版 12 卷,第 1～10 卷与厦门市中级人民法院合作,由齐树洁教授主编;第 11～12 卷与天津财经大学法学院合作,由齐树洁教授与张勤教授共同主编。2019 年齐教授荣休以后,《东南司法评论》暂停出版。2023 年春笔者从西南政法大学调入厦门大学法学院任教,学术前辈齐教授提出希望由笔者承担《东南司法评论》工作。在法学院院领导的大力支持下,笔者开始从事相关工作。在此,对齐教授的关心和信任,对法学院的支持和资助,表达诚挚感谢和崇高敬意。同时也要感谢厦门大学出版社施高翔总编辑、甘世恒主任和李宁编辑,以及各位作者的信任和支持。

  当今世界正处于百年未有之大变局,中国特色社会主义进入新时代,两者同步交织、相互激荡。法治是中国式现代化的重要保障。党的二十届三中全会将坚持全面依法治国作为进一步全面深化改革的一项重大原则,进一步强调必须全面贯彻实施宪法,维护宪法权威,协同推进立法、执法、司法、守法各环节改革,健全法律面前人人平等保障机制,弘扬社会主义法治精神,维护社会公平正义,全面推进国家各方面工作法治化。研究司法改革需要我们立足新的历史方位,从健全公正执法司法体制机制,加快建设中国特色社会主义法治体系,更好发挥法治固根本、稳预期、利长远的保障作用,为强国建设、民族复兴伟业提供坚实法治保障的高度,直面中国司法实践的理论问题与现实问题,积极回应人民群众对司法的新需求和新期待,探索符合中国现实需要的正确道路,提炼具有中国特色与时代特征的理论体系与话语体系。《东南司法评论》将为此而不懈努力。

王杏飞

2024 年 8 月 10 日

目 录

数字法治

论赛博格(cyborg)当事人义务*

■ 熊云辉　钟　悦**

摘要：赛博格概念提出之后,赛博格演化先后经历混合 1.0、混合 2.0、混合 3.0,法律需要对此作出回应。无论是基于民事主体理论还是诉讼上当事人理论,都应确立赛博格的法律主体地位,承认其当事人资格。就此,应优先考虑将身份证明义务、真实义务、事案解明义务纳入赛博格当事人义务。

关键词：赛博格(cyborg)；当事人；诉讼义务

引　言

互联网、大数据、人工智能已经在不知不觉中渗透到人们生活的方方面面,智能互联网时代早已到来,深刻地改变了社会,推动了生产、生活、思想观念的全面变革。① 科技是把双刃剑,在改变我们的生活方式,带来进步与便利的同时,也带来了风险与挑战。从法学角度而言,这场变革使传统的法律体制和体系面临着巨大的冲击。法律具有滞后性,现行有效的法律往往落后于先进科技的发

---

　* 本文系江西省高校人文社科项目“在线诉讼当事人自我责任研究”(FX21105)、中国博士后科学基金会面上资助项目(2021M701506)阶段性成果。

　** 熊云辉:江西财经大学法学博士后研究人员,副教授,法学博士;钟悦:浙江吴兴区人民检察院检察官助理。

　① 邢鸿飞、吕汉东:《智能互联网的法律风险及其立法应对》,载《科技与法律》2021 年第 1 期。

展。一方面是由于立法者难以想象和预测一些先进的科技成果及其带来的社会变革;另一方面是立法过程漫长,需要考虑各方面的因素来探求法律的合理性和可行性。现今许多科技成果早已甩开陈旧的法律条文,进入法律的空白地带。赛博格(cyborg)便是其中之一,值得认真关注。

在赛博格发展之路上,有两个标志性人物。一个是尼尔·哈尔比森。尼尔·哈尔比森是色盲,后来通过手术在后脑安装了芯片,看起来就像后脑勺长出天线,一直延伸到前额。他通过该装置能够辨识颜色。在一次游行示威中,警察把该装置弄坏了。尼尔·哈尔比森向法院起诉,认为警察伤害了自己的身体,而不是毁损财产。2004 年,尼尔·哈尔比森得到英国身份管理部门的正式承认,认定该装置是他身体的一部分。另一个是彼得·斯科特-摩根。彼得·斯科特-摩根是渐冻人,他接受一系列身体改造手术,先是以导管替换消化系统,后是切除喉咙,建立自己的 AI 声音和 AI 表情,从而完成彼得 1.0 到彼得 2.0 的身份转变,并以该身份出版自传体回忆录《彼得 2.0》。

以上两个赛博格人物在国外引起广泛讨论。对于赛博格的研究,早期通常被归于"医学控制学",注重人与机器的模拟而不是融合,而融合才是属于赛博格的领域。不能简单地将赛博格看作是因科技发展而提高了能力的有机体,赛博格应是跨学科领域,对其进行研究要结合科技哲学进行综合考虑。同时有外国学者提出,当下很少有法律和法理的既定概念、原则和实践能够容易地从人类社会秩序映射到机器物种,因此任何新的"赛博格法"都必须在空白的基础上起草,通过为 2021 年半机器人法案草案制定假定的法律文本,制定了"cyborg law"的基本条款,[①]他认为所谓的机器物种在存在上可以说是有自我意识的物种,赛博格法律需要包括赛博格的身体物理的概念,但赛博格的大脑全部或者部分存在于"数据"中,因此需要将不断发展的"数据云法"纳入考虑范围,进一步开辟迄今为止尚未解决的法律委托等问题的全新层面,这是制定有形的 cyborg law 的第一次实质性尝试。

当前国内针对赛博格的法学研究几乎还是空白的,大多数研究成果主要集中在影视、艺术和哲学领域,关注赛博格人类学,通过探索人机关系来反思"何以为人"的哲学问题。[②] 作为一种能被强化的人之新主体,未来也必定会被赋予民事主体地位,同时享有特别的有限制的民事权利和特殊的民事责任。民事主体拥有广泛的诉讼程序上的权利,也承担一定的义务。本文所讨论的是赛博格作为未来的新的法律主体,在民事诉讼过程中可能需要承担的当事人义务,探讨建

---

① Castell Stephen, The Fundamental Articles of I. AM Cyborg Law, *Beijing Law Review*, 2020, No.4.

② 梁永佳:《所谓"赛博格人类学"》,载《西北民族研究》2021 年第 4 期。

立的可能性和可能面临的困境。

一、赛博格的发展

(一)赛博格概念的提出

赛博格概念首次进入社会大众的视野是在 20 世纪 60 年代,由美国航天医学空军学校的两位学者 Manfred E. Clynes 与 Nathan S. Kline 在他们的文章"Cyborgs and Space"中提出。该概念提出的初衷是提高人类的身体功能,以满足外太空环境的要求,解决未来人类在长距离、长时间的星际旅行当中面临的问题。① 随着航天技术的飞速发展,太空旅游项目如火如荼地开展,但显而易见的是,无论从生理还是心理方面来说,目前人类太过脆弱,无法应对上百万光年的太空高速旅行。为了解决这一生理和心理机能的限制,两位学者设想通过在人类体内植入辅助的神经控制装置,创造自我调节的人—机系统来增强人类适应外部空间的生存能力。由此产生了 cyborg,该词由控制论(cybernetic)与生命体(organism)组合而成,赛博格是能够进行自我调节的人机系统,②不仅拥有机械装置运作精确、使用长久的特点,还包含人类的一切特质,比如感觉、感情以及思维等。

赛博格概念自提出后就成为各国学术界讨论的重点,大众所了解的赛博格大都来源于科幻小说、影音作品以及电子游戏,比如 2020 年大火的游戏《赛博朋克 2077》。现如今关于赛博格的研究大体可以分为两大类:一类与科技相关,主要是探索移植等技术,将生物体同非有机体结合以增强生物适应环境的能力;另一类则可归结为对赛博格的哲学思考,赛博格作为后人类时代的代表,必将会给人类个体和社会带来深远影响。③

(二)赛博格的演进

有学者提出赛博格的演化分为三步:混合 1.0、混合 2.0 和混合 3.0。④ 混合 1.0 指的是人与机器的关系是外在的,人利用和控制机器来达到目的,人的生物

---

① Manfred Clynes,Nathan Kline,Cyborgs and Space,*Astronautics*,1960,No.9.

② Madrigal,The Man Who First Said "Cyborg",50 Years Later,*The Atlantic*,2019,No.9.

③ 冉聘:《赛博与后人类主义》,南京大学 2013 年博士学位论文。

④ 李恒威、王昊晟:《赛博格与(后)人类主义——从混合 1.0 到混合 3.0》,载《社会科学战线》2020 年第 1 期。

机体未受到机器的侵入,即植入。事实上,混合 1.0 并不属于真正意义上的赛博格,学者们所说的真正赛博格出现于 20 世纪 60 年代,即前文所述因人类宇航需要而提出。此阶段强调人的生物机体被植入仿生物或者永久性义体,人与机器装置不仅能达到信息交流互通无阻,而且物理意义上二者紧密结合,机器与人成为一个单一的整体,成为机体存活不可或缺的支撑。混合 2.0 阶段的混合仍然是有限度的,生化机械技术增强了人的身体能力,生物机体系统的外部"硬件"被改变,但是人的心智仍未受到侵犯,人性、情感、意志依旧保有未得到质的颠覆。① 混合 3.0 阶段的赛博格不可阻挡地进一步发展触及心智。安迪·克拉克将该阶段的赛博格定义为"天生的赛博格"(natural-born cyborg)。机器与人脑及神经系统联结从而直接影响人的心智,人类与技术共生,心智和自我的思维与推理系统在生物脑和非生物电路中自由传递。②

从人机关系看,赛博格可分为三种类型。一是人机分离型。人通过穿戴机器装置增强人的能力,人和机器装置可以分离,分离不影响人的独立存在。二是人机合一型。机器装置与人的身体融为一体,机器装置构成人身体的一部分。破坏机器装置,构成人身伤害。三是人机共生型。通过脑机接口技术,机器装置与人脑的神经系统联结,形成生物脑与非生物电路之间的自由传递。如马斯克公司让猴子通过意念打乒乓球,做到"非人可人""人可非人"的质的飞跃。

二、赛博格的法律主体地位

(一)赛博格成为法律主体的必要性

赛博格称为机械化人,也称为机械化有机体,无机物的机械与有机体结合成为一个整体,由有机体来控制思维与动作。赛博格技术在医疗领域的发展受到较多关注,多用于让生理残缺的人获得正常的能力,比如失去双臂者装上可活动的机械手臂,失明者通过相机拍摄画面传送脑内来重见光明。随着技术应用的扩展和未来人类的发展,赛博格会越来越多地出现在人类社会的方方面面,我们必然要考虑此新个体与普通人类是否有相同的道德和伦理,不可避免地要对其进行规范化的管理,在众多规范化管理的方法与手段中,最强有力的规范就是法律的约束。

法律主体是一个具有时代性的法律术语,拥有丰富的内涵,其包含的范围会

---

① 王昊晟:《人工智能、赛博格与(后)人类主义》,浙江大学 2021 年博士学位论文。

② Andy Clark, *Natural-born Cybrgs: Minds, Technologies, and the Future of Human Intelligence*, Oxford University Press, 2003.

随着时代的进步不断向外扩展。最初,法律法规只能影响人类,非人类不属于法律调整目标的范围,但是随着人类思想的解放和社会的发展,法律的界限已经从人类身上向外扩展,法律主体的内涵甚至已经超越了"人"的范畴。比如国外就出现了动物作为法律主体的案例。① 民事主体从自然人扩展到法人和非法人组织,蕴含了从"人可非人"到"非人可人"理念的变迁。② 有关机器人主体地位的问题讨论在法学界和伦理学界较为热烈,人工智能技术日益成熟,在实践中或将出现机器人作为法律主体的案例。法律主体范围的扩大,归根结底是现实人的需要,赛博格成为新的法律主体是必然的。

(二)实体法上:赛博格具有法律主体地位

鉴于讨论赛博格法律主体的研究文章较少,笔者认为可以与人工智能进行类比来讨论。目前人工智能法律主体适格性的肯定说认为人工智能具备主体资格,但是这种适格性是否完备又分为完全肯定说与折中说。折中说以人工智能的强弱程度进行区分,认为弱人工智能不具备主体资格,强人工智能拥有法律主体资格。肯定说的观点是根据人工智能的发展现状,无论是从法律实践而言还是从历史发展来看,赋予人工智能以法律主体资格是必要的,同时也是可行的。其观点逻辑是当前人工智能尚未作为法律主体,在此前提下某些必要性因素提供了众多可行性思路,由此反证了人工智能成为法律主体的可能性。弱人工智能根据人类的指令帮助人类更好地执行任务,利用大量数据来支撑完成某一单一任务。而强人工智能的特殊之处就在于其是与人类心智一样有意识的系统,这是广大科研人员一直致力于实现的远大目标,但是就当前技术情况而言其只能存在于理论假说和科幻作品中。

赛博格技术是否属于人工智能技术的一种,学界有不同的说法,但笔者倾向于认为是两种不同的技术。有学者通过分析自然人与法人这两类法律主体,从而得到民事主体的实质标准,称为四要件说。其标准为:第一,能够以自己的名义从事民事活动;第二,意志能够独立行使;第三,能够独立占用、使用、收益和处分自己的财产;第四,责任独立,民事主体有能够自我支配的财产,并以此为承担责任的基础。③ 以此为标准,当前的人工智能难以拥有独立意志,从而无法拥有法律主体资格,而赛博格无论是混合2.0还是混合3.0阶段都可以拥有独立的意志,拥有认知和情感能力。与此判断标准相类似的是独立意志说,该说认为能将

---

① 向达:《论个体法律主体建构的三重维度》,载《中国矿业大学学报》2023年第5期。

② 李拥军:《从"人可非人"到"非人可人":民事主体制度与理念的历史变迁——对法律"人"的一种解析》,载《法制与社会发展》2005年第2期。

③ 王利明:《民法总则研究》,中国人民大学出版社2018年第3版,第203页。

人与动物区别开来的一个标准就是独立意志的表达,在民法领域即意思自治原则,人工智能的意识是通过程序,利用大量数据支撑内设而成,其不存在自主的意识,或者说它所表达的意识无法独立处理民事法律关系。赛博格与此的不同之处就是拥有心智,有表达情感和意志的能力,其意识能够被人类社会的法律制度调节,并能够以法律制度来规制自己的行为。以这两种学说理论作为评判标准的话,笔者认为赋予赛博格法律主体地位是适格的。

下文将进一步从民事主体适格性的基本法理以及构成要件来分析赛博格法律主体的适格性。首先是赛博格的独立意志,这是民事主体实施法律行为不可或缺的重要条件,自由意志不能单独局限在自然人的范围内,否则没有讨论的价值,法律主体的范围未来也不可能得到拓展。混合 2.0 阶段的赛博格拥有独立意志不必再赘述,但是对于混合 3.0 阶段的赛博格或许有人会提出疑问,这一阶段的赛博格是否会和人工智能一样通过程序设置,由算法来完成某些行为? 有学者主张人工智能借助算法来完成指定任务,以该算法能否与生产者和设计者相分离作为标准来判断人工智能是否有独立意志。① 混合 3.0 阶段的赛博格并不是人体与智能机器的简单耦合,而是不能区分的融合,再去区分有机体和与有机体融合的信息电路已经没有意义并且是不可能的,此时的人类是生物体与非物质信息相融合的人机共生体。其次是赛博格的意思能力,即辨认、控制自己行为的能力。意思能力是指自然人对自己作出的行为动机有清晰的认识,且能认识到自己行为的后果,并在此基础上来决定其正常意思的一种能力。赛博格拥有认知推理能力,能进行因果性的推理,且能够辨认自己的行为,将自己的内心意思表达于外部。最后是赛博格的责任能力,赛博格拥有财产,不同于当前的人工智能,其本身并不是一项财产,而是财产的所有人,占有和控制独立的财产。财产是承担民事责任的物质基础,赛博格能够作出处分自己财产的意思表示。民事责任能力是指民事主体因违反民事法律而应该承担民事责任的能力,赛博格具有因果性的推理能力,那其就具有承担责任的能力。除此之外,还有赛博格法律主体适格性的社会基础,赋予赛博格法律主体适格性应当满足基本的社会利益平衡,或者说至少不能影响特定人群的利益,应从平衡社会整体角度来考虑在法律上确认其主体资格。库兹韦尔认为赛博格是人类无法选择的结果,人类只有与技术不断进行深度融合,才能不被技术抛弃。在技术融合的过程中人类不断演化迈向赛博格化,也就是说,赛博格会达到法律所要求的"社会重要性"。从前文的分析讨论来看,笔者认为赛博格应被赋予法律主体地位,使其能够拥有当事人的资格去参与民事诉讼。

---

① 彭诚信、陈吉栋:《论人工智能体法律人格的考量要素》,载《当代法学》2019 年第 2 期。

(三)程序法上:赛博格具有当事人资格

1.抽象资格。诉讼权利能力和诉讼行为能力为当事人抽象资格。人具有诉讼权利能力,便能作为当事人,而诉讼权利取得标准为自然人始于出生、终于死亡。人具有诉讼行为能力,便可亲自实施诉讼行为。无诉讼行为能力不能亲自实施诉讼行为,须由代理人完成。判断诉讼行为能力的标准为法定年龄。赛博格1.0、赛博格2.0具有自然人属性,具有构成当事人的抽象资格,其诉讼权利能力的判断标准依然是始于出生、终于死亡,其诉讼行为能力的判断标准也依然是法定年龄。而赛博格3.0因为脑机接口技术而可能获得永生,这就打破了始于出生、终于死亡的标准,不过笔者认为依然应该承认其具有当事人的抽象资格。

2.具体资格。当事人具体资格是指在具体诉讼中,对于标的具有实施诉讼行为并可以请求法院进行判决的法律资格,又称当事人适格。① 当事人在具体案件中适格与否的标准分为实体法判断标准和程序法判断标准。实体法判断标准包括实体权和管理权,程序法判断标准为诉的利益。赛博格1.0、赛博格2.0对其装置系统无论界定为实体权还是管理权,都可以肯定赛博格具有当事人适格性。赛博格3.0实现了人机共生、相互融合,其权利形态未必被现行实体法所涵盖,采用实体权或管理权的判断标准具有局限性,因此赛博格3.0当事人适格标准应采用程序法判断标准,即诉的利益。也就是赋予法官裁量判断赛博格3.0在具体诉讼中是否有诉的必要性和实效性的权力。对此,其实很难有一个确切、统一的标准来进行判断,但其中最重要的一点就是法院应该以原告在案件起诉时主张的诉讼请求、事实和理由为依据判定当事人适格与否,不能以查明的事实结果为依据,否则容易得出当事人不适格的结论。因此,赛博格当事人适格与否,取决于原告起诉时所主张的内容。不过即使法院审理结果与原告主张内容不一致也不能以当事人不适格为由阻止其进入诉讼,只能以诉讼请求不合理为由进行败诉判决,以此保障诉权。由此可见,赛博格当事人进入诉讼时,其当事人身份一般而言都是适格的。

三、赛博格当事人的义务

当赛博格获得法律主体资格之后,就能以当事人的身份参与到民事诉讼中来,享有权利并承担义务。民事诉讼中当事人的义务通常是围绕《中华人民共和国民事诉讼法》(以下简称《民事诉讼法》)规定的内容进行扩展、延伸。赛博格当事人虽然与普通的人类当事人有生理能力上的区别,但是大部分现有的当事人

---

① 孙杰:《我国民事诉讼当事人适格问题研究》,兰州大学2018年硕士学位论文。

义务规定都适用于赛博格当事人,只是在此基础上对其有特别的规定。考虑到赛博格身份的特殊之处以及当前互联网等智能技术在诉讼中的应用,笔者认为应对其提出一项身份证明义务。此外,我国民事诉讼模式逐渐从职权主义向当事人主义转变,当事人的事案解明义务开始成为大陆法系国家讨论的热点,其中包括的陈述说明义务又与当前重点提出的当事人真实义务有同样的价值目标。因此下文将从身份证明义务、真实义务、事案解明义务三个方面来探讨赛博格的当事人义务。

(一)身份证明义务

我国《民事诉讼法》第 122 条规定向法院起诉必须符合的条件包括有明确的被告,第 124 条规定起诉状应当记明原告和被告的姓名、性别、联系方式等身份信息,法人或者其他组织的具体注册信息等。① 在以往传统的诉讼过程中,法院在开庭前都需要核实出庭人员的身份信息,以此来确保出庭人员和诉讼主体的同一。

美国国家公路交通安全管理局于 2016 年认定 Google 无人驾驶汽车所使用的人工智能系统为"司机",同时该国行政管理部门已经在一定程度上将人工智能看作具有拟人的"民事主体"资格。此外欧盟委员会法律事务委员会公布的《机器人民事法律规则》提出要赋予人工智能"电子人"的法律主体身份。美国汉森公司研发的人工智能"索菲亚"在沙特阿拉伯被授予法律公民身份。日本基于个案确立了陪护老人的宠物机器人帕罗的户籍地位,且在系统上将发明人认定为父亲。② 同时前文中也提到世界上首个政府承认的半机械人,由此可以看出人工智能、赛博格要参与到诉讼之中,必须得到国家权威部门的身份认定,得到国家的确认。传统诉讼中,一般操作都是由当事人或者其他诉讼参与人到法院提交身份证件以及其他有关材料,然后法院的工作人员对人员信息进行人工核查。随着人工智能、互联网等信息技术的飞速发展,线上诉讼逐渐应用在法院的审判活动中。互联网在线诉讼的确在很大限度上方便了诉讼参与人以及审判主体,但是,由于远程网络带有的注册身份的虚拟性、庭审的非接触性等特征,不可避免地给法院审查诉讼主体身份的真实性带来困难和挑战。③ 就目前在线诉讼中反馈出来的身份认证问题,虽然现有的法律条文未明确写明当事人要在诉讼中进行身份证明,但笔者认为有必要探讨赛博格的身份证明义务。一方面是因

---

① 齐树洁主编:《民事诉讼法》,中国人民大学出版社 2020 年第 5 版,第 209 页。

② 张宇清、李传奥:《手术机器人的法律地位探析》,载《医学与法学》2021 年第 1 期。

③ 周莹莹:《在线诉讼中身份认证制度研究——基于〈人民法院在线诉讼规则〉第七条的分析》,载《贵州民族大学学报》2021 年第 6 期。

为可能会存在"冒用身份问题",另一方面是因为未来普通人类发展到全员赛博格可能是一个较为漫长且复杂的阶段,势必会存在普通人类和赛博格同时存在的时期,赛博格的外形特征可能与普通人类没有区别,但是鉴于赛博格能力强于普通人类且生物机体与高科技机械融合,在责任分配、权利享有等方面有所区别,因此赛博格在诉讼时需要进行身份证明。

诉讼主体及诉讼参与人进行身份证明是诉讼的第一步,笔者认为进行身份证明主要存在三个方面的价值功能。第一,保障主体身份真实同一。人类机体植入机械装置赛博格化以及未来诉讼的"非亲历性"会增加主体身份真实性、同一性的风险。身份证明可以确保诉讼主体身份适格,也可区分普通人类与赛博格,充分保障两类主体的权利和义务。第二,保障相关案件信息的安全和诉讼主体的隐私,避免非诉讼参与人了解诉讼信息,强化诉讼活动的安全性和非公开案件的隐私性。第三,有助于司法程序的公正、审判等工作的顺利展开。习近平总书记为推进司法公正提出"努力让人民群众在每一个司法案件中感受到公平正义"①。从某种意义上而言,司法公正的对象就是诉讼主体和诉讼参与人,倘若不能保证诉讼主体及参与人身份的真实、同一,必定会影响到司法公正。此外,诉讼参与人只有进行了身份证明,法院认证了身份之后,审判、执行工作才能继续开展下去,法官才能认定庭审活动中的行为是本人的行为。

在司法实践中,常常由法院工作人员口头询问诉讼主体是否为本人进行身份认证,此种方式过于简单,无法有效并精准地确认诉讼主体身份的真实性。或许需要寻求既方便快捷又精确无误的方式,否则无法得知未来赛博格之间是否有能够将彼此区别开来的、独一无二的标识,但是可以推测有类似指纹、瞳孔的独特性存在,可以在此基础上开发识别技术。除此之外,在诉讼中诉讼相关主体若是对对方身份真实性提出异议,法院应保障其异议权,进行进一步的调查核实。外国学者提出赛博格需要在 ICRA 登记并签署 cyborg sure 协议,有义务将所有算法和技术提交给合格的、经 AC 认证的和受管制的通信技术专业人员进行审计和认证,并进行持续的监测和验证。笔者认为在诉讼中进行身份证明时,赛博格不应仅进行身份真实性的证明,还应提交上述合格证明。

(二)真实义务

在民事诉讼中当事人陈述影响着案件的真实情况,对司法审判有着不可或缺的作用,但实践过程中当事人往往虚假陈述,降低了审判效率。虽然 2012 年我国《民事诉讼法》修订后增加了诚实信用原则,2021 年修改为诚信原则,但是

---

① 习近平:《在首都各界纪念现行宪法公布施行 30 周年大会上的讲话》,载《人民日报》2012 年 12 月 5 日第 2 版。

法律原则在司法实践中往往难以有效适用。2019 年修订的《最高人民法院关于民事诉讼证据的若干规定》(以下简称《民事证据规定》)中明确了"当事人应当就案件事实作真实、完全的陈述",但是当事人真实义务制度仍未具体化。该制度基于人类思想不可探知和解析,进而不能真正发现案件绝对真实的假设而提出,主要是尽可能减少虚假诉讼,尽可能节约司法资源,保证正常进行诉讼活动。① 对真实义务的内涵各国有不同的理解,但是均强调当事人应对自己所认知的事实进行真实陈述,不得恶意地作出相反陈述,同时也不得对对方当事人的真实陈述进行恶意的争执。除了要进行真实的陈述外还应进行完全陈述。"真实"指的是主观上的真实,并非指客观事实层面的真实;"完全"是指当事人要将已知的案件事实毫无保留地全部陈述,不得故意遗漏或者隐瞒已知的事实。在引入赛博格这一新主体后,应该针对这一特殊主体进行进一步的思考和完善。

上文已经提到,当事人真实义务制度的提出是基于人类思维的不可解析性与还原事实案件之间存在矛盾。② 从某种意义上说,任何案件的真实情况都不可能完全地回溯、重现,然后被人们发现和了解。理论上认为证明本身是有限度的,只能达到法律意义上的真实而不是"绝对真实"。当前的案件真实情况依旧只存在于人的大脑思维之中,只有当事人自己才了解自己做过什么行为,事实的经过和发展是什么样的。基于人类大脑思维的不可解析性,的确很难保证当事人所述真实完整。然而,当赛博格作为新的法律主体,进入诉讼程序中,是否能够打破思维不可解析性与还原案件真实情况之间的矛盾呢? 笔者认为答案是可以打破,其原因在于混合 2.0 阶段的机械植入,比如说为失明者重见光明的视觉神经芯片、为失聪者恢复听觉的听觉芯片等,或许可以将所见所闻存储下来;混合 3.0 阶段的赛博格更是可以通过神经改造而获得"过目不忘"的本领,解决人类记忆力衰退等疾病。因此,赛博格当事人真实义务应为客观真实义务。

算法是可解析的,赛博格的大脑全部或部分存在于"数据"中。因此,可能会有许多实际的、不断发展的"数据云法"被纳入法律的考虑范围,而"身体云"存在的可能性将进一步开辟迄今为止尚未解决的案件真实回溯问题。但随之也带来了风险挑战。举例来说,由于混合 3.0 阶段的赛博格能够因人机混合而获得超乎寻常的心智能力,一些黑客可能会攻击或修改这些心智能力,进而导致赛博格出现个体障碍甚至群体混乱。赛博格人的记忆甚至可以被人工编辑、篡改,或者被植入虚假记忆,导致赛博格人对自己的身份认知产生混乱,这样不仅会给赛博格社会带来风险和威胁,还因此给法律带来巨大的挑战。如何避免此种情况的

---

① 陈希筠:《我国民事诉讼当事人真实义务研究》,华东政法大学 2020 年硕士学位论文。

② 程龙:《人工智能体刑事诉讼被追诉人地位审思》,载《学术交流》2020 年第 7 期。

出现,如何保证诉讼中赛博格当事人所呈现的案件情况真实完整,需要结合科技领域进行更深的摸索和思考。

(三)事案解明义务

事案解明义务是民事诉讼法学的重要理论,其功能在于弥补负担证明责任一方当事人于证据偏在型诉讼中举证能力或手段之不足,减少证明责任在个案中的具体适用,从而实现当事人在程序上的实质平等。[①] 理论上通常认为事案解明义务包括陈述说明义务、对于不明事实或证据资料的开示、提取勘验物、容忍对于不动产之调查、对身体之检查及文书提出义务,由于上文中已经讨论过真实陈述义务,因此本小节对此不再赘述。英美法系国家和部分大陆法系国家已在法律中明确规定了当事人的事案解明义务,我国现行立法还未明确当事人事案解明义务,但已逐步进行相关立法,只是仍然存在缺乏明确法律地位和适用对象狭窄等问题。我国当前的证明责任分配原则为"谁主张、谁举证",要求当事人提供相关证据材料来证明自己的主张,而不负举证责任的当事人无须提交对对方有利的材料,这在一定程度上使负有举证责任的当事人处于弱势地位,也不利于法官查明案件的真实情况。虽然在有些案件中,我国通过规定"举证责任倒置"的方式来缓和负有证明责任的当事人举证困难的情况,但是适用范围狭窄。[②] 这对于负举证责任的当事人而言显然有违公平正义,且明显与证明责任制度的初衷背道而驰。因此有部分学者认为,事案解明义务使用的主体应限定于不负举证责任的当事人。

当赛博格参与到诉讼中时,如何保证人机结合的赛博格能够承担证明责任,更大限度地保障诉讼参与双方利益,需要进行探讨和摸索,笔者就事案解明义务的对象来简单探讨一下。第一是陈述、说明义务,即当事人需要向法院就案件的事实情况作出陈述、说明的义务,包括法庭辩论阶段的陈述和证据调查阶段对证据事实进行的陈述,此义务在当事人真实义务这一部分进行过讨论,故在此不再展开。第二是文书提出义务,即需要一方当事人向法院提出申请,由对方当事人针对案件事实提交证据材料的义务。当赛博格参与到民事诉讼中时,不可避免地会出现一种情况:与案件相关的证据材料以数据的形式存在于赛博格的"身体云"中。需要考虑的是这些数据是否视为文书,赛博格当事人要以何种方式将这些数据导出并呈现于法庭之中且最大限度地保护好赛博格的个人隐私。若赛博格当事人拒不履行该项义务,可参照最新修订的《民事证据规定》规定的法律后

---

① 孙晨曦:《论不负证明责任一方当事人的事案解明义务》,载《中国海洋大学学报》2017年第3期。

② 邵燚:《民事诉讼当事人事案解明义务研究》,黑龙江大学2020年硕士学位论文。

果,即推定对方当事人的主张为真实。第三是协助勘验、鉴定的义务,针对此义务笔者想要讨论的是,若案件相关调查涉及当事人的生理状况或者精神状况时,当事人应配合法院进行检查。赛博格当事人身体装置属于赛博格身体的一部分,需要考虑对其进行鉴定是否需要联合该装置的设计者或者发明者。已有的鉴定标准显然不适合用于赛博格当事人,需要制定适用于赛博格的检查标准和鉴定标准。与此同时,在勘验、鉴定的过程中,还应保障赛博格的隐私权和人格尊严权。

四、结 语

伍德罗·巴菲尔德和亚历山大·威廉姆斯在他们发表的学术论文《法律、电子人和技术大脑》中提到用于增强大脑能力的电子技术在不断发展。事实上,现在正在创造的神经修复装置,可以恢复失去的认知功能,或者在经过颅脑刺激等的情况下,为抑郁症患者提供治疗帮助;此后的人类将会拥有"电脑般"的大脑,大脑与网络联结,通过思想进行无线通信。① 这种发展必然会对现行的法律理论和公共政策提出挑战。基于它创造了一种新的存在方式和自我意识,我们需要一部"cyborg 法"。

对于赛博格领域的立法,不只是关系到法律这一个方面,更是关系到科技、医疗、社会、伦理等各方面,程序法的条文还需要完善的实体法。目前我国赛博格技术未达到成熟水平,社会大众对赛博格的认知还处在影视小说形象当中,人工智能领域立法尚处于起步阶段,已有的相关成果也透露出对赛博格定义不够清晰等问题,赋予赛博格主体地位并讨论其权利和义务需要较高的立法水平和严格的市场监管。

---

① Barfield Woodrow, Williams Alexander, Law, Cyborgs, and Technologically Enhanced Brains, *Philosophies*, 2017, No.1.

劳动争议案件要素式裁审模式的构建

■李　乐　郑嘉颖*

摘要：本文旨在探索构建劳动争议案件要素式裁审模式，将要素式庭审向前延伸至劳动争议仲裁阶段，通过制定劳动争议案件事实审查要素表，指引当事人填写劳动关系成立时间、工作岗位、月工资标准、社保缴纳情况等基本事实，并在将劳动争议案件进行类型化区分的基础上，根据劳动者追索劳动报酬、主张经济补偿金、主张工伤保险待遇等不同诉求，有针对性地细化审理要素，快速、准确、清晰地明确案件事实及争议焦点。同时，引导劳动仲裁阶段当事人在劳动争议案件事实审查要素表上签字确认，固化仲裁阶段查明的事实，并直接援引至诉讼阶段适用，将要素式审理植入劳动争议案件裁审全过程，一体化提升劳动争议案件裁审效能。

关键词：要素式审理；劳动争议；裁审衔接

引　言

《最高人民法院关于深化人民法院司法体制综合配套改革的意见——人民法院第五个五年改革纲要(2019—2023)》将推动民事诉讼制度改革，把构建顺应时代进步和科技发展的诉讼制度体系作为人民法院司法体制综合配套改革的总体目标之一，把建立公正高效的审判机制作为人民法院司法改革的重要内容。[①]要素式审判方法[②]作为有效推进民事案件繁简分流、快慢分道的新型审判方法，

---

* 李乐：福建省厦门市集美区人民法院杏林人民法庭庭长，一级法官，法学硕士；郑嘉颖：福建省厦门市集美区人民法院杏林人民法庭四级法官助理，法学硕士。

① 最高人民法院：《关于深化人民法院司法体制综合配套改革的意见——人民法院第五个五年改革纲要(2019—2023)》，载《人民法院报》2019年2月28日第2版。

② 要素式审判方法，指的是根据类型化案件的特点和规律，提取类案审理中必备的事实和法律要素，简化无争议要素审理程序，重点围绕争议要素进行审理并撰写裁判文书的一种审判工作方法。

在优化审判资源配置改革浪潮中占据独特地位。要素式审判方法主要包括要素式庭审①和要素式裁判文书制作②两个方面。在劳动争议领域,近年来,受新冠疫情及整体经济形势的持续影响,社会劳动关系的稳定性受到一定冲击,人民法院受理的劳动争议案件呈总体增长和常年高位运行态势,这给基层法院带来较大的办案压力。劳动争议案件所具有的高发性、高度类型化以及法律适用过程易于标准化等特点,使得要素式审判方法在劳动争议领域具备可适用空间。在要素式审判方法所涵括的要素式庭审和要素式裁判文书制作两个阶段中,本文拟主要选择探讨要素式庭审在劳动争议案件裁审中的适用价值及适用路径。

一、劳动争议裁审领域应用要素式庭审的必要性

(一)精简诉讼流程,提高司法效率

受经济形势影响,近年来人民法院受理的劳动争议案件数量总体处于上升趋势,司法资源存在着明显"案多人少"的实践难题,案件处理效率与质量难以兼顾。以J区人民法院为例,目前,J区人民法院对劳动争议案件实行专业化审判,归口集中审理劳动争议纠纷,劳动争议审判人员配置员额法官三名。2019年至2021年,J区人民法院共受理劳动争议案件831件,结案795件。意即,过往三年期间,J区人民法院三名员额法官在处理辖区内其他类型诉讼案件的同时,平均每人每年审理92.3件劳动争议纠纷案件,办结88.3件劳动争议纠纷案件。可见,我国基层人民法院目前普遍面临较大负荷的劳动争议纠纷案件审理负担。

"正义被耽搁等于正义被剥夺"③,劳动争议案件关系劳动者切身利益,劳动者为司法低效率所付出的代价是昂贵的。提高审判效率,有效解决积案问题是探索构建要素式裁审模式的动因之一。在传统审理模式中,当事人双方已于仲裁阶段进行充分的举证质证,仲裁庭也对案件事实作出审理认定,而进入诉讼阶段后,承办法官需再次组织当事人进行举证质证,重新查明案件事实,导致劳动争议案件审理重复性高,费时费力,效率低下。在要素式裁审模式下,仲裁庭可

---

① 要素式庭审,是指法官在庭审过程中结合当事人在庭前填写的要素表,对双方当事人无争议的要素直接予以确认,对存在争议的要素逐项展开法庭调查,并组织当事人进行举证和质证,不受法庭调查、法庭辩论等程序的限制。

② 要素式裁判文书制作,是指裁判文书中不再按照传统的裁判文书格式分别阐述原告诉称、被告辩称、法院查明和本院说理段落,而是针对有争议的固定要素进行陈述,其形式灵活简便,与要素式庭审有效统一。

③ 宋冰:《程序、正义与现代化》,中国政法大学出版社1998版,第439页。

在仲裁阶段通过对劳动纠纷相关事实要素的预先整理,确保当事人简明、准确地阐明判案所需的要素事实,从而保证庭审有针对性地围绕劳动争议要素并高效有序地进行,同时,承办法官在诉讼阶段审理相应劳动争议案件时,可直接援引适用仲裁阶段固化的事实要素,缩短办案周期,最大限度避免二次开庭,既保障了审理事项的完整性,又提高了裁审效率,实现劳动争议案件高效办结。

(二)全面查清事实,促进司法公正

针对具体案情,对当事人之间无争议事实进行确认,并根据逻辑规则、经验法则与内在良知对存在争议事实形成内心确信且作出理性认定,系审判人员自由心证制度的应有之义。然而,在面对相同案件时,因审理人员在专业功底、审理经验及庭审驾驭能力等方面存在参差,其对案件全貌的掌握、重要事实的认定、核心争点的提炼可能大相径庭。在传统庭审模式下,各方当事人需按照案情时间顺序,逐一陈述案件事实,并将其诉讼请求杂糅在叙事过程中,不可避免地掺杂些许非关联事实,甚至包含故意影响审理人员判断的事实。该种传统庭审模式虽然更加贴合当事人的陈述习惯,但审理人员需要从当事人叙述的大量信息中准确地提取、识别要素事实并归纳争议焦点,这对审理人员的审理经验和个人能力都有较高的要求。考虑到目前普遍存在的案多人少的司法现状,即使是能力优秀的审理人员也可能在个案审理中出现疏漏甚至是严重偏差。

要素式审理在注重审理效率提升的同时,加强了审理过程的完整性及公平性。在以要素为中心的审理模式下,当事人通过填写劳动争议案件要素表,将与案件相关的基本事实、核心争议焦点和当事人的诉求以清晰简明的方式呈现给审理人员,该过程亦对审理人员事实心证向当事人进行了反向的公开传递。一方面,有助于当事人围绕争议要素进行举证质证及诉辩,促使审理集中化目标得以实现,修正因事实心证错误导致的偏差,保障实体正义;另一方面,通过对审理人员心证过程的公开,能够向当事人有效传递关于审理结果的合理预期,有利于促成和解,防范裁判突袭。① 将要素式审理模式引入劳动争议裁审全过程,有助于统一裁审尺度,减少裁审结果矛盾导致的仲裁、司法公信力受损。

(三)固定审理要点,提高审理效率

相当数量的劳动争议案件系因解除或终止劳动合同关系而引发,在人民法院受理的多数劳动争议案件中,当事人在一案中有数个诉求的情况十分常见,如在请求依法确认解除劳动关系的同时,一并主张经济补偿金、违法解除劳动合同

---

① 李婧:《民商事审裁方式改革的司法逻辑和实践革新》,载齐树洁、张勤主编:《东南司法评论》(2018年卷),厦门大学出版社2018年版,第158页。

赔偿金、未付工资差额、未签订劳动合同的二倍工资差额、工伤保险待遇等,劳动争议纠纷案件呈现出诉讼请求高度复合化特征。如前所述,在传统劳动争议案件审理模式下,当事人系依据时间先后顺序进行阐述,将各诉讼请求所需厘清的要素事实混杂于冗长的叙事线中,审判人员将与诉讼请求相关的案件要素事实进行提取、归类须耗费大量的时间精力,且时常难免遗漏,迫使案件进入二次开庭,延长审理期限。要素式审理模式则在前期即对诉讼请求对应所需查清的事实要素进行规范化的预先固化,即使案件当事人的诉讼请求繁多,也可分条缕析地根据固定出的事实要素按部就班进行事实查明,避免遗漏重要事实,实现一次不间断审理,切实促进劳动争议案件快审快结。

二、要素式庭审在劳动争议裁审领域应用的可行性

审理要点相对固定、法律权利义务关系明确是要素式审理模式的适用前提,具体而言:一方面,该类案件可通过诉讼请求类型化,提炼出相同的、可重复使用的要素;另一方面,经由要素的阐释、重组,能够真实反映案件裁判所需查清的事实全貌,并能够通过法律涵摄证成推演出明确的结论。[①]

(一)劳动争议案件的高度类型化

要素式审理模式以"要素化"为核心特征,[②]能够被划分为若干类型并凝炼出共同事实要素是民事案件要素式审理的基本前提,且要素式审判的"要素"要求相对比较固定,在同类型案件中是可以重复使用的。通过对 2019—2021 年 J 区人民法院受理劳动争议案件进行抽样调查(每年度各抽取 10 份,详见图 1),发现就劳动者提出的诉讼请求而言,有约 53.33% 的案件涉及请求用人单位支付劳动报酬(包括工资差额、休息日及法定节假日加班费等);有 30% 的案件涉及请求用人单位支付违法解除劳动关系赔偿金;有 20% 的案件涉及请求用人单位支付未签订书面劳动合同二倍工资差额;有约 16.67% 的案件涉及请求确认劳动关系;有约 13.33% 的案件涉及请求解除劳动关系;另仅有 10% 的案件涉及其他诉讼请求(包括请求支付失业金、请求用人单位退还劳动者代垫的社会保险费等)。

由此可见,劳动报酬、经济补偿金、违法支付劳动报酬赔偿金、未签订书面劳

---

① 黄振东:《要素式审判:类型化案件审判方式的改革路径和模式选择》,载《法律适用》2020 年第 9 期。

② 李晨:《论类型化案件智能审判系统的建构——以 J 区法院为样本》,载齐树洁、张勤主编:《东南司法评论》(2018 年卷),厦门大学出版社 2018 年版,第 339 页

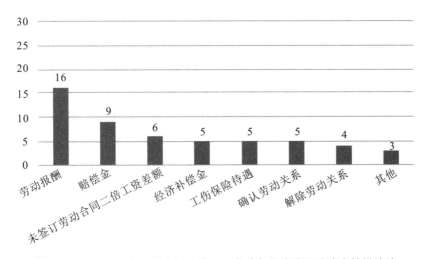

图 1　2019—2021 年 J 区人民法院受理劳动争议案件诉讼请求抽样统计

动合同二倍工资差额、工伤保险待遇等几大类诉讼请求已可涵盖劳动者与用人单位之间的绝大部分争议类型,不同案件中劳动者的诉讼请求以及用人单位的抗辩事由均大致类似,须查明的案件事实可被明确地罗列,条目逻辑较清晰,具备提取共同事实要素的条件。

(二)劳动争议案件法律适用过程易于标准化

司法裁判是一个"大前提—小前提—结论"的逻辑推演过程,即审理人员将认定的具体案件事实涵摄于具有一般性的法律规则中,进而得出裁判结论的演绎过程。要素式审理作为一种略式审判方法,具有提高案件审理效率的优势,但其在一定程度上是以牺牲庭审程序的完整性为代价的,因此并非实践中所有案件类型均适用要素式审理模式。不同难度的案件要素分布不均,对审判指导性不一。实践中,要素式审理多用于审理部分法律适用相对清晰的简单民事案件。原因在于,如要素点提炼固定清晰,归纳简明扼要,则要素式审判可以提高审判效率。反之,如要素点提炼复杂模糊,归纳繁复冗长,则此时要素式审判不如传统审判高效。[①] 劳动争议作为一种可类型化案由,具有法律关系单一化、裁审要点固定化的特点,即在查清基本事实要素的基础上,法律适用过程易于标准化,可直接将相关事实要素涵摄于劳动法律规范中,从而得出清晰明朗的结论,故劳动争议案件具备运行要素式审理模式的基础。

---

① 王潇:《法治中国建设背景下要素式审判新路径——以人工智能为辅助》,载《上海法学研究》2021 年第 5 期。

(三)劳动争议要素式裁审衔接具有规范依据

建立与完善劳动争议裁审衔接机制是及时、有效保障劳动者合法权益,构建和谐稳定劳动关系的有力抓手。2022 年 3 月,人力资源社会保障部、最高人民法院联合印发《关于劳动人事争议仲裁与诉讼衔接有关问题的意见(一)》(人社部发〔2022〕9 号),明确加强裁审衔接机制建设的总体要求,畅通裁审衔接程序。该意见第 9 条①规定了劳动仲裁程序与诉讼程序关于当事人自认事实的衔接问题,即除经对方当事人同意或自认是在受有胁迫或重大误解情况下作出的情形外,当事人在仲裁阶段自认的事实,在诉讼阶段同样适用,该规定为劳动争议要素式裁审衔接模式提供了规范依据。要素式审理即以当事人自认原理为理论支撑,②在要素式审理模式下,当事人填写事实要素表的行为被赋予了"自认"的法律效力,基于此,当事人在仲裁阶段所提交的事实要素,在进入诉讼程序后,当事人及人民法院均不得在此后肆意予以否认,并可直接作为认定案件事实的基本依据。

三、劳动争议案件事实要素提炼

法律适用的重心不在最后的涵摄,而在于判断案件事实的个别要素是否符合构成要件中列明的各种特征。要素式审判的逻辑起源即在于解构案件事实要素,并依据法律规范进行涵摄证成。劳动争议事实要素提炼的科学性、准确性是保障要素式裁审模式高效、规范、全面的先决条件。案件审理的基本事实要素主要分为与案情基本事实相关的"基本事实要素"及与诉讼请求相关的"类型化事实要素"。③ 要素事实的提炼须遵循有利于固定基本案情,有利于明确争议焦点,有利于防止事实遗漏,有利于事实调查类型化的基本原则,即要素式审理所提炼的"要素"应当是相对比较固定,通过要素的排列组合能够反映案件审理所需查清的事实全貌,直观凸显冲突焦点,且在同类型案件中能够重复使用的。

---

① 《关于劳动人事争议仲裁与诉讼衔接有关问题的意见(一)》第 9 条:"当事人在诉讼程序中否认在仲裁程序中自认事实的,人民法院不予支持,但下列情形除外:(一)经对方当事人同意的;(二)自认是在受胁迫或者重大误解情况下作出的。"

② 林遥、陈超群:《C 市法院推行民事案件要素式审判运行机制的调研报告》,载齐树洁、张勤主编:《东南司法评论》(2018 年卷),厦门大学出版社 2018 年版,第 170 页

③ 李鑫、黄世坤:《要素式审判的理论分析与智能化系统研发》,载《武汉科技大学学报(社会科学版)》2020 年第 3 期。

（一）劳动争议案件基本事实要素

"基本事实要素"是指从案由出发，考察该案由下案件的共性化特征，从而抽象出绝大部分案件均需查明的普适性要素。劳动争议案件的基本事实要素主要包括：入职时间、劳动合同签订基本情况、工作岗位、离职时间、劳动仲裁基本情况等。

（二）劳动争议案件类型化事实要素

"类型化事实要素"是指在对当事人诉讼请求加以类型化区分的基础上，具体选取该主张项下须查明的相关事实要素，该事实要素具有围绕原告主张的要素属性，是当事人诉辩对抗的核心要素。在劳动争议领域，应遵循固定诉讼请求—检索涉求法律法规以及指导意见—解构法律规范要件—确定要件对应事实要素的步骤提取与案件争点相关的事实要素。

【类型一：追索劳动报酬】在诉讼请求为给付未付工资差额的劳动争议案件中，须查明事实主要包括：劳动者的工资标准及工资结构、工资支付情况（支付方式、支付周期、支付至何时）、劳动者主张的工资差额期间的出勤情况；在诉讼请求为给付加班工资的劳动争议案件中，须查明事实主要包括：加班基本情况、工时工作制度、用人单位关于加班的规章制度、是否存在加班调休、加班工资计算基数、用人单位已支付加班费数额。

【类型二：经济补偿金】在以用人单位支付经济补偿金为诉讼请求的案件中，须查明事实要素包括劳动关系终止/解除时间、劳动关系终止/解除原因、劳动者主张经济补偿金的依据、经济补偿金计算基数、劳动者工作年限。

【类型三：违法解除劳动合同赔偿金】在以用人单位支付违法解除劳动合同赔偿金为诉讼请求的案件中，须查明事实要素包括劳动关系解除时间、用人单位解除劳动关系的事实依据（例如具体违纪事实）、用人单位解除劳动关系的法律依据（例如解除依据的法律规定/规章制度，规章制度有无经公示或告知）、违法解除赔偿金计算基数、劳动者工作年限。

【类型四：未签订劳动合同二倍工资差额】在以用人单位支付未签订劳动合同二倍工资差额为诉讼请求的案件中，须查明事实要素包括劳动合同签订基本情况、未签订原因、未签订书面劳动合同的工作期间、二倍工资差额计算基数。

【类型五：工伤保险待遇】在以用人单位支付工伤保险待遇为诉讼请求的案件中，须查明事实要素包括劳动者受伤时间、工伤认定情况、劳动能力鉴定情况、社保缴纳情况、工伤待遇支付情况、住院治疗期间医疗费及费用、是否有医嘱需要护理等。

四、劳动争议案件要素式裁审模式构建

劳动争议纠纷仲裁前置的程序性要求为进一步提升劳动争议诉讼案件审理效能打开了豁口。将要素式审理模式向诉讼前端延伸至仲裁阶段,即在劳动仲裁阶段引入要素式审,在劳动仲裁庭围绕相关事实要素进行系统全面的案件事实梳理和确认的基础上,生成劳资双方确认的事实要素表格,并在一定条件下直接迁移至诉讼阶段适用,辅之以全过程智能辅助系统的应用,有助于一体化提升劳动争议纠纷的化解效能。

(一)要素式裁审模式的基本流程

1.仲裁阶段

劳动人事争议仲裁委员会在受理劳动纠纷案件后,即根据申请人提出的仲裁请求进行梳理归类,向申请人发放基本事实要素表及相关案件类型要素表,并指引其规范、准确地填写,基本事实要素表和案件类型要素表可作为申请书的组成部分。同时,劳动人事争议仲裁委员会在向被申请人、第三人送达申请书副本时,一并送达申请人填写的基本事实要素表及案件类型要素表,并指引被申请人、第三人填写。被申请人、第三人在填写表格时,需要对申请人填写的案件事实要素作确认或不确认的表示,对不确认的要素,应逐项列明其主张,并简要陈述理由;对确认的要素,则视为双方无争议的事实,可直接确认。仲裁庭审过程中,仲裁庭则根据案件相关要素并结合仲裁请求,对无争议事实要素进行直接确认,对有争议要素进行调查,并作出仲裁裁决。

2.立案阶段

如前所述,劳动争议案件双方当事人在仲裁阶段已确认相关事实要素并生成事实要素表,该事实要素表则成为衔接要素式仲裁与要素式诉讼的重要介质。人民法院在受理劳动争议纠纷后,可要求双方当事人提交仲裁阶段各自填写确认的事实要素表,或自智能辅助系统直接导入,在一定条件下供后续实体审理援引适用。

3.庭前准备阶段

组织庭前会议,由双方当事人再次逐项确认仲裁阶段事实要素表格上的各要素事实是否可直接适用于诉讼阶段。如当事人直接确认仲裁阶段要素表可直接援引至诉讼阶段,须将在庭审中简略的程序对当事人进行充分释明,即告知其庭审中将径直对该等要素进行重申与确认,不再组织举证、质证与诉辩。如当事人对于其在仲裁阶段填写的要素事实,认为有法定情形需要推翻的,则要求当事人重新填写事实要素表,并要求其须就推翻自认的法定情形、变更的相关要素事实进行举证或情况说明。依托庭前会议,以报告形式固定已确认的要素事实,并归纳争议焦点及庭审重点。① 通过对仲裁阶段的事实要素表进行再次确认,降低诉讼阶段因重复性事实查明工作所耗费的时间成本。

4.庭审阶段

如前所述,劳动仲裁阶段前置于劳动诉讼阶段,在仲裁阶段确认之事实要素直接援引至诉讼阶段适用的基础上,承办法官可重点围绕争议案件事实开展审理工作,意即,在要素式审理模式下,庭审不再严格划分法庭调查与法庭辩论阶段,②而是依照案件相关要素确定审理顺序。因此,在理论上,要素式庭审模式承继了集中审理原则的优点,将法庭调查阶段与法庭辩论阶段合二为一。③

【步骤一:确认诉讼请求】要素式庭审可略去各方当事人陈述诉辩意见环节,但须要求原告明确诉讼请求,被告亦须针对原告主张逐一作出承认与否认的意思表示。在被告对原告的部分主张予以承认的情况下,人民法院可直接对被告所承认的相应部分内容作出判决。被告否认原告诉讼请求的,法庭须询问被告对于相应类型要素表中法院确定的事实查明范围是否有异议,或对列明的事实要素是否有重要补充陈述。④

【步骤二:确认相关要素事实】在明确案件须查明的事实要素范围的基础上,法庭首先对照双方事实要素表归纳罗列案件的无争议事实及有争议事实,对于双方当事人均确认无异议的要素事实,法院可在进行适当陈述后直接确认,庭审时不再要求双方陈述诉辩意见或进行举证质证。

【步骤三:围绕有争议事实进行举证质证及诉辩】对于事实要素表中双方当事人有争议的要素,法庭重点组织原、被告双方围绕争议要素依次逐一进行举证质证与诉辩,继而作出认定,最终经证据认定及法官自由心证对案件事实作出理性判断。⑤

---

① 林遥、陈超群:《C市法院推行民事案件要素式审判运行机制的调研报告》,载齐树洁、张勤主编:《东南司法评论》(2018年卷),厦门大学出版社2018年版,第170页。

② 章武生:《我国民事案件开庭审理程序与方式之检讨与重塑》,载《中国法学》2015年第2期。

③ 最高人民法院《关于进一步推进案件繁简分流优化司法资源配置的若干意见》第12条规定:"对于案件要素与审理要点相对集中的民事案件,可以根据相关要素并结合诉讼请求确定庭审顺序,围绕有争议的要素同步进行法庭调查和法庭辩论。"

④ 林遥:《民商事类型化案件要素式审判机制研究——以C市法院民事庭审优质化改革情况为样本分析》,载《法律适用》2018年第15期。

⑤ 腾威:《要素式审判方法之改进及其运用——提升民事庭审与文书制作效率的新思路》,载《人民司法》2019年第10期。

(二)要素式智能辅助系统的延伸应用

具备要素式审理条件的案件均体现高度类型化特性,以若干相关事实要素为连接点,可标准化串联起整个案件的事实查明及法律适用过程,案件审理脉络清晰,该固有特征为人工智能的优势发挥开拓了可行空间。以 J 区人民法院为例,2017 年 7 月起,J 区人民法院着手研发"法律魔方"要素式审判平台,将劳动争议等相关案由的固化事实要素先期内置于系统,形成要素信息库。在具体案件审理中,将当事人诉讼请求录入系统,由系统根据当事人主张对相关要素进行排列组合,再由当事人对照提交信息,要素式庭审笔录、要素式裁判文书亦可由系统自动转化嫁接生成。[①] 将此类要素式智能辅助系统的应用扩展至仲裁阶段,实现劳动争议纠纷裁审数据共享交换与业务协同,是进一步提升劳动争议案件要素式裁审模式效能的技术路径。具体而言,要素式智能辅助系统在仲裁阶段即可抓取案件相关要素信息,进入诉讼阶段后即可一键化导入当事人双方的事实要素表,司法辅助人员在庭前阶段根据系统跳转的仲裁阶段的事实要素表格进行核对确认,根据当事人的陈述,对各项事实要素逐一点击"有争议"或"无争议"选项,进而由系统自动划分"有争议事实"与"无争议事实",并生成庭审笔录。庭审时,法官即可根据智能分析结果开庭,总结确认无争议事实,针对性审理争议要素,最大化提升庭审的规范性、效率性。

结　语

要素式审判方式通过抓取并紧密围绕关键事实要素有序进行庭前指导及庭审,实现了司法资源的优化重组配置,既切实保障了当事人的诉讼权利,又降低了诉讼成本、提高了诉讼效率。劳动仲裁作为诉讼前置程序,在仲裁阶段引入要素式审理模式,并在特定条件下直接援引至诉讼阶段适用,有助于促进简单劳动争议案件快审快结,促进劳动争议审理高效化、优质化,实现一体提升劳动争议裁审质效的价值功能。

---

① 李晨:《论类型化案件智能审判系统的建构——以 J 区法院为样本》,载齐树洁、张勤主编:《东南司法评论》(2018 年卷),厦门大学出版社 2018 年版,第 339 页。

元宇宙中著作权侵权被告适格问题研究

■ 邓　晔*

摘要：元宇宙作为一个新兴领域，以人工智能和独特的视觉环境为核心，引发了一系列著作权侵权问题。其中，以区块链技术的非同质化通证（NFT）产品、由人工智能生成的虚拟角色，以及模仿他人作品创作的作品等内容最为突出，并直接或间接地侵害了原作者的合法权益。鉴于人工智能所使用的学习数据涵盖了大量原作者的作品，传统的民事诉讼以案件当事人确定被告的方法在元宇宙环境下的著作权侵权案件中难以适用。因此，需要根据元宇宙环境的特性，针对不同的场景有针对性地确定著作权侵权案件中的被告。

关键词：适格被告；元宇宙空间；著作权保护；AI生成作品

一、元宇宙环境中的著作权

元宇宙是一种正处于蓬勃发展的新兴空间，以"人工智能技术的高度集成性"和"独特视觉环境表现形式"为特点，带来了多元化的机遇和挑战。其中，著作权侵权问题更是成为引起广泛关注的焦点。在元宇宙中，基于区块链技术的非同质化通证（NFT）产品、人工智能生成的虚拟角色以及模仿他人作品而产生的作品，或将直接、间接地侵犯作品原作者的合法权益。这一问题涉及诸多学科的多方领域，尤其诉讼法领域对被告的确定问题尤为重要。

本文通过分析元宇宙环境和现实空间的差异，探讨元宇宙环境下著作权侵权案件中被告的确定问题，并以法学及其边缘学科为主要研究视角。根据《中华人民共和国民事诉讼法》（以下简称《民事诉讼法》）的规定，司法管辖权通常是被告所在地法院。在著作权侵权案件中，确定适格的被告是维护当事人合法权益的首要前提。《中华人民共和国民法典》（以下简称《民法典》）中的"著作权编"规定了对著作权人的保护，著作权作为一种独特的知识产权，以著作人身权和著作

---

* 作者系宜春学院政法学院副院长，副教授，法学博士后。

财产权为核心内容,在全球范围享有较高级别的法律保护。作品的独创性是著作权的核心要素之一,它是著作权人进行创作的最重要激励条件。然而,在元宇宙环境中,人工智能生成的作品往往是基于对大量已有作品创作特点的深度学习而产生的,这种生成模式使得人工智能可以根据多样化的需求生成不同风格的作品。这些生成的作品可能侵犯的不仅是单个或少数具体的著作权人的权益,而且在涉及了庞大的作品集合用于训练人工智能的情况中侵犯了抽象的复数的著作权人的合法权益。因此,确定著作权侵权案件中的适格被告显得尤为重要。被告的定性涉及人工智能的创作者以及未经著作权人授权擅自使用作品进行训练的自然人或组织,这一问题需要在法理学和诉讼法的框架下进行深入研究和探讨。

据统计,截至2023年,“中国知网”收录的以“元宇宙”为主题的论文和期刊,半数以上都基于互联网信息技术、物理技术等方向,而以法学为主题的研究则相对较少。其中以《元宇宙空间著作权合理使用制度的困境与出路——以转换性使用的界定与适用为视角》[①]引用次数最多,该文探讨了“对转换性使用进行界定和适用”的问题。

本文通过对元宇宙环境下著作权侵权案件中被告的确定问题的探讨,为相关法学研究提供有价值的参考,并为维护著作权人的合法权益提供有效的法律保护。接下来,本文将从法律、技术和伦理等多个角度展开分析,以期能够深入理解元宇宙环境下著作权侵权案件的复杂性,并提出相应的解决方案,为相关领域的学术和实践工作提供有益的启示。

(一)传统著作权侵权的形式与法律保护

著作权是知识产权的重要组成部分,在保护创作成果和鼓励创新方面起着重要作用。同时,著作权侵权行为表现形式多样,根据我国《著作权法》《民法典》中“侵权责任编”的规定,常见的著作权侵权形式包括:直接复制和传播作品;衍生作品的创作和发表;表演、展览、信息网络传播等多种方式的侵犯。

面对著作权侵权的表现形式,传统的应对流程从注册作品著作权并保留相关证据开始。在侵权发生时,为维护合法权益可要求侵权方停止侵权行为,并寻求赔偿。无法通过协商解决的,著作权人可以向法院提起侵权诉讼,维护自己的合法权益。综上所述,面对不同的侵权形式,著作权人可依法采取相应的措施,包括保留证据、发出侵权通知以及通过诉讼等方式维护自己权益,以确保著作权得到有效保护和实施。

---

① 袁锋:《元宇宙空间著作权合理使用制度的困境与出路——以转换性使用的界定与适用为视角》,载《东方法学》2022年第2期。

(二)元宇宙环境中著作权侵权的特点

元宇宙作为近年来兴起的技术,在数字空间里构建了一个类似现实世界的环境。由于其基于互联网技术的原因,在元宇宙环境中具有异于现实世界的特点,其典例为元宇宙用户对数字资源的交易。元宇宙是一种突破互联网二维平面的局限,创造与现实世界交融共生的虚拟网络世界。[①] 借助去中心化的区块链技术,通过 NFT(非同质化通证)和 NFR(非同质化资源)对数字作品进行唯一化、非同质化的认证,以确保数字作品的版权归属和流转可追溯。[②] 这为数字资源的发布、共享和版权保护提供了技术路径。而元宇宙的经济体系通常采用"NFT+加密货币"的模式,推动数字资源的交易和价值挖掘,使得数字创作者能够获得衍生利益。

正是因为元宇宙具有特殊性,所以在这个环境下的著作权侵权也具有异于现实世界的特点,将凸显出来自虚拟世界的特点和前所未有的挑战。首先,元宇宙中的 UGC(用户生成内容)和 PGC(专业生成内容)的创作者身份难以确定。其次,在元宇宙环境中,著作权的保护和作品交易的安全存在着一定的分离。虽然区块链技术能够追溯作品的交易历史和流向,但它并不能有效防止作品在未经授权的情况下被复制和在现实世界中被非法使用。这给打击非法复制、篡改和盗版行为带来了一定的挑战。在实际情况中,不只是复制,元宇宙中的 NFT 作品更有可能被人盗取,导致著作权和财产权同时被侵犯。以周×伦 NFT 事件为例:2022 年 4 月 1 日周×伦所持 NFT 作品"无聊猿"被盗事件中,即使拥有号称绝对安全的 OpenSea 平台的保护,黑客依然可以通过技术手段盗取当事人的 NFT 产品;并且由于区块链的唯一性,对 NFT 作品的归属只取决于区块链的数据。由于 NFT 作品具有唯一性,这使得盗窃数字财产也具有了传统盗窃行为的特征。

综上所述,元宇宙环境下的著作权行为存在当事人身份不确定性、著作权与交易体系分离等特征。如果作品在交易之前就遭到侵害,即使交易过程本身在技术上是绝对安全的,著作权所有者的权益仍然会在事实层面受到损害。同时,创作者身份难以确定将会给监管和维权带来较多困难,更为被告确定带来诸多不确定性。因此,对于元宇宙环境下的著作权侵权问题,确定适格的被告及其身份,以及维护著作权人的合法权益仍是一项具有挑战性的任务。

---

① 石培华、王屹君、李中:《元宇宙在文旅领域的应用前景、主要场景、风险挑战、模式路径与对策措施研究》,载《广西师范大学学报(哲学社会科学版)》2022 年第 4 期。

② 向安玲、高爽、彭影彤:《知识重组与场景再构:面向数字资源管理的元宇宙》,载《图书情报知识》2021 年第 11 期。

二、元宇宙中的侵权被告适格问题

(一)元宇宙中被告适格与传统著作权被告确定之差异

在普通案件中,被告的确定是诉讼过程中的重要环节,涉及维护当事人的合法权益和保障司法公正的核心问题。根据《民法典》中的"侵权责任编"以及《民事诉讼法》中的相关规定,传统方法主要通过确定被告的法定联系和事实关系来确定其法律责任;并根据责任原则的不同种类确定各主体承担责任的多少。元宇宙技术作为"互联网+"技术的衍生品,其追求的"开放""共享"精神与版权的专有性在一定程度上发生着冲突。[①]

在传统方法中,被告的确定通常依据以下几个要素:首先,是侵权行为的实施者,即直接导致侵权行为的主体。其次,是侵权行为的发起者,即对侵权行为起导向或组织作用的主体。最后,是侵权行为的受益者,即从侵权行为中获得利益的主体。通过对这些要素的综合分析和判断,法院最终可以确定具体的被告人或被告单位;并且根据有无独立请求权的第三人作为追加被告。简而言之,传统方法在确定被告时主要依赖实体世界中的法律主体和事实关系。传统方法强调侵权行为的实施者、发起者和受益者之间的直接联系和责任关系。法院可以通过调查、证据和事实的确认准确确定被告的身份和法律责任。

然而,在元宇宙环境下,确定著作权侵权行为的被告面临一定的限制和挑战。元宇宙的特性包括去中心化、匿名性和数字化交易的复杂性,这给著作权侵权的调查和追溯带来了困难。元宇宙中 UGC 和 PGC 的创作者身份常常难以确定,用户可以使用虚拟身份或匿名账户进行创作和交易,使得被告的身份模糊不清,也为调查和证据收集带来了挑战。此外,倘若不存在《民法典》"著作权编"中列举的侵权例外情形,通常情况下对网络服务提供者适用的是间接责任,可作为共同被告追究责任。而直接责任主要体现在直接使用网络服务对著作权人实施侵权行为的当事人之间。

因此,在传统方法中,被告的确定依赖于实体世界的法律主体和事实关系。然而,在元宇宙环境下,虚拟身份和匿名账户的使用增加了被告身份的不确定性,且元宇宙的数字化交易和复杂性也进一步模糊了对被告身份的确定。由此可见,在元宇宙环境下的著作权侵权行为中,确定被告与传统方法存在显著差

---

① 雷艳珍:《信息存储空间提供者的版权侵权责任——以"土豆案"为视角》,载《法制研究》2009 年第 2 期。

异。而这些差异主要反映了三方面的不足:立法不完善、证据收集困难以及跨区域合作执法难。

(二)现行法律规制的缺陷

在现有著作权法规定中,针对互联网环境下特殊著作权侵权问题的应对规则非常有限。国际上对互联网传播方式的调整也仅有少数几个先例,如美国的《数字千年版权法案》(DMCA)(1999 年),它为互联网传播环境下的著作权问题提供了一定的参考,但随着互联网内容的迅速扩张,DMCA 中的"通知—删除"规则已无法高效应对大规模侵权行为。[①] 作品在移动互联网环境中以碎片化或拼贴的方式被使用,对侵权行为的认定变得复杂和困难,给网络服务提供者和著作权人带来了诸多困扰。现阶段互联网中著作权法的立法尚不完善,而在元宇宙中,相关问题只会更加严峻。以近年来快速发展的 AI 技术为例,被告身份在AI 技术的发展下变得更加难以确定。

随着时代的发展,幻想中的人工智能逐渐走进了现实。早期的人工智能只能专注于某一具体方向的研究,而现在的人工智能则随着时代的发展而更完善。现阶段的 AI 主要包括两种:能够胜任各种工作的泛用 AI,以及某一项专业能力特别突出的专用 AI。泛用 AI 最大的特点是:拥有巨大的数据库,并可以对用户提出的问题进行快速回应。如 ChatGPT,由 OpenAi 在 2022 年 11 月面向公众推出公测的大语言模型,基于预训练生成模型"GPT"(generate pre-training)。GPT 很好地向大众展示了人工智能的未来,用户可以对其提出各种各样的问题,而 GPT 则会及时对用户提出的问题进行分析,并且根据过去学习过的数据对问题进行解答,其知识储备足以回答使用者提出的绝大部分问题。除此以外,专用 AI 也有突破性的发展。近年来,各种高质量的绘画 AI 和以微软 Copilot为代表的编程型 AI 爆发性地出现,为人类社会提出了巨大的挑战,大量传统的人力绘画工作或重复性代码编纂工作将有可能被 AI 取代。目前,AI 画出的作品在不到一年的时间内由抽象走向具体,它还可以快速掌握各种不同的风格,并且对输入的内容作出及时处理。

对于确认被告而言,AI 的出现可能会使得被告的范围模糊。以 AI 训练数据为例:AI 要产出海量的内容,就需要先对其投喂大量数据。但 AI 并不会甄别用来学习的数据是否经过授权。而在目前,互联网上已经爆发过声讨"AI 使用未经授权的数据进行训练"的情况。那么,对于采用 AI 生成的内容,其创作者是否需要为其创作的作品涉及非法来源数据而负责,是否会成为著作权侵权案的被告? 新兴技术的出现对过去的法律产生了挑战,在实践中,现行的法律条款

---

① 熊琦:《移动互联网时代的著作权问题》,载《法治研究》2020 年第 1 期。

能否对这种情况进行有效的规制,是否能够提供具有普遍性的保护? 立法的滞后性会对被告身份的确认产生负面影响。

(三)虚拟性带来的证据收集困难

虚拟性与匿名性是元宇宙环境中必须要面对的问题。正如前文所述,元宇宙中的内容创作者身份不容易被确认,虚拟身份和匿名账户的存在,导致无论是进行创作还是在交易的过程中,被告的身份都有可能是模糊的。而对于 NFT 来说,虽然交易者之间的身份是不明确的,但交易关系是基于实体世界中的法律主体而产生的,这要求 NFT 产品的交易也需要被法律所约束,NFT 交易行为受法律关系的约束与规制。

元宇宙中的匿名性与虚拟性对被告的确定产生了负面影响,追究法律责任需要先明确相关的对象,而元宇宙中的虚拟身份将严重影响对身份的明确,这对于维权追责是非常不利的。个人信息作为确定被告身份的关键数据,在元宇宙中却并不容易获取。为了保护个人隐私,平台建立严格的数据保护法规和机制,限制个人信息的获取和使用范围。一般用户在面对侵权之际,很难通过平台去了解侵权行为实施者的身份,这加大了确认被告身份的困难性。

(四)国际合作的缺乏

元宇宙环境下的数字产品已然成为"互联网＋"数字经济下的新业态,[①] NFT 作品作为一种基于区块链的独特数字资产,具备唯一性、可溯源、不可篡改和易确权等特点。然而,并非只有一种区块链,而是存在多种不同的区块链网络。这些区块链之间缺乏相互识别和连接的机制,导致跨区块链交易面临诸多困难,包括资源消耗巨大和技术上存在漏洞。即使在同一个国家的内部,不同的区块链和交易平台也存在差异,而不同国家和地区之间存在更加巨大的鸿沟,缺乏统一的标准来保障交易和维护权益。

由于元宇宙去中心化的特性,跨国界的著作权侵权行为可能难以被有效追究和惩处。不同国家对 NFT 的监管和治理也存在差异,导致跨国合作和法律协调方面的困难。譬如,针对 NFT 和加密资产的监管措施在美国和新加坡已经出现,但不同国家之间的一致性和协调性仍不完善,这需要在未来的实践中不断加强国家之间的沟通协作。各个国家之间缺乏协助也会给被告的确认带来阻碍,即便是类似的情况,也有可能会因为不同国家法律法规的不同,导致被告的范围产生区别。所以,不同平台之间如何达成协作,对被告确认也有很大的影响。

---

① 唐洁、丁丹:《元宇宙视野下数字藏品的发行价值与发展策略》,载《出版广角》2022年第 21 期。

三、法律应对元宇宙著作权侵权中的被告适格

(一)法律规制与监管机制的完善

法律本身存在局限性,对于未来可能出现的新情况,只能提供一些模糊的规定,随后通过法律解释的颁布来调整和完善。在法律解释的诸多分类中,目前学界以"文理解释"为优先。① 在民法领域及民事诉讼法领域中,王利明教授主要认同德国学者萨维尼的观点,即主张适用顺序为"文义—体系—历史—目的"。② 文义解释最能够被大众所接受,在能够适用此种解释方法的案例上作出的裁定能够充分保障法律的稳定性。只有当文义解释无法适用于元宇宙环境中被告确定情形时,才可按照体系解释探讨本章节对当事人合法权益的保护确定适格的被告,或是按照指定法律条文的时代背景、创制目的分析个案差异,通过社会学的考量选择具有最佳社会效果的解释。③

针对元宇宙著作权侵权问题,确定被告的方式应当采取法律解释而非频繁制定新的法律。同时,应加强监管机制的规定,将监管机制作为预防著作权侵权问题发生的保障措施,并确保在被告确定存疑时适用合适的法律制度。最高人民法院发布的典型案例通常经由专业人员筛查后选出,参考涉及元宇宙类相关案件所作出的司法解释能够为预防新型犯罪提供合适的指导。其中所蕴含的法律裁决的逻辑思维值得我们反复挖掘和思考,④更有助于在微观层面处理日新月异的元宇宙环境中的侵权案件,间接地实现有法可依。

因此,在元宇宙著作权侵权问题中,应依靠法律解释来适应新情况的发展。同时,为了加强监管,需要增加并完善监管机制的规定。这将是预防著作权侵权问题发生的保障措施,并在被告确定存疑时确保适用合适的法律制度。监管机制的规定应考虑到元宇宙环境的特殊性,确保著作权的信息监管能够适应技术和平台的变化。

---

① 魏治勋:《文义解释在法律解释方法中的优位性及其限度》,载《求是学刊》2014 年第 4 期。

② [德]萨维尼:《萨维尼法学方法论讲义与格林笔记》,杨代雄译,胡晓静校,法律出版社 2008 年版,第 7 页。

③ 杨知文:《社会学解释方法的司法运用及其限度》,载《法商研究》2017 年第 3 期。

④ 张雅静:《法律解释方法在民事裁判中的运用——以弘扬社会主义核心价值观典型民事案例为例》,载《安阳工学院学报》2023 年 5 月。

(二)国际合作与多边协议的重要性

针对目前存在的区块链分散问题,以太坊等区块链平台已经尝试将多个区块链合并为一个统一的区块链网络。同时,这种做法为国家治理提供了有益的参考。在元宇宙环境下,数字产品的发展和区块链技术的应用将会给著作权保护带来新的挑战和机遇。这一现实,使加强国际合作和多边协议的重要性凸显出来。笔者从其他国家的法律制度和案例出发,指出在中国民法和著作权法中加强国际合作和多边协议的必要性,并突出强调与前文相关内容的互相印证。随着元宇宙环境下数字产品的兴起,跨境犯罪行为的追究和被告身份的确定是一个复杂而关键的问题。因此,国家之间需要在法律层面展开合作,以共同解决这一问题。

首先,国际合作可以通过建立跨国执法合作机制来加强对跨境犯罪的打击。国家之间可以签订双边或多边法律合作协议,明确合作方式和执法程序。这些协议可以涵盖民事、刑事司法互助、证据交换、引渡等方面,以确保各国能够合作追究元宇宙环境下跨境犯罪行为的责任。例如,国家可以建立专门的机构或执法网络,加强信息共享和合作调查,确保被告身份的准确确定。

其次,国际合作还可以通过共同制定和遵守国际标准和准则,加强对元宇宙环境下跨境犯罪的预防和打击。国际组织和机构可以承担起协调和促进的角色,促进各国在法律层面上的协作。例如,世界知识产权组织(WIPO)可以推动国际间著作权保护的标准化和协调性,提供相关的指导和培训,帮助国家建立更有效的执法机制。

再次,建立元宇宙环境下的跨国争端解决机制也是国际合作的重要内容。由于跨境犯罪往往涉及多个国家不同的法律制度,解决争端可能面临各种难题。国际仲裁机构和争端解决机制的建立可以为跨境争端提供独立、公正和高效的解决途径。国家可以通过签订仲裁协议或共同承认国际仲裁机构的管辖权,确保争端能够得到公正和有效的解决,包括确定被告的身份。

最后,基于元宇宙环境本身的虚拟性,除了在技术层面和法律层面在现实空间中为被告的确定提供蓝本;还可以从虚拟空间本身出发,在虚拟控件中建立相关的制度,模拟线上法庭,在案发的"第一现场"确定适格的被告,维护著作权人的合法权益。

综上所述,元宇宙环境下著作权保护面临诸多挑战,加强国际合作和多边协议具有重要性。通过国际合作和多边协议,各国可以共同制定规则和标准,加强信息共享和经验交流,为元宇宙著作权保护提供统一的法律框架和救济机制。这种合作与协议的重要性在其他国家的法律制度和案例中也得到了证明。通过国际合作和多边协议,能够更好地应对元宇宙著作权保护的挑战,促进数字经济的可持续发展。

(三)平衡证据收集与个人隐私

在元宇宙环境下,确定被告身份需要利用先进的技术手段,这就对数字化证据的收集和保存提出了更高的要求。NFT平台、人工智能服务提供者与各种平台方重视起对原始数据的保存,这些原始数据在司法中将转化为证据。由于元宇宙的匿名性与虚拟性,用户的身份在元宇宙中的确认会受到诸多的挑战,而完整的证据链将会对准确定位被告的身份起着决定性作用。如人工智能对于大数据的处理和区块链共识机制对于财产在技术上的归属人的确定等。通过这些技术的优势,可以提高身份确定的准确性和效率。数据就是证据,对数据的妥善收集与保存将对确认被告有举足轻重的作用。

在重视数据收集的同时,也应当加强对个人信息的保护,平台方收集到的数据应受到严格的监管。法律应明确规定,确保这些平台只收集必要的个人信息,并采取安全措施保护用户的隐私。特别是对于敏感信息,如生物特征数据等,应经过多次审核才能获取,以确保信息的安全和个人隐私的保护。除此以外,根据《民法典》"人格权编"的规定,敏感个人信息在使用上应当比普通个人信息的使用有更多的限制。特别是那些能够独立验证当事人身份的信息,一旦使用完毕,应及时予以销毁,以防止信息被泄露和滥用。这就要求建立明确的数据保留和销毁制度,确保不再需要的个人信息得到有效处理。这对于被告也是一种权益保护,使得被告免于法律之外的不法侵扰。

综上所述,确定被告身份在元宇宙环境下需要依据公民的个人信息结合元宇宙技术、人工智能技术和区块链技术的优势来实现。在此之中,平台方与元宇宙使用者需要重视对可能成为证据的数据的保护,充足的证据是确认被告身份的第一步。同时,也必须保持个人隐私与数据保护的平衡,确保个人信息的安全和保密,并建立严格的规定和机制来管理个人信息的收集、使用和销毁。只有这样,才能在维护公民权益的同时有效解决被告身份确定的问题。

(四)元宇宙被告适格和互联网被告适格的共通之处

相较于"元宇宙空间被告适格"问题的研究,目前学界还缺少相关的司法成例。结合以往的司法经验,可以从与"元宇宙技术"相似的概念出发。元宇宙空间在技术研发上正是依赖于高速发展的互联网技术,并且根据上文提到的元宇宙空间技术的定义和应用场景,与现有的互联网技术环境有着十足的相似度。从互联网技术诞生至今,其所积累的案例足够我们面对类似的司法实践。因此在缺少元宇宙环境实践的客观背景下,可以通过对互联网环境中类似问题的归纳整理,得到普遍适用于"元宇宙空间"和"互联网空间"共性的一般性法学研究方法,这将为我们应对这两类案件提供恰当的指导。

从研究方法来看,探讨"被告适格问题"的共通之处就是归纳相似法律概念之间的共性,因此"被告适格"问题作为以程序法为主要分支的司法实践,应契合程序法原则,避免过度理想化的立法倾向。元宇宙环境和互联网环境作为数字时代的两大维度,构建了信息社会的基础。虽然元宇宙空间相较于互联网空间,用户能够得到更加沉浸的体验;但二者的底层交互逻辑极为相似,无论是经济功能还是社交功能,都呈现着虚拟性、实时性等特征,二者共同提供了用户创作、表达和互动的平台。

从民事诉讼法角度审视,无论是元宇宙环境还是互联网环境,著作权侵权案件中的被告都需明确其行为是否构成侵权,及其法律主体资格。元宇宙中的虚拟创作与互联网的数字内容创作都需考虑著作权法规,明确创作者权益。互联网环境下,往往存在着三方主体——用户、网络服务提供者和网络侵权者,而元宇宙环境中大致也是这样的分类。为解决这类共通问题,可借鉴互联网环境的法律实践。建立适用于元宇宙的法律主体识别机制,关联虚拟身份与真实身份,确认被告适格性。同时,加强平台监管和数字水印等技术手段,有助于追踪和确认元宇宙环境中的侵权行为,保障著作权人合法权益。

四、结 语

在这个元宇宙技术快速发展的时代,尽管法律的出台可能存在一定的滞后性,但学术界对相关内容的研究仍要紧跟时代步伐。元宇宙作为一项全新的技术具有前所未有的特点,包括用户身份的匿名性、各国制度之间衔接的缺乏以及证据收集的困难,这些都给传统司法带来了巨大的挑战。

虽然挑战存在,但并非不可解决。首先,在立法层面加强对元宇宙的规制,灵活运用现行的法律,从法律解释的角度出发,以便及时确定被告人的身份。其次,重视国际合作,完善多边协议,以解决跨国案件中的被告确认问题,确保各国制度之间更好地衔接。最后,必须平衡好证据收集和数据保护之间的关系。数据是确认被告身份的关键,但也必须确保有统一的机关协调和集中收集机制,以防止滥用和不当使用个人隐私信息。

对元宇宙进行合理的规制将为社会带来更大的收益而非风险。作为底线保障的法律需要对元宇宙技术进行规制,并对基于元宇宙产生的社会现象进行详细而具体的研究,从而使元宇宙更好地运行,造福社会。

刑 事 司 法

基于敌人刑法立场的反恐犯罪策略[*]

■王利荣　张蕊馨^{**}

摘要:制裁普通犯罪的常规手段不足以应对极端恐怖犯罪。在敌人刑法观的批评中拂去误读和泡沫,基于"兵刑同源",取敌人刑法立场作为责任刑法的重要补充,符合历史规律和现实需求;适当提升刑法的反应度,切实保护不特定人生命健康及重大财产安全,具有目标的正当性;持"慎战"与"慎刑"相同理念,"定点清除"联通刑法精准评价,降低战争和刑罚的负效应,具有方法的合理性。而且与防御性战争的策略相似,入罪组织、领导、参加恐怖组织行为,宣扬和煽动实施恐怖活动行为,以及资助和准备恐怖犯罪行为,旨在清晰界分敌我阵营;与放下武器即化敌为邻的原理相同,随着紧张对峙局面的结束,常态刑法取而代之,接续跟进综合治理,具有坚实理论依据,目前也已被中国新疆反恐经验所证实。

关键词:敌人刑法;恐怖犯罪;精准打击;综合治理

一、恐怖活动碎片化与刑法强势因应

2001年9月11日,恐怖分子劫机撞向纽约世贸中心与华盛顿五角大楼,颠

---

* 本文系2021年国家社科基金项目"自由刑执行衔接机制研究"的阶段性成果(编号21BFX010)。

** 王利荣:广州应用科技学院教授,广东省城乡文化发展研究中心研究员,西南政法大学教授,刑法学博士生导师;张蕊馨:广州应用科技学院教师,广东省城乡文化发展研究中心研究员。

覆了社会文明以经济发达为表征的基本认知,各国政府同时见识到恐怖犯罪的破坏力,它清晰地告知人们,即使在物质财富高度集中的 21 世纪和法治程度较高的国家和地区,和平假象背后蕴藏着极大危机。基于社会系统复杂和结构脆弱,"非国家行为体"的攻击给一些国家和地区带来了不亚于战争的创伤。① 在全球化和网络时代,由于国界失去传统安全屏障功能,各地遭遇恐怖袭击的不确定性大大提高,以致联合打击恐怖活动得到了国际社会的重视和支持,特殊刑法呼之而出。

(一)极端恐怖主义犯罪的法律符号

恐怖的社会特征是攻击,攻击分为"敌意性"(hostile aggression)和"工具性"(instrumental aggression)两个类型。敌意性由愤怒引起,以伤害为目的。工具性则将伤害作为实现诉求的手段。在现代社会中,恐怖活动属于工具性攻击,它与普通暴力犯罪的区别是:行动具有组织性、预谋性且具有明确的政治诉求。② 对此,《维也纳宣言和行动纲领》将恐怖活动目标界定为:"恐怖主义行为、手段和做法的一切形式和表现,旨在摧毁人权、基本自由和民主。"上海合作组织将恐怖对象界定为:"致使平民或武装冲突情况下未参与军事行动的任何人死亡或重大人身伤害、对物质目标造成重大损失的任何行为,以及组织、策划、共谋、教唆上述活动的行为,此类行为因其性质或者背景可被认定为恐吓居民、破坏公共安全、强制政权机关或国际组织以实施或不实施某种行为,并且是依各方国内法也应追究其刑事责任的行为。"我国《反恐怖主义法》将恐怖主义总体界定为:"本法所称恐怖主义,是通过暴力、破坏、恐吓等手段,制造社会恐慌、危害公共安全、侵犯人身财产或者胁迫国家机关、国际组织,以实现其政治、意识形态等目的的主张和行为。"

(二)由追因到定论恐怖犯罪人的"人格体"

恐怖犯罪加剧的复杂原因早已被当下社会深刻检讨。第一,大国奉行单边主义做法,将自身利益和安全确定为"世界共同体"利益,极大伤害了处于弱势国家及地区人民的情感。中东地区由此陷入长期战乱就是例证。第二,"冷战"后民族和宗教冲突加剧。正如亨廷顿所言:"冷战结束并未结束冲突,反而产生了

---

① 王伟光:《恐怖主义·国家安全与反恐战略》,时事出版社 2011 年版,第 131～140 页。

② [美]约翰·梅里曼:《一触即发:现代恐怖主义的起源》,范譞译,华东师范大学出版社 2020 年版,第 13 页。

基于文化的新认同以及不同文化集团之间冲突的新模式。"① 由于伊斯兰文明被推到威胁欧美文明的对立面,在一些国家或地区不可避免地出现文化逆流,部分信众因自身的深重危机感转而同情和接受原教旨主义主张。可见,极端主义兴起不是一种文化出了问题,而是多文化相融合出了问题。② 第三,在后现代社会,社会人的原子化倾向有所加速,传统代议制精英政治模式受到来自草根群体的挑战,于是极端主义思想本身不仅是乱局之源,它还在杂乱观念旋涡中获取"黑养料",恐怖组织也不断吸收那些反社会者、极端主义主张者和移民中的失意者,以致恐怖袭击成为社会碎片式矛盾积压直到猛烈爆炸的恶果。第四,经济全球化背景下,生产要素涌入"洼地"导致移民增加,而当受过高等教育的移民受限于社会制度和文化差异被推回底层,或者本人不愿被所在国政治和社会归化时,对抗便成了其显示存在的方式。显然从外向内的追问,最终落足于具体实施了恐怖犯罪的人。

恐怖犯罪分子是敌人吗?早些时候德国学者雅格布斯对此作出明确回答,这也成为他的敌人刑法观的重要的实践支撑。所谓敌人指"根本性偏离者,在确定犯罪领域中,将持续偏离而不再能提供认知性最低保证(Kognitive Mindest-garantie)的人定为非人格体,这便是敌人"。更确切地说,恐怖犯罪人是敌人人格体不是市民人格体,前者必须被征讨和被排除,这里所谓的"不认知"不是基于主体的精神障碍,而是他拒绝接受与他人共存的基本规则,当实施恐怖犯罪的人拿他人生命健康血祭自己的执念时,他就站到了市民的对立面,此时战争与刑罚扭结成同一股力量,为个人安全的权利而战,这个区别相同于叛国罪与市民犯罪的区别。③ 对此,在承受诸多批评的同时,国外学者中有人从功能主义角度支持,对"特别危险的情况采用特别的斗争方式,这种做法可以在立法者的敌人刑法般的言说那里得到印证,这符合法治国的原则,同时,它是功能性和实践性的"。至少这一定位可以将刑法反应维系于一个可以接受的水平上。④ 对此,我国学者也有人谨慎赞同,"敌人刑法的危险性明显小于敌人政治的提法,敌人刑法并非一种无止尽否定的操作流程,而是被理性地作为例外使用"。⑤

---

① [美]塞缪尔·亨廷顿:《文明的冲突与世界秩序的重建(修订版)》,周琪等译,新华出版社 2016 年版,第 78 页。

② Maha Yahya, The Middle East's Lost Dacades: Development, Dissent, and the Future of the Arab World, *Foreign Affairs*, 2019, Vol.98, No.6.

③ [德]雅科布斯:《市民刑法与敌人刑法》,徐育安译,载许玉秀主编:《刑事法之基础与界限——洪福增教授纪念专辑》,台湾学林文化事业公司 2003 年版,第 15 页。

④ Gunther Jakobs, Feindstrafrecht? —Eine Untersuchung zu den Bedingungen von Rechtlichkeit, HRRS 8-9/2006, S.293.

⑤ 蔡桂生:《敌人刑法的思与辨》,载《中外法学》2010 年第 4 期。

(三)对"独狼式攻击"的刑法因应

随着国际反恐联合战线的形成,规模化袭击有所降低,低技术和碎片式攻击概率有所增加,碎片化下"ISIS"与国家及有组织模式下"ISIS"相比,犯罪转入暗处,但犯罪频率加快所带来的社会恐怖情绪的弥散,同样极大困扰着各国政府。

"独狼式攻击"令反抗过程及效果更直观而快速地引起恐慌,"民众基本安全感的丧失不可避免地损毁了城市生活,对犯罪的恐惧不仅会延缓人力资本的流入,而且会恶化个体生存处境,导致人们'用脚投票',选择离开令城市迫近衰败"。① 这同时可能为其再次爆发积蓄能量。一是极端思想总是更能在边缘人群中得到同情和支持,二是恐怖组织借助较强私密性的社交媒介网络进行快速且隐秘的全球扩张。何况,零碎的个人反抗无须借助"基地"组织封闭式运作方式,恐怖头目无须全球飞行,只需用 Facebook、Twitter 或者暗网宣扬极端主义思想,招募极端分子,传授暴恐方法,恐怖犯罪破坏力就会成倍增长。正是由于恐怖活动的新变化,反恐策略须由战争方式转位为刑罚方式,配合这一转位,责任刑法观让位于功能主义刑法观,其中最明显的标志是刑法在组织形式、行为阶段上提前介入的同时扩大主体范围,增设抽象危险犯,严密制裁法网。

二、战争、刑法"以暴制暴"同质性

"9·11"事件后,国际反恐行动不分地界和时间,国家对外或对内压制对手和维护个人生命财产的方式有了更高程度的融合,"兵刑同制"同时得到新诠释,敌人刑法与战争规则也由此发生新融合。

(一)先发制人是恒定的战争策略

打击恐怖主义行动最早被美国及其盟国定义为"对抗邪恶轴心"的战争。其中"邪恶"和"恐怖"都用于指代极具破坏性的反人类的行为。作为神学概念,"邪恶"在政治语境被引用有一石二鸟的效用。第一,对抗"邪恶"的制度方案和政治主张,有了正当根据。第二,对抗"不是你死就是我亡",既然与恶人为伍无异于与虎谋皮,消灭和制裁就必是摧毁邪恶势力的方式。即在"善"与"恶"对立中消灭才是本质。与之相仿,功能主义刑法观主张,不仅应当惩罚准备实施恐怖犯罪的预备行为,还须制裁为实施具体犯罪的煽动和组织行为,以攻为守的定位明显不同于传统刑法定位。

---

① 罗钢:《安全城市战略背景下公共交通反恐安检问题研究》,载《广西警察学院学报》2018年第3期。

(二)动武以制服为限、制裁须受程序控制

战争是人类社会为获得和平不得已采取的行动。《孙子兵法》:"上兵伐谋,其次伐交,其次伐兵,其下攻城。"经历两次世界大战浩劫后,国际社会越来越清晰地看到战争的破坏性。为此,国际公法确认的战争法则中,发动战争的合法性只能是自卫反击且禁止任意杀戮。《联合国宪章》规定:禁止任何国家使用武力侵犯别国领土完整或政治独立,在此基础上确认个人或集体自卫反抗武装攻击是"一种固有的权利"。

鉴于战争通常是政治势力的嗜血搏杀,如同克劳塞维茨在《战争论》所确认的,战争成败的关键是挫败敌人斗志,使其无法再战。① 和平主义者对战争持全面否定的态度。本杰明·富兰克林认为:"从来没有好的战争,也从来没有坏的和平。"②更折中的政治主张是:一方面,流血是不得不动武的代价;另一方面,须用战争伦理约束双方行为。早些时候,基督教学者托马斯·阿奎那、奥古斯丁提出战前正义、交战正义以及战后正义的伦理体系,在当下,基于对专制政治的不信任和对战争破坏力的深度畏惧,现代国家在应战或者不得不动用军队保卫国民基本法益时,都被要求同时将其所为与纯粹的丛林法则,与强权即公理的专制做法做明确的切割。正是如此,"兵刑同制"让国家对内适用刑法的规则反向用于约束战争的行动,尽管战争与刑罚施用的对象和发挥作用的时间明显不同。一方面,由于战争破坏力大,战争状态结束意味着战争规则停止适用,对于战胜方来说,敌人放下武器即恢复平民待遇,这是美军军方和中央情报局在海外大规模虐待囚犯被媒体曝光而引起国际舆论普遍批评的主要原因。③ 另一方面,刑法是和平年代最严厉的制裁手段,它采取秋后算账方式处罚战犯和战争中的犯罪行为,严格遵循刑事诉讼程序。这是 2013 年 5 月联合国人权事务高级专员办事处谴责美国有关当局绕过冗长的条条框框抛弃刑事诉讼程序,甚至动用"水刑"获取反恐情报的主要理由。

---

① [德]克劳塞维茨:《战争论》,李哲译,天津人民出版社 2018 年版,第 23 页。

② [美]本杰明·富兰克林:《富兰克林自传》,蒲隆译,译林出版社 2017 年版,第 134 页。

③ 国内长期把美国设在古巴的"Guantanamo Bay Detention Camp"翻译为"关塔那摩监狱",其实这是会引起歧义的,准确的翻译应是"关塔那摩拘留营"。因为,监狱(prison)和拘留营(detention camp)是有本质区别的。"监狱"是罪犯经审判后服刑的地方,"拘留营"则是嫌疑人审前羁押的场所。被关在关塔那摩拘留营里的,不是囚犯(prisoner),而是拘留犯(detainee)。

三、"慎战"与"慎刑"的相同立场

恐怖组织和个人在全球发动"圣战",具有明确目标,"圣战"以制造乱象方式挑战正式权威和破坏法律秩序,战法是"杀敌一万,自损八千",实施方式具有残暴性且亡命参与者不计成本。对此,以国家名义发动的战争强调定点清除和精准打击,在相当程度上表明与保护普罗众生截然相反的态度。这一因应方式同源于法治国家的"帝王条款",罪刑法定原则所体现的既是对国家强制力的限制,又是国家保护职责的明确要求,敌人刑法的定位也未超出这一道义立场。

(一)"定点清除"与"精准制裁"取向一致

国际社会约定战争规则是基于慎战的共识。第一,不经宣战就开战,违反国际法而须承担相应的法律后果。① 第二,一旦进入战争状态,相关法规和公约即在交战国之间生效。国际法要求,战争任何一方不允许使用生化武器和大规模杀伤性武器;对于放弃抵抗的军人和受伤的兵员应予保护,可见敌人不是固化的概念,战争状态和敌人定位都不必然支持一律清除的结论。

慎战的要点是节制使用武力。老子《道德经》提出:兵者不祥之器,非君子之器,不得已而用之。孙子《作战篇》曰"善战者,不战而屈人之兵",理由是"凡用兵之法,驰车千驷,革车千乘,带甲十万,千里馈粮"。意思是战争成本太高,就算能打赢,也是杀敌一千自损八百。对此,西方战略学家利德哈特在《孙子兵法》英译本序言中说:"欧洲军事思想深受克劳塞维茨巨著《战争论》的影响,假使能同时受到孙子思想调和,本世纪两次人类战争导致的重大灾难,也就可以免除不少。"目前国际社会对战争的规制基于《日内瓦公约》和《海牙公约》。《海牙公约》奠定了"人道法和公众良心"的基础,《日内瓦公约》强调两个规则即人员损失应减到最少限度、个人人格应受尊重,而且强调规则二优于规则一。

中华传统政治法律思想更是将刑罚放在辅助德治的位置,这不仅源自民本思想,慎刑直至慎用武力的原理还基于历代国家铁腕统治最终倾覆的教训。质言之,"慎战"和"慎刑"对于共同抑制恐怖活动而言:一是旗帜鲜明地反对恐怖主

---

① 荷兰法学家格劳秀斯运用自然法思想、正义的战争以及战争中的正义来揭示战争与和平之间的关系,他承认国家体系中存在理性的因素,这种理性应当追溯到人类社会生活的自然要求幸福和安宁的本性,这就是说全人类或者至少大部分人类,只要形成社会,便会有普遍法则,故而他认为可以存在共同的法则和制度把国家间的冲突限制在一定范围内,国家必须在国际社会中接受共存与合作。这种和平与人道主义精神贯穿他的《战争与和平法》整本著作,普遍秩序规则所体现的是一种社会的趋同性,要求发生冲突的诸多国家的普遍利益超越个别国家的野心,以此维持和平。

义犯罪;二是使用灵活战术瓦解敌人内部;三是削弱和铲除恐怖主义滋生的土壤。质言之,中国式应对恐怖犯罪的做法从来不是消灭敌人的肉身。面对有着"新形态战争"之名的恐怖犯罪,正确的反恐策略是综合治理包括对要害的重拳打击,后者是不得已使用的辅助手段。

(二)宣战与"法无明文不定罪"的对应性

公开宣战和依法定罪都按预定规则行事,都是给出动武的理由,不同的是前者针对敌对国和敌对势力,后者针对敌对的个人和潜在的组织。公开宣战与其是告诉对手己方的行动及日期,实质却是申明发动原由,由此作为后续政治和法律评判的依据。比如,以对方拥有生物武器为由发动战争,事后未发现未获取证据,战争的发动就会被历史评价或者被国际法庭宣告为具有非正义性。同理,奉行敌人刑法观在于:第一,要求刑法适时反应,毕竟果断出手才谈得上以攻为守;第二,敌人的定位止于解除威胁,因而不是对践踏他人生命及健康的授权。具言之,奉行"法无明文不定罪"规则惩罚恐怖犯罪,是以成文法形式先行告知行为禁区,并且依据个人实施的违反法律要求且触犯了刑法的行为,开出罚单。这一法律规则与宣战原理是相似的,它既表明当下的定罪评判是对接刑法规范的结果,任何人适用法律的标准都是相同的,同时又为后续评价提供了系统标准。何况,在对付"独狼式攻击"问题上,识别其可罚性明显比识别国家、民族间暴力冲突的可谴责性,更容易一些。

(三)慎战、慎刑透现的制度优势和自信

自卫反击通常是判断现代战争是否正当的实质标准,但不是唯一标准,战争过程即动武的过程还须节制武力。比如,一般情形下应当将战争中可能受到伤害的妇女、儿童、老弱病残等人群,以及其他没有参战的平民,及早撤出战争区域,以避免造成不必要的附带的伤害。又如,在敌对状态下,对敌对方领袖、重要军事将领、重要军事措施采取定点清除的方式,既可以导致敌方群龙无首、瓦解斗志,又减少了杀戮。这种定点清除的战术与刑法精准定罪的相似处前文已做分析。刑法明确规定,只有符合刑法分则规定的犯罪构成要件要素且有责的行为,才是应受制裁的行为,以致罗克辛教授将刑法誉为法科中最精密的科学,加上宣告一个人有罪是运行刑事诉讼程序得出的结论,刑事法治机制运行以其极高信用示人,已是定势。而国家及国际联盟同时具有强大的武力后盾,即便是惩治最具暴力恐怖特征的恶性犯罪,战争自卫反击模式和刑法基本规则也应被一体遵循。

(四)战争清算借助刑法清算

就战争而言,有关战争法规和公约在交战国间立即生效,依其规则对违法者作出追究和清算却一定是在战后。纽伦堡审判不仅是典型法例,而且审判所依据的是国际刑法。理论上看,德国、日本战犯接受刑事审判不仅仅是因为作为交战失败的一方而被送入囹圄,更是因为他们或者发动战争具有非正义性,或者无视规则大开杀戒,正是违反了一系列国际公约以及实施了反人类的暴行,他们才受到国际刑法的制裁。由此可见,国际社会之所以运行略显烦琐的刑罚机制,接轨于已结束的战争,都是试图说明自己不是依赖于人多势众而欺压弱小,它试图理性传达给民众自己的力量来自正义,同时试图告知民众,对国家力量的依赖和对法律的信任都是正确的,是值得期待的。

四、"敌人刑法"立场对刑法修改的深刻影响

采取功能主义刑法观直至敌人刑法观,积极应对后现代非传统安全的威胁,的确会带来压倒民主及其他合理政治诉求的巨大风险。① 对此激烈的批评是:"民主在战争时间被悬置起来,权力被临时托付给强大的中央政府。当下反恐战争既是全球范围的又是持久看不到尽头的,这种悬置变成常态。战时令其他诉求处于半窒息状态,进而民主被深深埋在持续不断冲突和整体安全机制之下。"②相对缓和的批评是,国家安全受严重威胁时,政府权力扩张和损及个人权利有了"必要"的理由,而必要是可左可右的。两种批评中,"敌人刑法"都是最明显的靶子。

雅格布斯认为:"对于那些持续性的、原则性的威胁或破坏社会秩序者或根本性的偏离者,就应当把他当作一个敌人来对待。"③这一识别技术目前受到的批评很多,在政治经济发展相对平稳的常态社会,即便不是将所有犯罪人都推到敌对面,"敌人刑法"也会受到质疑,我国学者中就有人坦言,"雅格布斯的'敌人刑法'理论的主张站不住脚,是一种充满歧义和危险的理论"④。但如果将视线集中于恐怖犯罪,如果说犯罪人将牺牲无辜民众生命健康作为挑战正式权威的

---

① 吴亚可:《当下中国功能主义刑法观的合宪性检视》,载《中国刑事法杂志》2021年第6期。

② 田飞龙:《政治正当程序——阿克曼的政治宪法理论及其启示》,载《学海》2014年第1期。

③ [德]格吕恩特·雅格布斯:《行为责任刑法——机能性描述》,冯军译,中国政法大学出版社1997年版,第28页。

④ 刘仁文:《敌人刑法:一个初步的清理》,载《法律科学》2007年第6期。

工具,刑法须予提前介入的话,敌人刑法、安全刑法或预防刑法除了表述差异外,无实质区别。

(一)扩大制裁圈,入罪支持恐怖活动的行为

恐怖犯罪活动主要指:直接实施侵害不特定人生命健康权利和重大财产权的暴力行为;组织领导和参与组织的行为;为实施暴恐犯罪做原教旨主义思想灌输的行为;训练自杀意识和破坏技能的行为。但停留于被动反应式的刑法机制明显不能保护社会的基本安全,制定和运用类似军事刑法的特殊刑法,针对恐怖犯罪采取"打小,打早,打苗头"策略,更符合战争与刑法反应的规律要求。[①]

首先,奉行"敌人刑法观"是细致识别犯罪人。在雅格布斯看来,敌人刑法与市民刑法可予并存,针对一般犯罪人适用市民刑法,针对特殊犯罪人适用敌人刑法。具体到恐怖犯罪认定层面,刑法扩张相关具体犯罪构成要件要素,前置可罚性起点,假设符合当下社会人普遍预期,并且被推断是真正意义上的罪刑均衡,那么就不难从刑法的链式反应中看到"对象是敌人"的角色定位,而且如果说功能主义刑法、安全刑法或者预防性刑法定位在特殊时段或场合具有正当性,"敌人刑法"也应如此。对此不假思索地否定,不如对"过多转述与批判而有失真之嫌的敌人刑法理论进行文本还原,探求其理论的真谛"[②]。敌人、犯罪人不过是战争与法律术语不同而已,战争与刑法既然本质相似即同源同制,敌人刑法的提法就未必一律相悖于责任与预防一体化的刑法的定位。

其次,"敌人刑法观"仍未脱离以行为为评价基点。无论是卢梭的政治主张还是康德的道义报应,刑法既然承载社会契约的精神,触犯刑法的人违反依其契约所产生的义务就不再是普通市民,其中顽固不化的背离者既已危及他人生命健康,刑法定位其敌对角色实质是犯罪人的选择。更重要的是,敌对的立场告诫人们:付出最小损失的选择是迅速制敌,自卫的有效时机一定是在敌人临近动手之时。质言之,只要宣告自己的敌对立场,刑法迅即出手。我国《反恐怖主义法》明确要求:"对任何组织、策划、准备实施、实施恐怖活动,宣扬恐怖主义,煽动实施恐怖活动,组织、领导、参加恐怖活动组织,为恐怖活动提供帮助的,依法追究法律责任。"国家不向任何恐怖活动组织和人员作出妥协,不向任何恐怖活动人员提供庇护或者给予难民地位。

最后,受"敌人刑法观"支配,立法者在原罪名体系基础上增设抽象危险犯。

[①] M. Cherif Bassiouni, Legal Control of International Terrorism: A Policy-Oriented Assessment, *Harvard International Law Journal*, 2002, Vol.43, No.1.

[②] 王莹:《法治国的洁癖——对话 Jakobs 敌人"刑法理论"》,载《中外法学》2011 年第1 期。

且这类犯罪仍有积极对抗的行为特征。第一,入罪强迫他人在公共场所佩戴恐怖组织或极端主义标志的行为。采取暴力、胁迫方式强制他人在公共场所穿着佩戴恐怖主义或极端主义服饰标志的行为,能够营造同情和支持民族分裂主义和原教旨主义氛围,由于极端恐怖主义标志除"东伊运"旗帜等特定标志外是一个很难把握的概念,以黑色沙丽为例,这可以是一些信教成年妇女的蒙面饰物,又可以是极端主义者表达执念的标志,对此,立法者只是入罪基于原教旨主义执念强迫他人佩戴标志的行为。第二,入罪破坏国家法律实施的行为。奉行极端宗教思想的组织和个人,以煽动或胁迫方式,利用极端主义宗教教义和狭隘民族主义情绪,阻止信教群众到政府部门登记结婚,不允许女孩接受学校教育,煽动和胁迫群众不认可法院判决,甚至公开对抗基层政府管理,这些行为直接损及法律权威,进而危及政权稳定和社会稳定,因而入罪有着充分根据。

(二)扩大制裁圈,入罪组织、领导和参加恐怖组织的行为

恐怖犯罪链通常存在四个关键环节:宣传原教旨主义,物色殉道者和争取同情者;为实施恐怖犯罪建立组织;为实施恐怖犯罪准备工具或制造条件;采取攻击行为取得轰动性恶果。基于此,与联合国《反有组织犯罪公约》相呼应,以及与国际社会捣毁恐怖基地组织的战术原理相同,1997年刑法增设组织、领导、参加恐怖组织罪罪名,我国《刑法修正案(三)》《刑法修正案(九)》接续调整刑罚等级,以致这类先于预备犯的预备行为,被定性成实行犯,且被归属重罪。

在常态社会,刑法将所有的犯罪集团划入敌对阵营,固然可能陷自身于驱逐和清除犯罪源的野蛮状态。但面对有组织或有预谋的恐怖犯罪,面对极其残暴和凶险的侵害,为保护手无寸铁的平民,刑法形成四层定罪评价阶梯,划出敌对阵营,却不失为正当选择。我国刑法在打击有组织犯罪方面,还存在以下规定以及和司法效用截然不同的现象:第一,我国《反恐怖主义法》对恐怖组织的界定是"恐怖组织指三人以上为实施恐怖犯罪而组织的犯罪组织",用恐怖行为界定组织明显是定义循环,但认定恐怖组织很少引发司法纷争,原因是恐怖组织逆生存的状态非常明显,敌对立场突出。相比之下,即便刑法从组织形式、经济状态、违法犯罪史和控制影响等方面系统界定黑社会性质组织,相关罪名的认定依然频发争议。第二,在制裁恐怖犯罪时,择用杀人、故意伤害、爆炸等具体罪名,与其组织、参加恐怖组织的行为,数罪并罚,并未引起重复评价的批评,而在处罚涉黑犯罪时,重复评价始终是理论质疑的理由,是实践争点。这佐证了反恐犯罪中"打早、打小和打露头"的策略即敌人刑法的定位。

(三)扩大制裁面,入罪宣扬和煽动实施恐怖活动的行为

《刑法修正案(九)》增设宣扬恐怖主义、极端主义思想言论和煽动实施恐怖

活动罪的根据是煽动者通过传播、洗脑,借笃信者的行为尤其是青少年为超生愚念血祭教义的行为实现自己的政治目的。在已设共同犯罪、传授犯罪方法、煽动颠覆国家、颠覆国家政权罪的基础上,再设新罪,敌人刑法的定位随之呈现。

首先,新设罪名澄清了极端主义与恐怖活动的逻辑关联。刑法修改过程中,围绕恐怖活动与极端主义如何准确界定,有无必要适用极端主义的说法,刑法学界曾经有过诸多质疑的声音。恐怖主义提法对应恐怖犯罪,二者关联紧密,但极端主义的指向不甚明确,似乎不大符合罪刑法定原则对明确性的形式要求。几经讨论,立法者仍将其写入《刑法修正案(九)》应是基于以下考虑:第一,恐怖主义和极端主义是一对可予相互解释的概念,极端宗教执念和民族主义情绪往往是支撑恐怖活动的思想根基,在立法中,采取二者结合的方式更能帮助侦诉辩审四方准确把握定性标准,它同时更能反映这样的共识:宗教信仰自由应予保护,利用宗教分裂国家的行为应予谴责。第二,极端主义或是立誓消灭异己性信仰的执念,或是强调绝对排他的民族情感;恐怖活动则指实现这些宗教及民族诉求的具体方式。二者关联通过现实案例,更能认知立法者的用心。比如,一些别有用心的人钻国家法律保护宗教信仰自由的空子,在讲解基础教义中恶意渗入极端思想的内容,这样做往往比直接宣传暴力式恐怖活动的诱惑性大,负面影响同时呈倍数增长,而将这类行为归属恐怖犯罪行为往往可能引起争议,采取并合式提法,定罪标准反而更周延。

其次,由于定位为敌对方,与危害国家安全犯罪罪名体系设置相同,宣扬直至煽动恐怖犯罪的行为,应予入罪。第一,这类行为与间接实行犯的危险性质和程度相当,传授犯罪的具体方法尚且入罪,引起他人实施暴力致人死伤的意志的行为,更具可罚性。第二,运用共同犯罪和教唆犯的原理不能完全威慑这类危害行为。比如,以传教、传习修法名义宣扬实施恐怖行为,教唆更隐晦且作用明显,而无论是共犯还是间接正犯,教唆内容都须具体才能定性犯罪,增设新罪可以将这类危害更大的煽动行为绳之以法。第三,将其入罪,有助于铲除同情恐怖犯罪的文化土壤,这与防止在战争中瓦解军心、筑牢防线的道理是相通的。

(四)铲除有毒"土壤",入罪资助和准备恐怖犯罪的行为

帮助和准备实施恐怖活动罪是刑法增设危险犯的典型代表之一。两个罪名界于具体和抽象危险犯之间,由于与实施行为距离较近,它们的具体危险犯的特性相对更明显,两类犯罪的刑罚配置最长可达到十五年,这可能是实质预备犯和帮助行为正犯化中施刑最重的类型。准备实施恐怖活动犯罪包括:第一,为实施恐怖犯罪准备凶器、危险物品等工具的人与工具使用者之间的意思联络不能被证明,因而不能定性其他具体罪名的,定此罪;第二,组织恐怖犯罪活动的培训或积极参与培训的,定此罪,受蒙骗被逼迫参与培训的除外;第三,为实施恐怖活动

与境外组织或人员联络的,包括网络运营维护人员,定此罪;第四,为实施恐怖活动包括对上述环节进行具体策划的,定此罪,这主要是指:难以查明与恐怖犯罪组织或人员有关联,行为人参与具体策划实施恐怖犯罪活动,同时没有证据证明行为人直接参与恐怖活动等情形。

资助恐怖活动罪是刑法增设危险犯的典型代表之二,资助与实施犯罪较远,作为最具危害且最不易辨识其帮助的具体对象的行为,资助行为受到制裁明显不能仅靠共犯规则,独立成罪只须查明资金的流向,无须落实到其具体资助的对象。

设此新罪,与资助危害国家安全活动罪、资敌罪相同,其因与战争法则关联,故而能得到敌人刑法观的强力支持。

五、人类命运共同体视野下的修复创伤

2013年习近平总书记首次向世界传递人类命运共同体理念。人类命运共同体的提法源自世界普适价值和传统中华文明,中国向有"天人合一"之说,所谓"道生一,一生二,二生三,三生万物,道法自然",不仅仅提出天地人相协调的"天道",还提出了人类社会的"治道"或"世道"。

本质上讲,恐怖主义遵从的并非全然毁灭的逻辑,作为社会内部一种侵入的、非对称的暴力,它反映社会存在内爆的倾向,恐怖分子以微弱实力打破原有政治权力结构,如同在一个空玻璃瓶中扔进一小粒石子发出巨大噪声,它让人们看到现代国家体制所尽力维护的一个没有政治暴力的巨大空间其实只是幻象。他们告知民众:这些政体没有能力全天候、无死角地保护民众免受暴力的伤害。① 而政府对这样的挑衅如此敏感是因为一旦出现恐怖袭击,网络媒体上出现的血腥画面就会引发公民对无政府状态的担忧,这在政治策略层面解释了敌人刑法的定位,只是,在人民至上目标下,敌人刑法理念可以转向为常态刑法理念。

(一)和平是社会存续发展的表征

无论是战争还是刑罚,敌人的定位不会固定不变,放下武器的一方与放弃抵抗的犯罪人都不再具有行为和意志敌对的本质,与战争结束的结果一样,敌人刑法理念终会转化为常态刑法理念。

我国《反恐怖主义法》明确规定,对于因实施恐怖活动和极端主义而被判处

---

① [斯洛文尼亚]斯拉沃热·齐泽克:《欢迎来到实在界这个大荒漠》,季广茂译,译林出版社2015年版,第98页。

徒刑以上刑罚的罪犯,相关部门可予决定采取安置教育措施。一方面,监所应当在其刑期届满之前对其犯罪性质、犯罪情节,评估其社会危害程度和主观恶性程度,同时应当评估其服刑期间的表现,以及被释放后对所居住社区可能具有的负面影响;作出社会危险性评估,司法实践中,这类社会危险性评估通常还会由基层社会组织和原办案部门配合作出。另一方面,罪犯服刑地的中级人民法院应当在其被释放前作出责令其在刑满释放后接受安置教育的决定,被决定安置教育的人员对决定不服的,可以向上一级人民法院申请复议。司法实践中,这类安置教育被称为特别安置教育。安置教育采取不定期制,安置带有就业的意味,教育则具有行为督导的性质,整个安置教育由省级人民政府组织实施。据目前安置教育的做法,该措施限制人身自由的程度大于对普通犯罪人施予的社区矫正。安置教育机构每年必须评估被教育人的社会危险性,决定是继续留置还是令其回归原居住地,对于提出解除安置教育意见的或者被安置教育人申请解除的,都应报请决定安置教育的中级人民法院作出决定。

与普通刑事犯罪中预防性刑法目标相比,反恐怖犯罪中,基于敌人刑法的管控力度更大。特别安置教育与一般安置教育的区别:不只是对象适用不同,还在于前者具有限制人身自由的性质。目前,透视处于反恐重点地区的相关试点工作,尽管将整个安置教育制度运行的着力点放在安置上,即令其居有定所,放在教育上,即令其摆脱执念而回归普通人的生活状态,但这并不必然表明立法者就解决了所有问题,把握国家强制力的合理力度仍是一个摆在政策制定者和实施者面前的任务。

在评估环节,"社会危险性评估的结果是安置教育制度启动与解除的依据。但由于尚无实践先例可循,目前立法规定较为笼统"①。根据反恐法,目前评估对象范围是明确的,但立法者列举的评估要素及其关联,并不周延也不尽明确。在安置教育及其力度的把握上,还须细加论证。极端恐怖犯罪本身就是一个极具极端冲突的概念和一个鲜明的法律标签,由于证明一个已犯过罪的人的危险性远比证明其没有危险容易,高频采取继续限制人身自由方式予以特别安置教育,必是普遍结果。因此,与其说"基于恐怖活动罪犯和极端主义罪犯的未来再犯风险设置安置教育制度,反映的是反恐立法在面对安全利益和自由目标时所作出的适当让渡"②,不如说,这是在个人自由与社会安全发生直接冲突时以限制特定人群的自由为代价的选择。这明显是固守敌人刑法的负面代价。

既然行为人已经付出自由的代价,对于那些没有直接参与实施暴力性犯罪

---

① 黄彬:《恐怖活动罪犯与极端主义罪犯的社会危险性评估——基于再犯预防的视野》,载《华侨大学学报(哲学社会科学版)》2018 年第 2 期。

② 张桂霞:《反恐法中的安置教育制度研究》,载《湖北警官学院学报》2017 年第 5 期。

的人员,采取以一般安置帮教为原则,以特别安置教育为例外,更具合理性。由偏重于敌人刑法的定位逐步降为普通预防的等级,与战争向和平时代规则转化的道理相同。基于此,特殊安置教育的方式、期限,收容对象年龄上限和下限,拟被安置教育人的辩护权,都须跟进实施细则。[①]

(二)重建社会关系是战后重建与刑罚预后的共同目标

战争的发动与刑罚的施用都是不得已的选择,综合治理包括了战后重建、补刑罚之短板等对策措施。就敌对方而言,以 ISIS 为代表的恐怖主义活动超出既有政治经济理论可解释的范畴,战争解除公开对抗虽一定程度上安抚了社会心理,却没有解除极端主义精神武装。就敌对个体而言,恐怖犯罪人因受极端主义执念支配,为寻求来生不惜以"烈士""殉道者"而非普通刑事罪犯自居,令适用于俗世社会的古典刑法理论失去作用。但是,以威慑手段应对恐怖活动只有短期效应,用之过度,可能激化和掩盖错综复杂的地区冲突和社会矛盾。采取综合治理理念和手段,超越战争与刑罚思维,立足促成社会进步文明目标就会发现,我国新疆地区创制的宝贵的治理经验,具有很高的可复制性。

新疆借助国家制度的整体优势,"在国外恐怖主义形势复杂和国家安全风险加剧的背景下,地方政府将注意力大幅转向社会稳定和民族团结,针对极端恐怖主义活动发生成因与特点"[②],从解决民生问题入手,由被动防卫到积极综合治理,有效促成了社会进步与民族团结。历史证明,只要一个社会中存在社会阶层流动与变化,必是活力与危险并存。作为后现代社会的极端顽疾,恐怖犯罪的抑制如不试着解决全球化背景下政治、经济、文化、宗教等深层冲突,仅靠战争与刑罚威慑力,事情会变得更糟。与西方政治精英们为单边主义和区域一体化勾勒美好蓝图,却在现实中忽视不平等和不安定的因素相比,我国新疆地区展开的反恐策略,主要依赖系统拉动地区经济和提高各族人民生活质量,形成群防群治的反恐阵线,辅之以严厉惩治恐怖犯罪的综合治理方案。这似是挽回如今世界危局的一剂解药。

综上所述,在应对恐怖活动问题上,采取战争和敌人刑法立场保护不特定多数人的生命财产安全,都是不得已的选择。但在紧急状态解除之后,仇恨、自私、攻击永远不是解决问题之道,良知、互助、人道有着更持久和更强大的效应。因此,用诚意和对话化解矛盾,以合作获取共识,恐怖犯罪活动才会失去坐大成势的土壤。

---

① 徐持:《〈反恐怖主义法〉中安置教育的性质辨析与制度构建》,载《法学杂志》2017 年第 2 期。

② 曹李海、舒洪水:《地方政府恐怖主义治理注意力研究——基于新疆维吾尔自治区人民政府工作报告(2002—2019)》,载《中国刑警学院学报》2021 年第 5 期。

功利主义视域下认罪认罚从宽制度体系优化

■拜荣静　袁丹敏*

摘要:司法实践运行中,认罪认罚从宽制度对刑事诉讼人权保障基本理念带来一定冲击,批评者将其原因归结于认罪认罚从宽制度的基础理论——功利主义哲学,有必要厘清功利主义与认罪认罚从宽制度的内在逻辑关联,正确界定刑事诉讼中"最大多数人最大幸福"原则的具体内涵,认识到对犯罪嫌疑人、被告人基本权利的侵害实则背离功利主义本质,进而探究实然层面认罪认罚从宽制度所面临的困境与问题,促进认罪认罚从宽体系优化。

关键词:功利主义;刑事诉讼;认罪认罚从宽;人权保障;诉讼效率

一、问题的提出

自 2016 年启动试点,到 2018 年《中华人民共和国刑事诉讼法》(以下简称《刑事诉讼法》)正式确立至今,我国认罪认罚从宽制度已基本建成。司法实践中,认罪认罚从宽制度全面推行并已成为司法机关处理绝大多数刑事案件的主导模式①。认罪认罚从宽制度实质为认罪认罚人自愿放弃无罪辩护权与部分诉讼参与机会以换取最大限度上实体和程序的从宽处理。学界对认罪认罚从宽制度研究逐渐深入过程中,伴随着该制度在实践中出现"以效率换公正"的情形,有些学者将出现的问题归结于认罪认罚从宽制度背后的功利主义哲学理论,认为实践中司法机关为了诉讼效率而牺牲犯罪嫌疑人、被告人的权利,致使犯罪嫌疑人、被告人认罪认罚的自愿性与合法性无法得到保障,主要原因在于该制度背后功利主义理念的膨胀。此观点的深层逻辑在于"以功利主义为导向的刑事政策

---

* 拜荣静:兰州大学法学院教授,博士生导师;袁丹敏:兰州大学法学院硕士研究生。

① 根据最高人民检察院数据,我国认罪认罚从宽制度的适用率超 85%,参见张军:《最高人民检察院工作报告(第十三届全国人民代表大会第五次会议)》,https://www.spp.gov.cn/spp/gzbg/202203/t20220315_549267.shtml,下载日期:2022 年 3 月 15 日。

大举入侵认罪认罚从宽制度,进而存在冲破该制度基本底线的现实可能"①,该刑事政策在现实中存在过度功利的"异化"现象,其指导的认罪认罚从宽制度将造成整体利益与个体权利失衡,突破刑事诉讼基本防线。功利主义理念作为认罪认罚从宽制度的基础理论及核心理念,是否会造成认罪认罚从宽制度冲破刑事诉讼基本底线,对此问题的认识与解读具有极为重要的意义,唯有厘清功利主义与认罪认罚从宽制度的内在逻辑关联,方能科学审视认罪认罚从宽制度于司法实践运行中所出现的各种问题,最终实现该制度的体系优化。基于此,笔者将从功利主义的本质出发,通过界定功利主义"最大多数人最大幸福"原则在刑事诉讼中的具体内涵,采用"功利算法"具体分析各诉讼参与主体的"快乐"与"痛苦"因素,探究实然层面认罪认罚从宽制度中功利主义之背离,促进认罪认罚从宽体系优化以期行稳致远。

二、最大多数人之最大幸福在刑事诉讼中内涵再界定

英国哲学家边沁作为功利主义哲学创始人,对功利主义进行了系统阐释并形成完整的理论体系,主张功利主义理论基本要素为"最大多数人之最大幸福"原则,使功利主义真正成为一种思想流派。经过不断修正与改良,功利主义哲学对当代社会的政治学、经济学与法学等重要学科均产生了深远影响。就功利主义哲学与刑事诉讼的关系而言,自边沁创立功利主义哲学伊始,功利主义便与诉讼程序理论密不可分。边沁主要将功利主义作为一种法律和政治制度改革的指导原则,运用功利主义为最大多数人创造最大幸福的能力这一标准去检验法律制度的好坏。当然,与追求增加自己的"快乐"和"幸福"相比,个体追求"最大多数人之最大幸福"的积极性与能动性明显不足,在法治社会中,恰恰需要立法者通过立法行为对其施加影响,利用奖励和惩罚引导个体行为,为个体提供适当动机将追求"最大多数人之最大幸福"作为行为准则。作为功利主义哲学的基石,"最大多数人之最大幸福"原则表明功利主义不能与利己主义画等号,功利主义目标并不是追求某个个体的"幸福",而是追求群体范围内最大多数人之最大幸福。刑事诉讼程序中,"最大多数人之最大幸福"是否如批评者所言,对最大多数人之最大幸福的追求将造成对某一特殊群体权利的漠视,面对此非议与诘难,首先亟须对刑事诉讼中功利主义哲学"最大多数人之最大幸福"原则进行正确认识与界定。

---

① 刘茵琪:《认罪认罚从宽制度如何刑事政策化——基于宽严相济刑事政策之"宽缓"面向的考察与反思》,载《内蒙古社会科学(汉文版)》2019 年第 2 期。

(一)最大幸福的界定

就最大幸福的界定而言,有学者指出"就'最大幸福'原则这一点来说,其适用的对象也应仅限于行为者本人及有限度的社会群体之内,而从来都不是一种适用于所有主体的普世理念"①。易言之,个体对"最大幸福"认识不同,不同动机指引下的行为方向也有所差异,刑事诉讼程序中不同主体对"最大幸福"这一概念存在差异性理解。具体而言,刑事诉讼制度最直接的适用主体包括法院、检察院、公安机关等司法机关,被告人与犯罪嫌疑人,被害人三类。除此之外,广义上而言,刑事诉讼程序是社会公众追求司法公正的重要途径,判断一个刑事诉讼程序或制度好坏的标准离不开其是否能得到社会绝大多数人的认同和遵守,是故,社会公众也应当包含在最大多数人的界定中。穆勒在《功利主义》一书中也提出"'最大幸福原理'这一准则在最大限度上适用于全体人类;而且不仅仅适用于人类,就其本质而言,还同样适用于世间一切有知觉的生灵"②。在界定刑事诉讼中最大多数人之最大幸福这个内涵时,其适用对象不应仅局限于刑事诉讼主体,还应该平等地考量每个社会公众的最大幸福。

具体到各个刑事诉讼主体,在界定"最大幸福"内涵时,要对每一主体的最大幸福分类讨论,法院、检察院与公安机关既要追求司法公正,又不能忽视诉讼效率,提高诉讼效率目的在于节约更多司法资源处理疑难案件,保证这些疑难案件能够得到公正裁决,同时对于简单案件,快速处理既能提高诉讼效率,也因案情简单大多能够获得公正裁判;对被害人而言,获得公正裁判结果是被害人的根本追求,但"迟来的正义非正义",因此,诉讼效率提高和案件能够得到快速及时处理也是被害人所追求的目标之一。刑事诉讼程序中,被告人追求最大幸福不能将逃脱惩罚作为唯一诉求,功利主义自诞生起就未简单地将恣情纵欲等不符合社会德性的"快乐"作为价值追求,"快乐不能靠肉体享受和恣情纵欲来实现,快乐是同柏拉图、亚里士多德和斯多葛学派都推崇的德性,即聪慧、勇敢、节制和正直联系在一起的"③,易言之,刑事诉讼程序中被告人所追求的"最大幸福"应当符合刑事诉讼基本价值立场,即被告人获得公正审判,享有刑事诉讼主体地位且合法权利受到保障,除此之外,因大多数被告人在获得终审判决前都处于被羁押状态,诉讼效率也是其追求目标之一。

---

① 琚明亮:《戴着"镣铐"起舞:功利主义与刑事诉讼》,载《河北法学》2019年第7期。

② [英]约翰·斯图亚特·穆勒:《功利主义》,叶建新译,中国社会科学出版社2009年版,第19页。

③ [美]弗兰克·梯利:《西方哲学史(增补修订版)》,葛力译,北京商务印书馆2008年版,第55页。

(二)最大多数人之最大幸福的界定

"刑事审判其实展现了人类尊严的含义,显示一种文明尊敬地对待最卑劣的敌人——假定他们是无罪的,让他们能够平等地对抗,给予他们辩护人为其辩护。"①整个刑事诉讼程序所追求的根本价值即案件能够得到公正审判。在刑事诉讼中,功利主义追求最大多数人之最大幸福应当是对刑事诉讼本质价值的追求,而刑事程序设计正是通过对程序正义的追求而实现实体正义,故而,刑事诉讼程序中,功利主义"最大多数人之最大幸福"首先应当是公正这一价值目标。但是整个社会司法资源是有限的,如果对每个刑事案件都采取完整诉讼流程,可能会最大限度实现所处理案件程序正义,但会导致更多刑事案件堆积,从而无法保证所有案件得到公平处理,因此为了实现更大正义就需要进行一定程序设计而提高诉讼效率。换言之,刑事诉讼中追求最大多数人之最大幸福需要对诉讼效率和诉讼公正进行平衡,而非片面追求某一价值。从立法者在功利主义理念指导下选择刑事司法制度的角度分析,立法者选择刑事司法制度需考虑当前社会背景与社会整体样态,继而作出符合社会基本价值认同的行为,以求所选制度符合社会绝大多数人的认同与遵守。必须指出的是,虽然认罪认罚从宽制度是在我国"案多人少"矛盾日益凸显的背景下产生的,但最大多数人所追求的最大幸福绝非以效率换公正。有一种错误认知认为以功利主义学说为核心而设计的刑事司法制度往往并未考虑犯罪嫌疑人、被告人利益,而是一种以牺牲犯罪嫌疑人、被告人权利为代价追求诉讼效率的制度,实际上这是对功利主义的误读。实践中种种看似追求功利主义理念,暗含对犯罪嫌疑人、被告人基本权利侵害的司法行为,实则早已失去功利主义的本质内涵,最多只是披着功利主义外衣的虚伪经学。功利主义并非片面追求效率和社会公众的幸福而忽视犯罪嫌疑人与被告人的利益,"边沁认为追求公共利益与个人利益具有一致性,且公共利益并非抽象概念,而是由组成共同体的每个成员的个人利益所组成,离开了个人利益,公共利益也就不存在"②。刑事诉讼程序属于追求公共利益和个人利益的结合,而公共利益是由个人利益组成的,因此如果为了追求所谓以诉讼效率代表的公共利益而牺牲犯罪嫌疑人、被告人的个人利益并非对功利主义本质的坚守。

综上所述,最大多数人的最大幸福并非牺牲犯罪嫌疑人、被告人的利益而追求所谓打击犯罪的高效,20世纪以来,功利主义遭受了激烈的批判,一个重要方面就是人们往往抽象地把功利论和权利论对立起来,表现在刑事诉讼中就是将

---

① [英]萨达卡特·卡德里:《审判的历史——从苏格拉底到辛普森》,杨雄译,当代中国出版社2009版,第32页。

② 张立伟:《权利的功利化及其限制》,中国政法大学2006年博士学位论文。

功利追求与犯罪嫌疑人、被告人的权利进行对立。但是,从功利主义产生的历史角度看,功利和权利这两个概念并不是对立的,事实上,功利主义与自然法理论一起构成了现代权利的两大传统。"人们不能够将自己庸俗的'功利'见解强加于功利主义的头上,将所有以功利主义为名对权利施加的种种侵害归罪于真正的功利主义。"①刑事诉讼中,犯罪嫌疑人、被告人相比司法机关与社会公众而言是少数派,但是在刑事诉讼制度设计过程中,衡量各个主体的快乐与痛苦必须考虑犯罪嫌疑人与被告人的权利,从而设计出最符合功利主义的制度安排。

三、认罪认罚从宽制度中不同主体功利分析

"最大多数人之最大幸福"主要通过"功利算法"进行计算得来,即将影响主体行为的因素分为"快乐"和"痛苦"因素,经过计算分析主体行为的意愿强度,对认罪认罚从宽制度的体系优化具有理论与现实意义。上文对刑事诉讼程序中各个主体的最大幸福进行了探讨,以下通过详细分析各诉讼主体适用认罪认罚从宽制度时的"快乐"与"痛苦"因素,为认罪认罚从宽制度的体系优化奠定理论分析基础。

(一)对侦诉机关的功利分析

1.快乐因素

侦诉机关作为认罪认罚从宽制度的启动机关,其适用该制度的意愿性影响后端制度运行及在司法实践中的适用率。一方面,对侦诉机关而言,适用认罪认罚从宽制度有利于降低证据收集难度,提高公诉成功率;虽然最高人民法院、最高人民检察院、公安部、国家安全部、司法部《关于适用认罪认罚从宽制度的指导意见》第3条明确规定认罪认罚从宽案件严格遵循法定证明标准,但认罪认罚从宽制度仍然有助于降低侦诉机关收集证据难度,犯罪嫌疑人、被告人的有罪供述不仅可以作为补强证据与案件其他证据互相印证,形成完整证据链,同时侦诉机关也可以根据犯罪嫌疑人、被告人有罪供述搜集到未获取到的案件关键证据,使侦诉机关的指控达到法定证明标准,提高案件公诉成功率。另一方面,适用认罪认罚从宽制度有利于降低侦诉机关在法庭上的举证质证责任,降低法庭辩论强度。

2.痛苦因素

侦诉机关适用认罪认罚从宽制度过程中,当然也存在阻碍其适用该制度的痛苦值因素,主要存在于两个层面:其一,侦诉工作量在一定层面有所增加。在

① 张立伟:《权利的功利化及其限制》,中国政法大学 2006 年博士学位论文。

侦查与审查起诉阶段，侦诉机关都应当告知被追诉人所享有的权利及认罪认罚相关法律规定，且被追诉人应当在辩护人或值班律师在场的情况下签署认罪认罚具结书。客观程度上增加了办案流程，即律师参与下的量刑协商程序，降低了诉讼效率，加重了检察机关的办案负担。由是，侦诉机关讯问犯罪嫌疑人的次数将在一定程度上有所增加，且考察被追诉人"认罚"的重点之一为其是否具有悔罪态度及表现，或言之，侦诉机关需考察被追诉人是否具有赔偿损失、赔礼道歉等行为，甚至组织被追诉人与被害人及其家属就民事赔偿部分进行调解。其二，存在侦查权、审查起诉权失范可能性。侦诉人员因认罪认罚从宽制度存在提高效率、降低成本等优势而希望被追诉人尽快认罪认罚，若被追诉人拒绝认罪认罚，违背侦诉人员意愿，可能会招致报复性起诉从而致使侦查起诉权失范。

通过分析侦诉机关适用认罪认罚从宽制度所面临的快乐因素与痛苦因素，可以发现侦诉机关虽存在一定阻碍认罪认罚从宽制度适用的痛苦因素，但整体而言，侦诉机关适用认罪认罚从宽制度所获得的快乐因素明显多于痛苦因素，具有适用认罪认罚从宽制度的积极性与主动性。

（二）对审判机关的功利分析

1.快乐因素

审判机关作为适用认罪认罚从宽制度最后且最重要的一环，对其进行功利分析的意义尤为重要。在我国法院案多人少矛盾突出的司法背景下，认罪认罚从宽制度的产生具有解决此矛盾并实现繁简分流的现实意义，审判机关适用认罪认罚从宽制度，不仅有利于简化庭审程序，还能提高服判息诉率。一方面，认罪认罚案件依法可以适用速裁程序、简易程序或者普通程序审理，大多数认罪认罚案件通常适用速裁程序或简易程序进行审理，对提高审判效率，简化庭审程序的意义不言而喻。另一方面，认罪认罚案件在审查起诉阶段已由检察人员与被追诉人协商一致，若检察机关提出的量刑建议符合法律规定，法院则会采纳由控辩双方达成一致意见的量刑建议，控辩双方对此判决易于接受，自然能够降低控辩双方抗诉上诉风险，获得服判息诉的良好社会效果。

2.痛苦因素

审判机关适用认罪认罚从宽制度过程中，庭审重心从法庭调查与法庭辩论转变为对被告人认罪认罚自愿性、合法性与真实性的审查，与我国现行庭审实质化改革方向存在相悖趋向。除此之外，犯罪嫌疑人、被告人可能会在认罪认罚从宽的利诱下，而放弃无罪辩护、罪轻辩护或程序性辩护，表面上被追诉人获得了从宽处罚，但本质上是对司法公正的破坏，对以追求司法公正为根本目标的审判机关而言，被追诉人遭受不公正的裁判将成为阻碍审判机关适用认罪认罚从宽制度的痛苦因素之一。

回归到对审判机关适用认罪认罚从宽制度的功利分析上来说,审判机关适用认罪认罚从宽制度的快乐因素主要在于能够提高审判效率,节省诉讼资源,将更多诉讼资源投入具有社会一般示范意义的重要案件中,有利于推进司法公正。但在承认审判机关适用认罪认罚从宽制度的快乐因素时,也必须看到,其亦存在一定的痛苦因素,在此基础上,可以发现痛苦因素大多可以通过制度完善与体系优化而得以避免或弥补。如是观之,审判机关适用认罪认罚从宽制度具有足够的期待性利益,也符合功利主义"最大幸福"原则。

(三)对犯罪嫌疑人、被告人的功利分析

1.快乐因素

犯罪嫌疑人、被告人作为认罪认罚从宽制度的直接适用主体,其对认罪认罚从宽制度的态度与适用意愿将极大影响该制度的未来走向与司法实践效果。实体上,犯罪嫌疑人、被告人通过认罪认罚获得从宽处罚,量刑上的从宽直接影响到被追诉人的实体利益,国家通过认罪认罚从宽制度实现对犯罪嫌疑人、被告人的教育和改造,为被追诉人尽快回归社会与家庭提供可能。程序上,除审判阶段适用速裁程序、简易程序使得案件获得从简处理以外,还能在侦查、审查起诉阶段获得从快效果,"从利益衡量的视角来看,该制度推动轻缓强制措施优先适用,压缩了审前羁押的空间,甚至可以不起诉而结案,这减轻了被追诉人的诉累,也适应了新时代司法改革少捕慎诉慎押的要求,在保证公正的前提下尽量提高效率"[①]。

2.痛苦因素

犯罪嫌疑人、被告人作为"理性经济人",在作出是否适用认罪认罚从宽制度决定时,必然会对适用认罪认罚从宽制度所带来的痛苦因素进行理性衡量。犯罪嫌疑人、被告人适用认罪认罚从宽制度首先可能会丧失获得无罪判决的机会,被追诉人认罪认罚所作出的有罪供述将成为检察机关审查起诉必不可少的补强证据之一,与此同时,这也将成为被追诉人丧失无罪判决的理由。其次,尽管抗辩双方在检察机关审查起诉前就量刑基本达成一致,但对认罪认罚的被追诉人来说,其并非一定会获得与检察机关提出建议一致的法院判决,被追诉人对是否能够真正获得从宽处罚的担忧构成阻碍其适用认罪认罚从宽制度的又一因素。

结合犯罪嫌疑人、被告人适用认罪认罚从宽制度的快乐因素与痛苦因素可以发现,犯罪嫌疑人、被告人并非无条件相信认罪认罚从宽制度,存在一定痛苦因素阻碍其对该制度的选择。但从功利主义理念指导下的认罪认罚从宽制度本

---

① 孙运梁:《认罪认罚从宽制度中"从宽"的规范解释》,载《甘肃社会科学》2023年第3期。

质来看,该制度的要点在于赋予被追诉人与国家机器相等或基本相等的主体性地位,背后深层次逻辑在于该制度尊重被追诉人的自主选择权,"其背后的指向在于行为人在行为功利主义项下受自身欲望驱动而作出最有利于己的选择"[1];在此基础上,通过上文对刑事诉讼程序中功利主义"最大多数人之最大幸福"原则的界定可以发现,"认罪认罚从宽制度虽具有优化刑事案件的分流机制及司法资源配置的程序价值,但仍应以不侵犯刑罚裁量正义为底线,以实现司法效率的最大化"[2]。或言之,认罪认罚从宽制度并未侵犯被追诉人所享有的公正审判权,且坚持保障犯罪嫌疑人、被告人的基本权利,其为犯罪嫌疑人、被告人在功利原则指导下选择适用认罪认罚从宽制度提供必要的正当性依据。

四、实然层面认罪认罚从宽中功利主义之误读

认罪认罚从宽制度存在一定的规则误读和潜在的实践滑坡风险,其具体表现为对程序经济性的过度追求,忽视了程序公正及人权保障理念,实质上是对刑事诉讼中功利主义价值目标的误读。在我国员额制司法改革背景下,追求诉讼效率看似是解决现有案多人少司法矛盾的重要途径,但若将效率价值与程序经济性作为认罪认罚从宽制度的唯一目标,不仅是对犯罪嫌疑人、被告人主体性地位的忽视,也是对公正这一司法程序根本目标的偏离,违背了刑事诉讼中功利主义哲学最大多数人之最大幸福这一原则。最大多数人之最大幸福原则不能忽略犯罪嫌疑人、被告人的权利保障,无论是作为个人功利主义者的边沁,还是作为社会功利主义者的耶林,本质都要求对认罪认罚从宽制度中犯罪嫌疑人、被告人权利进行保障。实践中,认罪认罚从宽制度所面临的最大危险即片面追求效率价值,而忽视对公平的底线坚守。我们也应当认识到,这并非功利主义理念于认罪认罚从宽制度中的正确解读,相反,"无论是行为功利主义还是规则功利主义,其在承认社会基本价值取向的同时又都不否认其中个体欲求的差异与多元"[3],故而,司法实然层面认罪认罚从宽制度的适用困境与缺陷本质是对功利主义理论的误读,需在正确认识功利主义基本理念的前提下,为认罪认罚从宽制度的体系优化寻找解决路径。

---

① 琚明亮:《戴着"镣铐"起舞:功利主义与刑事诉讼》,载《河北法学》2019 年第 7 期。

② 王瑞君:《"认罪从宽"实体法视角的解读及司法适用研究》,载《政治与法律》2016 年第 5 期。

③ 琚明亮:《戴着"镣铐"起舞:功利主义与刑事诉讼》,载《河北法学》2019 年第 7 期。

(一)被追诉人自愿性保障不足

功利主义理念指导下的认罪认罚从宽制度所追求的"最大多数人之最大幸福"的前提条件为保障犯罪嫌疑人、被告人的基本权利,其主要标志即尊重被追诉人的自愿性。被追诉人自愿性作为认罪认罚从宽制度运行的正当性基础,既是对被追诉人主体性地位的强调与坚持,又是对司法人员履职行为的规范与制约。回归到法律文本层面,我国《刑事诉讼法》第 15 条的规定将"自愿性"作为开启认罪认罚从宽制度的"钥匙",然而,司法实践中被追诉人自愿性保障尚且不足,其对认罪认罚从宽制度的顺利运行将产生不利影响。司法实践中,一方面,因我国刑事诉讼未决羁押率居高不下,致使被追诉人于羁押状态下承受极大心理压力与负担,为缩短羁押时间、尽快结束诉讼状态而违背内心意愿选择认罪认罚;另一方面,因被追诉人欠缺有效法律帮助,且双方所掌握的信息量不对等,使其在控辩协商程序中无法与办案机关处于平等协商地位,导致我国控辩协商程序趋向于低效化、形式化,那么自然也意味着被追诉人认罪认罚并非在获得有效法律帮助下作出的理性和慎重选择。此外,在审判阶段,法院对被追诉人自愿性的审查机制尚不完善,尤其是针对适用速裁程序的认罪认罚案件,庭审被极大简化,法官审查被追诉人自愿性主要以当庭询问方式为主,极易走过场,"法官偏向追求诉讼效率,欠缺积极审查的动力,可能出现像德国法官消极审查的现象"[①]。故而,被追诉人自愿性保障不足已成为阻碍认罪认罚从宽制度发展的一个突出问题。

(二)值班律师制度流于形式

从制度设计目的来看,值班律师制度符合功利主义哲学要求,认罪认罚案件中犯罪嫌疑人、被告人没有聘请律师辩护的,应当由值班律师为其提供法律帮助,从形式上保障被追诉人获得法律帮助的权利。这是认罪认罚案件在追求诉讼效率的过程中对底线正义之坚守,既能满足犯罪嫌疑人、被告人的公正需求,又能为法院作出公正判决提供一定基础,同时也体现立法者对犯罪嫌疑人、被告人诉讼权利的重视,可以提升司法公信力,实现社会公众所追求的司法公正。

但从实践试点情况来看,司法机关并没有为值班律师履行职责提供充分的便利条件。认罪认罚从宽制度实际运行中,值班律师大多是在需要签字时才被司法工作人员喊到现场,部分律师甚至对案情并不了解,且没有会见过犯罪嫌疑

---

① 马勤:《微观比较视野下认罪认罚从宽制度的多维反思》,载《法制与社会发展》2023年第 3 期。

人、被告人,仅是到场见证被追诉人签署认罪认罚具结书。有学者将值班律师实际上发挥的作用称为"为检察机关认罪、量刑协商的合法性背书"。① 从某种意义上讲,值班律师不但没能保障被追诉人认罪认罚的自愿性、真实性,反而侵犯了其诉讼权益。现行值班律师制度无法保障被追诉者获得有效法律帮助,大都成为认罪认罚具结书签署的见证人。而在无法获得律师有效帮助情况下,被追诉者就有可能受到检察机关的诱导甚至误导,被迫签署一份对其不利的具结书。② 究其原因,我们可以发现值班律师的保障机制不够健全,其中一个关键问题即值班律师收入较低,不利于被追诉人获得有效法律帮助。值班律师在面对巨量工作的情况下,微薄的值班补贴使其很难产生足够的职业责任感,最终致使值班律师制度在一定程度上流于形式。值班律师制度流于形式的问题容易产生违愿认罪隐患,可能导致不公正的刑罚适用。

(三)被追诉人救济权保障不足

认罪认罚从宽制度运行过程中,被追诉人诉讼权利得不到保障的情形时有发生,进而易造成冤假错案的产生。认罪认罚从宽制度在被追诉人的救济权保障方面存在明显不足,违背了功利主义的"最大多数人之最大幸福"原则,一定程度上忽略犯罪嫌疑人、被告人的权利保障,造成了诉讼效率与人权保障的失衡。撤回权作为被追诉人的救济权利之一,主要指对认罪认罚供述的撤回,被追诉人享有撤回权对其权利救济具有极为重要的意义。但是,当前立法并没有对撤回权的行使主体、行使条件、程序机制及后果进行明确规定,与此同时,当被追诉人行使撤回权时,其在认罪认罚供述中所提及的证据与案件线索能否作为证据在本案中继续使用,立法都未予以明确。虽然被追诉人行使撤回权无可避免会增加司法机关工作量与工作难度,被追诉人否认此前作出的认罪认罚供述,将会直接破坏案件证据链的完整性,被追诉人认罪认罚的有罪供述所起到的补强证据效力随即消失,一定程度上会降低诉讼效率,增加诉讼成本。也正是在这一点上,立法未明确规定行使撤回权的程序机制及后果,但是,应当清楚地认识到,即使救济权的频繁行使会增加诉讼成本,也应当保障被追诉人充分行使救济权利,否则,将造成认罪认罚从宽制度无法坚持刑事诉讼底线正义,违背功利主义追求"最大多数人之最大幸福"的原则。

---

① 闵春雷:《认罪认罚案件中的有效辩护》,载《当代法学》2017 年第 4 期。

② 熊秋红:《认罪认罚从宽的理论审视与制度完善》,载《法学》2016 年第 10 期。

五、认罪认罚从宽制度的体系优化

立法者虽然希望法律能够实现所有人的最大幸福,但这种普遍性是不可能完成的。功利主义作为认罪认罚从宽制度的理论基础与指导理念之一,其所追求的"最大多数人之最大幸福"即为实现司法公正与诉讼效率的平衡,易言之,在追求诉讼效率的同时,不能忽视对犯罪嫌疑人、被告人基本权利的保障,应当坚持底线正义。认罪认罚从宽制度运行过程中,司法人员大多更重视对提高诉讼效率与降低诉讼成本的追求,而忽视了人权保障这一价值目标,因而,亟须厘清功利主义于刑事诉讼中的本质内涵,用真正的功利主义理论学说来阐明认罪认罚从宽制度背后的真身,将真正的功利主义学说作为回应实践需求的良方,并将其贯彻于解决现有实践困境中,防止司法实践中办案人员走上片面追求诉讼效率的错误之路。

(一)强化被追诉人认罪认罚自愿性的保障

强化被追诉人认罪认罚自愿性保障对优化认罪认罚从宽制度体系具有极为重要的意义。首先,法院应当优化对认罪认罚被追诉人自愿性的审查机制,实践中仍有部分法院侧重于耗费大量时间与精力审查案件事实问题,进而难以充分审查被追诉人认罪认罚的自愿性,法院应当将审查重点放在被追诉人认罪认罚的自愿性上;法院应当探索出多元且有效的自愿性审查程序与方式,提高法院对被追诉人认罪认罚自愿性的审查质效。其次,针对被追诉人因未决羁押而承受巨大心理压力与负担,从而非理智认罪认罚问题,其要点在于继续落实当下正在推行的"少捕慎诉慎押"刑事司法政策,相应地完善非羁押性强制措施,提高对非羁押性强制措施的适用,打消被追诉人的疑虑,进而保障被追诉人的自愿性。最后,针对因双方所掌握信息量不对等导致控辩双方无法平等协商的问题,应当建立强制信息交换制度,"规定检察机关掌握的证明被追诉人无罪或罪轻的证据或线索,应当及时向被追诉人和辩护人公开,通过'坏消息'的交换,保证被追诉人认罪认罚实质上的自愿性"①。

(二)完善律师参与制度

学界普遍认为值班律师制度对保障犯罪嫌疑人、被告人的诉讼权利具有重要的促进作用,值班律师不能仅发挥形式上见证犯罪嫌疑人、被告人签署认罪认

---

① 姜保忠、来宇:《认罪认罚从宽制度的法律经济学分析》,载《河南财经政法大学学报》2021年第4期。

罚具结书的作用,而是要发挥确保犯罪嫌疑人、被告人签署认罪认罚具结书的自愿性、合法性和真实性作用。首先,立法上需要尽快建立证据开示制度,通过让值班律师了解控方所掌握的证据来促进其为犯罪嫌疑人、被告人争取权益。其次,应当同步建立值班律师职责清单制度,通过合理安排对值班律师工作的考核倒逼值班律师担负起保护犯罪嫌疑人、被告人权利的职责,尤其应当重点考察值班律师对被追诉人真实认罪意思表示是否起到见证作用。与此同时,应当完善值班律师评价机制,将会见次数、所提供法律帮助内容与认罪认罚从宽的法律效果一同作为考核评价标准,与值班律师补贴、年度考核相关联。最后,需要适当提高值班律师的工作补贴,增强值班律师的工作责任感。通过一定的制度安排确保被追诉人获得有效的法律帮助,这既是实现公正和效率平衡的需要,也是维持程序正义底线的要求。

(三)赋予被追诉人救济权利

首先,我国法律并未明确赋予被追诉人撤回权,司法实践中,办案人员应当尊重被追诉人的自由意志,允许其行使完整的撤回权,即撤回权的行使时间为侦查、审查起诉与审判阶段全过程;针对被追诉人因违背自愿性而撤回认罪认罚供述的,司法人员若查明情况属实,则应当按照非法证据排除规则予以排除;同时,被追诉人因违背自愿性而撤回有罪供述后,该供述则不得作为案件证据使用,且来源于该供述的线索与材料也不得作为该案证据使用,若因其他原因撤回有罪供述,则可以对该线索与材料不予排除。其次,法律赋予被追诉人完整上诉权,认罪认罚案件中被追诉人是否应当享有完整上诉权这一问题引发了实务界与理论界的广泛讨论。笔者认为,既要从司法公正角度保障被追诉人的当然上诉权,但为了保持司法公正与诉讼效率的平衡,也应当在一定程度上限制被告人滥用上诉权,即针对适用速裁程序的认罪认罚案件,允许引入裁量型上诉制度,以科学合理地安排实现诉讼效率与司法公正的平衡,最大限度获得最大多数人的最大幸福。

结　语

从社会科学发展的历史过程来看,任何制度背后都蕴含着对某种价值的选择与追求。当我们探究如何完善某项制度时,首先需要对其价值问题进行分析和考量。认罪认罚从宽制度背后蕴含的功利主义哲学深刻影响着其在实践中的运行,需要注意的是,不能片面地理解功利主义仅是一味地追求诉讼效率,对刑事诉讼中功利主义哲学的误读将会导致过分强调认罪认罚从宽制度的经济效益,使得制度失去其根本的价值,也就是对公平正义的追求。通过对功利主义在刑事诉讼中"最大多数人之最大幸福"内涵的界定,我们可以发现功利主义并不是阻碍刑事诉讼追求公平正义的绊脚石,而是实现公平与效率平衡的助推器。正是因功利主义在刑事诉讼中所追求的终极利益与幸福是刑事诉讼公平正义,故其对效率的追求也可以看作是其追求社会公正的过程性行为,但只有将追求效率的界限达到最佳平衡状态才可以说是对公平的最大体现。除此之外,在追求效率的过程中,也不能忽视对犯罪嫌疑人、被告人权利的保障,否则对效率的提升不足以弥补因忽视权利而带来的不公正。

论刑事和解磋商的理论基础与制度构建*

■旷凌云**

摘要:刑事和解制度在保障被害人权利、提高刑事司法效率和促进社会和谐稳定等方面发挥着积极作用。磋商是刑事和解的必经阶段和重要组成部分,具有意思沟通、促使悔罪和修复损害磋商等功能,保障刑事和解制度的核心要素"悔罪、赔偿、谅解"之顺利实施。为了实现刑事和解制度的立法目的,应当摒弃司法实践中重视"赔钱减刑"的结果而忽视磋商过程的错误观念,以恢复性司法理论、社会控制理论和主体性理论为基础构建刑事和解的磋商机制。

关键词:刑事和解;公诉案件;磋商;恢复性司法

一、问题的提出

我国《刑事诉讼法》(以下简称《刑诉法》)于2012年修订时在借鉴恢复性司法(restorative justice)理论和总结各地刑事和解探索实践经验的基础上正式确立了当事人和解的公诉案件诉讼程序,学界对该程序的研究仍主要沿用"刑事和解"这一通用表述。刑事和解在解决犯罪致人损害的刑民交叉纠纷方面采用了与传统刑事司法不同的思路,即"以协商合作形式恢复原有秩序的案件解决方式"①。它建立在"修复性正义"的基础上,不像传统刑事司法模式偏好刑罚的报应或矫正效果,而是通过激发加害人的耻辱感以促使其悔过自新以及通过各种责任方式弥补犯罪损害并获得被害人的谅解,实行法律整治与道德感化相结合,从而有效化解刑事纠纷。根据现行《刑事诉讼法》第288条至第290条之规定,犯罪嫌疑人、被告人自愿真诚悔罪,通过向被害人赔偿损失、赔礼道歉等方式获

---

* 本文系广东省哲学社会科学"十三五"规划学科共建项目"新《刑事诉讼法》视角下刑事和解磋商机制研究"(GD17XFX06)的阶段性成果。

** 作者系广东财经大学讲师,法学博士。

① 陈光中、葛琳:《刑事和解初探》,载《中国法学》2006年第5期。

得被害人谅解从而双方达成和解协议的公诉案件,国家专门机关对之从宽处理。① 刑事和解磋商是指加害人与被害人围绕犯罪损害的弥补进行商量与讨论,反复交换意见,协调双方的利益诉求以消除分歧并达成合意的活动。可以看出,磋商是刑事和解的必经步骤,刑事和解的关键词"悔罪、赔偿、谅解"只有依赖磋商过程中犯罪行为人与被害人的沟通互动才能真正实现。

然而,由于《刑诉法》及其司法解释对刑事和解制度规定得较为粗疏,特别是刑事和解的关键环节即磋商缺乏具体规则的指引,导致该制度在具体实施过程中基本上被简化为"赔偿—和解达成—从宽处罚"的模式,②重视"赔钱减刑"的结果而忽视了磋商的正当程序。这使得刑事和解制度自实施以来在"公平正义"方面颇受争议,有人甚至对其提出是"天使还是魔鬼"③的探讨。

习近平总书记在党的二十大报告中指出:"公正司法是维护社会公平正义的最后一道防线。深化司法体制综合配套改革,全面准确落实司法责任制,加快建设公正高效权威的社会主义司法制度,努力让人民群众在每一个司法案件中感受到公平正义。"为实现刑事和解制度的公平正义,切实解决司法实务中刑事和解磋商过程不受重视且因缺少具体规则的指引而弊病丛生这一问题,有必要重视刑事和解磋商的应有功能,探究刑事和解磋商运行的理论基础,并以此建构科学的刑事和解磋商机制。

二、刑事和解磋商的功能

刑事和解磋商不仅是刑事和解的必经步骤,也是其重要组成部分。可以说,没有磋商,刑事和解制度就无法运行。不仅如此,刑民交叉纠纷的当事人就哪些内容进行磋商以及在磋商过程中是否达成合意,都决定了刑事和解的成败与质量。对当事人而言,刑事和解磋商不仅是获知案件相关信息的重要途径,也是维护自身合法权益的手段。对司法实务部门而言,刑事和解磋商关系到"宽严相济"的刑事司法政策之贯彻和刑事和解制度的立法目的之实现。一般而言,刑事和解磋商具有下列功能:

---

① 最高人民法院、最高人民检察院《关于常见犯罪的量刑指导意见》规定:"对于当事人根据刑事诉讼法第二百八十八条达成刑事和解协议的,综合考虑犯罪性质、赔偿数额、赔礼道歉以及真诚悔罪等情况,可以减少基准刑的50%以下;犯罪较轻的,可以减少基准刑的50%以上或者依法免除处罚。"
② 高永明:《基于刑事和解的赔偿减刑》,载《河南财经政法大学学报》2014年第1期。
③ 谢锐勤:《天使还是魔鬼:揭开"赔钱减刑"的面纱——以治理为导向的刑事和解实践》,载《法律适用》2014年第7期。

(一)意思沟通功能

刑事和解的一方当事人是犯罪行为的实施者,而另一方是犯罪行为的受害者,他们既利益对立又情感对抗,在刑事和解中持有不同的观点和诉求。只有通过磋商,双方当事人在反复的意思表达中完成思想与感情的传递和反馈,了解对方的需求,探究对方的底线,认清彼此的分歧,在此基础上不断调整自己的主张与策略,最终达成双方认同的和解协议。因此,意思沟通是刑事和解磋商最基本的功能,是当事人达成和解协议的前提条件。

(二)促使悔罪功能

刑事和解磋商与其他磋商的最大不同在于其具有促使悔罪的功能,该功能正是刑事和解轻刑化效果的原因之一。犯罪嫌疑人、被告人在与被害人围绕犯罪损害进行磋商过程中能清楚认识到自身行为之恶,有机会从被害人的角度和立场重新评价自己的行为,基于良心的惭愧而积极承担民事责任以弥补其行为造成的损害。这都表明了加害人的人身危险性减弱,故而对其适用的刑罚的强度应当相应弱化。

(三)修复损害功能

刑事和解磋商最重要的功能是修复犯罪所致的损害。该损害的修复不仅是通过双方合意确定的金钱赔偿、赔礼道歉等方式间接填补损害,更为重要的是,还能通过磋商过程中的诉说、倾听与反馈来修复被害人的心理创伤。英国学者格里·约翰斯通对此有一段详细的描述:"通过这种程序,被害人将有机会向犯罪人陈述犯罪对其生活造成的影响以及她关于被害的感受;她可能会听到犯罪人表达悔悟之情,并真诚地道歉;她可能会听到犯罪人提出要进行赔偿,并且是通过努力工作来赔偿;她可能会听到犯罪人再三要她确信他们对她毫无恶意,并且不再会对她带来任何进一步的麻烦;她可能会听到那些关心犯罪人的人严厉地批评他们、要求对他们进行严密监控,并提供(有关导致犯罪人犯罪的)生活环境和个性方面的一些信息;她将有机会接受或拒绝道歉和赔偿,并对她的决定作出解释,同时提出其他的解决方案;她将感到她对程序和结果都有着相当的控制权。"①所有这些都有助于被害人走出犯罪带来的阴影。

---

① [英]格里·约翰斯通:《恢复性司法:理念、价值与正义》,郝方昉译,中国人民公安大学出版社 2011 年版,第 176 页。

三、刑事和解磋商机制的理论基础与完善建议

发挥刑事和解磋商的应有功能,必须构建合乎刑事和解磋商的正当性理论的磋商机制。磋商作为刑事和解的重要组成部分,其理论基础与刑事和解相比,有相同之点,也有独特之处。笔者认为,刑事和解磋商机制的理论基础主要有恢复性司法理论、社会控制理论和主体性理论。

(一)恢复性司法理论

1.恢复性司法理论的主要内容

恢复性司法理论(restorative justice theory),又称为恢复正义理论,是 20 世纪 70 年代以来在西方刑事司法领域中出现的一种新观念。该理论引发了一场席卷全球的修复性司法运动,影响了许多国家和地区的刑事司法改革。与传统刑事司法理论相比,恢复性司法理论有以下特点:

一是从新的视角看待犯罪,认为犯罪是犯罪行为人与被害人以及社区关系的对立,而不仅仅是国家与犯罪行为人之间的事情。犯罪不仅是违反了法律,更是对人与人之间社会关系的伤害。这些受犯罪行为侵害的社会关系主要包括犯罪行为人和被害人之间的关系以及犯罪行为人与社区之间的关系。

二是将修复受损害的社会关系作为刑事司法的目标,认为刑罚仅是一种抽象的责任,犯罪行为人通过接受刑罚承担了抽象责任却逃避了现实的、具体的责任,对修复遭犯罪行为破坏的社会关系并无实际意义,故而强调刑事司法活动的侧重点不在于刑罚的适用,而在于社会关系的恢复程度。基于这一目标,与受损社会关系有关的主体都可以参与到犯罪处理过程之中,探讨犯罪原因、分清各自责任、消除误解并提出解决方案等。

三是重视对被害人的利益救济,其中,既包括物质损害的弥补,又包括心理创伤的抚平。为此,它将被害人置于解决刑事纠纷的中心,要求有关主体采取各种措施以满足被害人在经济、情感等方面的需要。

四是摒弃传统刑事司法的对抗性模式,强调以对话和协商的方式解决刑事纠纷,将犯罪行为人和被害人视为程序的关键主体,为犯罪行为人、被害人以及社区成员之间进行沟通提供多种机会与必要帮助,促成犯罪行为人悔罪和被害人宽恕。

五是努力使犯罪行为人重新融入社区,重视对犯罪行为人的教育和改造,不迷信刑罚的威慑力,倡导以"非刑事化"、"轻刑化"以及"非监禁化"等措施灵活解决犯罪行为人的刑事责任问题。恢复性司法理论将犯罪行为人的责任界定为对自己行为负责并积极行动修复损害,要求犯罪行为人不是被动地接受惩罚,而是

直接对被害人和受到影响的社区承担责任。具体责任形式包括赔礼道歉、赔偿损失、社区服务等。

恢复性司法倡导者认为,犯罪发生之后的首选对策不是惩罚犯罪行为人,而是:(1)满足被害人的需求;(2)一定要让犯罪行为人完全知悉,他对他人造成了伤害并且他有责任修复该伤害。① 这两个目标均可以通过高质量的刑事和解磋商来实现。因为刑事和解磋商作为一种以合作性协商代替对抗、以当事人的意思自治代替法律强制的柔性交涉方式,最有利于修复当事人之间因为犯罪而遭受破坏的社会关系。

2.基于恢复性司法理论的完善建议

建立在恢复性司法理论基础上的刑事和解磋商,应当符合下列基本要求:(1)参与磋商主体的相关性。因犯罪行为而受损社会关系的利益相关者均可参加刑事和解磋商。犯罪行为侵害特定被害人的,该被害人无疑为磋商当事人之一。而有的犯罪行为还损害了社区关系,该社区代表也应参与到磋商之中,寻求社区关系的恢复方案。(2)磋商的直接性。理想的磋商应当是被害人和犯罪行为人以及其他参与主体在一个相对安全的环境中举行面对面的积极商谈。对犯罪行为人而言,只有亲自参与磋商才能让其真切感受到被害人因遭受犯罪而在物质和心理上产生的负面影响,才能保证其悔罪的真诚性和修复关系的自愿性。对被害人而言,在相关促和主体的鼓励和支持下直面犯罪伤害并通过陈述与控诉予以宣泄负面情绪且得到犯罪行为人直接的悔罪回应和赔偿承诺,这种对话无疑有利于弥补其因犯罪行为而遭受的物质损害与精神创伤。(3)磋商内容的恢复性。磋商的目的是恢复因犯罪而遭受破坏的社会关系而非对犯罪的惩罚,因此,犯罪行为人与被害人及社区代表应当围绕如何恢复受损害的社会关系展开磋商,解决方案不限于赔礼道歉、赔偿损失,一切有利于修复损害且不违反法律禁止性规定及不损害国家利益、公共利益和他人合法利益的方式应当均被允许。

(二)社会控制理论

1.社会控制理论的主要内容

社会控制理论源自美国学者 E.A.罗斯于 1901 年出版的著作《社会控制》。该书认为社会控制是指社会对人的动物本性的控制,目的在于尽量避免发生有损人类福利的行为。尽管人类基于同情心、友善、正义感等天性情感能互相帮助、互相约束,自行调整个人的行为从而形成一个纯粹的自然秩序,但这样一种

---

① [英]格里·约翰斯通:《恢复性司法:理念、价值与正义》,郝方昉译,中国人民公安大学出版社 2011 年版,第 1~2 页。

秩序远不完善,其无法控制社会群体成员间关系日益复杂时所产生的各种冲突,故需要社会对其成员施加控制从而形成人工秩序。这些控制的手段包括法律、舆论、信仰、社会暗示、个人理想、宗教、艺术、礼仪、社会评价等。① 此后,社会控制的理论不断得到修正和充实。

按照美国学者罗斯科·庞德的观点,社会冲突产生的主要根源在于社会成员的要求、愿望或需要无法得到全部满足,这些要求、愿望或需要就是利益。法律作为近现代社会最重要的控制手段,其本身并不创造利益,而是通过对利益的调整来规范人们的逐利行为,从而将冲突保持在秩序范围之内。法律调整的利益有三类:个人利益、公共利益和社会利益。② 法律正是通过对此三类利益的承认、实现和保障来有效控制由于人的本性而不可避免出现的社会冲突,其主要方式是"把利益确认为权利(权利主张、自由、特权、权力),并把它们及相对的义务归之于法律上的人,同时还要有维护权利和强制义务的补救办法——惩罚、赔偿和制止等"③。由此,人们之间利益关系的形成与变更都必须按照法定的权利和义务模式来进行,一切违法行为都将导致不利的法律后果,一切导致利益损害的行为都有相应的救济方式,从而建立起立法者所预期的理想的法律秩序。在该秩序中,通过法律的社会控制主要有两种模式:一是对潜在违法行为的预防。一个理性的人基于趋利避害的天性,在行动前会根据法律的规定来预测自己行为的后果,选择法律所倡导的行为方式,并尽量避免实施法律所惩罚的行为。二是对已经发生的违法行为的惩治和利益损害的恢复。法律为此建立了一套解决冲突的机制,以先前制定的从而可预见的方式来追究行为人的法律责任,并以强制力保证其运行。

美国学者布莱克将法律秩序中社会控制的样式分为四类:刑罚、赔偿、治疗与和解。他认为每种控制样式都有对不轨行为的界定方式,并有各自的对策。其中,刑罚性控制和赔偿性控制都是指控型的社会控制。刑罚性控制禁止某种行为,并以惩罚保证禁令的实现。当禁令被违反时,群体作为一个整体对被控的违法者提出追诉,对其罪过施以刑罚。赔偿性控制则是由受害方提起诉讼,他指控某人未履行义务并要求对方偿付。而治疗性控制与和解性控制则是补救型控制,是社会的补救和维持的方法。其中,治疗性控制的目的是恢复正常,和解性

———————

① 〔美〕E.A.罗斯:《社会控制》,秦志勇、毛永政等译,华夏出版社1989年版,第32～47、313～424页。

② 〔美〕罗斯科·庞德:《通过法律的社会控制》,沈宗灵译,商务印书馆2008年版,第313～424页。

③ 张文显:《二十世纪西方法哲学思潮研究》,法律出版社1996年版,第125页。

控制的目的是社会和谐。①

刑民交叉纠纷本身是一种复杂的利益冲突,不仅有犯罪行为人和被害人之间的利益冲突,还涉及犯罪行为人和国家之间的利益冲突。在这一冲突中,犯罪行为人的违法行为不仅侵害了个人利益,还导致了公共利益和社会利益受损,其对应的法律责任不仅有民事责任,还有刑事责任。那么,如何以最小的成本解决这一冲突,恢复被破坏的法律秩序?

按照传统的法律理论,犯罪行为人和被害人之间的利益冲突应由被害人自主选择私力救济、社会救济或民事诉讼等救济方式,追究犯罪行为人的民事责任;而犯罪行为人和国家之间的利益冲突则须由国家公权力机关启动刑事司法程序加以解决,国家通过对犯罪行为人的定罪和惩罚,预防犯罪行为人以及那些潜在的犯罪人继续实施犯罪行为。然而,彰显刑罚性控制和赔偿性控制的刑民分离的救济方式并不利于刑民交叉纠纷的有效解决,主要表现在:第一,就犯罪行为人和被害人之间的利益冲突而言,被追究刑事责任的犯罪行为人通常怠于承担其民事责任或因被限制自由而无法正常履行其责任,而以保护公共利益和社会利益为主旨的刑事司法程序并不重视对被害人的利益保障,其优先运行也客观上阻碍了对被害人的损害救济。无论被害人提起刑事司法程序中的附带民事诉讼还是另行提起民事诉讼,其因犯罪行为而遭受的精神痛苦和财产损失均往往难以得到弥补。于是,在救济机制运行结束后,其与犯罪行为人之间的矛盾和冲突仍然存在。据统计,我国目前刑事被害人及其亲属获得民事赔偿的比例不足 10%,每年约有 300 万被害人及其亲属得不到任何赔偿。② 第二,就犯罪行为人和国家之间的利益冲突而言,国家启动刑事追诉机制并实施以限制和剥夺犯罪行为人的人身利益为主要方式的刑罚方案虽然耗费了大量司法资源,却没有达到预期的威慑和改造效果。以监禁刑为例。随着犯罪案件的攀升,监狱的负担加重,服刑人员出狱后重新犯罪率持续走高,这已成为困扰世界各国的难题。③ 过度依赖监狱的矫正预防作用和过度迷信监禁的威慑功能和改造能力乃是一种不合时宜的社会控制理念。"非罪化、轻罪化、非监禁化和非刑罚化是当

---

① [美]唐纳德·J.布莱克:《法律的运作行为》,唐越、苏力译,中国政法大学出版社 2004 年版,第 5~6 页。

② 王俊秀:《刑事被害人救助制度开始试点》,载《中国青年报》2011 年 2 月 9 日第 3 版。

③ 《联合国第五次犯罪趋势和刑事司法执行调查(1990—1994)》调查了 31 个国家或地区 1994 年监狱的开支情况,1994 年平均每一个罪犯的监狱开支为 3 万美元至 4 万美元。而根据美国司法统计局 20 世纪 90 年代的调查:罪犯刑释后 3 年,美国重新犯罪率为 46.9%,其中 51.8% 的人重返监狱。2006 年,英国的重新犯罪率为 57.6%,法国为 50%,日本为 57.2%。参见刘玲玲、王嘉:《略论重新犯罪原因》,载《前沿》2005 年第 6 期。

今国际社会降低行刑成本、提高行刑效益的唯一出路。"[①]

刑事和解制度在解决刑民交叉纠纷时摒弃上述刑民完全分离的思路而采取了刑民合作的方式,除了解决犯罪行为人和被害人之间的利益冲突,还对犯罪行为人和国家之间利益冲突的解决产生了积极影响。较之传统的刑事司法模式,刑事和解制度更侧重于赔偿性控制与和解性控制。它以当事人的合意为基础,允许当事人在"法不禁止"的范围内自由选择纠纷解决规范而不必拘泥于具体法律规定,这就能协调刑民交叉纠纷的法律救济中所存在的刑民冲突,促使法秩序的和谐。此外,它以柔性方式解决社会冲突,以合作性协商代替相互对抗,争取使纠纷各方达到互利共赢。这不仅有利于弱化当事人之间的对立情绪、修复当事人之间的损害从而降低纠纷的负面作用,还促进了当事人对纠纷解决结果的认同,从而让冲突彻底化解。这样的解决效果无疑也满足了社会和谐稳定的要求,有利于维护社会秩序。

2.基于社会控制理论的完善建议

建立在社会控制理论基础上的刑事和解磋商所体现的社会控制样式主要是赔偿性控制与和解性控制,同时也综合了刑罚性控制与治疗性控制的一些要素。其基本思路是尊重国家在刑事司法中保护公共利益和社会利益的主导地位,利用刑事司法资源充分保障犯罪行为人与被害人围绕个人利益的谈判磋商。具体而言:(1)在磋商之始应由掌握刑事司法资源的办案机关向磋商双方明示刑事和解协议对刑事量刑的积极影响。这就为犯罪行为人与被害人之间的磋商提供了利益激励,特别是调动了犯罪行为人承担民事责任的积极性,如此无疑有利于被害人的民事损害得到弥补。(2)自主磋商的内容应当集中于犯罪所致民事损害的弥补,但在社区作为被害人同时参与磋商的情况下,双方可以围绕实施社区矫正、社区服务等替代措施推动犯罪行为人真诚悔罪及主动修复被其侵害的社区关系展开磋商。(3)刑事司法机关虽然在量刑情节的判断与适用方面独享决定权,但在刑事和解磋商中不能占据主导地位,不过应运用刑事司法资源保障磋商的顺利进行。司法实践中,有的实务部门在办理认罪认罚从宽案件时将认罪认罚与刑事和解相结合,"在对犯罪嫌疑人准确量刑的同时,注重对被害人权益的保护,实现了案件处理法律效果和社会效果的统一"[②]。这就在解决刑民交叉纠纷方面实现了公力与私力的合作,节约了司法资源。(4)磋商过程中应当尽量为犯罪行为人悔过从善提供机会,消除磋商障碍。"惩罚犯罪是一种修复,通过强

① 李蕾、于飞:《监狱传统政策目的之检讨——当代监禁思想的理论反思》,载《行政与法》2014 年第 12 期。

② 何若愚:《浙江诸暨:将认罪认罚与刑事和解相结合化解 17 年前旧案》,https://www.zjjcy.gov.cn,下载日期:2023 年 3 月 10 日。

制力让颠倒的社会关系恢复正常;和解也是一种修复,通过人性的善良、宽容、理解和补偿来修补社会关系的漏洞,是更高层次的修复。"①表面意义上,磋商的结果是弥补被害人的损失。但在深层次上,磋商的过程也是对犯罪行为人进行教育改造从而降低其人身危险性的过程。因此,帮助那些内心有悔改意愿的犯罪行为人进入刑事和解磋商程序,并根据其在谈判磋商中的表现对其予以宽缓化处理,同样可实现刑事司法的正义。司法实务部门已经开始这方面的探索与创新,有的借鉴"枫桥经验"促进检察环节刑事和解,②有的通过举行刑事和解听证会消除双方分歧,促使达成和解协议,③这就在解决刑事交叉纠纷所涉利益冲突方面形成了双赢的局面,有利于以低成本高收益的状态实现社会控制。

(三)主体性理论

1.主体性理论的主要内容

人的主体性是哲学领域的一个基本问题,贯穿人类思想史的发展过程。"如果把主体性理论出现之前的神学时代看作是'神主体论',则人类思想史可表述为'神主体性—理性主体性—个体主体性'。"④在不同的历史时期,主体性被赋予了不同的解释模式,从笛卡尔的"我思故我在"到康德的"人是目的而非手段"再到哈贝马斯创立的关于交往行为中的"对话理论",主体性理论得以不断扬弃,其中心思想越发明显,也即:承认人的个体价值,反对把人与作为客体的物同等对待;尊重人的自由意志,强调个体有权发挥主观能动性采取最符合他本人利益的行动并对自己的行为后果负责。法律上的人同样体现了主体性理论。例如,法律鼓励人们自主采取利益最大化的行动,因而保障意思自治和契约自由。在法律责任的问题上,把自由意志作为承担责任的根据,要求行为人必须为自己的行为后果负责。

传统的刑事司法观念过于强调国家的主导地位和绝对权威,而忽略了个人在刑事司法中的地位和利益诉求。后来,刑事诉讼中犯罪行为人的弱势地位引起了法学家和立法者的关注,保障被追诉人的合法权利和承认其主体地位等理念逐渐成了现代刑事诉讼领域的标志性理念。无罪推定原则、不得强迫自证其罪原则、辩护制度等一系列旨在改善被告人地位的刑事诉讼原则和制度在绝大

---

① 黄尔梅:《人民法官为人民大有作为》,载《人民法院报》2009 年 11 月 3 日第 5 版。

② 罗有顺、王鹭颖:《借鉴枫桥经验促进检察环节刑事和解》,载《检察日报》2019 年 8 月 12 日第 3 版。

③ 吴平、赵爱国、顾烨:《江苏:南京雨花台检察院举行公开听证,促使犯罪嫌疑人认罪认罚认赔实现刑事和解》,http://www.zgjcgw.com/,下载日期:2023 年 3 月 15 日。

④ 和育东:《主体性理论与西方法学的演变》,载《理论探索》2006 年第 5 期。

多数国家的刑事法领域得以确立。然而,被害人在刑事司法中的主体性地位仍然没有得到重视,被害人的利益仅是刑事诉讼附带保护的利益。司法实践中,侦查机关、公诉机关在审前阶段作出不立案、撤销案件、不起诉等导致刑事诉讼终止的决定时,不需要征求被害人的意见,甚至就连告知被害人这一义务都难以落实;被害人在刑事审判中可有可无,不能就量刑发表有约束力的意见;在执行阶段关于减刑、假释以及监外执行等刑罚变更程序中,被害方也被排除了参与决策过程的机会。即便作为民事当事人提起附带民事诉讼,由于附带民事审判程序在实际适用中为迁就刑事审判而无法完全展开相关的诉权保障机制,大多以匆匆走过场而告终,被害人难以充分参与附带民事赔偿的决定过程。

建立在主体性理论基础上的刑事和解磋商充分尊重犯罪行为人和被害人的主体性地位。无论是犯罪行为人还是被害人,都不再是被动参与者,而是磋商的主导者,能运用自由意志进行磋商谈判,基于最佳利益的判断而自主处分自身的合法权利,最终达成解决纠纷的合意。这一过程发生在刑事诉讼程序之中,国家的刑事追诉权并没有被动摇,但由于国家司法机关不能成为左右磋商成败的强制性力量,犯罪行为人和被害人在刑事司法中的待遇发生了显著的变化。他们的人格尊严和自由意志都得到了尊重,其利益诉求也得到了相应的满足。贯彻了主体性理论的和解磋商,既维护了国家在刑事追诉方面的权威,又保护了个体价值,在尊重被告人主体性地位的同时又能满足被害人的利益诉求,从而达到刑民双赢的效果。

2.基于主体性理论的完善建议

为了保障犯罪行为人和被害人的主体性地位,刑事和解磋商应当符合下列要求:(1)磋商的启动与运行乃至磋商的结果均取决于犯罪行为人和被害人的意愿。就犯罪行为人而言,他有权决定是否参与和解磋商,在磋商过程中居于与被害人平等的地位,根据民事实体法的规定参与决定合意的内容,从而争取利益最大化。就被害人而言,其有权根据自身的利益需求决定是否选择刑事和解,在磋商过程中自主表达自己的利益诉求而无须借由刑事司法机关代言,其复仇的愿望因犯罪行为人的悔过和积极承担责任而得以慰藉,其受损的民事权益也可以得到最大化的弥补,其意愿能间接影响到犯罪的处理。(2)刑事司法机关在刑事磋商中有所为,有所不为。"作为案件处理中的司法机关,显然隐性地与案件或者当事人处理有着某种可能的利害关系,不利于当事人在调停过程中畅所欲言",[①]因此其在磋商过程中不能介入过多。但由于刑事和解磋商发生在刑事诉讼程序中,需要获得刑事司法资源的支撑才能顺利运行,因此刑事司法机关对刑

---

① 谢梅英:《刑事和解调停人的选择——兼议刑事和解应保持调停人与司法机关的相对分离》,载《中国检察官》2018 年第 7 期。

事和解磋商不能消极无为,应发挥事前告知与引导、事中协调、事后审查与监督等作用。具体而言,刑事司法机关对案情和案件涉及的相关利害关系最为了解,在办案过程中对犯罪行为人是否有悔过意愿和本案能否适用刑事和解能作出较为客观的分析判断,因而可以为那些内心真正想通过刑事和解程序修复犯罪损害的犯罪行为人创造机会并为受害方提供必要的帮助,引导当事双方选择刑事和解磋商解决纠纷。在尊重犯罪行为人与被害人自愿的基础上,为双方"提供协商的相关条件及座谈的场所,构建起连接利害关系人沟通的渠道,推动当事双方达成恢复性协议,并监督义务主体落实恢复性司法协议的履行"①。

---

① 谢全发:《恢复性司法中的警察权》,载《中国人民公安大学学报(社会科学版)》2017年第 5 期。

关于福建省涉烟犯罪审判情况的调研报告

■林宁烨　吴明明[*]

摘要：福建省是烟草专卖品制假售假、非法经营的高发区和重灾区。为解决司法实践面临的新情况、新问题，经调研全省涉烟刑事审判情况后发现，打击制假售假已成为打击涉烟犯罪的重中之重，涉烟刑事案件呈现制假售假团伙化、隐蔽化；犯罪地点区域化、集中化；审判结果"五高""一低"等特征。这导致审判实践中出现涉烟非法经营罪是否存在犯罪未遂，物流快递人员如何定罪，假冒卷烟未查获时如何定罪处罚等一系列法律适用问题。审判机关应当充分考虑烟草专卖制度的特殊性，综合全案事实证据，坚持主客观相一致与有利于被告人原则依法审查判断。建议今后制定完善全省涉烟刑事审判指导意见，构建"集群战役化"的犯罪打击模式和"打防控一体化"的犯罪治理体系。

关键词：烟草专卖制度；生产、销售伪劣产品罪；非法经营罪；未遂；刑事审判

福建省是烟草专卖品制假售假、非法经营的高发区和重灾区。涉烟违法犯罪活动屡禁不止、屡打不绝，严重冲击和扰乱了卷烟市场正常秩序，破坏了国家烟草专卖制度。2010 年最高人民法院、最高人民检察院颁布的《关于办理非法生产、销售烟草专卖品等刑事案件具体应用法律若干问题的解释》（以下简称《"两高"烟草解释》），以及 2011 年福建省人民法院联合福建省人民检察院、福建省公安厅、福建省烟草专卖局共同制定的《关于办理涉及烟草专卖品刑事案件若干问题的纪要》（以下简称《涉烟纪要》），对指导全省涉烟刑事案件审判发挥了重要作用。然而，近年来涉烟犯罪形势依然严峻，司法实践面临一些新情况、新问题，亟须持续关注和深入研判。为了进一步统一类案裁判尺度，促进涉烟犯罪治理体系现代化和科学化，福建省高级人民法院组成调研组通过审查裁判文书，收集审判业务数据，实地走访座谈等方式，对全省涉烟审判工作以及 2018 年至 2021 年第一季度已经生效的涉烟刑事裁判情况进行梳理、分析和研究。笔者根

---

　*　林宁烨：福州市人民检察院检察官，法学硕士；吴明明：福建省高级人民法院法官，法学硕士。

据调研情况形成如下报告,以期对全省涉烟刑事审判指南的健全完善提供先期实证基础。

一、福建省涉烟犯罪案件审判概况和案件特点

2018年1月至2021年3月,福建省人民法院共计受理涉烟刑事案件1009件,审结960件,涉案人数1829人,涉案金额27.85亿余元。其中,非法经营罪592件,生产、销售伪劣产品罪368件。因非法经营案件也涉及制假售假问题,非法经营案件592件中,367件为制假、售假案件。因而,全省涉烟案件960件中有735件为制假售假案件(占76.56%)。同时,由于非法经营的烟叶和烟丝最终也是用于制作假烟,如此考量,全省近90%涉烟案件与制假售假有关。

在案件动态方面,2018年至2021年3月,全省受理涉烟刑事案件数量呈逐年增长趋势。2018年收案224件,2019年收案351件,2020年收案343件,2021年1月至3月收案91件。其中,2019年收案数量增长幅度最大,此后两年增幅基本稳定。从案件类型上看,制假售假案件数量增长幅度高达66.25%;从地域分布上看,2018年至2019年增幅较大的地区分别是三明市、莆田市以及漳州市等地。制假售假现象已经成为福建省涉烟犯罪打击和刑事审判的重中之重。从微观观照,全省涉烟刑事案件特点可总结归纳为以下几个方面。

(一)制售假烟团伙化、隐蔽化现象突出

根据犯罪对象不同,涉烟刑事案件主要分为倒卖真品卷烟和制假售假两大类型。以真品卷烟为犯罪对象的案件一般通过倒买倒卖进行非法经营牟利。这类犯罪形式简单明了,无论是线上还是线下,往往都由货主亲自着手实施,在统计区间内暂未查询到货主无到案的案件。反观制假售假案件,则均为团伙作案,分工明确,配合严密,实施过程计划周详,反侦查意识较强。这导致侦破案件常用的手机号码、涉案车辆、同案犯口供等线索容易中断,给案件侦查、情报经营以及线索深挖带来较大困难。即便案件侦破了,证据收集也时常出现证据种类单一,言辞证据虚假陈述,手机、账本、支付凭证等已被销毁等难题。

在一定程度上,制售假烟犯罪活动的每个环节都有专门的团伙成员负责,已经形成各具特点的犯罪手段。在人员配置环节,制假售假团伙专门设置"望风""接应""扫路""堵路"等非生产"岗位"人员,有意识地物色重病、残障等无法收押的人员出面租赁场地并签订合同,甚至在案发后出"高价"找人顶罪。在运输物流环节,主要通过车辆和邮寄两种渠道传递涉案物资以实现人、货物理隔离的目的。车辆货物交接时,驾驶员被要求前往指定地点提车或者装卸货物,即便运输途中被查获,驾驶员也无从得知制假售假窝点。涉案车辆多使用假牌、套牌,发

动机号和车架号也时常被故意磨平。团伙成员间的通信工具则采用对讲机或者未实名的专用手机。同时,随着快递行业的兴起与繁荣,邮寄逐渐成为涉案物资流转的另一种重要方式。制假售假团伙利用快递人员收件查验不规范等漏洞,甚至利诱快递人员里应外合共同作案。在经济利益的刺激和引诱下,还催生出专业"包运"团伙,主动联系制假售假团伙,寻找货源承揽运输。在加工制造环节,制假售假窝点整体上出现化整为零的趋势。有的案件查获的是半成品假烟窝点,有的案件查获的是制造车间窝点,还有的案件查获的只是仓储窝点。

(二)犯罪地点区域化、集中化特征明显

根据案件类型统计,全省 960 件涉烟案件中漳州市有 520 件(占 54.17%);全省 735 件涉烟制假售假案件中,漳州市有 460 件(占 62.59%);全省 111 件非法经营烟丝、烟叶案件中,漳州市有 42 件(占 37.84%)。可以说,全省半数以上的涉烟刑事案件发生在漳州市,并且,以制假、售假为最主要犯罪形式。根据被告人籍贯和案发地点统计,漳州市之外的案件也时常与漳州市云霄县发生一定关联,呈现出以云霄县为中心对外辐射的形态。这些案件有的是在向云霄县运输烟丝、烟叶途中被查获;有的是在从云霄县运出假烟途中被查获;还有的是云霄籍人员伙同当地人制假售假。云霄县已然成为不容忽视的制、售假烟作案地和集散地。

此外,龙岩市和三明市作为本省主要烟叶种植地,非法经营烟丝、烟叶案件也比较多见,两地各有 28 件,除漳州市 42 件外,其余地区仅有 13 件。全省非法经营真品卷烟(含真品外烟)案件仅有 98 件(占 10.2%),主要发生在福州市和三明市,其中福州市有 42 件,三明市有 22 件,两地合计占非法经营真品卷烟案件总数的 65.3%。涉走私烟案件也主要发生在这两地。

(三)裁判结果"五高""一低"态势显著

全省涉烟刑事案件审判呈现"五高""一低"态势。"五高"具体指:一是自首率比较高,全省涉案 1829 人中具有自首情节的有 695 人(占 38%);二是适用简易或者速裁程序率比较高,全省 960 件案件中适用简易或者速裁程序的有 413 件(占 43.02%);三是主动预交罚金人数比例比较高,一审判决时已预交罚金的有 717 人(占比 39.20%);四是缓免刑率比较高,判处缓刑的有 580 人,免予刑事处罚的有 5 人(占比 30.33%);五是一审服判率比较高,提起上诉的仅有 30 件,一审服判率高达 93.65%。

"一低"主要指以生产、销售伪劣产品罪定罪的案件量刑较低。全省涉烟生产、销售伪劣产品罪案件 368 件 818 人,判处有期徒刑 15 年以上的仅有 5 件 5 人,其中 1 件中有 1 人判处无期徒刑,案件占比仅 1.3%,人数占比 0.07%。该罪

名法定刑有期徒刑15年及无期徒刑的设置近乎摆设。

二、涉烟犯罪的实践争议和理论探究

上述涉烟犯罪手段特征导致案件侦破在证据收集和人员抓获上出现证据链条容易中断，"幕后"主犯鲜有到案，销售数量难以查证等难题。这些问题在法律适用上则产生涉烟非法经营罪是否存在未遂形态，在主犯未到案的情况下物流快递人员如何定罪，未查获的假烟如何定罪量刑等一系列争议，进而导致审判结果呈现量刑较低、缓免刑比例较高等现象。笔者将通过归纳提炼裁判观点与理论观点的方式，结合打击犯罪实践需求，探寻破解办案瓶颈的方法和路径。

(一)关于涉烟非法经营罪是否存在未遂形态的问题

1.实践困惑和观点争鸣

涉烟非法经营罪是否存在未遂形态，理论界和实务界均有不同理解。[①]《"两高"烟草解释》在明确生产、销售伪劣产品罪具有未遂形态的同时，又采用犯罪竞合择一重罪处罚，这导致审判结果可能出现"罪重罚轻"问题。例如，制售假烟当场查获涉案金额70万元，可同时构成非法经营罪和生产、销售伪劣产品罪，如果以非法经营罪定罪，应当在有期徒刑5年至15年之间量刑；如果以生产、销售伪劣产品罪定罪，则应当在有期徒刑7年至15年之间量刑。择一重罪处罚，应当适用生产、销售伪劣产品罪，但由于当场查获尚未销售系犯罪未遂，可予以减轻处罚，实际应当在有期徒刑2年以上7年以下量刑，从而导致重罪的宣告刑反而比轻罪的宣告刑更轻。因此，非法经营罪有无未遂问题在涉烟案件中尤为突出，争议较大。

第一种观点认为，非法经营罪是一种行为犯，非法经营行为一旦实施且数额达到构罪标准即构成既遂，非法经营罪不存在未遂形态。第二种观点认为，非法经营犯罪的目的是销售，[②]生产、运输、储存等行为只是销售前的准备阶段，只要没有完成销售行为，犯罪目的就无法实现。《"两高"烟草解释》第2条第1款规定，生产、销售伪劣烟草专卖品尚未销售的货值金额达到一定标准的，以生产、销售伪劣产品罪(未遂)定罪处罚。非法经营罪不问是否销售而径直认定既遂，有

---

① 马萧惠：《浅谈非法经营罪在涉烟犯罪领域的适用变化》，载《山东社会科学》2015年第S1期。

② 《烟草专卖法实施条例》第24条规定，"无烟草专卖批发企业许可证的单位或者个人，一次销售卷烟、雪茄烟50条以上的，视为无烟草专卖批发企业许可证从事烟草制品批发业务"；第25条规定，"任何单位或者个人不得销售非法生产的烟草制品"。

违法律适用的"举重以明轻"原则。① 因而,非法经营尚未销售的情形可以构成犯罪未遂。② 第三种观点认为,在非法经营罪的评价体系中,"经营"一词系复合概念,涵盖范围涉及生产、收购、存储、运输、销售等多个环节,实行其中任何一个环节,只要扰乱了卷烟市场准入秩序③即可构成非法经营罪既遂。非法经营罪并不以实际获得非法利益或造成实质法益侵害为客观构成要件。④ 非法经营罪未遂形态是否存在,仍需要结合具体案件具体分析,关键还在于判断犯罪行为完成与否。⑤

2.审判实践现状分析

经统计,全省涉烟非法经营罪案件 592 件,其中,未经许可买卖真品卷烟的有 98 件,在这些案件中,控、辩、审各方均未提及犯罪未遂问题的有 89 件,提及的仅有 9 件即裁判结果未认定犯罪未遂的有 4 件,认定犯罪未遂的有 5 件;主要以制假售假为犯罪形式的有 367 件(含 111 件非法经营制假原料烟丝、烟叶和 6 件涉烟机案件),在这些案件中,各方均未提及犯罪未遂问题的有 325 件,提及的仅有 42 件即裁判结果未认定犯罪未遂的有 39 件,认定犯罪未遂的有 3 件。可见,目前全省刑事审判实践对涉烟非法经营罪是否存在未遂形态问题,基本持否定态度。

烟草是一种具有较高嗜好性和成瘾性的特殊物品。烟草专卖制度,即由国家烟草专卖部门有计划、有组织、有目的地对烟草专卖品的生产、销售、进出口实行高度集中统一管理的运行模式。⑥ 其既是一种法律制度,也是一种经济制度,在保证烟草制品质量、维护消费者合法权利、促进烟草行业增效及烟农增收、保证国家财政收入等方面发挥着重要作用,可以为国家财政带来较高的稳定收入,

---

① 潘小庆:《运输途中被查获的非法贩卖烟草行为应如何认定》,载《人民法院报》2014 年 3 月 26 日第 6 版。"两高"烟草解释》第 2 条第 1 款规定:"伪劣卷烟、雪茄烟等烟草专卖品尚未销售,货值金额达到刑法第一百四十条规定的销售金额定罪起点数额标准的三倍以上的,或者销售金额未达到五万元,但与未销售货值金额合计达到十五万元以上的,以生产、销售伪劣产品罪(未遂)定罪处罚。"

② 彭夫:《非法经营罪未遂研究——以非法经营烟草专卖品犯罪为例》,载《湖北第二师范学院学报》2015 年第 1 期。

③ 刘霞、陈蕾、陈洁森:《涉烟草非法经营罪中的"未经许可"应从犯罪本质理解》,载《人民检察》2021 年第 16 期。

④ 《关于办理侵犯知识产权刑事案件具体应用法律若干问题的解释》第 12 条规定,本解释所称"非法经营数额",是指行为人在实施侵犯知识产权行为过程中,制造、储存、运输、销售侵权产品的价值。

⑤ 朱宇如:《非法经营烟草专卖品存在未遂形态》,载《人民司法》2021 年第 14 期。

⑥ 姚超恒:《制售假烟犯罪案件的侦防对策研究——以 79 起案件报道和 5811 份裁判文书为分析样本》,载《湖北经济学院学报(人文社会科学报)》2021 年第 2 期。

对国计民生具有重要意义。自 1915 年 5 月北洋政府颁布《全国烟酒公卖暂行简章》和《烟酒公卖暂行章程》,我国烟草专卖已有上百年历史。① 1991 年 6 月 29 日,《中华人民共和国烟草专卖法》(以下简称《烟草专卖法》)第一次以法律形式确立了国家专卖、完全专卖的烟草专卖制度。该法律明确规定:"国家作为烟草专卖主体,对烟草专卖实行垄断经营,统一管理。"也就是说,国家是烟草专卖唯一的最大的卖家。从烟草原料、辅料、包装供应到生产机械、设备、存储,从产品生产、供给到运输、批发、零售等,涉及烟草生产经营的所有环节、所有物资以及人员活动都由行政权力实行全覆盖严格监控,是名副其实的全行业垄断。② 采用刑事手段打击涉烟犯罪应当充分考虑烟草制品及烟草专卖制度的特殊性,在犯罪对象上,既不宜将烟草专卖品等同于一般商品,也不宜将伪劣的烟草专卖品等同于普通的伪劣商品;在犯罪危害上,既不宜将制售假烟等同于制售真品卷烟,也不宜将非法经营烟草专卖品等同于其他非法经营行为。

3.基于犯罪危害性的思考

从犯罪危害程度出发,涉烟非法经营案件可根据经营对象烟品真假不同划分为非法经营真品卷烟和制售假烟两种类型。③ 在非法经营真品卷烟案件中,非法经营行为发生在持有烟草专卖零售许可证的商户和"烟贩子"之间。真品卷烟都来源于合法经营的零售户或者批发企业,经非法经营者销售,有的直接流向烟草消费者,有的流向下一个持有烟草专卖零售许可证的商户。在一定程度上,该种非法经营行为一经实施即对烟草专卖制度造成冲击,一般不存在未遂情形。④ 而在非法经营制售假烟案件中,从原料到设备再到生产和销售等一系列犯罪行为完全游离于烟草专卖制度运行和监管之外,严重侵蚀消费者合法权益和国家财政收入,其社会危害性远超非法经营真品卷烟。同时,由于当前涉烟犯罪手段不断更新,侦查难度空前增大,当场查获既是涉烟案件的侦破特点,也是固定证据和深挖犯罪线索的重要起点,侦查人员时常需要借助当场查获的人和物延伸侦破幕后犯罪。如果当场查获的都认定为非法经营未遂,即具有法定从轻、减轻情节,那么非法经营罪有期徒刑五年以上刑罚有被架空之虞,并且导致大量案件在有期徒刑五年以下刑期中综合考量非法经营数额、主从犯、自首、立功等多个量刑情节,量刑空间压缩过窄,难以实现罚当其罪。

---

① 吴瑕:《试论坚持烟草专卖制度的必要性》,载《商业经济研究》2016 年第 4 期。

② 张晨颖:《反垄断法的适用与豁免——兼论我国烟草专卖制度的存与废》,载《法学》2006 年第 7 期。

③ 魏彤、吕祚成:《论改变经营性质类涉烟犯罪行为刑事违法性的认定》,载《中国烟草学报》2017 年第 6 期。

④ 刘利平:《涉烟非法经营犯罪出罪事由辨析》,载《中国检察官》2019 年第 3 期。

因此,笔者同意上述第三种观点,认为涉烟非法经营行为包括生产、运输、储存、销售等多个环节,行为人只要实施其中任一环节,就侵害了国家烟草专卖制度,构成既遂。行为人是否完成销售行为,只是反映犯罪社会危害程度不同,并不影响非法经营罪既遂成立。涉烟非法经营案件一般不宜认定具有未遂形态,除有证据证明在生产阶段,存在开始实际生产但未如期产出的部分,或者在运输存储阶段,存在未按计划或合同约定完成的部分,可以认定构成未遂。

(二)关于物流快递人员如何定罪的问题

随着快递行业的迅速发展和犯罪分子反侦查意识的增强,快递物流逐渐成为假烟流通的重要渠道。① 经统计,被告人从事快递行业的案件有 39 件,涉案金额 5653 万余元,其中,涉案物品为烟丝的有 2 件,均以非法经营罪定罪;涉案物品为假烟的有 37 件,其中以非法经营罪定罪的 14 件,以生产、销售伪劣产品罪定罪的 23 件。统计区间内暂未发现邮寄真品卷烟的快递人员涉案,即便存在该种情形,快递人员与上下游犯罪分子均可以非法经营罪定罪,一般不存在争议。定罪争议主要发生于寄递假烟的犯罪形式。

1.涉烟物流快递人员如何定罪

由于快递行业是依法依规面向社会提供邮寄服务的独立行业,快递从业人员涉烟犯罪如何定罪在实践中存在不同观点。一种观点认为,快递行业经营的是邮寄业务,有别于生产、销售行为,具有相对独立性,只要快递人员知道或者应当知道邮寄物品是卷烟而提供运输服务的,无论卷烟真假,就应当以非法经营罪定罪。以非法经营定罪既能体现对“快递从业者违规经营”这一犯罪本质的惩罚,也能将寄递真假烟的主观范畴全面涵盖。② 例如,在叶×智非法经营案中,人民法院判决认为,被告人系中铁物流南靖网点的负责人,属于物流经营者。根据《烟草专卖法》规定,托运或者自运烟草专卖品必须持有烟草专卖行政主管部门或者烟草专卖行政主管部门授权的机构签发的准运证,无准运证的承运人不得承运。被告人没有准运证,明知是假烟仍非法运输,构成非法经营罪。③

---

① 2020 年 1 月,《上海公安机关深化打击涉烟违法犯罪专项行动实施方案》要求严格执行与本市烟草、交通、邮政等部门联合建立的打击涉烟违法犯罪协作机制,发挥协同作战优势,全力遏制利用物流寄递渠道实施的各类涉烟犯罪活动,规范本市烟草专卖品流通秩序。2019 年 1 月,天津多部门联合下发《关于严厉打击物流寄递环节涉烟违法犯罪行为的通告》。2016 年,合肥市多部门联合下发《2016 年全市打击交通物流邮政领域涉烟违法行为专项行动方案》。

② 福建省漳州市龙文区人民法院(2017)闽 0603 刑初 138 号刑事判决书;福建省漳州市云霄县人民法院(2017)闽 0622 刑初 109 号刑事判决书。

③ 福建省漳州市龙文区人民法院(2017)闽 0603 刑初 138 号刑事判决书。

　　另一种观点认为,快递从业人员的行为性质依附于上、下游犯罪,无论快递人员是否与上、下游非法生产、销售假烟的犯罪分子共谋,均按照生产、销售伪劣产品罪共犯认定。① 例如,在卢艳琼等人非法经营案中,公诉机关指控三被告人构成生产、销售伪劣产品罪。人民法院采纳辩护人意见,认为三被告人构成非法经营罪。经查,被告人在经营货运中转站过程中,违反国家烟草专卖管理规定,未经烟草专卖行政主管部门许可,为他人生产、销售烟草专卖品提供运输帮助,没有证据证实其有伙同他人或者参与他人生产、销售烟丝,且涉案烟丝也未被鉴定为伪劣产品。根据《"两高"烟草解释》第6条规定,三被告人应当按照非法经营罪的共犯追究刑事责任。②

　　快递人员定罪问题在坚持主客观相一致原则的同时,不应忽视快递行业系独立经营第三方的身份地位,既不可一律以非法经营罪认定,也不可完全依附于上、下游犯罪。如果有证据证明快递人员与他人对制售假烟形成共同犯意,客观上分工配合承担运输传递假烟的作用,那么快递人员应当按照生产、销售伪劣产品行为的共犯定罪处罚。《"两高"烟草解释》同样以主观犯意为主要标准对共犯认定作出规定。该解释第1条共有5款,分别规定了涉烟犯罪可能涉及生产、销售伪劣产品罪,非法经营罪等5种不同情形。第6条又规定明知他人实施本解释第1条所列犯罪仍为其提供运输、仓储等便利条件的,应当按照共犯追究刑事责任。可见,快递人员定罪的关键还在于综合全案事实证据审查判断犯罪行为人的主观方面。如果有罪直接证据相对薄弱的,可引入运输者"主观明知"推定规则。例如,当快递人员具有故意选择隐蔽的运输时间、地点和路线,交接联络不使用真实姓名、地址和通信工具,支付超高运费或酬劳费用等情形,且无法作出合理解释的,可以推定"主观明知"。当然,刑事推定的基础事实与推定事实之间是基于理性人的经验常识作出的常态联系判断,而不是必然的因果逻辑关系,因此,应当允许被告人提出反证予以推翻。③

　　2.通过快递追回假烟是否构成未遂

　　在快递邮寄假烟案件中,公安机关根据物流单据追回假烟是否可以认定被告人生产、销售伪劣产品未遂,这在实践中存在不同认识。经统计,这些被追回的假烟有的是在查获快递单据后顺藤摸瓜被追回,有的是在发货地快递站点被查获,有的是在目的地快递站点被查获,还有的是经被告人供述假烟去向被查获。一种观点认为,被告人的犯罪行为已经完成,其已经实施了包装、寄送、支付

---

① 福建省龙海市人民法院(2019)闽0681刑初838号刑事判决书。

② 福建省龙海市人民法院(2019)闽0681刑初838号刑事判决书。

③ 薛思瑜:《假冒伪劣烟草制品运输者"主观明知"之推定》,载《中国检察官》2017年第11期。

邮费及向购买者收取报酬等一系列行为。对卖家而言,其犯罪已经既遂。只是对买家而言,货物尚未取得,并不影响对卖家销售行为的认定。在个别案件中,审判机关甚至认为只要卖家一旦发货即构成犯罪既遂。例如,在林×河非法经营案中,人民法院认为"被告人林×河虽未接到货物就被查获,但货主已将货物发出,生产、出卖伪劣卷烟的行为已经完成,非法经营伪劣卷烟的行为应认定为既遂"。[①]

另一种观点认为,销售行为完成应当以买卖双方均实现交易为标准,虽然卖家邮寄了货物、收取了货款,但是买家未实际取得货物,这意味着销售假烟行为并未完成,应当认定未遂。例如,在黄×腾等人生产、销售伪劣产品案中,辩护人提出在四川省、云南省等地被查获的 4 批伪劣卷烟货值金额 831370.88 元属于犯罪未遂,人民法院判决认为,该 4 批货物虽已通过物流寄送到四川省、云南省等地,但尚未交付货主,未流入市场即被查获,系因犯罪分子意志以外的原因而未得逞,应认定为犯罪未遂。[②] 实践中,多数案件倾向第二种观点,对从快递环节追回或者查获的假烟认定为犯罪未遂。

销售主要是针对货主一方行为的要求和描述,销售行为是否实施完成应以货主一方的行为作为判断标准。货主和下家达成买卖合意,甚至货主已经收取钱款并不是销售的主要环节。货主一方履行交付义务,出让并转移对货物的占有状态,才是最重要的交易环节。在快递邮寄销售方式中,货主一方是否实现交付应根据其与快递人员之间的关系来判断:如果货主和快递人员是共同犯罪,买方签收才视为货主一方的交付行为完成,此时,假烟在快递途中查获乃至在目的地的物流站点查获,应当认定为犯罪未遂;如果货主一方和快递人员只是正常的邮寄服务关系,货主在发货地办理邮寄手续时,其销售行为已经完成即犯罪既遂。

(三)关于假烟案件中部分卷烟未查获的问题

在许多制假售假案件中,侦查人员现场查获大量涉案卷烟实物以及账本、凭证等书证。经研判证据后发现,部分涉案卷烟已经运出或者售出,难以查获到案。将查扣到案的卷烟计入生产、销售伪劣产品罪或非法经营罪的货值金额,一般无分歧意见,而对未查获部分是否认定以及如何认定,实践中存在较大争议。

1.未查获的假烟是否计入犯罪数量

经统计,在假烟类非法经营罪案件中,部分赃物未被查获的有 26 件,其中仅

---

① 福建省龙岩市永定区人民法院(2018)闽 0803 刑初 330 号刑事判决书。
② 福建省泉州市惠安县人民法院(2019)闽 0521 刑初 624 号刑事判决书。

有吴×礼非法经营罪一案,因证据原因对未查扣部分不予认定犯罪数量;①在假烟类生产、销售伪劣产品罪案件中,部分赃物未被查获的有40件,经合并同案后有28件,其中仅有林×华生产、销售伪劣产品罪一案,也因证据原因对未查扣部分不予认定。② 其余案件分别根据在案的记账本、快递单、钱款往来明细、聊天记录、监控截屏、现场查获的卷烟品牌等客观性证据,结合证人证言、被告人供述等言辞证据,推断未查扣卷烟的数量和品牌,进而计算涉案金额。可见,审判实践对此问题存在两种观点。一种观点认为,由于未查获的实物无法进行真伪鉴定和价格评估,难以判定是否系伪劣卷烟,更难以确定货值金额,认定该部分犯罪事实证据不足;③另一种观点认为,未查获部分不以鉴定评估为必要证据,综合在案证据足以证明系伪劣卷烟的可以计入犯罪数量。如果仅以现场查获的未售出的实物认定犯罪数额且系"未遂",将导致量刑情节大幅下降。④ 审判实践普遍持第二种观点。

《"两高"烟草解释》尽管全文没有出现"未查扣"等字眼,但是,将涉案卷烟划分为已销售和未销售两种情形,而已销售的部分又进一步区分为已被追回与无法追回,据此可理解该司法解释没有将未查扣部分排除于犯罪事实之外。卷烟真伪鉴定只是解决涉案卷烟的品质系真品或伪劣,而不是解决"卷烟"是否系卷烟的问题。基于卷烟是烟草专卖品的特殊性,一旦违反烟草专卖制度,无论涉案卷烟真假均可能被依法追究刑事责任。记账本、快递单、聊天记录、钱款明细等对于销售事实和销售数量的证明具有极高的证据价值。只要在案间接证据相互印证形成完整的证据链条,就可以作为认定犯罪事实的依据。有案件甚至通过计算消耗的烟丝数量推断未查获的卷烟数量及其价值。⑤

在上述两起不予认定的案件中,吴×礼非法经营案因为缺乏邮寄客户月结算清单或者买家证言而难以确定具体销售金额;⑥林×华生产、销售伪劣产品案则因为运输车辆上混杂装载了其他非涉案货物,而难以厘清涉案窝点生产的卷烟具体数量,无法排除合理怀疑。但是,被告人通过顺丰快递寄运假烟5745单以及通过货车运送7850公斤物品的基本犯罪事实仍然被人民法院采信,在判决

① 福建省漳州市芗城区人民法院(2019)闽0602刑初133号刑事判决书。
② 福建省莆田市涵江区人民法院(2019)闽0303刑初37号刑事判决书。
③ 福建省泉州市惠安县人民法院(2019)闽0521刑初624号刑事判决书。
④ 沈曙昆、张亚力、余芳:《"涉烟"刑事案件调查报告——以云南省昆明市案件办理情况为切入点》,载《人民检察》2012年第1期。
⑤ 福建省漳州市平和县人民法院(2018)闽0628刑初263号刑事判决书、福建省漳州市平和县人民法院(2018)闽0628刑初307号刑事判决书、福建省漳州市平和县人民法院(2020)闽0628刑初314号刑事判决书。
⑥ 福建省漳州市芗城区人民法院(2019)闽0602刑初133号刑事判决书。

查明的事实中予以叙述,①并作为犯罪情节从重处罚。

我们不应否认未查获部分的裁判和证明标准有别于所谓的"人赃俱获"。认定未查扣的卷烟数量、品牌、规格等应当格外注意把握有利于被告人原则。当现场查获多种品牌伪劣卷烟时,如果无法查清未查获部分的品牌及规格,不是直接按照无品牌卷烟认定,而是按照现场查扣的价格最低的品牌和规格予以推定。当未查扣的卷烟无法确定具体销售地且不存在查获地时,将全案卷烟视为整体,与查获部分一同由该省省级烟草专卖行政主管部门出具零售价格评估计算货值。

2.未查获的假烟是否认定为已销售

《"两高"烟草解释》第 2 条将卷烟是否已被销售作为生产、销售伪劣产品罪既、未遂的重要标准。未查获的卷烟也需要认定是否已被销售。调研发现,全省有 4 起案件因证据原因认定未查扣的假冒伪劣卷烟销售未遂。这 4 起案件的犯罪形式分别为:1 件案件是包制、包售假烟,即从生产加工到包装销售由同一窝点全程负责,既赚取加工费也销售营利;②3 件案件是生产加工散支烟或者白条烟,即该窝点制出半成品后售出或运往下一个窝点继续加工。例如,在张×杨生产、销售伪劣产品案中,辩护人提出被告人生产假烟价值 1989160 元系犯罪既遂,而现场查扣的价值 365000 元系犯罪未遂,上述两个犯罪金额分别达到不同法定刑幅度,应在处罚较重的幅度内酌情从重处罚。然而,人民法院没有采纳该辩护意见,判决认为现有证据只能证实该制假窝点在案发前已经包装并运出假烟价值 1989160 元,没有证据证明这些假烟已销售至市场流通领域,无法认定该部分犯罪既遂,因而认定全案犯罪未遂。③

除非有证据证明生产的假烟已售出,否则应认定未进入流通交易环节。出售假烟的证据包括买家证言、销售收入记录等。当被告人系窝点股东或者管理者时,该窝点的全部犯罪内容均在其组织、指挥之下,假烟下落属于其应当如实供述的犯罪事实。如果拒不如实供述,应当承担对自己不利的后果,推定为已经销售。

3.未查获的卷烟如何定罪

如果说关于未查获的卷烟是否计入犯罪数量的讨论,解决的是该部分卷烟是否定罪的问题,那么关于未查获的卷烟如何定罪的讨论,则解决该部分卷烟认定哪个罪名的问题。一种观点认为,对查扣的部分以生产、销售伪劣产品罪定罪,而对未查扣的部分以非法经营罪定罪,数罪并罚。例如,在庄×良非法经营

---

① 福建省莆田市涵江区人民法院(2019)闽 0303 刑初 37 号刑事判决书。
② 福建省漳州市平和县人民法院(2020)闽 0628 刑初 105 号刑事判决书。
③ 福建省漳州市漳浦县人民法院(2019)闽 0623 刑初 4 号刑事判决书。

案中,人民法院认为虽然被告人与同案人均供认运输的物品系假烟,但已运出的部分因未查扣到实物,而难以鉴定烟品为假冒注册商标且品质伪劣,仍然无法认定该部分系假烟。基于在案证据足以证实运出的物品种类系卷烟,被告人未经烟草专卖行政主管部门许可运输卷烟,其从事运输但未查扣到实物的部分应当认定为非法经营罪。① 另一种观点认为,无论是已查扣的还是未查扣的均应当以生产、销售伪劣产品罪或者非法经营罪对全案定罪,然后依有利于被告人原则,根据不同案情认定既遂或者未遂情节。例如,在肖×功生产、销售伪劣产品案中,人民法院认为伪劣半成品卷烟未被查获的部分无法核实是否已制成成品以及是否已销售,均以犯罪未遂处理,可以比照既遂犯从轻或者减轻处罚。②

不宜对未查扣的实物一律以事实不清、证据不足为由不予认定。只要在案证据能够证明未查扣到的实物是卷烟,并且系从查获的窝点运出,而已查扣的部分经鉴定为伪劣产品,就可对未查扣的部分依法作出相应的负面评价。此时,未查扣部分与已查扣部分均由该制假窝点生产,具有高度同一性。除非有相反证据证明存在真假卷烟混杂,否则,推定未查扣部分系伪劣产品具备充分的事实和法律依据。根据案件具体情况就全案犯罪事实统一认定一个罪名,可以避免罪名适用混乱和量刑失衡问题。

4.未查获的卷烟如何量刑

经统计,全省涉烟生产、销售伪劣产品罪案件中有 21 件存在部分实物未被查获的情况,其中不包括判决不予认定的 1 件和以两罪认定的 6 件。在这些案件中,审判机关对涉案金额的表述各不相同,有的案件详细表述"已销售金额、未销售金额和总金额";有的案件只表述"总金额";有的案件因为已销售金额较大就只表述"已销售金额";有的案件对已销售的部分只表述"销售金额二百万元以上的"③。《"两高"烟草解释》第 2 条规定,销售金额未达到 5 万元但与未销售货值金额合计达到 15 万元以上的以生产、销售伪劣产品罪(未遂)定罪处罚。已销售金额、未销售金额以及总金额都会对量刑产生影响。笔者认为,应当采用上述第一种表述方式,全面客观表述"已销售金额、未销售金额以及总金额"。

上述 21 件生产、销售伪劣产品案件扣除 1 件全案既遂和 4 件全案未遂,有 16 件对查扣部分认定犯罪未遂。在这些案件中,审判机关对未遂情节的表述各不相同,有的案件笼统表述为"未遂";有的案件对查扣部分表述为"未遂";有的案件没有表述"未遂";还有 1 件案件因未查扣的金额大于查扣的金额即认定查

① 福建省晋江市人民法院(2020)闽 0582 刑初 1939 号刑事判决书。
② 福建省三明市三元区人民法院(2020)闽 0402 刑初 112 号刑事判决书。
③ 福建省莆田市涵江区人民法院(2019)闽 0303 刑初 133 号刑事判决书。

扣部分不属于未遂。① 《"两高"烟草解释》第 2 条第 2 款规定,销售金额和未销售货值金额分别达到不同的法定刑幅度或者均达到同一法定刑幅度的,在处罚较重的法定刑幅度内酌情从重处罚。在部分既遂部分未遂的情况下,如何表述未遂部分的量刑情况确实存在一定难度。笔者认为,应当在分别罗列已销售金额、未销售金额以及总金额之后,对查扣部分表述为"未遂",在未遂数额作为处罚较重的法定刑量刑的情况下,"未遂"可不予表述。

当已销售金额或者未销售货值金额未达到入罪标准时,裁判文书应当如何表述评价?有判决认为,被告人"所参与未销售货值未达到法定刑幅度,故对其参与未销售的货值部分,可不予酌情从重处罚,仅对其参与的销售金额定罪量刑"。② 可以参照 2016 年最高人民法院指导案例第 62 号王×明合同诈骗案的裁判要点,"在数额犯中,犯罪既遂部分与未遂部分分别对应不同法定刑幅度的,应当先决定对未遂部分是否减轻处罚,确定未遂部分对应的法定刑幅度,再与既遂部分对应的法定刑幅度进行比较,选择适用处罚较重的法定刑幅度,并酌情从重处罚;二者在同一量刑幅度的,以犯罪既遂酌情从重处罚"。

5.制假窝点查获的辅料是否计入货值金额

《"两高"烟草解释》只规定了查获的未销售的伪劣卷烟、雪茄烟的销售价格和货值金额如何认定,没有规定查获的烟丝等辅料的货值金额如何认定。审判实践对此问题存在两种观点。一种观点认为,查获的烟丝等辅料不计入生产、销售伪劣产品数额,但可作为酌重量刑情节。例如,在方×参等人生产、销售伪劣产品案中,人民法院认为公诉机关指控的各被告人犯罪数额 1380 万余元,其中,烟丝价值 41 万余元、卷烟纸价值 1.4 万余元、滤嘴棒价值 5.1 万余元,因未被鉴定为伪劣产品,不能计入生产、销售伪劣产品罪的货值金额。涉案烟丝属于生产伪劣卷烟的必备材料,各被告人未经许可擅自生产、运输及销售烟草专卖品,亦属于违法行为,在量刑时予以酌情考虑。③ 另一种观点则认为,既然烟丝等系制假必备辅料,就应当计入生产、销售伪劣产品数额,罪名上可能构成生产、销售伪劣产品罪或者非法经营罪。例如,在邱×西等人生产、销售伪劣产品案中,人民法院未采纳辩方提出的烟丝不应计入货值金额的意见,认为在假烟生产现场查扣的烟丝必然系用于生产假烟,既然同批次的成品卷烟都已经鉴定为假冒伪劣产品,自然可以将现场查扣的烟丝计入全案货值金额。④

笔者同意上述第二种观点。《涉烟纪要》规定生产伪劣烟草制品尚未销售,

---

① 福建省漳州市芗城区人民法院(2018)闽 0602 刑初 523 号刑事判决书。
② 福建省莆田市仙游县人民法院(2017)闽 0322 刑初 284 号刑事判决书。
③ 福建省三明市三元区人民法院(2019)闽 0403 刑初 241 号刑事判决书。
④ 福建省泉州市德化县人民法院(2020)闽 0526 刑初 119 号刑事判决书。

无法计算货值金额,但生产伪劣烟用烟丝数量在1000公斤以上的,或者生产伪劣烟用烟叶数量在1500公斤以上的,以生产、销售伪劣产品罪(未遂)定罪处罚。这说明烟丝、卷烟纸、滤嘴棒等辅料也属于烟草专卖品,生产、销售制烟辅料理应追究刑事责任,但不必单独定罪另行评价,可全案认定生产、销售伪劣产品罪或者非法经营罪一个罪名,在量刑上也更有利于被告人。实践中,甚至有案件将现场查获的商标纸也计入生产、销售伪劣产品数额。① 例如,在张×平非法经营案中,人民法院未采纳辩护人提出的非法经营数额应扣除条型商标纸和盒型商标纸价格的意见,判决认为最高人民法院、最高人民检察院、公安部、国家烟草专卖局《关于办理假冒伪劣烟草制品等刑事案件适用法律问题座谈会纪要》第11条规定"卷烟包括散支烟和成品烟",条、盒型商标纸是将散支烟包装成成品烟不可或缺的材料,包装材料的价值应计入卷烟价值。

三、治理涉烟犯罪的对策建议

司法机关惩处犯罪只是整治犯罪的一个方面,仅凭司法机关一家之力无法真正有效遏制犯罪。只有各地区、各部门联防联动形成"打防控一体化"的犯罪治理体系②和"集群战役化"的犯罪打击模式,才能在根本上完成涉烟犯罪的诉源治理。"集群战役"打击模式是对犯罪源头、流向、网络、链条以及系列案件同时发起集中打击行动,③树立"人流、物流、资金流"全要素打击视野和"生产、运输、销售"全链条打击意识。在新形势下,审判机关应当深刻把握涉烟犯罪案件特点和实践难题,研讨类案审判策略,④就执法、立法、司法等各环节共同关注的问题提出相应对策建议。

(一)廓清"烟草专卖品"概念范畴

无论是生产、销售伪劣产品行为还是非法经营行为,《"两高"烟草解释》均以"烟草专卖品"数额作为定罪量刑的基础。何谓"烟草专卖品"?《烟草专卖法》将其定义为"卷烟、雪茄烟、烟丝、复烤烟叶、烟叶、卷烟纸、滤嘴棒、烟用丝束、烟草专用机械";国家烟草专卖局《涉案烟草制品价格管理规定》将"涉案烟草制品"包

---

① 福建省漳州市平和县人民法院(2019)闽0628刑初135号刑事判决书。

② 李远宏:《烟草专卖市场预防违法犯罪机制及配套措施》,载《长江大学学报(社会科学版)》2013年第7期。

③ 黄祥铭:《涉烟经济犯罪侦查中的集群战役探究》,载《铁道警察学院学报》2018年第5期。

④ 胡勇强、廖广军:《广东地区卷烟走私犯罪现状及防控策略——以贩运环节为切入点》,载《政法学刊》2023年第1期。

括"真品、假冒、伪劣卷烟,雪茄烟,烟丝和复烤烟叶";国家发改委价格认证中心《涉烟案件物品价格鉴定操作规范》则将"涉烟案件物品"包括"制烟原料、制烟辅料、烟草制品和烟草专用机械等"。尽管上述三部规范性文件均对相关概念进行了详细定义与列举,客观上也基本涵盖了涉烟案件的常见物品,但是,"烟草专卖品"是否与"涉案烟草制品""涉烟案件物品"范畴相互重合,《"两高"烟草解释》规定的犯罪数额计算方式是否可直接转至援用上述规范,依然含混不清。建议价格认证部门和烟草专卖行政主管部门在开展价格认证和鉴定时注意与《"两高"烟草解释》保持兼容性,参照《"两高"烟草解释》进行价格计算。

(二)推进司法解释之完善

一方面,统一涉烟案件罪名之适用。虽然《"两高"烟草解释》对涉烟生产、销售伪劣产品行为和非法经营行为的定罪问题给予详细规定,并以择一重处的立法技术严密法网,但是,对于非法经营罪有无未遂形态、"择一重处"如何理解、[①]未查获的如何定罪、运输快递人员如何处理等问题均未具体回应,导致司法实践中不同观点层出不穷,涉烟罪名适用比较混乱的现象尚未根本扭转。另一方面,细化涉烟案件量刑幅度标准。虽然《"两高"烟草解释》对涉烟各罪名的量刑档次均已明确,但量刑幅度过于宽泛,量刑标准弹性过大。以非法经营罪为例,该罪名只有有期徒刑五年以上和五年以下两个法定量刑幅度,审判机关量刑自由裁量空间较大,容易出现类似数额、类似情节案件,不同地区、不同法院甚至同一法院的不同合议庭量刑不一,尺度参差不齐。为保障法律适用统一,建议进一步完善司法解释,加强涉烟罪名定罪条件和量刑标准的精确化、规范化。

(三)深化行刑衔接之顺畅

烟草专卖是一个政策性和技术性都比较强的专门行业,相关专门性知识和行业管理政策往往不易被外界所熟知。经过多年持续合力打击的磨合与沟通,行政执法和刑事司法部门对于案件证据的收集、采信已经初步达成基本共识。然而,对于真实货主到案较少、"顶罪顶包"现象频发、"网络售假"等执法、司法中的新情况、新问题仍然重视不够、对策不足。建议刑事司法部门与烟草专卖行政主管部门定期开展信息和证据互通共享,共同会商、研讨、制定涉烟案件系列证据指引、量刑指导和工作规范,构建常态化合作机制。同时,倡导物流运输行业加强行业监管和自律,督促物流快递人员对寄件人姓名、电话、地址等重要身份信息进行严格登记核实,对寄递、运输物品进行依法查验,积极协助配合执法机

---

① 贺平凡、罗开卷:《涉烟犯罪的罪数形态认定——析〈关于办理非法生产、销售烟草专卖品等刑事案件具体应用法律若干问题的解释〉》,载《政治与法律》2011年第7期。

关开展情报收集、经营以及抓捕涉案人员等工作。①

此外,为弥补传统侦查手段在证据收集能力上的不足,相关执法机关可探索共同搭建烟草专卖监控预警智慧平台,②以烟草自有物流、销售、商户等数据为基础,③开辟全方位数据采集通道,同步导入公安交通网络、邮政物流运输、淘宝微信交易信息等,实时精确更新、检索、定位涉烟犯罪动态。审判机关则应当提高证据审查能力和运用能力,善于运用证据裁判规则和举证责任分配规则,采用科学方法找出证据间的相互关联。

四、结 语

整治涉烟犯罪对于净化卷烟市场环境,维护国家和消费者利益具有重要意义。涉烟刑事审判是一个长期、广泛、深入的课题,除了上文论及的几个问题之外,还包括涉烟犯罪的罪数划分、非法经营罪的入罪依据、涉案烟草的价格认定、生产假烟烟机处置、走私烟草专卖品罪名适用等许多问题。这些问题相互交织关联,同时影响侦查、起诉、审判等各诉讼环节的证据收集和法律适用。由于篇幅所限,本文难以针对所有问题展开事无巨细的详尽分析。下一步,我们将就调研中发现的问题和侦查机关、检察机关、烟草行政主管机关等部门进行充分交流与协调,力求对实践中的争议问题达成一致,以推动制定形成全省涉烟刑事案件办理的工作指导意见。

---

① 梁胜波、张瑞央:《关于非法经营烟草案件的几点思考——以韩某团伙非法经营烟草案为视角》,载《河北公安警察职业学院学报》2020 年第 2 期。

② 李俊等:《烟草专卖打假打私现状智慧监管模式改进》,载《现代企业》2021 年第 12 期。

③ 马鸣萧、惠宁、宁涛:《信息、监管与犯罪遏制——以烟草行业为例》,载《西安电子科技大学学报(社会科学版)》2015 年第 1 期。

认罪认罚二审案件缓刑辩护路径分析

■吴懿儒*

摘要：在认罪认罚从宽制度适用率超过 85% 的背景下，认罪认罚案件二审维持原判的案件占大多数，刑事辩护发挥作用有限。为有针对性地开展认罪认罚案件二审辩护工作，解决该类案件二审辩护"走过场"的常见问题，本文对网上公开的认罪认罚案件二审裁判文书进行数据分析与文本梳理，分析二审法院改判缓刑的态度、观点和立场，得出认罪认罚案件二审辩护确有章可循的结论，进而讨论律师在认罪认罚案件二审中辩护作用的实现路径。

关键词：认罪认罚从宽；缓刑；改判；有效辩护

一、认罪认罚案件二审上诉与辩护形态

认罪认罚从宽制度是在刑事被追诉人自愿认罪认罚的前提下，对案件处理适用特别的程序，实现程序从简、处理从宽。所谓"认罪"，应当是被追诉人自愿如实供述自己的罪行、承认指控的犯罪事实；所谓"认罚"，是指被追诉人真诚悔罪，愿意接受司法机关提出的抽象刑罚。有的学者认为，被追诉人一般不应享有"反悔权"；一些司法实务人员认为，被告人签署认罪认罚具结书就表示其接受量刑建议，如果法院采纳了量刑建议，被告人就不应以量刑过重为由提出上诉，否则就是虚假认罚。[①]

尽管学界、实务界对于签订了认罪认罚具结书的被告人是否享有上诉权一直存在争议，但我国实行二审终审制，且 2018 年修改的《中华人民共和国刑事诉讼法》（以下简称《刑事诉讼法》）增加规定认罪认罚从宽制度和速裁程序、并未对认罪认罚案件中被告人的上诉权进行限制，那么签订了认罪认罚具结书的被告

---

* 作者系福建世礼（泉州）律师事务所副主任。

① 熊秋红：《比较法视野下的认罪认罚从宽制度——兼论刑事诉讼"第四范式"》，载《刑事审判参考》（总第 127 辑），人民法院出版社 2021 年版。

人均有权上诉,要求获得更轻的判决。

常见的上诉类型有三种:一种是"反悔型"上诉,即一审判决作出后被告人内心反悔,不再接受控辩协商的结果;二是"投机型"上诉,即被告人提起上诉并非真心对判决不服,而是有投机心理,想利用"上诉不加刑"制度获得额外的好处;三是"留所服刑型"上诉,即被告人提起上诉并非对判决不服,只为拖延时间,等二审判决作出时余刑低于3个月,就可以达到"留所服刑"的目的。①

实践中,第二种类型的上诉占大多数,不少被告人抱着"说不定能改判缓刑甚至判更轻、反正上诉不加刑不花钱"的心理,在一审对其判处实刑后提起上诉,客观上反而破坏了认罪认罚制度所期望达到的诉讼效率提高和程序简化的效果。

在这类案件的上诉、抗诉环节,对于有的被告人认罪认罚之后单方"反悔""撕毁具结书""无正当理由上诉"的,公诉机关亦同时提出抗诉,二审检察机关还可能提出更重的量刑建议,给二审法院可能的改判施压,以维护认罪认罚的严肃性。在审理环节,辩护律师很难坚持作无罪辩护,否则容易招致公诉机关反感,也影响法庭对被告人认罪态度的判断,可能导致公诉机关当庭撤销具结、提高量刑建议或者法院认定被告人签订的认罪认罚具结书失效、收回被告人在认罪认罚中所获从宽利益②的情况发生,使被告人完全丧失从宽处罚的可能性。因此,无论律师采取什么辩护策略、使出多少看家本事开展辩护工作,二审法院一般会出于维护认罪认罚从宽制度公信力的立场,"先入为主"地认可一审判决,不予采纳律师辩护意见,裁定驳回上诉、维持原判,律师的辩护空间被严重压缩。

形势如此,使得当事人通过上诉获得二次从宽的愿望看起来是那么不切实际,也使得律师的辩护工作看起来像做无用功。许多行内人戏谑刑事律师在认罪认罚案件中的"套路辩",有打油诗曰"刑辩律师三大宝,初犯偶犯态度好",讽刺刑事律师认罪认罚案件二审辩护像是一场形式主义的敷衍。由是,许多刑事律师不愿意接受这类案件当事人单于二审阶段的委托——律师确实难以在辩护工作中展现专业魅力、获得成就感,且因与当事人预期值差别太大,可能受到当事人及其家属责怪、被质疑专业度。

二、认罪认罚案件二审改判缓刑整体情况分析与案例梳理

为探索认罪认罚案件二审改判缓刑案件整体数据,本文从 iCourt Alpha 数

---

① 魏晓娜:《认罪认罚从宽制度中的诉辩关系》,载《中国刑事法杂志》2021年第6期。

② 谢登科:《论认罪认罚案件被告人上诉权及其限定》,载《暨南学报(哲学社会科学版)》2022年第5期。

据库输入条件进行搜索,得到数据情况如下:

(一)认罪认罚案件上诉审理结果大数据情况

笔者在 alpha 案例检索系统输入"全文:认罪认罚具结书""法院认为包含:上诉""审理程序:二审""案由:刑事"等条件进行搜索,获得判决书 14629 份。为更能体现近年审判趋势,笔者添加"年份:最近 3 年"条件进行进一步搜索,获得裁判文书 13840 份。其中,裁定文书 11533 份,判决文书 2307 份。认罪认罚案件上诉案例地域分布图参见图 1。

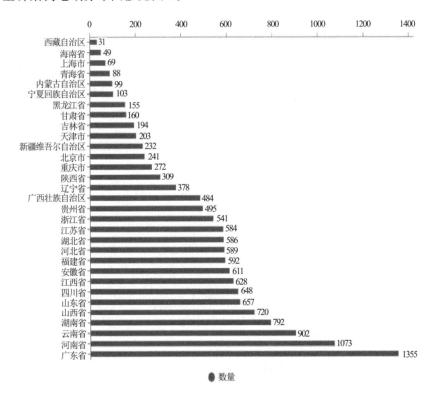

图 1　认罪认罚案件上诉案例地域分布图

从地域分布上看,认罪认罚案件上诉案例主要集中在广东、河南、云南、湖南、山西,其中广东省的案件最多且畸高于其他省,达到 1355 件。

通过图 2 可见,当前条件下,妨害社会管理秩序罪(刑法分则第六章)案件最多,达 4949 件;侵犯财产罪(刑法分则第五章)犯罪案件次之,有 3470 件;危害公共安全罪(刑法分则第二章),侵犯公民人身权利、民主权利罪(刑法分则第四章),破坏社会主义市场经济秩序罪(刑法分则第三章)较多,分别为 2289 件、1408 件、1395 件。

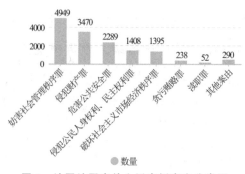

图 2　认罪认罚案件上诉案例案由分类图

(二)认罪认罚案件二审改判缓刑数据情况

笔者在 Alpha 案例检索系统输入"全文:认罪认罚具结书""法院认为包含:上诉""审理程序:二审""裁判结果包含:考验期""裁判结果包含:撤销""文书类型:判决""案由:刑事"等条件进行搜索,获得判决书 595 份。为更能体现审判趋势,笔者添加"年份:最近 3 年"条件进行进一步搜索,获得裁判文书 563 份。认罪认罚案件二审改判缓刑案例地域分布图参见图 3。

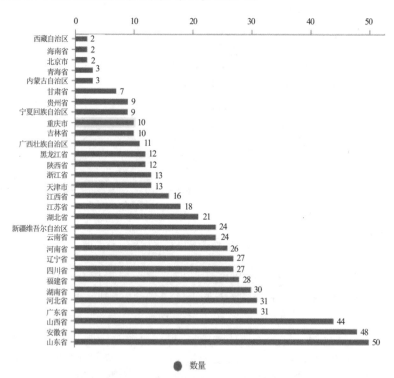

图 3　认罪认罚案件二审改判缓刑案例地域分布图

从地域分布上看,认罪认罚案件二审改判缓刑案例主要集中在山东、安徽、山西、广东、河北,山东、安徽、山西的案件显著高于其他省份,其中山东省的案件最多,达 50 件。

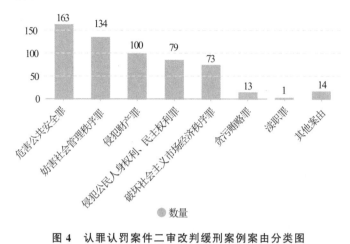

图 4　认罪认罚案件二审改判缓刑案例案由分类图

通过图 4 可见,当前条件下,危害公共安全罪案件最多,达 163 件;妨害社会管理秩序罪案件次之,有 134 件;侵犯财产罪案件,侵犯公民人身权利、民主权利罪案件,破坏社会主义市场经济秩序罪较多,分别为 100 件、79 件、73 件。

(三)近三年认罪认罚案件二审改判缓刑案例数据分析

从案件数量看,全国认罪认罚案件因被告人上诉进入二审程序的案件有 13840 件,但二审改判缓刑的案例仅 563 件,占比 4.07%。这说明,被告人很难通过上诉途径获得缓刑改判。

从地域分布看,认罪认罚案件上诉案例最多的省份依次是广东、河南、云南、湖南、山西,其中二审改判缓刑案例最多的省份依次是山东、安徽、山西、广东、河南。上述八个省份中,该类案件二审改判缓刑概率最高的是安徽(7.86%)、山东(7.71%),显著高于全国平均水平;改判缓刑概率最低的是河南(2.42%)、云南(2.67%),又显著低于全国平均水平。这说明全国各地对于该类案件的审判态度差别较大。单就笔者执业所在地福建省而言,近三年认罪认罚案件因被告人上诉进入二审程序的有 592 件,其中二审改判缓刑的案例仅 28 份,占比约为4.73%,微高于全国平均水平。省内该类二审案例来自各地市中级人民法院,漳州中院 12 例、南平中院 6 例、龙岩中院 4 例、三明中院 2 例、莆田中院 2 例、宁德中院 1 例、福州中院 1 例。近三年,厦门中院和泉州中院没有该类案例。

从案由类型看,认罪认罚案件上诉案例最多的五类按数量从多到少排列依次是妨害社会管理秩序罪,侵犯财产罪,危害公共安全罪,侵犯公民人身权利、民主权利罪,破坏社会主义市场经济秩序罪,其中获得二审改判缓刑的案例最多的五类按数量从多到少排列依次是危害公共安全罪,妨害社会管理秩序罪,侵犯财产罪,侵犯公民人身权利、民主权利罪,破坏社会主义市场经济秩序罪。相对而言,危害公共安全罪案件二审改判缓刑的概率(7.12%)显著高于其他类犯罪。就笔者执业所在地福建省而言,认罪认罚案件二审改判缓刑的28例案例中,妨害社会管理秩序罪11例,侵犯财产罪7例,危害公共安全罪4例,侵犯公民人身权利、民主权利罪4例,破坏社会主义市场经济秩序罪2例,改判概率高的案由与其他省份差别不大。

(四)近三年认罪认罚案件二审改判缓刑实践的理论分析

党的十八届四中全会审议通过的《关于全面推进依法治国若干重大问题的决定》,提出要进行以审判为中心的刑事诉讼制度改革,同时提出要完善认罪认罚从宽制度。可以说,认罪认罚从宽制度既具有独立的价值和作用,又是以审判为中心的刑事诉讼制度改革的配套措施。虽然认罪认罚的案件,控辩双方通常在审查起诉阶段已经就案件主要事实、建议量刑达成一致意见,但"审判为中心"要求充分发挥庭审查明案件事实、认定证据、定分止争的作用。[1] 正是由于认罪认罚从宽制度下的全面审查工作,才给认罪认罚案件上诉创造了改判缓刑的空间和可能。

改判是全面审查一审判决的法理彰显。全面审查原则作为我国刑事二审程序的基石性原则,任《刑事诉讼法》几经修改未曾变动。在认罪认罚从宽体系中,准确把握、定位证明标准,攸关程序繁简设计和制度初衷实现。认罪认罚案件,证明标准没有降低、法官的把关责任没有降低,二审法院仍应坚持证据裁判原则和法定证明标准,使"事实清楚、证据确实充分"贯穿审判活动全过程,仍需在整个诉讼中坚守审判中心标准。因刑事二审程序的救济、纠错功能,二审法院通过对全案证据进行审查,对于上诉人虽然认罪认罚,但一审判决认定的基本事实的确存在,仅在法律适用上存在争议时,可能会作出改判缓刑的判决,通过"实报实销"的方式,确保严格公正司法。[2] 不改判则是"一般应当采纳检察院量刑建议"裁判立场的体现。

目前,学界普遍认可认罪认罚从宽制度内在要求控辩双方平等协商,带有公力协商司法模式的特征,作为量刑结果的检察机关的量刑建议,是控辩双方诉讼

---

[1] 杨立新:《关于认罪认罚从宽制度常见问题释疑》,载《刑事审判参考》(总第127辑),人民法院出版社2021年版,第130~151页。

[2] 张俊、汪海燕:《论认罪认罚案件证明标准之实践完善——兼评〈关于适用认罪认罚从宽制度的指导意见〉》,载《北方法学》2020年第14卷。

合意的表示,更是犯罪嫌疑人、被告人带有公信力的承诺。因此,控辩协商产生的协商结果对于法院的量刑裁判具有一定拘束力,法院也不应过于积极主动地对控辩双方通过协商达成的协议随意否定,除非有影响公正审判的情形,原则上法院应当尊重控辩双方的协商合意,在控辩协商的范围内作出裁判。[1] 这种裁判立场,在《刑事诉讼法》中体现为第 201 条第 1 款规定的除法定五种情形外,"人民法院依法作出判决时,一般应当采纳人民检察院指控的罪名和量刑建议"。

显然,认罪认罚二审程序中的审判职能同样延续此中立与被动的定位,认罪认罚案件的二审审理对象是一审未生效裁判,二审法院在尊重控辩双方协商合意的基础上,审查一审法院依法作出判决时,采纳人民检察院指控的罪名和量刑建议是否存在上诉理由中指出的不当事项,是否符合《刑事诉讼法》规定、契合罪责刑相适应、宽严相济刑事政策以及达到了类案平衡的要求。

如果经过审理,二审法院认为一审公诉机关量刑建议适当、一审法院判决采纳的,法院一般在案件事实、法律允许的范围内,为最大限度尊重一审公诉机关的量刑建议权及固化的协商结果,一般不予改判。

诚然,"一般应当"不等同于"应当",认罪认罚从宽制度没有改变诉讼权力配置,人民法院依法独立行使审判权是基本原则。实践中,一审法院如果认为公诉机关提出的量刑建议不恰当,一般建议公诉机关重新与被告人进行认罪认罚协商、具结。公诉机关坚持不变更量刑建议的,人民法院也可以径直作出判决。

(五)认罪认罚案件二审改判缓刑案例梳理

笔者通过对近三年认罪认罚案件二审改判缓刑案例共 563 份文书进行梳理,攫取改判概率最高的三类犯罪的文书下载并进行分析,最终获得样本 430例,其中危害公共安全罪 180 例、妨害社会管理秩序罪 142 例、侵犯财产罪108 例。

样本案例中,"原审判决认定事实清楚但量刑畸重,请求二审法院从宽处罚并适用缓刑"频繁出现在上诉理由中,说明大多数上诉人对原审判决认定的事实不持异议,但亦有少数案例上诉理由为"原审认定事实有误"或者"原审认定××量刑情节有误"。

二审法院说理阐释均提及:(1)原判认定事实清楚,证据确实充分,审判程序合法,适用法律正确,量刑时已充分考虑上诉人的量刑情节,在法定量刑幅度内对上诉人判处刑罚适当;(2)上诉人犯罪情节较轻。笔者注意到,有部分法院认

---

① 何挺、杨涛:《全面抑或有限:认罪认罚案件二审审查原则之反思与重构》,载《青少年犯罪问题》2021 年第 2 期。

为一审没有适用缓刑也属"量刑不当",在一审判决刑期的基础上对上诉人改判适用缓刑。

二审法院关于改判理由的常见阐述主要有:(1)原审判决遗漏了有关量刑情节的,二审法院认为"原审判决未评价××情节,适用法律和量刑不当";(2)上诉人的犯罪情节轻微、对法益侵害不大的,二审法院指出"实施的部分/全部犯罪行为系预备/中止/未遂";(3)上诉人的犯罪主观恶性较小的,二审法院认为"本案系民刑交叉的案件,是由民事纠纷引发,相较于同类案件,上诉人主观恶性较小";(4)上诉人悔罪态度好的,二审法院作了"上诉人有自首/立功/坦白等法定从轻减轻处罚情节"的考量;(5)上诉人积极修复被破坏的社会关系的,二审法院指出"上诉人积极赔偿被害人及其近亲属经济损失,并取得被害人谅解";(6)上诉人积极配合降低司法成本的,二审法院指出"上诉人已全部缴纳罚金和违法所得";(7)上诉人身体健康状况不适宜服刑的,二审法院提出"鉴于上诉人身患多种疾病,可适用缓刑";(8)经征询司法局意见认为可以适用缓刑的,二审法院作出"参照司法局对上诉人关于其符合社区矫正条件的社会影响评估意见,决定对其适用缓刑"的阐述。

通过以上梳理可见,在这类案件中,大多数被告人并非"违约性上诉",仅是期望得到缓刑的判决而已。二审法院即便愿意作出改判,也必建立在充分认可一审法院判决依据的事实和证据的基础上,不会特意大费周章地对事实和证据进行"翻工"审理,毕竟这样做与认罪认罚制度提高司法效率、降低司法成本的价值取向相背离,倘若件件如此"死磕",设置认罪认罚从宽制度便失去了意义。当然,如果二审法院不认同被告人签字自认、亦经一审法院审理查明的事实,那么裁判结果可能是发回重审或者改判,则有关裁判文书不在搜索之列。

三、上诉请求判缓的认罪认罚案件有效辩护路径

在二审改判缓刑率如此之低的情况下,辩护律师既要忠诚于当事人作尽职性辩护,更要以实现有利裁判结果为目标作效果性辩护。由于传统的刑事程序是一种控辩式刑事争议处理机制,而认罪认罚从宽制度是一种协作式刑事争议处理机制,因此,认罪认罚案件的效果性辩护应当是契合认罪认罚从宽制度价值目标的辩护,有别于传统的对抗式辩护。① 根据获得的数据资料,结合办案实务,笔者从认罪认罚从宽制度的价值追求出发,提出上诉请求改判缓刑的认罪认罚案件二审有效辩护路径。路径如下:

---

① 马静华、李育林:《认罪认罚案件的有效辩护:理想模式与实践背离》,载《刑事法评论》2021年第1期。

(一) 以证据为基点,配合不同辩护策略

无论什么类型的刑事案件,证据辩护永远是刑事辩护的核心。

辩护律师通过全面深度阅卷,对一审法院判决是否公正心中已有基本判断。

如果辩护律师认为在案证据足以推翻指控、判决逻辑,须于内心有被告人确被错误追诉、错误判决的充分把握,可在与被告人充分沟通、全面释明、获取配合的基础上,采取"骑墙辩护"法,即被告人认罪认罚、律师作无罪辩护或者改变定性辩护,推动二审法院改判缓刑或者发回重审,争取法院判缓的空间。但已有研究表明,检察官、法官对"骑墙式辩护"一般持否定态度,认为其不符合效率原则,且会使控诉和裁判失去重心,导致控辩双方争议焦点不集中。[①] 从大数据来看,认罪认罚案件二审中"骑墙辩护"的效果并不理想,大概率会被法院驳回,因此采用该辩护策略还须慎之又慎。然并非所有存在证据瑕疵的案件都需要律师如此"大动干戈",如果辩护律师有充分把握认为证据的确有漏洞,存在一审判决并不完全正确也不全然错误的情况,例如财产类犯罪存在金额认定确有错误且差别较大、对定罪无影响但影响量刑的,律师也不必非要作无罪辩护或者改变定性辩护,可运用证据规则作事实方面的辩护,采用书面意见与沟通协商结合的方式,促动二审法官在不对事实审判"翻工"的基础上作量刑上的减让。

如果辩护律师认为以在案证据或者调取证据推翻一审法院认定并不现实,则可采取稳妥的量刑辩护策略,即以"刑"为辩护对象,积极调取能证明"犯罪情节较轻""有悔罪态度""宣告缓刑对所居住社区没有重大不良影响""判处非监禁刑是现实客观需要"等量刑情节的证据,还应当关注收集与犯罪相关的个人品格(包括被告人和被害人的个人品格)情况,在认可罪名的前提下,为二审辩护说理提供依据支撑、为二审法院改判缓刑增加可能性。可是,通常这类案件的相同辩护意见、有关证据在一审时已经提交,二审律师调取上述证据还需另辟蹊径,特别要围绕当事人的身份、特殊现实情况等充分搜集证据,否则可能被二审法院以"一审判决已充分考量该情节、判处刑罚适当"为由驳回上诉、维持原判。

(二) 以"隐情"为支点,撬动发回重审或者改判

尽管我国《刑事诉讼法》规定了全面取证规则,即司法人员在调取证据时,应当尽可能地全面调取能够证明案件真实情况的一切事实材料,证据形式不仅要穷尽刑事诉讼法规定的七种证据形式,还要尽可能地全面调取被告人有罪、无罪、罪轻、罪重的证据材料。然而实践中,侦查机关或出于打击犯罪需要,对于对

---

① 韩旭:《认罪认罚从宽案件中的"骑墙式辩护"》,载《西南民族大学学报(人文社会科学版)》2022 年第 2 期。

嫌疑人有利的证据常常"视而不见",要么不予搜集有利证据,要么刻意不将有利证据在案卷中呈现。所以在二审辩护中,律师会见被告人时须全面过问案情至细枝末节,找到撬动二审法官"动念"改判的新支点。

比如在一些轻罪的共同犯罪中,被告人参与犯罪的原因除了学历低、法律意识淡薄以外,可能还有难以拒绝的情分。这样的"隐情"对于定罪与事实认定可能不会产生什么影响,所以被侦查机关、公诉机关有意或无意忽略,但对法官量刑和是否适用缓刑会产生直接的触动。在辩护方向与控方一致的前提下,把"隐情"作为补充性辩护意见,使法官充分尊重控辩双方诉讼主体地位,吸纳合法、正当的量刑建议。在笔者办理的一起认罪认罚案件中,笔者于二审阶段接受委托介入案件,为了证明当事人因为主犯系其表哥且为老板的身份、其难以拒绝主犯协助犯罪请求的窘境,笔者向当事人家属调取工作牌、工位照片、员工墙照片等,结合当事人每月 10 日有固定工资收入的在卷银行流水记录,充分阐释当事人参与犯罪的隐情,从而论证其犯罪情节轻微、主观恶性小。该案发回重审后重新审判,当事人终获缓刑判决。

尽管在法庭上,公诉人可能会在辩论环节发表"该事实(辩护人提出的'隐情')与本案无关"的意见,辩护人还需充分论述被告人处于当下环境难以自主选择是否参与犯罪的主观心态,分析如果被告人拒绝了帮助犯罪的请求可能会导致亲情撕裂、失去工作机会等道德后果,以博得法官的理解和同情,达到说服法官把"枪口抬高一厘米"的辩护效果。

当然,这个辩护策略仅适用于律师未参与一审,或者虽参与一审但是有关补充性辩护意见未被采纳的情况。如果律师一审未提及该"隐情"、二审阶段突然提出并主张在量刑建议的幅度之内判处刑罚,这样的"辩护突袭"可能导致公诉人当庭撤回量刑建议或调整量刑建议,对当事人不利。

(三)以弥合为重点,指导退赔补偿获谅解

认罪态度固然是刑事被告人认罪认罚从宽处罚标准的基础性要件,而法益修复是法官掌握对其从宽幅度所要考量的次要件。如果被行为人被侵害的法益已然被恢复,那么按照一般的逻辑推理,行为人的主观恶性和人身危险性是否还需要用刑罚来规制就成为一个不得不考虑的问题。①

人工查阅的案例中,二审法院改判缓刑的理由阐述均有社会危害后果得到弥补、被告人得到谅解、已缴清罚金并退赃退赔等情节。被告人和家属积极作为,使得因犯罪行为引发的社会矛盾得以消除,则刑法打击犯罪、维护社会稳定的功能便可得以实现,法官才可能愿意考虑对被告人进一步从宽处罚。因此,为

---

① 陈严法主编:《认罪认罚从宽制度研究》,法律出版社 2017 年版。

了帮助当事人获得从轻处罚,律师应指导当事人及其家属及时抚慰被害人及其家属,积极退赃、赔偿,主动降低追赃的司法成本,配合做好"维稳"工作,以实际行动表现出弥补过错的诚意,使法官确信被告人"有悔罪表现""没有再犯罪危险",对其适用缓刑"不致再危害社会"。

(四)以类案援引为亮点,增强辩护观点说服力

刑事辩护是一种说服法官的艺术。效果性辩护要求律师杜绝"自说自话""泛泛而谈",因此律师应摸清法官裁判思路,运用法官所能接受的裁判理由和学术观点与法官进行个案上的协商和对话,只有这样才可能说服法官接受辩护观点。

通常情况下,刑事律师办的案件不会是"天下第一案",律师通过检索一般都能找到类案,可有效助力缓刑辩护工作。根据《最高人民法院关于统一法律适用加强类案检索的指导意见(试行)》有关"公诉机关、案件当事人及其辩护人、诉讼代理人等提交指导性案例作为控(诉)辩理由的,人民法院应当在裁判文书说理中回应是否参照并说明理由;提交其他类案作为控(诉)辩理由的,人民法院可以通过释明等方式予以回应"的规定,类案检索报告如今已然成为律师辩护的"法定"利器。由是,辩护律师在二审中应积极做好类案检索工作,援引全国类案裁判文书并进行精细化的条分缕析,作富有说服力的辩驳,为争取改判缓刑打好基础。

在一次辩护工作中,笔者通过案例搜索颇有所得。为了印证辩护意见阐述的"司法实践中,该类犯罪的审前羁押率低、判处非监禁刑概率高"观点,笔者同时向法院提交了类案检索报告,不但援引最高人民法院编辑的《刑事审判参考》中刊登案例的裁判观点,而且着重展现了福建省内特别是泉州市判缓类案,通过详细比对案情,提出泉州几起判缓案例的犯罪情节、主观恶性、社会危害性均大于该案但判缓现实紧迫性远小于该案仍被判缓的见解,"举重以明轻",最终成功说服主办法官,使当事人获得缓刑判决。

在对于法官来说"可缓可不缓"的情况下,向法庭提供类案检索报告是辩护人展现工作诚意的方式,且一份翔实有据、言之有理的类案检索报告也能有力助推法官对辩护人的缓刑辩护意见进行深度思量,尤其在认罪认罚案件二审改判缓刑难度如此之大的现实情况下,辩护人更要把工作做全、做细,变被动为主动,为当事人争取那一点点微小的希望。

四、结 语

在认罪认罚案件的二审程序中,律师辩护空间并非全然丧失,辩护人的"对

手"是一审裁判,因此辩护人须有法官思维,结合事理、法理、学理、情理、文理,更要兼顾法律效果、社会效果、政治效果,凭借专业与经验找到适合个案的辩护方法,把辩护意见中的字字句句写到二审法官的心坎上,在阻力极大的"对抗"与空间极小的"协商"中实现有效辩护,为当事人争取权益最大化。

认罪认罚案件量刑建议精准化之实践困境与优化路径[*]

■ 王　译　李嘉飞^{**}

摘要：认罪认罚从宽制度乃属国家司法体制改革的特色部分，其与检察机关量刑建议之间存在程序前置的逻辑关系。量刑建议作为认罪认罚从宽制度的核心环节，涉及公诉权与审判权的程序衔接关系。量刑建议精准化问题之所以在理论和实务中备受争议，是因为其在司法实践中存在诸如控辩协商机制形式化与量刑建议调整程序空泛化等现实问题。鉴于此，有必要制定统一的量刑建议指导规则，构建多元量刑协商机制，推动量刑建议与人工智能的深度融合。

关键词：认罪认罚从宽；精准量刑建议；量刑协商机制；量刑智能化

一、引言

2018年10月26日，第十三届全国人大常委会第六次会议通过的《关于修改〈中华人民共和国刑事诉讼法〉的决定》正式将认罪认罚从宽制度写入《中华人民共和国刑事诉讼法》（以下简称《刑诉法》）。从立法层面观之，此次《刑诉法》的修改不仅是实现刑事案件繁简分流和贯彻落实宽严相济刑事政策的重要手段，更是推动"以审判为中心"的刑事诉讼体制深度改革的重要举措。认罪认罚从宽制度集实体与程序保障于一体，乃属衔接刑事司法的综合性法律制度。量刑建议作为认罪认罚从宽制度的核心环节，于2018年《刑诉法》修正案中得以明确，并在"两高三部"颁布的《关于适用认罪认罚从宽制度的指导意见》中得以丰富。

＊ 本文系湖南省社科基金青年项目"电子微腐败监察治理机制研究"（23YBQ055），湖南省教育厅党的二十大精神研究专项"在法治轨道上全面建设社会主义现代化国家研究"（23B1142）的研究成果。

＊＊ 王译：湘潭大学法学学部副教授、硕士生导师，湖南省人民检察院检察理论研究基地研究员；李嘉飞：湘潭大学法学学部硕士研究生，湖南省人民检察院检察理论研究基地研究助理。

　　量刑建议作为英美法系抗辩式庭审模式的舶来品,于 20 世纪末开始进入我国刑事诉讼领域。从实质内涵层面观之,量刑建议是指检察机关在审查起诉阶段综合被追诉人的犯罪事实、情节以及社会危害性,以书面形式向人民法院提出的司法量刑建议。① 从法律效果层面考量,有学者认为量刑建议的精准化或许会侵犯法官的刑罚裁量权,从而导致法官有演化为检察官"橡皮章"之虞。② 但笔者认为,量刑建议并不必然侵犯人民法院独立的刑罚裁量权,反而有助于人民法院正确定罪量刑和保障认罪认罚案件的稳定性。其原因主要在于:第一,从基本职能层面观之,根据宪法和刑诉法的规定,人民法院作为国家司法审判机关,依法独立行使涵盖定罪权与量刑权在内的审判权;③相比较下,检察机关作为国家公诉机关,主要负责审查批准逮捕、提起公诉等职能,依法独立行使检察权和法律监督权。检察量刑建议本质上是一项"程序性建议权",此乃检察官的法定职责,并不具有最终决定的实质效力。第二,从法律规范层面观之,依据《刑诉法》第 201 条的规定④,对于认罪认罚案件,法律采用"一般应当＋除外性规定"的设计初衷,即人民法院一般应当采纳检察机关提出的量刑建议,排除法律规定的其他几种例外情况。⑤ 申言之,量刑建议作为求刑权可对人民法院的刑罚裁量权起到直接的推动作用,但其对法院的量刑并不具备最终判定性与实际拘束力。⑥ 从量刑建议的历史沿革来看,量刑建议主要存在三种具体的操作模式:其一,"概括型"量刑建议,指检察机关依法提出从重、从轻、减轻或者免除处罚等原则性司法量刑建议;其二,"幅度型"量刑建议,即检察机关在综合考虑相关因素基础上向人民法院提出的具有一定幅度的量刑建议;其三,"精准型"量刑建议,即检察机关在控辩双方达成合意基础上对刑罚、刑期与刑罚执行方式等均提出

---

　　① 黎晓露:《量刑建议精准化的实践解读与理性思考》,载《河南社会科学》2020 年第 9 期。

　　② 宋远升:《认罪认罚从宽制度设计的困境与边界》,载《探索与争鸣》2017 年第 1 期。

　　③ 杨宇冠、王洋:《认罪认罚案件量刑建议问题研究》,载《浙江工商大学学报》2019 年第 6 期。

　　④ 《刑事诉讼法》第 201 条规定:"对于认罪认罚案件,人民法院依法作出判决时,一般应当采纳人民检察院指控的罪名和量刑建议,但有下列情形的除外:(一)被告人的行为不构成犯罪或者不应当追究其刑事责任的;(二)被告人违背意愿认罪认罚的;(三)被告人否认指控的犯罪事实的;(四)起诉指控的罪名与审理认定的罪名不一致的;(五)其他可能影响公正审判的情形。人民法院经审理认为量刑建议明显不当,或者被告人、辩护人对量刑建议提出异议的,人民检察院可以调整量刑建议。人民检察院不调整量刑建议或者调整量刑建议后仍然明显不当的,人民法院应当依法作出判决。"

　　⑤ 杨立新:《对认罪认罚从宽制度中量刑建议问题的思考》,载《人民司法》2020 年第 1 期。

　　⑥ 朱孝清:《论量刑建议》,载《中国法学》2010 年第 3 期。

具体、明确的刑罚幅度的建议。① 我国认罪认罚制度中量刑建议机制的规范运行既有利于巩固认罪认罚从宽制度改革成果,同时又有助于更深层次推动被追诉人的诉讼权利保障。目前,我国认罪认罚制度中量刑建议的运行进程仍处于逐步规范化的阶段,由于立法不全面以及平等协商机制形式化等问题,在司法实践中存在实体层面的运作难题以及程序层面的制度缺位困境。近年来,检察机关量刑建议的适用重心逐步由一般刑事案件向认罪认罚案件转移,检察机关提出量刑建议的表达方式也逐步由单向式模糊的幅度量刑向协商式精准的确定刑转变。为落实认罪认罚从宽制度给量刑建议提出的新要求,最高人民检察院已经着手在全国检察系统中推动量刑建议从"幅度"向"点"的发展。② 鉴于此,本文拟从法官对检察量刑建议的采纳、变更与不采纳三个视角入手对认罪认罚案件中人民法院采纳检察量刑建议的情形作规范化分析;并通过剖析量刑建议运行过程中存在的现实困境,"对症下药",探索优化检察量刑建议精准化之路径,为持续深入推进司法体制改革和优化检察机关量刑建议权提供学理上的参考价值。

二、认罪认罚案件中人民法院采纳检察量刑建议的规范化 分析

虽然《刑诉法》第 201 条对人民法院应如何处理检察机关在认罪认罚案件中提出的量刑建议作出内容上的规定,但囿于适用标准的差异化与抽象化,导致人民法院在采纳检察量刑建议的过程中往往会出现"同案不同程序"的现象。以"余×平交通肇事案"为例,被告人余×平开车肇事逃离现场后自首,且以交通肇事罪为由被检察机关提起公诉,考虑到兼具实体法与程序法的从宽情节,检察机关在与辩护人协商达成合意的基础上向人民法院提出量刑建议。但是一审和二审法院对于被追诉人余×平"是否属于自首"同一事实的定性并不一致,且两审法院都未采纳检察机关提出的量刑建议。③ 从量刑建议法律效力层面观之,量刑建议仅对控辩双方具有司法拘束力,但对人民法院则不具有必然的法律约束力。因此,针对检察机关在认罪认罚案件中向人民法院所提出的量刑建议,法官

---

① 卞建林、陶加培:《认罪认罚从宽制度中的量刑建议》,载《国家检察官学院学报》2020年第 1 期。

② 2019 年 4 月 28 日,陈国庆副检察长在全国检察机关"量刑建议精准化、规范化、智能化"网络培训班上强调深入推进量刑建议工作有效开展。

③ 余×平交通肇事案引起刑法学界和刑诉法学界的广泛关注,诸多学者均参与了对此案的探讨。龙宗智:《余金平交通肇事案法理重述》,载《中国法律评论》2020 年第 3 期。

应当在认定被追诉人构成犯罪的基础上作出采纳、调整或者不予采纳的最终决定。

首先,从人民法院直接采纳层面观之,人民法院对检察量刑建议的采纳须建立在自愿性、合法性与正当性全面审查的基础之上。从审查对象层面观之,人民法院在查清案件事实与正确适用法律的基础上,仍应当对检察量刑建议是否契合比例原则、是否自愿达成合意以及证据是否经过法庭质证等进行实质审查。从审查程序来看,检察机关提出的量刑建议须建立在检察机关与辩护人或者值班律师经过协商达成合意的基础之上。笔者将"认罪认罚从宽"和"量刑建议"作为并列条件,从"聚法案例"数据库中搜索到 80272 件刑事裁判文书,部分案由分布如图 1 所示。同样将"认罪认罚从宽"、"量刑建议"和"采纳"作为并列条件,共搜索到 63500 件刑事裁判文书(见图 2)。① 通过观察图 2 可见,从 2016—2023年我国检察量刑建议的被采纳率逐年提升,并且最高值达到 88%。尽管该案例数据库统计样本存在一定的局限性,但毫无例外地反映出当前我国检察量刑建议被采纳率之高的外在特征。以刘某某交通肇事案为例,检察机关就刘某某涉嫌的犯罪事实、触犯的罪名以及量刑情节与值班律师达成合意后向人民法院提出"有期徒刑一年三个月+依法适用缓刑"的精准型量刑建议,人民法院经审查确认采纳检察机关的指控和量刑建议。② 因此,对于符合罪责刑相适应原则、抗

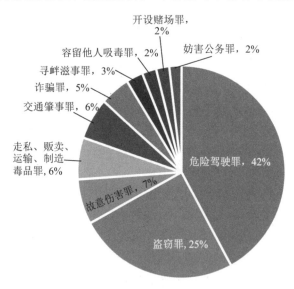

图 1　检察机关对认罪认罚从宽案件提出量刑建议案由统计表(截至 2023 年 5 月)

---

① "聚法案例"裁判文书数据库,最后访问日期:2021 年 8 月 31 日。
② 河南省社旗县人民法院(2019)豫 1327 刑初 534 号刑事判决书。

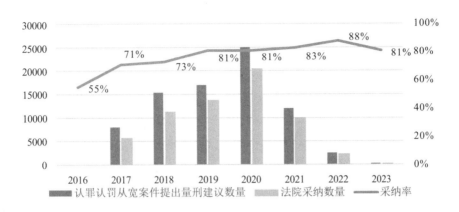

图 2　2016—2023 年法院采纳量刑建议百分比统计表(截至 2023 年 5 月)

辩双方自愿达成合意以及不具有《刑诉法》第 201 条第 1 款但书、第 2 款"明显不当"法定情形的量刑建议,人民法院理应依法予以采纳。

其次,从量刑建议的调整层面观之,根据《刑诉法》第 201 条和"两高三部"印发的《关于规范量刑程序若干问题的意见》第 23 条第 2 款规定可知,针对"不当量刑"和"异议量刑"两种情形,人民法院可以告知检察机关及时作出调整。人民法院认为调整后的量刑建议适当的,应当予以采纳。以李某某交通肇事罪为例,公诉机关在庭审过程中将量刑建议由"判处有期徒刑一年八个月"调整为"判处有期徒刑一年六个月",法官在对调整后量刑建议进行实质审查的基础上作出采纳的决定。① 认罪认罚案件中量刑建议作为公诉机关与被追诉人及其辩护人经过沟通协商达成的一种"合意",在法律效力上对人民法院的刑罚裁量权具有推动作用。而法律允许检察机关在量刑建议内容不当之时先行调整,在某种程度上也是量刑建议协商性的体现。同时,人民法院通过对检察量刑建议进行事后实质性审查,可以倒逼检察量刑建议必须依法提出且体现被追诉人真实意愿,从而避免检察机关在量刑协商过程中权力的滥用。

最后,从人民法院不予采纳视角分析,检察量刑建议作为求刑建议,当检察量刑建议存在主刑选择错误,或者刑罚畸轻畸重,或者附加刑、缓刑适用错误等情形时,人民法院显然不应采纳。笔者将"认罪认罚从宽""量刑建议""不予采纳"作为并列条件,从"聚法案例"数据库中共检索到 7882 件刑事裁判文书。通过观察部分裁判文书发现,人民法院往往会以"量刑建议偏轻""量刑建议偏重""量刑建议不当"作为不予采纳检察量刑建议的理由。而量刑建议偏轻、偏重及其不当均属于《刑诉法》第 201 条规定中的"明显不当"。以彭某某交通肇事案为

---

①　湖南省炎陵县人民法院(2023)湘 0225 刑初 8 号刑事判决书。

例,检察机关就被追诉人"自动投案＋如实供述犯罪行为"的事实提出有期徒刑1年2个月的量刑建议,人民法院经审查认为公诉机关的量刑建议畸轻,并向公诉机关发送《调整量刑建议函》建议其调整,人民法院在检察机关未予采纳的情况下作出判决。① 此外,不论人民法院是否采纳检察量刑建议,在人民法院作出的法律文书中应当列明采纳与否的依据和理由,以保障检察机关相应的"知情权"。② 尤其是对于不采纳量刑建议的案件,人民法院应当说明是因为何种理由不采纳量刑建议。具体而言,如果是因为不符合认罪认罚从宽适用条件而不予采纳,法官应当说明审理认定的事实与情节;如果是因为量刑建议"明显不当"而不予采纳,则法官应当说明"明显不当"的具体内容。

三、认罪认罚案件量刑建议精准化困境之分析

认罪认罚从宽制度从初步尝试到最终在《刑诉法》修正案中从立法的形式予以固定,如何厘清认罪认罚从宽的内涵这一问题备受关注。从实质内涵层面观之,认罪认罚从宽制度关键在于"认罪如何理解"、"认罚如何操作"以及"从宽如何落实"三个方面的具体内涵。第一,"认罪"从实施层面来讲,即被追诉人须"如实供述主要犯罪事实";从法律层面来讲,被追诉人须承认行为的犯罪构成性。第二,"认罚"是指被追诉人基于悔罪态度和悔罪的现实表现而愿意接受法院的处罚,但并未放弃其应有的上诉权和申诉权。③ 第三,"从宽"实质上是对被追诉人的"潜在激励",即对被追诉人适用速裁程序以及简易程序的程序意义上的从简和赋予被追诉人相对宽缓刑事处罚的实体意义上的从宽。检察机关作为认罪认罚从宽制度的主导者,其主导性主要体现在根据被追诉人"认罪＋认罚"的情况,在与辩护律师或者值班律师就量刑达成合意的基础上提出量刑建议。但在实践运行中仍存在诸如精准量刑建议法律规范模糊化、控辩协商机制形式化、量刑建议调整及其补救程序空泛化,以及量刑建议精准化缺乏智能化保障等现实困境。笔者将从以下四个层面逐一阐述:

(一)精准量刑建议法律规范模糊化

虽然《刑诉法》及其司法解释等相关法律规范对检察机关在认罪认罚案件中

---

① 广东省化州市人民法院(2021)粤0982刑初86号刑事判决书。

② 王译、李嘉飞:《监察从宽处罚建议衔接刑事司法的应然限度》,载《华南理工大学学报(社会科学版)》2022年第1期。

③ 胡云腾:《认罪认罚从宽制度的理解与适用》,人民法院出版社2018年版,第77~97页。

如何提出量刑建议和人民法院如何采纳检察量刑建议作出明确规定,但由于法律规范的抽象化和量刑建议适用范围的局限性等原因,导致检察机关自由裁量权扩大现象的发生。其一,虽然《刑诉法》第 201 条对认罪认罚案件中量刑建议的采纳情况作出明确规定,但"一般应当"与"明显不当"用词抽象化。"一般应当"所体现的是对控辩双方合意的尊重和认可,但并非全部采纳。[①] 笔者认为,检察机关与人民法院对"量刑不当"的理解分歧可能直接影响着法院是否应当采纳检察机关提出的量刑建议。立法机关并未对何为"明显不当"作出明确的规定,此属法律的模糊地带。检察机关与法院往往会因为各自认知能力和办案经验的差异而作出不同的决定,一般情况下检察机关更趋向于对"明显不当"作限缩解释,而法院则倾向于扩大解释。其二,最高人民法院颁布的相关量刑指导意见仅对危险驾驶罪等 23 种常见刑事犯罪的量刑规范作出明确的规定,并未将大多数罪名涵盖其中,其适用范围和覆盖面具有明显的局限性。对于复杂性、不常见的刑事案件该提出何种量刑建议,法律并未作出明确的规定,这增加了检察机关提出量刑建议的操作难度。综上所述,立法模糊化不仅将引发检察机关在处理同类案件中的混乱,在一定程度上也会加剧控审机关关系紧张,引发检法机关在采纳量刑建议问题上的冲突,最终阻碍刑事案件审判进程。

(二)控辩协商机制形式化

检察机关在认罪认罚案件中正式提出量刑建议前,须与被追诉人以及辩护人于量刑问题达成量刑合意,此为提出精准量刑建议的程序前置。但在实务中,存在因控辩双方沟通协商不充分而致使控辩协商机制形式化的倾向。[②] 首先,在审查起诉阶段,检察机关须依法履行权利告知和程序保障的法定义务,就基本案件事实与辩护人或者值班律师沟通协商,以期达成量刑合意并签署认罪认罚具结书。但在实务中检察机关仅采取向被追诉人送达格式化的《认罪认罚从宽制度告知书》的方式予以保障被追诉人的合法权益,此乃实属检察机关在此阶段释法说理的缺位。[③] 在被追诉人与检察机关各自所掌握的案件信息不平衡的基础上签署认罪认罚具结书,这不仅会影响被追诉人与检察机关之间量刑协商的实质内容,在很大限度上也违背了认罪认罚从宽制度的设计初衷。其次,存在被追诉人辩护效果不佳的现状。值班律师作为构建检察机关与被追诉人平等协商机制的重要力量之一,在刑事诉讼制度中存在定位受限和制度不完善的缺陷。

---

① 胡云腾:《正确把握认罪认罚从宽保证严格公正高效司法》,载《人民法院报》2019 年 10 月 24 日第 5 版。

② 周新:《论认罪认罚案件量刑建议精准化》,载《政治与法律》2021 年第 1 期。

③ 周新:《认罪认罚被追诉人权利保障问题实证研究》,载《法商研究》2020 年第 1 期。

圄于值班律师相比于辩护律师缺乏应有的阅卷权和参与权,导致部分值班律师在实务中更多充当见证者的角色。① 因为检察机关与辩护人了解案件信息不对称,部分检察官刻意选择在值班律师的见证下签署认罪认罚具结书,实施所谓的"证据突袭",以躲避辩护人的证据干扰。最后,存在被害人意见听取流于形式的问题。被害人的意见最能反映被追诉人认罪认罚的具体程度,且对被害人是否进行赔偿是认定被告人认罚程度的重要衡量标准之一。但值得注意的是,相较于刑事和解制度中对被害人表达意见权利的保护程度,在认罪认罚案件中对被害人表达量刑意见权利的保护程度明显偏低。实务中被害人参与认罪认罚量刑协商的途径仅仅表现为被害人作为证人来参与、接受、配合司法机关的调查,被害人作为诉讼当事人提出自身诉求的权利难以有效保障。听取被害人意见的形式多表现为采用电话听取被害人意见的方式并且几乎是在已经提出量刑建议和犯罪嫌疑人做好"量刑协商",准备起诉到法院之前告知被害人;听取被害人意见仅仅只是"走过场""看形式",并未将其作为量刑建议的形成依据。

(三)量刑建议调整及其补救程序空泛化

由《刑诉法》第201条第2款和"两高三部"印发的《关于在部分地区开展刑事案件认罪认罚从宽制度试点工作的办法》第21条的规定可知,检察机关调整量刑建议主要适用于量刑异议和不当量刑两种情形。② 其一,在审判过程中,被追诉人以及辩护人对量刑建议中确定刑的法律依据、量刑幅度、附加刑等存在异议,此乃辩护人行使其辩护权的应然表现。其二,所谓的"量刑建议明显不当"是指检察机关作出的量刑建议存在主刑或者附加刑选择错误、量刑畸轻畸重以及刑罚执行方式错误等情况。③ 若出现以上三种情形之一,则存在违反罪责刑相适应基本原则和侵害相关当事人合法权益之虞。对于人民法院能否对被追诉人以及辩护人在审判阶段提出异议的量刑建议和"量刑建议明显不当"的两种情形直接作出判决,已然成为当前理论界和实务界争议焦点之一。有学者认为调整量刑建议是法律赋予检察机关的权力,倘若人民法院僭越检察机关调整量刑建议的权力作出判决,此将严重违反基本的法定诉讼程序和程序正义的应然要求。笔者认为,刑诉法规定检察机关"可以"调整量刑建议,而非"应当""必须"调整量

---

① 检察官通常在辩护人或者值班律师未到场时与被追诉人进行协商,只有当被追诉人签署认罪认罚具结书时才通知值班律师到场,使刑事诉讼程序看似合法。闵春雷:《认罪认罚案件中的有效辩护》,载《当代法学》2017年第4期。

② 苗生明、周颖:《〈关于适用认罪认罚从宽制度的指导意见〉的理解与适用》,载《人民检察》2020年第2期。

③ 陈卫东:《2018刑事诉讼法修改条文理解与适用》,中国法制出版社2019年版,第314页。

刑建议,其赋予了检察机关一定的程序选择权。在认罪认罚案件中,法律赋予检察机关在遇到上述情形时先行调整的权力,其立法意图在于尊重控辩双方合意的有效成果和保障被追诉人对量刑从宽的预期。而从程序救济层面观之,虽然《刑诉法》第 201 条对量刑建议采纳的问题作出明确规定,但针对认罪认罚案件中人民法院未经检察机关调整量刑建议而径行作出刑事判决的程序性行为是否违法以及检察机关如何救济缺乏相应的规定。在目前司法实践中,检察机关不仅对法院未采纳其量刑建议的情形提出抗诉,而且针对上述法院径行改变量刑建议的情形也以"程序违法"为由"一抗了之"。以李某某交通肇事案为例,湖南省永兴县人民检察院以一审法院发出调整量刑建议后,并未给检察机关留出充足的重新审查及与原审被告人量刑协商的时间而径行作出刑事判决,实质上系程序违法为由,向人民法院提出抗诉。①

(四)量刑建议精准化缺乏智能化保障

随着认罪认罚从宽制度适用的不断深入,检察机关不断加大对量刑建议精准化的改革力度。从制度价值层面观之,量刑建议精准化的改革不仅有利于控辩双方量刑合意的达成,从而保障被追诉人的心理预期,而且可以发挥其规范法官自由裁量权与促进法院公正量刑的重要作用。但随着量刑建议精准化改革的深入推进,司法实践中仍存在着检察官量刑经验不足与量刑标准不一致的现实问题。具体而言,第一,随着司法体制的改革与《刑诉法》的修订,在认罪认罚案件中,检察机关一般应当在与被追诉人及其辩护人达成合意的基础上提出精准化量刑建议,然而由于受限于司法实践中长期形成的"重定罪、轻量刑"的司法观念,使得检察机关在认罪认罚案件中缺乏提出精准化量刑建议的经验。第二,认罪认罚案件量刑标准不一致。尽管《关于规范量刑程序若干问题的意见》与《关于适用认罪认罚从宽制度的指导意见》对量刑建议的要求与提出方式等内容作出明确规定,但由于量刑建议的提出须综合考量被追诉人的犯罪情节、犯罪性质以及人身危险性等相关因素,因此在司法实践中容易产生"同案不同量刑"的现象。鉴于此,随着人工智能、区块链、互联网以及 Chat Gpt 等新兴技术的发展,智慧司法、智慧检务已然成为司法体制改革领域不可逆转的发展趋势。具体到量刑建议领域,应将人工智能、大数据等新兴技术引入量刑建议改革过程中,推动量刑辅助系统普遍适用,从而提升检察机关提出量刑建议的精准度。

---

① 湖南省郴州市中级人民法院(2021)湘 10 刑终 82 号刑事判决书。

四、认罪认罚案件量刑建议精准化之优化路径

检察量刑建议精准化的内涵主要体现在形式和效果两个层面,检察量刑建议提出的精准程度直接关系到法院最终作出的判决是否符合当事人的预期,合乎认罪认罚从宽制度提升诉讼效率的司法价值。"精准化"是指检察机关应当依据刑事案件的具体情形提出对应的确定型量刑建议。结合认罪认罚案件量刑建议精准化存在的现实困境,笔者拟从制定明确统一的量刑建议指导规则,构建多元量刑协商机制,规范检察机关量刑建议的变更及其补救程序,以及充分利用人工智能推动量刑建议精准化四个层面,来为优化检察量刑建议的精准化和规范化提供理论上的参考。

(一)制定明确统一的量刑建议指导规则

认罪认罚从宽案件相较于一般刑事案件而言,检察量刑建议具有关键性作用。鉴于当前量刑建议精准化过程中存在的法律规范模糊问题,须从制定量刑建议指导规则和细化精准量刑建议适用范围两方面予以优化,以期构建以法院为主导的一整套类型化、规范化、具体化的量刑规范细则和量刑建议制度。其一,从制定量刑建议指导规则层面观之,虽然《刑诉法》及其司法解释对检察量刑建议的性质、采纳情形等相关争议作了回应,但量刑建议精准化的推进仍亟须完善相关法律法规,制定明确统一的量刑建议指导规则。法院与检察院须加强沟通和工作协调,深刻领悟"以审判为中心"的司法制度改革理念,制定统一适用的量刑建议指导规则,以推动认罪认罚从宽制度的深入适用和量刑建议的精准提出。具体而言,一方面,立法机关须明确阐述认罪认罚与自首、坦白、积极赔偿等情形之间的联系与区别,确立认罪认罚量刑情节的独立地位;另一方面,须构建检察机关内部监督与外部监督相结合的监督制约模式,以保障认罪认罚的合法性和提升量刑建议的精准化水平。此外,"两高"须加强沟通和协调,选取全国范围内较为典型的量刑建议指导案件,为各级人民检察院和人民法院解决有关量刑建议的疑难复杂案件提供指导建议。① 各层面发布类案的量刑指导案例有助于检察官掌握量刑规律与避免量刑建议失衡。其二,从细化精准量刑建议适用范围层面考量,精准化量刑建议已然成为最高人民检察院推动认罪认罚从宽制度进一步改革的重中之重。② 《人民检察院刑事诉讼规则》第275条虽然对幅度

---

① 王瑞君、翟宇航:《量刑建议的文本解读及规范适用研究——基于91份规范性文件的分析》,载《北京科技大学学报(社会科学版)》2021年第2期。

② 胡铭:《认罪认罚从宽案件中的量刑协商和量刑建议》,载《当代法学》2022年第2期。

型量刑建议与精准型量刑建议适用范围予以明确,但其适用范围具有明显的局限性,因此亟须在总结试点经验和借鉴域外经验的基础上分类确定精准型量刑建议的适用范围。当前司法实践中有部分学者认为受主客观因素的影响提出精准量刑建议不宜过度扩大化,但笔者倾向于最高人民检察院可根据实践中发生的类案和轻罪、重罪的案件划分依据而作出更为具体的量刑指导意见,从而确定以"精准型为主,幅度型为辅"的量刑建议。具体而言,笔者认为检察机关对于可能判处 3 年以下有期徒刑或者罚金刑的案件应当提出精准型量刑建议;对于可能判处 3 年以上、7 年以下有期徒刑的刑事案件,检察机关可在综合考虑犯罪情节、犯罪性质等相关因素的基础上提出"精准型为主,幅度型为辅"的量刑建议;而对于可能判处 7 年以上有期徒刑的重罪案件,囿于其量刑情节的复杂性和量刑空间的较大性,检察机关更宜提出"幅度型为主,精准型为辅"的量刑建议。

(二)构建多元量刑协商机制

从构建多元量刑协商机制层面考量,认罪认罚从宽视域下的量刑建议已然由最初的检察机关单方提出逐渐过渡到以控辩双方与被追诉人协商一致合意为前提,这实现了由"对抗式司法"到"协作性司法"的理念转型,契合了刑事诉讼制度改革的司法需求。[1] 开展量刑协商作为检察机关在认罪认罚案件中提出量刑建议的必经程序,须构建"检—辩—法"有效协商的多元量刑协商机制。第一,被追诉人知情权的保障主要涵盖:其一,侦查、审查起诉阶段,犯罪嫌疑人、被告人作为相关当事人,检察机关在提出量刑建议前须履行法定义务,即告知被追诉人认罪认罚权利义务以及拥有获得法律帮助权利,以期确保最终量刑协商符合程序正义,避免量刑协商程序无法发挥应有效用而导致程序回转。值得注意的是,审查起诉阶段检察机关还应当在律师的见证下,向被追诉人开示全案证据,[2]将指控的事实、罪名、量刑建议一一告知,并充分听取对方意见。尤其是在新类型、复杂性刑事案件中,检察机关应当在充分听取多方意见和要求的基础上提出量刑建议,以平衡各方利益诉求。其二,在审判阶段,人民法院应当对被追诉人认罪认罚的自愿性、具结书内容的真实性以及认罪认罚程序的合法性进行实质性审查。具体而言,从程序性事项层面,人民法院须对检察机关是否履行告知义务、认罪认罚具结书是否在辩护人在场时签

---

① 董坤:《认罪认罚案件量刑建议精准化与法院采纳》,载《国家检察官学院学报》2020 年第 3 期。

② 卞建林、钱程:《认罪认罚从宽制度下量刑建议生成机制研究》,载《云南社会科学》2022 年第 1 期。

署以及量刑建议是否建立在控辩协商的基础上进行实质性审查。从实体权利层面而言,人民法院应当对被追诉人认罪认罚的自愿和被追诉人辩护权利的保障予以实质性审查。第二,须推动辩护人或者值班律师法律帮助权的实质化。从辩护律师角度观之,立法应考量辩护律师提供实质性法律帮助的可能空间和赋予辩护律师适当的参与权和调查权,保障辩护人提供法律帮助的程序救济渠道。从值班律师角度考量,值班律师作为 2018 年《刑诉法》新增的修订内容,可以为犯罪嫌疑人、被告人提供法律咨询以及程序选择建议等法律帮助。[①]从值班律师的法理层面观之,值班律师的合理功能定位应为"法律帮助和诉讼程序监督的综合体"。申言之,值班律师不仅仅是给予被追诉人法律帮助的援助者和量刑幅度的协商者,更是在认罪认罚案件中签署具结书的监督者。通过赋予辩护人或者值班律师部分权利,可以有效监督检察机关量刑建议的合法化与正当化,确保审查起诉阶段辩护人或者值班律师法律帮助趋向实质化,以期构建真正意义上的控辩平等协商机制。[②] 第三,须完善法检常态化沟通机制,[③]量刑建议的采纳与否最终取决于人民法院,通过前期的沟通和协商不仅可以弥补检察机关在量刑方面的缺陷,有效提升量刑建议的整体质量和被采纳率,而且可以实现检察机关与审判机关之间的完美衔接。[④] 第四,根据《刑诉法》第 173 条第 1 款的规定可知,为规范量刑建议的提出,需要保障被害人在审前环节的有效参与。具体而言:一是要设定告知义务,保障被害人的知情权。即公安机关在侦查阶段、检察机关在作出适用认罪认罚制度决定的同时均应当告知被害人及其诉讼代理人,并且将适用该制度的具体内涵、适用该制度可能对案件产生的影响以及拟提出的量刑建议情况均向其详细释明。被害人及其诉讼代理人提出量刑意见的,应当记录在案,并将该意见作为一项量刑因素予以考量。二是要设定违反告知义务的法律责任,以防止有关机关消极懈怠,影响被害人的参与权。可规定追责主要工作人员或者规定在违反告知义务的情形下导致程序违法、协商无效等。

① 熊秋红:《比较法视野下的认罪认罚从宽制度——兼论刑事诉讼"第四范式"》,载《比较法研究》2019 年第 5 期。
② 王东明:《"认罪认罚从宽制度"量刑建议精准化的困境与完善路径》,载《云南社会科学》2021 年第 4 期。
③ 李刚:《检察官视角下确定刑量刑建议实务问题探析》,载《中国刑事法杂志》2020 年第 1 期。
④ 郭烁:《控辩主导下的"一般应当":量刑建议的效力转型》,载《国家检察官学院学报》2020 年第 3 期。

(三)规范检察机关量刑建议的变更及其补救程序

量刑建议作为控辩双方达成诉讼合意的有效成果,人民法院应当秉持"一般应当采纳＋特定情况例外"的基本原则。根据《刑诉法》第 201 条的规定,法律赋予检察机关一定程度上的救济和调整权利,设定了量刑建议调整规则。从量刑建议的实践运行观之,检察机关调整量刑建议的情形主要包括以下两种情形:其一,人民法院认为检察机关提出的量刑建议明显不当,超出合理的量刑范围,即检察机关经法院建议之后被动调整。其二,当审判阶段出现法定从轻或者从重情节时,检察机关须变更量刑建议,即检察机关根据庭审情况主动调整。检察机关量刑建议的调整主要包括检察机关主动调整和被动调整两种状态。因此在推动精准型量刑建议的前提下,理应规范量刑建议不当时适用的调整程序。笔者认为,对于需要变更的量刑建议,人民法院应当在规定的时限内将案卷材料和附带有变更理由与量刑情节的调整建议书一并退回检察院,检察机关应当在规定期限内重新协商签署认罪认罚具结书并移送法院,逾期未提交则视为放弃调整。由于量刑建议的合意性,在庭审中因辩护人提出异议,人民法院应当休庭并允许控辩双方重新协商。

从量刑建议的补救程序观之,刑事抗诉权作为当前我国检察机关行使法律监督权的重要途径,具有不可替代的意义。但为避免检察机关"一抗了之"等不合理现象的发生,笔者认为,检察机关须在充分尊重法院刑罚裁量权的基础上区别对待法院不采纳量刑建议的情形。根据 2018 年 11 月修订的《中华人民共和国人民检察院组织法》第 21 条的规定,检察机关可通过抗诉、纠正建议与检察建议等形式实现法律监督效果。因此,检察机关要改变传统观念,实现以"抗诉"为唯一手段的单独监督模式向"综合运用抗诉、检察建议和提出纠正建议"的多元化监督模式的实质性转变,以期优化量刑建议补救程序。[①] 在调整量刑建议过程中,倘若人民法院在未告知检察机关调整量刑建议以及听取检察机关意见的情况下直接作出判决,因其有违程序正义而可被纳入检察机关法律监督的适用范围,并依法提出纠正意见或者依法提起量刑抗诉。量刑建议作为体现控辩双方诉讼合意的法定载体,应当得到法院的尊重和认可,在调整量刑建议的程序中亦是如此。但检察机关在评价量刑建议的同时也要考虑法官的自由裁量权,只有当最终量刑与量刑建议的偏离值或者偏离度超出合理预期范围时,检察机关才宜提出抗诉纠正,完善对抗诉的跟进监督机制,避免"一抗了之"。

[①] 钱地虎:《对法院不采纳认罪认罚量刑建议的实践考察》,载《中国检察官》2021 年第 9 期。

(四)充分利用人工智能推动量刑建议精准化

在互联网信息技术持续发展和智慧法院建设持续推进的大背景下,"人工智能＋量刑"已然成为不可逆转的趋势。在司法实践中,犯罪的事实、性质和情节等都会直接影响被追诉人的定罪量刑,如何通过互联网技术来全面考虑犯罪的相关情节,以提升精准型量刑建议规范化水平的问题成为新的关注点。充分利用人工智能,将人工智能、大数据引入量刑环节,推动量刑建议的智能化,是量刑建议走向精准化的必由之路。智慧司法与新时代司法工作者的工作不谋而合,"两高"须借助人工智能量刑辅助系统,通过对裁判文书进行数据收集、类案对比和量刑分析,对刑期进行数据归纳、分析和智能输出,为检察机关拟定量刑建议提供充分且可靠的参考。① 量刑智能辅助系统的逐步应用,可以为检察机关提出精准的量刑建议提供有效帮助,推动检察机关量刑建议精准化进程。例如:在推动精准化和信息化"两化融合"的过程中,青岛市检察院综合运用"智慧检察官"办案平台以及"量刑建议计算器"量刑系统,以期实现对被追诉人量刑标准的精准化和精细化。广州市南沙区检察院以集犯罪构成知识图谱技术和同类案件判决于一体的"量刑智能辅助系统"为依托,有效提升了量刑建议的精准度。② 量刑建议辅助系统的广泛运用,不仅可以确保量刑均衡和提升量刑质量,还可以缓解检察机关的办案压力。但量刑智能辅助系统只对检察机关提出量刑建议起参考作用,检察机关仍须在此基础上结合个案的犯罪数额、犯罪情节、被害人的谅解等因素,充分运用自己的检察裁量权,提出精准的量刑建议。③

五、结 语

量刑建议作为认罪认罚从宽制度的核心,推动量刑建议的精准化和规范化不仅须保障辩护人或者值班律师的参与权,还须重构以精确性为考量因素的量刑建议考核机制,以期调动检察机关提出以"精准型为主,幅度型为辅"量刑建议的内在动力。精准化量刑建议为摆脱僭越法官刑罚裁量权之嫌疑,检察机关仍须完善法检之间的衔接机制。从被追诉人角度,检察机关在认罪认罚案件中提

---

① 董坤:《认罪认罚案件量刑建议精准化与法院采纳》,载《国家检察官学院学报》2020年第 3 期。

② 王秀梅、陈志娟:《认罪认罚案件的精准量刑探究》,载《中国人民公安大学学报(社会科学版)》2020 年第 2 期。

③ 唐兆格:《认罪认罚从宽视域下精准化量刑建议的优化路径》,载《唐山学院学报》2021 年第 1 期。

出精准型量刑建议可有效保障被追诉人的预期,从而激励更多的被追诉人认罪认罚。从认罪认罚案件量刑建议路径优化层面观之,为避免因欠缺法律帮助与司法制约而侵害被追诉人合法权利现象的发生,未来立法可从推动值班律师提前介入调查阶段与构建多元化权利救济保障机制视角予以完善。此外,为推动"人工智能+智慧司法"的深度融合,"两高"须充分发挥人工智能在量刑领域的工具性价值,为公正量刑提供新动能。

认罪认罚从宽案件量刑建议明显不当司法认定实证研究

——以福建法院 73 份"量刑建议不予采纳"裁判文书为分析样本

■苏秋萍*

摘要:当前,关于法院认定检察院的量刑建议明显不当、不予采纳的实证分析较少。为此,本文以福建省 73 份"量刑建议不予采纳"裁判文书为实证分析样本,结合对泉州市两级法院法官、检察院检察官的书面调研和访谈,剖析法院关于检察院提出的量刑建议明显不当的刑罚类型、认定依据和判断标准,明晰量刑建议明显不当的司法审查路径和依据,提出通过"以审判为中心"、构建量刑建议明显不当的司法审查标准和灵活的沟通机制等平衡检察官的量刑建议权和法官的自由裁量权,以进一步推进该制度的实施与适用。

关键词:量刑建议;明显不当;司法审查;司法认定标准

当前,由检察院主导的认罪认罚从宽制度正如火如荼地推进,尤其是该制度适用率和量刑建议采纳率被作为检察院的考核指标后,两率稳居高位。[①] 认罪认罚从宽制度于 2018 年 10 月全面推行,认罪认罚从宽制度的初衷是提高诉讼效率,优化司法资源配置,化解社会矛盾,促进罪犯改造。[②] 法院对该项制度普

---

* 作者系泉州市中级人民法院四级法官助理。

① 2019 年 1 月,最高人民检察院建立案件质量评价指标体系,其中包括认罪认罚从宽制度适用率和量刑建议采纳率,并于同年 5 月全面开展检察官业绩考评工作。2019 年 1 月,认罪认罚从宽制度适用率只有 20.9%,同年 9 月为 39%,2020 年,该制度全年适用率达 86.8%、量刑建议采纳率达 94.9%、一审服判率达 95.8%,高出其他刑事案件 21.7%;2021 年,适用率、量刑建议采纳率则分别超过 85%、97%;2022 年,适用率、量刑建议采纳率则分别超过 90%、98.3%。详见张军:《最高人民检察院关于人民检察院适用认罪认罚从宽制度情况的报告》,载《检察日报》2020 年 10 月 17 日第 002 版;孙风娟:《最高检:2020 年认罪认罚从宽制度全年适用率达 86.8%》,https://www.spp.gov.cn,下载日期:2023 年 5 月 4 日;《最高人民检察院工作报告》,https://www.spp.gov.cn,下载日期:2023 年 5 月 4 日。

② 张军:《最高人民检察院关于人民检察院适用认罪认罚从宽制度情况的报告》,载《检察日报》2020 年 10 月 17 日第 002 版。

遍持支持态度。2018 年修订的《中华人民共和国刑事诉讼法》（以下简称新《刑事诉讼法》）第 201 条对法院是否采纳检察院的量刑建议作了原则性规定，但司法实践中，法检两院因职能和工作性质不同，对该条规定的理解产生分歧，并体现在案件处理上，这引起学术界和实务界关于检察院量刑建议权与法院自由裁量权的理论探讨。因量刑建议明显不当，可能导致程序转换或被告人上诉，不仅增加了诉讼人力、时间成本等诉讼资源的投入，往往也会引起被害人的不满、被告人的失望和社会公众的猜忌，甚至认罪认罚从宽制度的价值落空和司法权威的损害。① 因此，有必要厘清何谓"量刑建议明显不当"和审查标准等问题，以消弭法检两院的分歧，进一步促进认罪认罚从宽制度的正确适用，真正发挥其功能和作用。

一、量刑建议明显不当的实践样态

（一）样本选取和说明

本文在法信类案平台上以"认罪认罚"作为筛选条件进行检索，共检索到刑事裁判文书 1300958 件，添加"量刑建议不予采纳"②在已检索结果中进行检索，检索到裁判文书 3520 件，覆盖全国 32 个省级行政区，量刑建议不采纳率为 2.7‰。可见，各地法院对认罪认罚案件的量刑建议普遍保持认可的态度。2018 年 10 月，认罪认罚从宽制度被全面推行，法院不采纳检察院的量刑建议逐年增多。2019 年 10 月，"两高三部"发布《关于适用认罪认罚从宽制度的指导意见》（以下简称《认罪认罚指导意见》），2020 年法院不采纳检察院的量刑建议激增，增幅为 137%（详见图 1）。

本文选择福建省的案件作为分析样本，该类案件福建省有 84 件，年份分布与全国法院对认罪认罚从宽案件检察院提出的量刑建议不予采纳概况趋同（详见图 2）。剔除 2 份二审改判支持检察院的量刑建议、2 份因指控罪名不当引起的量刑建议不予采纳、3 份二审支持一审不采纳检察院量刑建议和 4 份辩护人提出的量刑建议不予采纳，余 73 份裁判文书作为分析样本，结合对泉州市一线刑事办案法官和检察官的调研与访谈，希望能够寻找"量刑建议明显不当"司法认定标准的踪迹。

---

① 陈国庆：《量刑建议的若干问题》，载《中国刑事法杂志》2019 年第 5 期。
② 实践中，因文书书写方式不统一，且有的法院未在裁判文书中明确表述是否采纳量刑建议，本文仅选择"量刑建议不予采纳"作为样本统计，虽然样本数据有所偏差，但对本文主题的研究影响不大。本文数据选取时间截止至 2023 年 5 月 5 日。

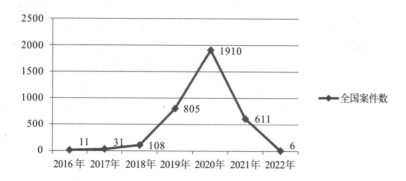

**图 1　2016—2022 年全国认罪认罚从宽案件中
法院不采纳检察院提出的量刑建议概况(单位:件)**

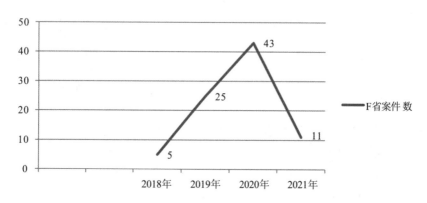

**图 2　2018—2021 年福建省认罪认罚从宽案件中
法院不采纳福建省检察院提出的量刑建议概况(单位:件)①**

(二)样本情况和反映的问题

现有法律法规对量刑建议"明显不当"的概念和类型均无明确规定。根据全国人大常委会法工委的解释,量刑建议明显不当指刑罚的档次、量刑幅度畸重畸轻,刑罚的主刑选择错误,附加刑适用错误,缓刑适用错误等。② 胡云腾大法官认为,量刑建议明显不当的情形为类案不同判、明显违反法律统一适用或罪责刑

---

① 法信平台没有显示 2022 年的具体案件数据,仅显示近一年、近三年案件数据,故此处未列明 2022 年案件数。

② 王爱立主编:《中华人民共和国刑事诉讼法释义》,法律出版社 2018 年版,第 432 页。

相适应原则、违背一般司法认知、与人民群众的公平正义或司法公正观念相悖离等。[①]卞建林教授、陶加培认为："量刑建议明显不当指量刑畸轻畸重,具体指超出刑法规定的量刑幅度科以刑罚。"[②]上述界定中关于何谓量刑畸轻畸重依然是实践中的难题,而胡云腾大法官的界定较为抽象,对统一法检两院的认识作用有限。立法的模糊性规定导致实践中法检两院对认罪认罚从宽制度的理论认识和具体的制度构建等方面均存在诸多分歧。具体如下:

1.量刑建议明显不当类型多样,两院对量刑畸轻畸重判断标准分歧较大

根据新《刑事诉讼法》第 176 条第 2 款的规定[③]可知,控辩双方只能对刑罚的种类和量刑幅度、执行方式等达成合意,不能对犯罪事实和犯罪行为的证明标准、罪名、犯罪情节的认定、罪数等问题予以协商。[④] 据样本统计,量刑建议明显不当的类型有:(1)刑罚种类适用错误,即刑罚种类的适用与指控罪名、犯罪事实不匹配,包括刑罚种类选错或遗漏、多适用等,如遗漏附加刑或多适用附加刑。样本中该类型有 3 件。(2)主刑畸轻畸重,包括主刑种类适用错误(如拘役 6 个月与有期徒刑 6 个月适用错误)、刑期畸轻畸重。此类型有 45 件。(3)罚金刑畸轻畸重,即罚金金额偏高或偏低。此类型有 11 件。(4)执行方式适用错误,即缓刑适用错误。此类型有 18 件。(5)处置措施适用不当,即免予刑事处罚适用错误。此类型有 5 件。73 份裁判文书样本中有 91 名被告人的量刑建议因明显不当被调整,被调整的量刑建议有 17 种情形,既有单一型的上述 5 种情形("两错＋两畸＋一不当"),也有复合型。(详见图 3)

在上述 5 种类型中,法检两院对主刑或罚金刑畸轻畸重有较大分歧,且对判断标准分歧最大。如对于轻刑犯,部分检察官认为量刑建议与法院拟宣告刑相差 1～3 月刑期或 1～2 千元罚金不属于"量刑建议明显不当"。对部分法官而言,有期徒刑 1 年以下刑罚,1～3 月的调整幅度值为 8%～25%;判处罚金 2 千元的刑罚,1 千元的调整幅度值为 50%,属于量刑建议明显不当。对于重刑犯,若量刑建议为有期徒刑 11 年,拟宣告刑为有期徒刑 10 年,虽然两者幅度值为10%,但相差刑期 1 年,是否属于量刑建议明显不当亦无相关规定。

---

① 胡云腾:《正确把握认罪认罚从宽 保证严格公正高效司法》,载《人民法院报》2019 年 10 月 24 日第 005 版。

② 卞建林、陶加培:《认罪认罚从宽制度中的量刑建议》,载《国家检察官学院学报》2020 年第 1 期。

③ 新《刑事诉讼法》第 176 条第 2 款规定:"犯罪嫌疑人认罪认罚的,人民检察院应当就主刑、附加刑、是否适用缓刑等提出量刑建议,并随案移送认罪认罚具结书等材料。"

④ 陈文聪:《论我国量刑协商机制的非对称性问题》,载《法学论坛》(济南)2021 年第 6 期。

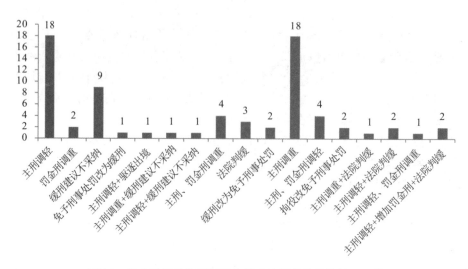

图3 样本量刑建议明显不当被法院调整的具体情况图①

2.量刑建议明显不当认定依据多元,两院对需要主观量刑评价情形分歧较大

据样本统计,法院认定检察院提出的量刑建议明显不当的依据如下:(1)检察院指控的犯罪事实、情节与法院审理查明的不一致,如检察官在审查起诉阶段计算犯罪数额时错算、多算等。样本中这类案件有5件。(2)法律适用错误或遗漏。如自首、立功、从犯、未遂、情节严重等法定情节认定错误或遗漏。这类案件有11件。(3)出现新的量刑情节和事实,如取得谅解、当事人和解、预缴罚金等酌定量刑情节。这类案件有8件。(4)被告人的人身危险性、社会危害性认定错误。这类案件有13件。(5)违反主客观相一致、罪责刑相适应等刑法原则。这类案件有2件。(6)对刑事政策的理解不同。这类案件有2件。(7)被告人并未真正认罪认罚。这类案件有3件。(8)酌情情节较多导致重复评价或遗漏评价。这类案件有4件。(9)类案不同判。样本中有23件案件未写明法院调整量刑建议的原因,根据调研了解,文书中没写调整原因的大多系类案不同判。

上述认定依据的产生有主观原因,也有客观原因。主观原因包括:人为降低案件证明标准,证据收集不充分不全面,检察官移送起诉前未认真核对计算犯罪数额、提出量刑建议时未听取被害人意见、缺乏对类案是否同判的判断等。如有些警察或检察官与被告人达成认罪认罚合意后,对案件犯罪事实、犯罪情节的证据固定不全面或者没有及时移送全案证据,导致指控的犯罪事实重于审理查明

---

① 因有些文书未写明法院如何调整检察院量刑建议,所以本图仅体现裁判文书明确写明法院调整检察院量刑建议实际情况的案件。

的犯罪事实,或是遗漏有关量刑情节(如遗漏累犯、前科等)。

客观原因有:(1)异化的考核指标导致量刑建议适用形式化,一些检察院领导干部没有正确理解最高人民检察院(以下简称最高检)制定的案件质量主要评价指标的目的和意义,不顾司法办案实际,将评价指标与检察官的绩效奖金、评优评先、晋级晋升挂钩,①致使一些检察官为了达成认罪认罚协议、提高适用率而过于迁就被告人,甚至未辨别被告人认罪认罚的真实性,进而出现量刑畸轻的情况。(2)法定或酌定从宽从重情节多致量刑情节重复评价或遗漏评价,如法官认为被告人主动退赃退赔、缴纳罚金属于酌定从轻情节,而一些检察官则认为退赃、缴纳罚金是被告人的义务,不属于酌情从轻情节而未予以量刑评价。

据调研了解,法检两院对法定、酌情量刑情节较多案件的量刑评价和对刑事政策的理解、被告人人身危险性与社会危害性等的判断分歧较大。如泉州市洛江区人民法院审理的一起盗窃罪,被告人多次盗窃他人衣物等金额不大物品,系流窜作案,有盗窃劣迹,且在取保候审期间又入户盗窃。法院认为被告人具有诸多酌情从重处罚情节,应酌情从重处罚;检察机关则认为被告人盗窃的财物都是价值不大的日常用品,不一定要酌情从重。

3.法院调整量刑建议明显不当方式多种,两院对法院调整量刑建议明显不当是否需要沟通存在分歧

新《刑事诉讼法》、《最高人民法院关于适用〈中华人民共和国刑事诉讼法〉的解释》(以下简称《刑事诉讼法司法解释》)和"两高三部"联合发布的《认罪认罚指导意见》、《关于规范量刑程序若干问题的意见》②赋予了检察院量刑建议调整权,但法检两院对法院的告知是否系法定义务理解不同。实践中,有的法官于庭前或庭审中以口头或书面方式告知检察院调整量刑建议,也有法官忽略告知环节而径行裁判。

50份样本中仅7份样本写明法院告知检察院调整量刑建议和检察院的反馈情况,其中4起案件系庭前书面函告,2起系庭审时口头告知,1起系庭前告知但未写明告知方式,7起中1起检察院调整了量刑建议。本文向泉州市基层法院发出书面调研,根据调研得知:(1)法院告知方式:法官经过审查认为量刑建议

---

① 童建明:《科学运用案件质量主要评价指标体系 推动新时代检察工作高质量发展》,载《法治日报》微信公众号,2021年3月18日,下载日期:2022年7月5日。

② 《关于规范量刑程序若干问题的意见》第23条规定:"对于人民检察院提出的量刑建议,人民法院应当依法审查。对于事实清楚,证据确实、充分,指控的罪名准确,量刑建议适当的,人民法院应当采纳。人民法院经审理认为,人民检察院的量刑建议不当的,可以告知人民检察院。人民检察院调整量刑建议的,应当在法庭审理结束前提出。人民法院认为人民检察院调整后的量刑建议适当的,应当予以采纳;人民检察院不调整量刑建议或者调整量刑建议后仍不当的,人民法院应当依法作出判决。"

不当的,均会告知检察院调整量刑建议,庭前以书面函告方式告知,庭审中以口头方式告知,同时记录庭审笔录。(2)检察院反馈情况:有的检察官会选择尽量与被告人、辩护人重新达成新的认罪认罚具结协议;有的检察官会因审批程序烦琐、影响绩效等种种原因不愿与被告人重新达成认罪认罚具结协议;也有检察官尽管不调整量刑建议,但会在法庭辩论阶段要求法院根据案件情况依法进行裁判。

4.法律文书书写体例和内容多绪但简略,两院对相互之间的量刑过程和依据存在芥蒂

据样本统计,有的法院会在文书中写明调整量刑建议的事实和依据,如"出现被告人通过家属退缴赃款的新事实,量刑建议予以调整""综合考虑被告人醉酒程度、未积极配合现场吹气检查等情节,对公诉机关提出适用缓刑的量刑建议,不予采纳"[1]等。有的法院表述如"量刑建议(明显)不当,不予采纳""量刑建议偏低(偏高),不予采纳""量刑建议不予采纳",过于简略,样本中有 23 件文书系这种情况。《认罪认罚指导意见》和最高检或最高人民法院(以下简称最高院)制定的指导性文件均规定检察院提出量刑建议,应在起诉书或量刑建议书中说明理由和依据;法院不采纳量刑建议,应说明理由和依据。但是,缺乏具体规定以何种形式、何种程度列明依据和理由。实践中,检法两院为了便利开展工作,检察院较少在起诉书或认罪认罚具结书中具体载明量刑建议依据的事实和理由,法院的裁判文书对未采纳检察院量刑建议的说理也不够充分,由此导致法检两院对相互之间的量刑过程和依据存在芥蒂。

二、量刑建议明显不当的司法审查路径和依据

新《刑事诉讼法》、《刑事诉讼法司法解释》[2]、《认罪认罚指导意见》皆规定了法院审查量刑建议的义务。审查量刑建议,确保审判的公正性,是法院的法定职责,也是由我国刑事诉讼的特点以及司法职权配置所决定的。法院审查量刑建议,应严格履行审判职责,以庭前全面审查和庭审实质审查两步走的方式审查量刑建议的事实认定、罪名和量刑情节、证据采信、合意程序和量刑等。[3]

---

[1] 详见福建省漳浦县人民法院(2020)闽 0623 刑初 117 号一审刑事判决书、福建省平潭县人民法院(2019)闽 0128 刑初 359 号一审刑事判决书。

[2] 《刑事诉讼法司法解释》第 354 条规定:对量刑建议是否明显不当,应当根据审理认定的犯罪事实、认罪认罚的具体情况,结合相关犯罪的法定刑、类似案件的刑法适用等作出审查判断。

[3] 胡云腾:《正确把握认罪认罚从宽　保证严格公正高效司法》,载《人民法院报》2019年 10 月 24 日第 005 版。

(一)庭前全面审查

认罪认罚从宽案件,被告人已认罪认罚,量刑建议已生成,法庭调查、法庭辩论可简化,甚至可省略。根据调研得知,法官通过庭前阅卷,依据法律规定,依靠职业道德、职业经验(如类案裁判)、逻辑推理等,对量刑建议是否适当、是否偏离一般的司法认知能够进行独立并较为准确的判断。因此,法官庭前阅卷并不会导致庭前预断等问题,反而可以保障认罪认罚的真实性。① 庭前审查主要是法官根据检察院移送的起诉书、卷宗、认罪认罚具结书进行庭前阅卷,全面审查被告人认罪认罚的自愿性、案件事实的真实性、程序开展的合法性、量刑建议刑罚种类和量刑幅度的合法性与合理性。

(1)审查被告人认罪认罚的自愿性。认罪认罚自愿性审查是认罪认罚从宽制度运行的基础,也是审查是否属于新《刑事诉讼法》第 201 条第 1 款第 2 项的法定例外情形。法院在签署送达起诉书副本笔录时应询问被告人是否自愿认罪认罚,是否同意选择适用的审理程序,以书面形式告知被告人相关诉讼权利义务,确认被告人的精神状态和认知能力。

(2)审查案件事实的真实性。定罪是量刑的前提和基础,量刑建议可以理解为定罪请求和量刑请求。因认罪认罚从宽案件的定罪量刑证明标准与其他刑事案件的定罪量刑证明标准无异,法官应适用证据裁判原则,先行审查案件事实和犯罪情节,具体审查检察院指控的犯罪事实和量刑情节是否有相应的证据,相关证据是否确实、充分,是否达到"排除合理怀疑"的证明标准,以及犯罪行为性质、法定的从重从轻、加重减轻或免予刑事处罚、酌情从重从轻、主从犯、自首、立功等是否认定错误,被告人供认的事实和检察官指控的事实有无事实依据。这也是审查是否属于新《刑事诉讼法》第 201 条第 1 款第 1 项的法定例外情形。

(3)审查认罪认罚程序开展的合法性。程序是否合法影响着实体公正,程序的合法性主要审查被告人签订认罪认罚具结书的程序是否规范合法,具体审查检察院是否随案移送听取被告人、辩护人或值班律师、被害人及其诉讼代理人意见的笔录等材料,②询问笔录或认罪认罚具结书是否能够体现被告人已知悉其享有的诉讼权利和相关法律规定,以及各方参与人是否有效参与协商。

(4)审查量刑建议刑罚种类和量刑幅度的合法性与合理性。主要审查量刑建议中被告人适用的刑罚种类和幅度与被告人的犯罪事实、量刑情节是否匹配,是否超出法律规定,是否类案同判,共同犯罪主从犯之间是否量刑平衡,该步骤

---

① 王迎龙:《认罪认罚从宽制度中的控审构造》,载《中国刑事法杂志》2021 年第 6 期。

② 俞江虹、鲁照兴:《量刑建议明显不当,法院应依法判决》,载《人民司法·案例》2021 年第 26 期。

也是庭前判断量刑建议是否明显不当的重要步骤。如根据泉州市法检两院共同制定的《关于办理"醉驾"刑事案件指导意见》的规定,驾驶摩托车酒精含量在 160mg/100mL 以下、驾驶汽车酒精含量在 140mg/100mL 以下,且不具有从重情节的,可以免予刑事处罚。但泉州市一些检察官对符合免予刑事处罚条件的被告人,却因被告人签署了认罪认罚协议而提出拘役或缓刑的量刑建议。如此,不仅类案不同判,且无法体现该制度的实体从宽。此类情况于庭前审查即可进行判断。

(二)庭审实质审查

刑事诉讼坚持"以审判为中心",推进庭审实质化,而庭审实质化的重点在于实质化的法庭调查。[①] 认罪认罚案件须经庭审实质审查,才能最终确认量刑建议是否妥当、能否采纳。因此,法庭调查须对庭前审查的内容,尤其是定罪量刑的关键事实和认罪认罚具结书内容的合法性与真实性,以及个案裁判的社会效果、价值导向等进行实质性审查,具体包括:

(1)再次审查案件犯罪事实和量刑情节的真实性。坚持证据裁判原则,审查定罪量刑的关键事实是否证据齐全,在案证据是否达到"排除合理怀疑"的证明标准,法律适用是否正确,法院审理查明的犯罪事实、量刑情节是否与检察院指控的一致,是否出现新的量刑情节等,以及是否属于新《刑事诉讼法》第 201 条第 1 款第 4 项的法定例外情形。

(2)再次确认被告人认罪认罚的自愿性。"庭审中对认罪认罚自愿性的审查尤为重要,因为只有在庭审阶段才真正形成由控辩审三方参加的最完整的诉讼格局",[②]故庭审应再次告知被告人享有的诉讼权利和相关法律规定,审查被告人是否知悉并理解被指控的事实、罪名、刑罚及认罪认罚的法律后果,是否受到威逼利诱等非法因素的干扰,签订具结书前是否得到有效的法律帮助,各方参与人是否见证具结书的签署,警察或检察官是否履行告知义务并听取意见等。

(3)确认被告人认罪认罚的真实性。重点审查被告人是否如实供述自己的罪行、同案犯的罪行,是否暗中串供、伪造证据或转移财产,是否故意逃避惩罚,是否有能力赔偿而不赔偿,是否存在假借认罪认罚的形式谋求更轻刑罚情形。对累犯、惯犯,应加强对其认罪悔罪真实性的审查,从严把握从宽幅度。

(4)综合审查各类考量因素。量刑相对于定罪更为复杂,法院行使刑事审判司法审查权时,[③]应严格遵循宽严相济刑事政策原则、主客观相一致和罪责刑相

---

① 陈实:《论认罪认罚案件量刑的刑事从宽一体化实现》,载《法学家》2021 年第 5 期。

② 杨立新:《对认罪认罚从宽制度中量刑建议问题的思考》,载《人民司法·应用》2020 年第 1 期。

③ 胡云腾主编:《认罪认罚从宽制度的理解与适用》,人民法院出版社 2018 年版,第 48 页。

适应的刑法原则,综合考量被告人的人身危险性、社会危害性、个人品格,类案的刑罚适用①,社会调查评估意见,个案的社会效果、价值导向等各类因素,以确保案件公正审判、符合人民群众公平正义的观念。其中,被告人人身危险性、社会危害性、个人品格和个案的社会效果、价值导向对是否适用缓刑具有较大影响,其评判标准除了证据外,还依靠于法官、检察官的个人素养和职业经验,具有一定的主观色彩,法检两院对此容易产生分歧。如影响较大的"余×平交通肇事案"②,二审法院对余×平的个人身份、主观恶性、类案同判、社会效果等因素的判断和对案件裁判结果的影响作了较为深刻的阐述。

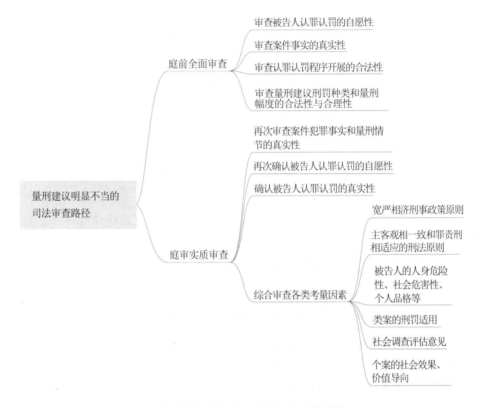

图 4　量刑建议明显不当的司法审查路径

---

①　类案的刑罚适用是指对于同一地区一定时间内,对犯罪事实、性质、情节和社会危害程度基本相同的被告人,量刑确定的刑种和刑期应该在时间和空间上相对平衡,不宜畸轻畸重于类案。

②　详见北京市第一中级人民法院(2019)京 01 刑终 628 号二审刑事判决书。

(三)司法审查结果

(1)检察院移送的证据材料不完全,影响定罪量刑、被告人认罪认罚自愿性和真实性的审查,则应通知检察院补充移送,若检察院未能按照要求移送的,则按照有利于被告人的原则作出处理。(2)对违背被告人意愿(违反相关程序)的,须当庭再次确认认罪认罚的自愿性(程序的合法性),确系违背被告人意愿(程序违法)的,则认定认罪认罚协议无效,依法转为普通程序审理。(3)对被告人当庭反悔的,检察官应在庭上再次向被告人释明相关反悔的法律后果,并确认被告人是否真的反悔。如果被告人确定反悔,检察官应告知被告人量刑建议书中认罪认罚从宽的量刑幅度不再适用,依法重新提出量刑建议。法院须具体审查被告人反悔的内容,如果被告人仅对量刑反悔,对事实和定性无意见的,则继续适用简易程序审理,并告知检察院作出量刑调整,若检察院与被告人无法再次达成量刑合意,则不再适用认罪认罚程序审理。如果被告人对犯罪事实予以否认,则转为普通程序审理,根据审理查明的事实,依法作出裁判。(4)对量刑建议是否适当作出合法、合理认定。

三、量刑建议明显不当司法认定标准建构

不可否认,对于认罪认罚从宽案件,检察院的量刑建议对法院具有一定的制约性和事前监督性,法院应该予以高度重视,但量刑建议权毕竟与量刑裁量权在本质上存在较大区别,量刑建议权也只是具有相对的约束力,法院应依法独立作出最终裁决。

(一)理念方面:应正确看待公检法三机关职能

认罪认罚从宽制度对我国传统的刑事诉讼模式产生了结构性影响,由控辩对抗、法官居中裁判的刑事诉讼模式转变为控辩"合作"、法官居中裁判的新刑事诉讼模式。推进"以审判为中心"的诉讼制度改革,主要是围绕庭审实质化展开设计并落实相应举措,[①]即诉讼以审判为中心、审判以庭审为中心、庭审以证据为中心的格局,侦查、审查起诉活动参照审判标准。公检法办理案件时应坚持刑事一体化,贯彻落实"以审判为中心",有效发挥各自职能作用,推进认罪认罚案件办理。对于公安,既要加强案件定罪方面的证据,也要全面收集量刑证据,确保案件证据收集齐全,以服务于审判活动。对于检察院,要确实发挥认罪认罚从

---

① 参见孙皓:《量刑建议的"高采纳率"误区》,载《中外法学》(京)2021年第6期;王海燕:《论刑事庭审实质化》,载《中国社会科学》2015年第2期。

宽制度"主导"作用,在与被告人协商时,应全面审查案件定罪、量刑证据是否完整,证据是否达到排除合理怀疑的证明标准,必要时应退回补充侦查。对于法院,要发挥审判中心地位,坚持庭审实质化,以刑事司法裁判标准来审查刑事侦查与审查起诉的质量,避免因"一般应当采纳"的立法模糊规定而放弃审查职责。[①]

(二)实体方面:明确量刑建议明显不当司法认定标准

认罪认罚案件量刑建议的审查标准,是指法院据以衡量检察院提出的量刑建议是否合法、合理的基本准则。[②] 认罪认罚案件量刑建议本质上属于检察院求刑权的范畴,是被告人与检察院就量刑达成的"合意",也是检察院代表国家对被告人作出的量刑减让承诺。它不是检察院代替法院行使裁量权,[③]而是法院的量刑权特别是自由裁量权,部分让渡给检察院,使它具有"类审判"功能。[④] 实践中,法官(检察官)个人的职业素养和对量刑情节的理解偏差、对量刑步骤和方法的理解偏误以及刑事政策价值选择上的偏离,都可能导致量刑偏差。[⑤] 如"两高"印发的《关于常见犯罪的量刑指导意见(试行)》明确规定了量刑步骤、调节基准刑和确定宣告刑的选取与计算方法,以及常见量刑情节的适用和常见犯罪的量刑幅度,但有的量刑起点幅度大(如故意伤害致一人轻伤,量刑起点为二年以下有期徒刑、拘役),且法定和酌定的量刑情节多,调节比例幅度大(如"对于未遂、从犯、犯罪较轻的,可以减少基准刑的50%以上或者依法免除处罚")。故每个行使量刑权人员提取的量刑起点和幅度不同,产生的宣告刑自然不同,甚至宣告刑刑期差距较大。因此,法院审查检察院提出的量刑建议时应保持认可态度,审慎行使司法审查权调整量刑建议。

综上所述,笔者认为,可以定性+定量分析法作为量刑建议明显不当的认定标准。落实对认罪认罚从宽案件的全面、实质审查,对刑罚种类或执行方式适用错误、处置措施适用不当的,以定性分析方法认定"量刑建议明显不当";对主刑或罚金刑畸轻畸重,以量刑建议的刑罚与法官拟宣告刑之间的偏离度(量刑建议

---

① 李建明、许克军:《"以审判为中心"与"认罪认罚从宽"的冲突与协调》,载《江苏社会科学》2021年第1期。

② 刘茵琪:《认罪认罚案件量刑建议权规制研究》,吉林大学2020年博士学位论文。

③ 胡云腾:《正确把握认罪认罚从宽 保证严格公正高效司法》,载《人民法院报》2019年10月24日第005版。

④ 龙宗智:《完善认罪认罚从宽制度的关键是控辩平衡》,载《环球法律评论》2020年第2期。

⑤ 吴雨豪:《量刑自由裁量权的边界:集体经验、个体决策和偏差识别》,载《法学研究》(京)2021年第6期。

偏离度)适用比例＋绝对值标准的定量分析法作为认定标准。当量刑建议的刑罚与拟宣告刑之间的偏离幅度值或绝对值不高时[①]，应认定为量刑建议适当或稍有不当，予以采纳；当偏离幅度值或绝对值偏高时，由检察院进行全面归因解释，再由法官依据个案的具体情况依法作出是否采纳量刑建议的公允评价。检察院解释合理的，量刑建议予以采纳；检察院解释不合理的，听取控辩双方意见后，由法院依法作出判决。

因各地实际情况不同，对量刑建议明显不当的偏离相对值、绝对值的取值标准可根据各地司法情况予以决定。笔者建议量刑建议明显不当的偏离相对值、绝对值可以 20%、6 个月(1 万元)作为界定值。理由如下：一是"两高"制定的《关于常见犯罪的量刑指导意见(试行)》和各地高院制定的量刑指导意见实施细则均规定，[②]独任审判员或合议庭可在 20% 的幅度内调整量刑结果，即法官有20% 的自由裁量空间。二是根据样本统计，法院调整检察院提出的量刑建议主刑刑期或罚金刑调整的幅度≥20% 居多，超过样本量的 80%。

对轻型犯而言，可直接以量刑建议与拟宣告刑的偏离幅度值进行判断；对于重罪案件，应将量刑建议与拟宣告刑的偏离相对值和绝对值同时进行判断，尤其是量刑建议与拟宣告刑的偏离相对值＜20% 时。对于幅度型量刑建议，应分别算出幅度刑上下限值与拟宣告刑期值之间的相对比例值或绝对幅度值，再进行判断。(详见图 5)

(三)程序方面:建立灵活的沟通机制

首先，新《刑事诉讼法》第 201 条既赋予检察院灵活调整量刑建议的权力，也尊重了法院的量刑裁量权。从学理上分析，量刑建议明显不当必然影响公正审判，属于该条第 1 款第 5 项的规定，法院可直接不予采纳并依法作出裁判。[③] 其次，理论界大多认为，告知检察院调整明显不当的量刑建议并非法院判决前的必经程序。[④] 再次，该条第 2 款规定量刑建议调整告知的目的，在于缓和检察院提出的量刑建议准确性欠缺和司法裁判量刑公平性之间的差距。最后，法官拥有最终裁判权，且对裁判结果终身负责。因此，量刑建议明显不当的调整告知不是

[①]　量刑建议偏离值计算公式如下：量刑建议偏离值比值 A＝|(量刑建议值－法院拟宣告刑值)/量刑建议值|×100%，量刑建议偏离绝对值 B＝|量刑建议值－法院拟宣告刑值|。

[②]　"两高"的量刑指导意见体现了全国性集体司法智慧，各地高院制定的量刑指导意见实施细则是各地长期以来所积累的实践经验的概括和提炼，起到保持刑罚裁判延续性和一致性的作用。王燕玲：《论大数据精准量刑对司法理性的精准描述》，载《西南民族大学学报》2021 年第 10 期。

[③]　陈卫东：《认罪认罚案件量刑建议研究》，载《法学研究》2020 年第 5 期。

[④]　熊秋红：《认罪认罚从宽制度中的量刑建议》，载《中外法学》2020 年第 5 期。

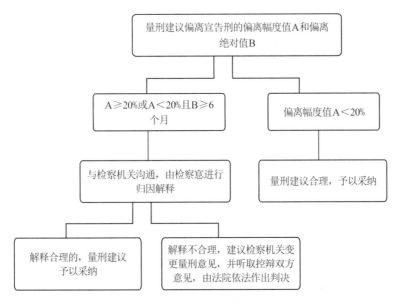

图5 量刑建议是否"明显不当"的判断及处理流程

法院的法定义务,但为了更好平衡认罪认罚从宽案件法检之间的分歧,法院应尽量告知检察院调整量刑建议,避免径行作出判决。

根据《认罪认罚指导意见》的规定①,法院的告知方式和时间应以必要和简便为原则,避免因调整量刑建议而影响正常的审判秩序和诉讼效率。同时,法院告知检察院调整量刑建议,不必硬性要求书面形式函告,口头告知亦可,且也不必拘泥于开庭前提出,当庭提出调整亦应允许。检察院庭前调整量刑建议的,应当提交新的量刑建议书;不调整的或当庭调整的,法官应在庭审中引导控辩双方充分发表意见,直接记入庭审笔录并予裁判,无须另行签署认罪认罚具结书,以减少诉累,提高效率。同时,对法院在庭审期间就量刑问题充分听取了控辩双方意见,并在此基础上依法径行作出判决的,不属于程序违法。此种做法符合裁判形成于法庭的庭审实质化要求,还避免了因量刑建议调整造成审判周期的延长和司法资源的浪费。② 对于庭审后告知检察院调整量刑建议的,可不再开庭审理,但必须就量刑问题充分听取控辩双方的意见后再依法判决。

① 《认罪认罚指导意见》第41条第2款规定,速裁程序量刑建议的调整应当在庭前或者当庭提出,调整量刑建议后,被告人同意继续适用速裁程序的,不需要转换程序处理。简易程序、普通程序中量刑建议的调整也应遵循简便易行的原则,不能影响审判阶段的正常秩序。

② 参见最高人民法院刑事审判第一、二、三、四、五庭编:《刑事审判参考》(总第127辑),人民法院出版社2021年版,第58页。

(四)技术方面:规范文书制作的体例和内容要求

(1)规范认罪认罚具结书的体例和书写要求,提升量刑建议透明度和量刑结果的可预期性。建议检察院应当以书面形式提出量刑建议,并在具结书中写明量刑建议形成过程和相关刑事政策,具结书后附量刑建议分析意见或者量刑规范化表格,写明量刑建议计算方法。具体包括量刑起点刑的选取,基准刑调节的所有量刑情节和相应的幅度选择、计算方法等量刑建议五类理由,即量刑建议"五理",[①]以准确确定量刑建议,便于被告人了解认罪认罚的从宽幅度,也利于法官了解量刑生成过程和量刑建议依据。

(2)强化裁判文书量刑说理。文书说理是对检察院量刑建议的正向反馈,也是对量刑建议合理性的阐释,既能探寻量刑明显不当司法审查标准和依据,又为类案提供参考。[②] 因此,裁判文书应详细阐明是否采纳量刑建议的理由和依据,具体包括犯罪事实、法定酌定量刑情节以及对影响量刑的被告人的个人情况的采纳与认定,增加量刑过程的透明度,降低被告人上诉和检察院抗诉的可能性,消弭法检之间的冲突。[③]

结　语

笔者通过对法信平台收集的73份认罪认罚案件"量刑建议不予采纳"裁判文书进行实证分析,结合对泉州市一线刑事办案法官和检察官的调研与访谈,深入解析检察院求刑权与法院自由裁量权之间的冲突表现形式和缘由,根据实证研究得出何谓量刑建议明显不当,明晰量刑建议明显不当的司法审查路径和依据。对法检两院而言,平衡法检冲突的关键是充分认识新《刑事诉讼法》第201条的功能定位,合理理解其内涵。[④] 为此,笔者提出了消弭两院分歧的路径。本文以实证分析为主,学理分析还不够深入,但期望能够为实务界、理论界提供另一个认识认罪认罚从宽制度的视角,以进一步推进该制度的实施与适用。

[①] 胡云腾:《完善认罪认罚从宽制度改革的几个问题》,载《中国法律评论》2020年第3期。

[②] 陈芳序:《失衡的裁量权:量刑明显不当的司法认定》,载《司法体制综合配套改革与信实审判问题研究》,人民法院出版社2018年版,第1329页。

[③] 陈明辉:《认罪认罚从宽制度中法检权力的冲突与协调》,载《法学》2021年第11期。

[④] 闫召华:《"一般应当采纳"条款适用中的"检""法"冲突及其化解——基于对〈刑事诉讼法〉第201条的规范分析》,载《环球法律评论》2020年第5期。

行政诉讼

审视与规范:行政示范诉讼的实证演绎与路径探寻

■管珈琪*

摘要:示范诉讼制度在民事领域和行政领域的研究与适用呈现"一热一冷"的局面,从司法样态及地方实践探索的实证考察上看,行政示范诉讼功能"缺省",主要表现为程序适用的任意性、强制性以及当事人程序性权益的忽视等。在法理视野下,行政示范诉讼具有混合型 ADR 的法律属性,示范判决既判力扩张具有正当性。通过宏观制度保障机制分解、中观诉与非诉的衔接、微观法院职权主导下程序的架设三个层次进行立体化构建,是行政示范诉讼的合理进路。

关键词:行政示范诉讼;既判力扩张;程序性权利;混合;ADR

引 言

党的十九大以来,深化司法体制综合性配套改革、优化司法资源配置、提升司法效能已成为司法改革的主旋律,案件繁简分流是本轮司法改革的重要内容。① 为促进行政领域群体性纠纷的高效化解,最高人民法院于 2016 年出台《推进案件繁简分流的若干意见》,提出探索实行示范诉讼模式;2019 年,最高人民法院又出台了《关于建设两个"一站式"的意见》(以下简称最高院两部《意

---

* 作者系山东省日照市中级人民法院法官助理,法学硕士。

① 王建国、谷耿耿:《新时代监察改革深化的法治逻辑》,载《河南师范大学学报(哲学社会科学版)》2020 年第 2 期。

见》),要求推进诉讼程序简捷化,实行类案集中办理。

近年来,涉群体性利益的行政案件多发,但由于实践中代表人诉讼"遇冷"①、维稳政策、审判质效考核等,群体性行政案件的解决效果并不理想,需创新纠纷解决手段。示范诉讼最早起源于德国实务界②,其构建的逻辑立场为,在群体性纠纷的解决中,通过构建局部秩序从而引发示范诉讼不同形态的权变性结果,既体现群体意志,又纾解了个体意志表达相互排斥的问题。③ 行政领域的示范诉讼制度在我国少数地区进行了积极有益的探索,但就示范案件的选取、当事人的程序保障等关键性问题规定却付之阙如。有鉴于此,本文拟在繁简分流背景下,以层次性思维模式,实现既判力扩张保障、诉与非诉共同发力、重要程序架设,以期构建全方位、立体化行政示范诉讼制度。

一、实证演绎:行政示范诉讼制度运行的实然图景

(一)失范:行政示范诉讼司法样态混乱

笔者以"示范诉讼""标准诉讼"为关键词,以"行政案件"为条件,在中国裁判文书网上进行检索,共获得1085个结果。④ 笔者通过进一步分析法院选取示范案件的情况、当事人的上诉理由、法院裁判等,试图尽可能全面地呈现行政示范诉讼的司法样态。

由于缺乏统一规范指引,各地司法实践样态呈现混乱势态,突出表现为以下几点:

---

① 笔者以"行政案件"为条件,"诉讼代表人"为关键词,在中国裁判文书网上查询,全国法院2021年共计832个结果,其中山东省52个;2020年共计6356个结果,其中山东省285个;2019年共计8181个结果,其中山东省296个。山东省一审行政结案数2021年23093件,2020年26572件,2019年24097件,从以上数字来看,刨除统计口径不一致、裁判文书未完全上网等原因,代表人诉讼在行政领域司法实践中的利用率仍不理想,并未真正达到制度设计的预期,对于不确定人数的代表人诉讼更是在实践中形同虚设。

② 德国示范诉讼是指某一诉争的事实与其他大多数事件的事实相同或相似,该诉讼经法院判决后,其判决成为其他类似案件在诉讼内外解决的依据,形成该判决的程序成为示范诉讼。参见沈冠玲:《诉讼权利保障与裁判外纠纷处理》,元照出版社2006年版,第210页。

③ 陈慰星:《群体性纠纷的示范诉讼解决机理与构造》,载《华侨大学学报(哲学社会科学版)》2015年第2期。

④ 在搜索的1085个结果中,"示范诉讼"357个,"标准诉讼"728个。最后访问日期:2022年6月22日。

第一，示范案件选取标准模糊，程序适用存在任意性。对于示范案件的选定，应当在裁判文书中说明，并在审理过程中释明选取的标准以及具体理由。但在所查询的案件中，几乎所有案件均未说明示范案件的选取原因，有的甚至未指明示范案件。①

第二，职权化色彩浓厚。程序的启动、示范案件的选定等都凸显法院的职权作用，法院依职权在一定程度上解决了合意难成、诉讼拖延等问题，但在强调职权性的同时，应注意对当事人程序性权利的保障，在未查明案件事实的基础上，径直将示范判决强制适用于平行案件中，以"诉讼标的已为生效裁判所羁束"为由裁定驳回起诉，则落入了"诉讼突袭"的困境中。②

第三，平行案件简化处理方面表现不同，当事人程序性权益保障效果不佳。在对平行案件的处理方面，有的法院在保留诉权的前提下，当事人申请撤诉；③有的法院选择对平行案件中止审理。④ 在文书简化方面，有的法院在群体案件中，所有的判决均大同小异，无法区分示范案件与平行案件。⑤ 在文书说理方面，说理简化，心证未予公开。相比较对诉辩主张、证据质证以及对事实的详细叙述，对证据的认定、裁判说理略显"单薄"。⑥ 对于平行案件当事人参与权、异议权等程序性权利的保障名存实亡，有的案件未及时告知平行案件当事人采用示范诉讼方式及其理由、依据、救济途径，或对于当事人提出的采用示范诉讼方式审理案件的异议未予回应。⑦

第四，示范案件既判力的扩张范围不同。对于示范案件既判力的扩张，大多数法院的做法是适用示范案件的一审判决，但也存在裁定适用二审生效判决的情况。⑧

(二)试验：地方探索中制度样本及实施困境

在最高院两部《意见》出台后，民事诉讼领域率先"发力"，行政诉讼"紧跟脚步"，各地在尊重司法规律、结合地方特色基础上，总结审判经验，制定出台相关

---

① 青海省格尔木市人民法院(2018)青 2801 行初 78 号行政裁定书。

② 参见河北省邢台市中级人民法院(2020)冀 05 行终 22 号行政判决书。同类案件还有(2020)渝行终 784 号、(2021)吉行终 127 号、(2017)最高法行申 391 号。

③ 湖北省十堰市茅箭区人民法院(2016)鄂 0302 行初 16 号行政裁定书。

④ 最高人民法院(2017)最高法行申 495 号行政裁定书。

⑤ 青海省格尔木市人民法院(2018)青 2801 行初 88 号行政判决书。

⑥ 吉林市长春市中级人民法院(2019)吉 01 行初 16 号行政判决书。

⑦ 参见重庆市高级人民法院(2020)渝行终 476 号行政裁定书、重庆市高级人民法院(2020)渝行终 404 号行政裁定书。

⑧ 吉林省高级人民法院(2021)吉行终 127 号行政裁定书。

操作规程。经互联网检索,笔者共搜集到有关行政示范诉讼的地方规范5份,结合文件规定内容,展开分析。

表1　地方法院行政示范诉讼机制相关规定(1)

规范名称	选定要素		程序决定(程序启动及示范案件选取)	程序通知	平行案件审理	诉与非诉
	主体	案件要素				
浙江省台州市三门县《关于涉众型案件适用示范诉讼模式的意见》(2015年)	10人	法律关系、标的相同或类同	尊重当事人意愿	诉讼程序示范(开庭审理、组织旁听)	当事人同意,合并审理程序	可先调后审,调解贯穿全过程
青海省高院《青海省基层人民法院一审民事行政案件示范诉讼试点办法》(2017年)	多人	同一事实、法律关系	法院依职权		当事人同意,可不开庭审理	
浙江省金华市中级人民法院《关于行政案件示范诉讼的操作规程(试行)》(2020年)	人数众多	同类型案件、被诉行政机关、诉请相同	当事人书面同意、选定			先导入行政争议化解中心处理
河南省高院《关于行政案件示范性诉讼的指导意见(试行)》(2021年)	5人以上	共通的事实和法律适用争议	当事人申请或法院职权	公告示范案件选定权利义务等	简化庭审程序	诉后与调解对接
烟台法院		共通的事实和法律适用争议	法院职权	告知采取示范诉讼模式及标准		

纵观地方探索样本,主要在适用标准、启动程序、审理程序、平行案件审理、诉与非诉衔接等方面予以规定(见表1)。行政示范诉讼制度的运行,在诉讼经济、诉讼效率、纠纷的缓和解决等方面取得了显著成就,但仍存在诸多问题。

表 2　地方法院行政示范诉讼机制相关规定(2)

规范名称	条文数	平行案件当事人程序性权利保障			平行案件简化处理	示范判决效力
		参与权	异议权	上诉权		
浙江省台州市三门县《关于涉众型案件适用示范诉讼模式的意见》(2015 年)	14	√	×	√	当事人同意,合并审理程序	参照
青海省高院《青海省基层人民法院一审民事行政案件示范诉讼试点办法》(2017 年)	11	√	×	×	当事人同意,可不开庭审理	参照
浙江省金华市中级人民法院《关于行政案件示范诉讼的操作规程(试行)》(2020 年)	10	×	×	×		适用裁判标准
河南省高院《关于行政案件示范性诉讼的指导意见(试行)》(2021 年)	19	√	√	×	庭审简化、文书简化	裁判结果一致
烟台法院		×	√	×		适用示范诉讼判决结果

第一,地方探索呈"碎片化"。在所搜集的五份行政示范诉讼规范文件中,大部分实质性条文规定仅十条左右,对于示范诉讼的基本流程性内容及相关权利的介绍不全面,或多或少均有遗漏。

第二,平行案件当事人程序性权利保障缺失。对于平行案件当事人程序性权利,大多数规范未规定或仅规定了庭审的参与知情权,未提及平行案件当事人的异议权及上诉权。

第三,平行案件简化效果不佳。平行案件的简化处理主要指庭审的简化处理及裁判文书的要素式、格式化处理。对于文书的简化处理,仅河南高院规定,对于共通的事实和法律适用标准不再阐述。对于庭审的简化处理,三门法院适用合并审理程序,青海高院规定经当事人同意可不开庭审理,河南高院规定对于已由示范判决确定的事实证据可不再举证质证,但当事人有异议的除外。

第四,示范判决对平行案件的效力分歧。不同规范对于示范判决的效力主要分为既判力、参照力、先决力三种不同的模式。河南高院采用既判力模式,规定平行案件的裁判结果应与示范案件一致;三门法院及青海高院采用参照力模式①,规定示范案件作为同类案件事实调解、裁判的参照依据;金华中院采用先决力模式,规定对于同类批量案件可适用示范判决裁判标准。规定的不一致,导致实践中示范判决的效力各有千秋。

(三)小结

表3　示范诉讼审判程序分布情况②

	一审程序	二审程序	再审程序
示范诉讼	191	115	
标准诉讼	231	216	118
具体案件示例	在原告傅某某等诉被告某区政府房屋征收决定群体性行政案件中,据不完全统计,一审80件,二审82件,一审中仅有6案无相对应的二审案件外,其他均有对应的二审案件,刨除文书未上网、统计不完整等客观因素,基本可以得出平行案件均提起上诉的结论。		

面对行政"诉讼浪潮"的涌入,在案多人少矛盾无法调和、代表人诉讼"遇冷"的双重困境下,地方开始进行"示范诉讼"的有益探索。由于缺乏顶层设计,地方探索呈现碎片化特点,职权化色彩浓厚,示范案件选取标准模糊,程序适用存在任意性,平行案件当事人程序性权益保障缺失,示范判决效力分歧等,使得平行案件上诉率居高不下(见表3),制度发力受阻。行政示范诉讼制度在实务运行中存在一定的混乱与分歧,需要对其困局成因进行反思,探索行政示范诉讼的法律属性及既判力扩张的正当性依据,以便在制度层面进行更加科学的设置与安排。

二、失范探源:行政示范诉讼功能"缺省"的成因分析

在探究解困路径之前,有必要就示范诉讼功能"缺省"的成因加以剖析、解读。

---

① 参照力不同于既判力,是类似于"先例"的拘束效力,是基于判决的示范说服力或法院的权威公信力而为后诉法院所采纳。参见倪培根:《论我国证券期货纠纷示范判决机制的制度化展开》,载《河北法学》2019年第4期。

② 表中数据为以"示范诉讼""标准诉讼"为关键词,以"行政案件"为条件查询所得结果的基础上,刨除重复计算而得。

(一)规范性指引缺位

合理清晰地界定行政示范诉讼的范围及程序，是指引司法实践规范运行的前提所在。程序的相对性原理要求，应依据案件类别、性质的不同，设定不同程序。[①] 群体行政纠纷因其现代型诉讼的"扩散性利益"特征要求程序设置的特殊性，从地方探索的实践来看，主要是以最高院两部《意见》指明的制度可行性的改革意见为导向，根据地方特色的不同，在原有程序基础上予以改良，尚未形成体系化的行政示范诉讼程序。

由于缺乏相对统一的指导性规范，行政领域的示范诉讼尚处于"懵懂"阶段，司法实践需求大，顶层设计缺位，理论界未引起重视，当事人缺乏认知和认同，形成示范诉讼的功能"缺省"。地方实践中，行政示范诉讼呈点状式发展，各地法院虽就制度运行进行了探索，但碎片化的规定使得制度运行程序、诉与非诉对接等方面未形成明确的操作性规范，导致运行不畅，对接效果不佳，故亟须制定出台统一的规程予以明确规定。

(二)"非均质化"的体现

布莱克纯粹法社会学认为，法律是政府的一种社会控制，其运作受众多规则之外的社会变量的影响。[②] 除法律本身的技术性特征外，案件自身具有一定的独特性，系区别于其他案件的社会属性，即参与诉讼的主体因社会生活的分层空间不同组合而成的诉讼的不同的社会性结构。[③] 由于诉讼主体所处的社会分层空间不同，其诉请内容、案件事实以及法律适用等存在巨大差异，从而促使案件社会性结构呈现"非均质化"的几何序列。最终导致的结果是打乱法律的运行逻辑、破坏审判的稳定性，纯粹意义上的"同案同判"在现实中几乎不可能上演。

由此推理，群体性纠纷虽具有共通的事实和法律适用，但具体到个案亦受"非均质化"的干扰，示范判决的效力并非简单地及于平行案件当事人，需考虑个案的特性。若强制适用，则激化本已深化的矛盾，引起平行案件当事人对示范判决的抵制和排斥。

---

① 廖中洪：《民事诉讼法·诉讼程序篇》，厦门大学出版社 2005 年版，第 263 页。

② 罗冠男、王小刚：《论布莱克纯粹法社会学及其理论限度》，载《学术论坛》2012 年第 12 期。

③ 于是：《"示范诉讼"张力困局辨析及程序性破解——以司法公开为建构路径》，载《上海政法学院学报》2013 年第 4 期。

图 1　示范诉讼案件"非均质化"体现

(三)小结

法社会学的"非均质化"在一定程度上解释了制度效能难以有效发挥的原因,加以顶层设计的缺位,导致行政示范诉讼制度的现有困境。明晰行政示范诉讼的法律属性及其运行保障机制,对现有困境的解除或有裨益。

三、法理探讨:行政示范诉讼的法律属性及运行保障机制

地方实践以解决问题思路进行的探索在一定程度上实现了示范诉讼的效果,实现了制度空白的弥补,但同时在制度构建方面仍存在缺陷。在对行政示范诉讼制度进行规范化构建之前,首先应该明确行政示范诉讼的法律性质及示范判决既判力扩张的正当性依据,此即遵循法理的应有之义。

(一)混合型 ADR:行政示范诉讼的法律属性

示范诉讼是从增强群体性纠纷非诉解决机制的法律发现视角切入,通过示范案件的"高规格"审理,确保有代表性的"示范案件池"(lead case pool)可供选择。借助示范案件发生的传导性,促使试错程序运作后规模效应的发生,将群体性纠纷从审判"场域内"导出至非诉解决的"场域外",其接近美国的混合 ADR 机制。[1]

美国 ADR 制度主要有替代性解纠机制及混合型非诉解纠机制两类。[2] 混合型 ADR 的程序性构造大致可以描述为"早期谈判—中立性评价—回归谈

---

[1]　倪培根:《论我国证券期货纠纷示范判决机制的制度化展开》,载《河北法学》2019 年第 4 期。

[2]　范愉:《非诉讼纠纷解决机制研究》,中国人民大学出版社 2000 年版,第 234 页。

判"。我国行政示范诉讼制度十分接近混合型 ADR 的特征,首先,将调解贯穿于示范诉讼的始终,实现了诉与非诉的衔接。虽然在具体制度设计上与混合型 ADR 有一定出入,但具备其程序构造的形式性特征。其次,我国行政示范诉讼机制有着同样的法律评价的程序导入设计,以助当事人对法院裁判的准确性预测。相比较混合型 ADR,我国行政示范诉讼制度的法律评价更具可靠性、直观性。最后,行政示范诉讼的"归宿"在于实现规模性行政纠纷"走出去",实现非诉化解。

(二)保障机制:示范判决既判力扩张的正当性依据

示范诉讼真正的"魅力"所在就是突破传统的既判力的相对性理论,其最大的法理上的困境为对未直接参与诉讼程序的平行案件当事人,在未经庭审充分辩论、质证的前提下,径行接受法院对共通事实和法律适用问题的约束。有学者对能否保障全部当事人的程序性权利提出质疑,[①]故对既判力扩张的正当性依据的探索,显得尤为关键。

1.既判力扩张的理论模式。关于示范判决的既判力扩张理论主要有主观及客观范围两个维度。客观范围的既判力扩张主要是对于经示范判决确定的共通事实和法律适用问题的约束力,其正当性主要来源于示范案件的选取、共通争点确定经公示程序而获取的司法权威性。主观范围的既判力扩张主要是平行案件当事人受示范判决的约束,其正当性主要来源于平行案件当事人对示范案件庭审的参与、对共通争点充分辩论的保障。不难看出,示范判决既判力扩张的理论性前提是当事人程序性权利的保障。受司法裁判拘束的人在程序上应享有诉讼主体地位,拥有对影响判决结果的重要性问题进行充分陈述、申辩的权利。[②] 因此,示范诉讼中保障平行案件当事人的程序性权利,是其接受共通事实及法律适用问题既判力约束的前提。

2.示范判决既判力扩张的正当性基础。从类型上来看,示范诉讼可分为契约型、职权型以及混合型,[③]在契约型和混合型示范诉讼项下,基于契约的约束,示范判决既判力的扩张具有正当性。[④] 故本文主要探讨职权型示范诉讼中既判力扩张的正当性问题。第一,当事人程序利益的保障。程序参与并非要求

---

① 吴泽勇:《构建中国的群体诉讼程序:评论与展望》,载《当代法学》2012 年第 3 期。
② [日]谷口安平:《程序的正义与诉讼》,王亚新、刘荣军译,中国政法大学出版社 2002 年版,第 11 页。
③ 齐树洁、徐雁:《群体上诉的困境与出路:示范诉讼制度的建构》,载《中州学刊》2009 年第 1 期。
④ 沈冠伶:《示范性诉讼契约之研究》,载《台湾大学法律丛论》第 23 卷第 6 期。

受示范判决既判力约束当事人"亲自"参与,若其可能受影响的利益或诉讼地位已由实际参与诉讼之人主张或者维护,抑或由"代表"程序参与的主张而实现,在此意义上,虽受示范判决影响之人未实际参与庭审,但其利益和地位已通过程序保障得以实现。法院依职权选定示范案件及平行案件当事人,给予平行案件当事人程序利益的保障,使得所有的观点立场在诉讼程序中得以完整呈现,并以此作为最终裁判的基础,示范判决既判力扩张获得正当性基础。第二,能动司法的公益属性。行政裁判不仅对具体行政行为的合理性、合法性作出判断,法律实施的效益及公法秩序的维护均在其考虑范围,具备公益属性。[①] 示范判决不囿于案件本身,而是具有法秩序维护及群体纠纷解决的整合效能,促使立法者对公正政策进行反思及改进。因此,在制定示范诉讼规则时,应将公益的实现考虑在内。

(三)小结

在当事人未达成合意契约的前提下,法院依职权选定示范案件及当事人范围,对当事人程序性权利的保障,以及能够司法的"公益属性"是赋予示范判决既判力扩张的正当性基础。在此基础上,基于行政示范诉讼的混合 ADR 的法律属性,对制度构建路径进行探寻。

四、立体建构:层次性思维模式下构建行政示范诉讼的路径探寻

"大繁简、大分流"理念下,制度的构建应秉承宏观视野、层次性思维,打破仅谈具体程序构建的桎梏,置于微观、中观、宏观视野下,从制度保障、衔接、程序设置三个维度出发,实现审理程序与诉讼各环节的共建,形成诉讼内外的合力,构建层层递进的、合力并举的行政诉讼示范诉讼机制。[②]

(一)宏观层次:制度运行保障机制分解

前文已就行政示范判决既判力扩张的正当性依据进行了理论层面的概述,在规范化构建的具体运行中,本文试图将制度运行保障机制分解至可操作层面。

---

① 邓刚宏:《我国行政诉讼诉判关系的新认识》,载《中国法学》2012年第5期。

② 高小芳:《迈向多元化的行政诉讼繁简分流研究》,载《海峡法学》2021年第4期。

1.既判力范围的单向扩张。就既判力扩张的范围,可借鉴《上海金融法院关于证券纠纷示范判决机制的规定》第 40 条的规定,对示范判决中确定的共通事实的扩张范围进行限定,实行单向扩张模式,即免除平行案件原告对共通事实的举证责任,被告主张直接适用而原告持异议态度的,由法院进行审查。既判力范围的单向扩张一方面实现了平行案件原告举证的减压,另一方面由于被告在示范庭审中已进行充分的质证、辩论,其程序权利及实体利益不会因此减损,此举有益于最大限度实现程序正义。[1]

2.当事人程序性权利的保障。"如果没有程序正义作后盾,法律或规则本身所追求的公正、平等、人权等价值就难以实现。"[2]为防止法院职权主义对平行案件当事人的"突袭",其一定程度上保障其程序性权利,使示范判决的既判力扩张具有合理性基础。

对于程序权利保障主要有以下三方面:一是诉讼参与权的保障。示范诉讼实质上将案件审理"还原"至"一对一"模式,但此处的程序参与应加以限定,不直接以当事人的身份参与诉讼,但允许其就确定的共通争点事实及法律问题提交相关证据,就争点提出抗辩意见,至于旁听、了解案件进展等皆为题中之义。二是知情权的保障。在不参与诉讼的前提下,只有充分了解示范案件审理的情况,才能据此进一步行使权利,其基础为信息的公开获得。对此,首先在示范案件的选取、共通争点事实及法律问题确定后,发布示范诉讼程序告知书,主要将示范案件的选定结果、共通的争点、平行案件的范围,示范判决的效力以及原告的权利义务等内容予以公告,赋予一定的异议期。在异议期内提出异议的,法院首先审查及释明,仍有异议的,不作为平行案件审理。其次,强化庭审的公开参与度,通过多途径公开案件庭审信息、依托互联网平台进行庭审直播、邀请权威人员旁听庭审等方式,让正义以人们看得见的方式实现。最后,强化法官心证公开的释明工作,对证据的认定、观点的采纳与否以及逻辑推导过程均予以公开。[3] 三是上诉权的保障。有学者指出,在赋予示范判决以既判力扩张的前提之下,当事人不应再享有上诉权。[4] 笔者认为,示范判决既判力的扩张,已经对非示范案件当事人实体权利产生影响,同时为实现预先纠错的功能,应赋予其上诉权。示范判

① 叶林、王湘淳:《我国证券示范判决机制的生成路径》,载《扬州大学学报(人文社会科学版)》2020 年第 2 期。
② A.Weale, *Political Theory and Social Policy*, Macmilian,1983,p.142.
③ 于是:《"示范诉讼"张力困局辨析及程序性破解——以司法公开为建构路径》,载《上海政法学院学报》2013 年第 28 卷第 4 期。
④ 李家林、秦拓、罗娜:《证券群体性纠纷示范判决既判力的效力扩张与程序再造》,载《审判体系和审判能力现代化与行政法律适用问题研究——全国法院第 32 届学术讨论会获奖论文集(下)》,人民法院出版社 2021 年版,第 1065 页。

决作出后,在示范案件当事人不上诉的情况下,赋予平行案件当事人就共通的事实或法律问题提起上诉的权利,二审判决对示范案件及平行案件当事人均具有拘束力。

3.发挥"中央代理人"作用。法社会学中解决"非均质化"问题引入"法律合作社团",与"中央代理人"有共通之处,其作用都在于为群体成员提供法律援助,间接保障平行案件当事人的程序参与权。基于制度可行性考虑,本文所称"中央代理人"主要指群体纠纷的共同代理律师。经群体当事人共同选任的律师参与诉讼,在共通事实及法律适用问题层面,最大限度实现个案之间的均质化,淡化因社会结构差异不同带来的影响。一方面,律师参与示范诉讼的庭前、庭审、后诉等程序,间接保障了当事人的程序性权利;另一方面,律师专业知识的援助,将个人的诉讼行为转化成群体性意志,使群体意志在示范案件中得以完整、充分地体现,在未参与诉讼的群体成员的默许下,示范判决张力自然及于后续平行案件中,且在合理预期下,实现纠纷的和平化解。

(二)中观层次:诉与非诉的有效衔接

基于行政示范诉讼的混合型 ADR 的制度属性,我国在司法实践中开创式地提出诉与非诉的诉前、诉中及诉后的衔接机制,以最大限度实现示范判决的引导效力。本文试图就示范诉讼与非诉调解机制的衔接程序进行细化。

1.入口:贯穿诉讼全过程的调解。一是"示范诉讼+诉前调解"。在示范诉讼程序启动之初,可就选定的示范案件与当事人协商选择司法解决途径,即调解或审判。在经立案调解解决,达成和解协议的,可更换示范案件,并以该和解协议为基准,引导其他案件的非诉解决。二是"示范审理+诉中调解"。示范诉讼具有涵盖所有受害的和解及救济计划的"间接波及效益",作为一种前置性获取裁判标准的试探机制,并借此传达出"司法信号",为后续和解工作的开展提供了方案。① 三是"示范类推+诉后调解"。示范判决作为一种法律"标尺",对于调解方案的作出发挥着底线作用,即方案不能突破示范判决对于事实及法律的判断,各方在示范判决的基础上,寻求最有利的处理结果。

2.中场:行政争议非诉调解机制的运行。关于法院居中指导。基于行政审判的性质,需要法官对专业性法律适用等问题提供意见,且通过指导,法官可深入了解案情,把握纠纷的实质争点,对转入诉讼程序后的高效审理打下基础。关于操作规程。非诉调解中的和解员应具有独立性,由党委政府负责选任政治素养高、社会声誉好及法律知识调解经验丰富的人员担任。对于示范案件非诉程

---

① 陈刚主编:《自律型社会与正义的综合体系——小岛武司先生七十华诞纪念文集》,中国法制出版社 2006 年版,第 57 页。

序的启动,因群体性纠纷的广域性、复杂性特点,故应成立专门的调解小组,以 3 人为宜,双方当事人各选一人,和解中心指定一人,适用"调解＋小型审判"①的调解技术,促成双方达成协议。

3.出口:程序衔接。第一,"和解成功＋司法确认"。经调解,当事人各方达成和解协议,此处的和解协议具有行政协议的性质,有向法院申请司法确认的权利。经司法确认程序,实体法上当事人之间产生拘束的法律效力,程序法上未经诉讼,可作为执行依据。申请司法确认限定在和解协议生效之日起 30 日,对于期限内未申请的,不影响协议本身的效力,对于行政机关不履行协议的情形,当事人仍保留诉权。第二,"和解不成＋程序转换"。对于和解期限内未达成和解协议的案件,和解小组应及时与指导法官联系,共同组织当事人确认案件事实中有争议及无争议的部分,对于无争议的部分,在转入诉讼程序后,无须再行举证质证。

(三)微观层次:法院职权主导下具体程序的架设

关于行政示范诉讼具体程序的架设,学界很多学者都进行了或详尽或粗略的介绍。② 本文基于对当事人程序性权利保障的考量,重点对审前示范案件的选取、审中示范案件的优先审理以及审后公证公开的释法说理三方面进行阐述。

1.审前:示范案件的选取。对于示范案件的选取从实务规定上看,共性是具有共通性及典型性。理论界对此也有不同说法,有学者指出对于示范案件的选

---

① 小型审判不属于审判程序,而是一种以当事人为中心的,成本低收益高,综合调解、谈判、中立性评价等程序的和解制度。参见陈磊:《多元化解行政纠纷视域下构建法院附设型 ADR 的思路》,载《山东法官培训学院学报》2021 年第 3 期。

② 王兰旭主要从程序的启动、当事人退出权的保障、示范案件的确定以及更换、案件的优先审理、判决力的扩张进行讨论。参见王兰旭、刘雅倩:《从代表人诉讼到职权型示范诉讼——化解行政群体性纠纷的基层思考》,载《山东审判》2017 年第 2 期。鲍滨、钟伟探讨程序的启动包括示范围、公告的发布,审理包括示范案件的确定、通知书的送达、审理,示范判决的适用包括异议表达以及平行案件的裁定适用。参见鲍滨、钟伟:《行政示范诉讼的制度构建——以实质性解决群体性行政争议为视角》,载《审判体系和审判能力现代化与行政法律适用问题研究——全国法院第 32 届学术讨论会获奖论文集(下)》,人民法院出版社 2021 年版,第 1703～1705 页。熊则凯、涂明珠主要从示范案件的申请及公告、选定、效力扩张方面进行阐述。参见熊则凯、涂明珠:《论行政示范诉讼之构建——化解行政群体性纠纷的第三条道路》,载《全国法院第 25 届学术讨论会获奖论文集:公正司法与行政法实施问题研究(下册)》,人民法院出版社 2014 年版,第 1253～1254 页。

取应遵循"三性原则",即必要性、支配性及共通性。① 有学者提出对具有"共通性"的案件有所限制,借鉴德国将五类符合"共通性"的案件排除的做法。② 也有学者指出以起诉时间的先后为依据,综合考虑其他因素。③ 笔者认为,行政示范案件的选取总体遵循代表性及普遍性原则,对于具体选取标准,应当包括但不限于以下几个方面:一是原告的诉请以及案件相关事实具有群体案件的共通的事实和法律适用问题;二是涉案法律关系较为全面;三是当事人及其代理人道德素养高、法律知识深厚;四是按照立案时间优先选取时间在先的案件。对于示范案件的选取过程,法院应充分尊重当事人的程序性权利,及时公开选定的过程、依据以及理由,对于当事人的异议及时予以释明,异议成立的或已选取的示范案件经非诉程序和解成功的,及时更换示范案件。

2.审中:示范案件的优先审理。为实现行政示范诉讼的诉讼经济效能,对于示范案件的审理应进行优先设置。学理上将优先审理分为类型性及个别性两种④,行政示范诉讼属于后者。行政群体性纠纷社会影响的广域性要求缩短立案、审理周期,否则将会导致周期过长而引发不稳定因素。在具体实践中,优先立案、审理与执行是有机统一的,构成系统性纠纷快速解决机制。由法院在受理的初始环节,准确判断群体性纠纷的范围,启动示范诉讼程序,优先审理选定的示范案件,作出生效判决,而后进入执行程序。一方面,平行案件及潜在当事人能依据示范判决准确预见纠纷处理结果,另一方面,行政机关也可依据生效判决及时纠正行政行为中的"偏差"。

3.审后:心证公开的释法说理。裁判心证公开在保障平行案件当事人的程序性权利,增强示范判决公信力,发挥"先例导向"作用方面具有重要意义。心证公开主要有过程、理由以及结果公开三项标准,首先是对证据的审查、认定以及

---

① 必要性即适用示范诉讼处理该类案件的优越性;支配性即案件的共通争点在纠纷解决中的支配地位;共通性即示范案件对事实及法律适用持争议具有共通性。参见杨凯、李婷:《示范诉讼:重大突发事件引发群体性纠纷的诉源治理新解》,载《南海法学》2021年第1期。

② 五类排除出符合"共通性"的诉讼:一是诉讼争议已可进行裁判;二是当事人提出示范诉讼法人目的为拖延诉讼;三是当事人提出的证据调查方法不适当的诉讼;四是当事人陈述不予以证明其主张的正当性;五是当事人提出的法律适用问题不具有厘清的必要的诉讼。参见俞惠斌:《示范诉讼的价值再塑与实践考察》,载《北方法学》2009年第6期。

③ 鲍滨、钟伟:《行政示范诉讼的制度构建——以实质性解决群体性行政争议为视角》,载《审判体系和审判能力现代化与行政法律适用问题研究——全国法院第32届学术讨论会获奖论文集(下)》,人民法院出版社2021年版。

④ 类型性有限审理即以案件类型划分某种类型的案件均优先受理,个别性即因案件具体情况决定是否优先受理。参见俞惠斌:《示范诉讼的价值再塑与实践考察》,载《北方法学》2009年第6期。

事实查明过程的公开;其次是对双方当事人证据、观点采纳与否及其原因,不同证据的证明力以及法庭辩论意见的采纳意见的公开;最后是事实认定法律适用后运用逻辑推导得出的裁判结果的公开。除文书心证公开外,判后可邀请群体纠纷当事人就裁判内容、对后诉的影响等重点问题进行点对点的释法说理,确保群体对裁判有合理预期,助推示范判决既判力的有效、自然扩张。

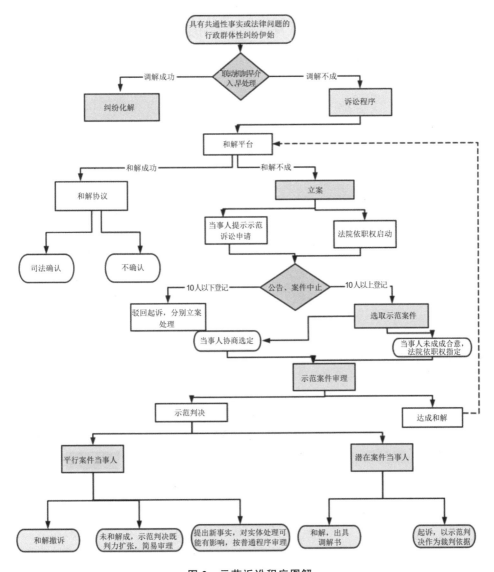

图 2 示范诉讼程序图解

结　语

　　示范诉讼是化解行政诉讼领域群体性纠纷,解"二八定律"①失灵之困的新兴事物。由于缺乏理性的顶层设计,实务中司法样态不一、制度设计多样,制度"生命力"遭受阻滞。在繁简分流背景下,基于层次性思维模式,将行政示范诉讼的制度构建置于宏观、中观、微观视野下,实现制度保障、衔接及程序架设的共建应成为解决问题的出路。本文秉承上述理念,进行行政示范诉讼构建的探索,以期对制度构建有所裨益。

---

　　① "二八定律"源于经济领域,法律领域的"二八定律"核心是难易案件的处理与司法资源分配的比例,通过简化简单优化复杂来实现公平与效率的统一。参见高小芳:《行政案件繁简分流模式实证研究》,载《河南财经政法大学学报》2021 年第 5 期。

域外行政裁决制度及其司法审查机制探析

■ 赖华平*

自 1978 年实行改革开放以来,我国社会主义市场经济飞速发展,经济总量跃居世界第二。市场经济发展到一定规模之后,整个社会结构相应调整,不论是在经济继续发展上升阶段,还是处于经济转型期,都必然导致社会纠纷的大量涌现。在现代社会,矛盾纠纷的有效化解,特别是与社会变革伴生的新类型纠纷的有效解决,不仅是解决纠纷主体之间的利益冲突,调整社会经济发展过程中的利益格局的一个重要方式,而且是推动社会变革的一个重要机制。

随着市场经济的发展,人口、资本、信息、数字、技术等市场要素高速流传,尤其是人口作为人力资本的大规模流动,打破了传统的农业经济制度下人口生存发展的物理空间,导致传统的以“熟人社会”为主体的治理模式陷入崩溃状态。传统的以“熟人社会”为基础,以人民调解为核心的纠纷解决机制,也自然崩溃了。20 世纪 80 年代,人们出于对政府权力过度膨胀的担忧,逐步意识到应当建立完善的法律体系,以及基于这个法律体系的法治化治理模式,从而推动了我国社会主义法治建设的稳步发展。其间,举国上下对法治意识形态与法律治理体系的强调,导致人们对“用法治化手段或法律手段解决纠纷”的理解,往往等同于“用司法或诉讼手段解决纠纷”①。在此背景下,整个社会逐步弱化了行政机关解决纠纷的职能,形成了当下中国“有纠纷找法院”的单一诉讼化解格局。

但是,单纯依靠司法诉讼的纠纷化解格局,在我国进一步引发了“诉讼爆炸”。这使得我国基层法院近年来一直处于超负荷运转状态。司法资源总是有限的。在现行司法体制下,依靠现有的司法力量,根本无法解决大量增长的矛盾

---

* 作者系澳门科技大学法学院 2021 级博士研究生。

① 在当下中国,人们对“用法治化手段或法律手段解决纠纷”的理解,往往等同于“用司法或诉讼手段解决纠纷”;非讼解纷方式很难在法治维度上找到并显示自己的优势。一些学者在主张弱化调解的运用时所强调的主要理由,正是认为调解与法治精神存在一定的抵牾;甚至有倡导与支持调解的学者为推促调解的运用,主张放弃对调解“依法”的限定,认为调解便不能依法,依法则不能调解。参见顾培东:《国家治理视野下多元解纷机制的调整与重塑》,载《法学研究》2023 年第 3 期。

纠纷,无法满足社会大量增长的纠纷解决需求,导致大量的纠纷停留在法院门口,实际无法进入诉讼程序来解决。这不仅严重影响了司法诉讼的公正与效率,而且危及整个社会的治理秩序。

因此,人们认识到,还是要"把多元化纠纷解决机制挺在前面",①要在诉讼之前,投入更多的社会资源,构建起更多元的纠纷解决机制,让司法的"定分止争"职能回归到"最后一道防线"的地位,其"关键在于保障民事纠纷的解决由法院享有最后的、最终的裁决权,而非第一手发言权"②。

在社会化调解制度之外,行政裁决制度作为多元化纠纷解决机制的一个重要组成部分,一直是英、美等国社会矛盾纠纷治理的一个关键环节。在英、美等国家,行政裁决制度有效发挥了纠纷分流的作用,成功化解了大量基层民事纠纷,成为司法制度的有效补充。同时,它也确保了英、美等国司法制度精简、权威而有效地运行。

而我国的行政裁决制度,却走过了很长一段曲折的历程。从最初的概念与职能都很模糊的"行政机关处理",到明确行政裁决作为具体行政行为的地位,再到行政机关大量退出或放弃民事纠纷的裁决职能,至今其仍然处于被边缘化的地位。除了劳动仲裁制度以外,行政裁决制度似乎已经从纠纷化解机制中消失。③ 其中一个重要原因,就是随着 1990 年我国行政诉讼法的实施,行政裁决作为一种具体行政行为被纳入行政诉讼案件受理范围。这实际上是从立法层面,扩大了司法审查的范围,强化了司法对行政裁决权的监督,导致了行政机关对"被告身份"的普遍抵制④。自此,我国行政机关纷纷放弃了民事纠纷的裁决职能。部分曾经设定行政裁决职能的立法和行政规章也弱化甚至取消了行政裁

---

① 习近平在 2019 年中央政法工作会议上提出"要把非诉讼纠纷解决机制挺在前面"。参见龙飞:《"把非诉讼纠纷解决机制挺在前面"的实证研究——以重庆法院实践为样本》,载《法律适用》2019 年第 23 期。

② 张树义主编:《纠纷的行政解决机制研究——以行政裁决为中心》,中国政法大学出版社 2006 年版,第 8 页。

③ 叶必丰、徐键、虞青松:《行政裁决:地方政府的制度推力》,载《上海交通大学学报(哲学社会科学版)》2012 年第 2 期。

④ 大部分行政机关的领导及行政裁决人员,不理解行政裁决被纳入司法审查,认为行政裁决行为不同于为维护国家利益而作出的行政执法行为,行政机关以第三者的身份居间处理平等主体之间的纠纷,与纠纷双方并不存有实体利害关系,结果反而作为被告被诉至法院,耗费大量人力、物力不说,一旦败诉还要承担诉讼费用甚至赔偿责任,这无论于法于理都不通。宋龙凌、严惠仁、郭云龙:《适应现代社会发展需要,规范、完善行政裁决制度》,载姜明安主编:《中国行政法治发展进程调查报告》,法律出版社 1998 年版,第 80 页。

决的内容①。为此,有必要结合当前矛盾纠纷爆发的重点领域与演变情形,反思如何构建更符合我国现实国情的行政裁决制度,以及行政裁决司法审查制度。要从国家治理的层面,建立完善的社会矛盾纠纷多元化解机制,②确保社会纠纷得到快速公正的化解,从而为社会和谐稳定奠定坚实的基础。

党的十八届四中全会提出,"健全社会矛盾纠纷预防化解机制,完善调解、仲裁、行政裁决、行政复议、诉讼等有机衔接、相互协调的多元化纠纷解决机制","健全行政裁决制度,强化行政机关解决同行政管理活动密切相关的民事纠纷功能"。同期,中共中央、国务院印发了《法治政府建设实施纲要(2015—2020年)》,要求"有关行政机关要依法开展行政调解、行政裁决工作,及时有效化解矛盾纠纷"。2018年12月31日,中共中央办公厅、国务院办公厅印发了《关于健全行政裁决制度加强行政裁决工作的意见》(以下简称《意见》),明确指出行政裁决是行政机关根据当事人申请,根据法律法规的授权,居中对与行政管理活动密切相关的民事纠纷进行裁处的行为。《意见》要求充分发挥行政裁决在化解社会矛盾纠纷、维护社会和谐稳定中的重要作用,稳步扩大适用范围。《意见》要求在起草、修改法律法规时,对于可以通过行政裁决化解的民事纠纷,起草部门应当认真研究设定行政裁决的必要性、可行性,积极建立行政裁决制度。《意见》提出要适时推进行政裁决统一立法,以法律或者行政法规的形式,对行政裁决制度的内涵外延、适用范围、裁决程序等进行规范。《意见》指出要注重完善行政裁决救济制度,在修改行政复议法、民事诉讼法、行政诉讼法时统筹考虑,努力构建既能调动行政机关履行行政裁决职责的积极性、主动性,又能充分保障纠纷当事人救济权利的机制制度。③

因此,我们有必要积极借鉴国外成功的实践经验,从提升国家治理能力的高度,重新构建符合自身国情的行政裁决及其司法审查机制,推进纠纷的多元化高效解决,维护社会的和谐稳定。

---

① 20世纪90年代中后期,一些法律相继取消或者直接排除行政裁决权的适用。如,1995年修订的《食品卫生法》将《食品卫生法(试行)》规定的"损害赔偿要求,由县以上卫生行政部门处理"的规定取消,改为"由违法行为人依法承担民事赔偿责任"。2001年修改后的《商标法》取消了此前工商管理部门对商标侵权民事纠纷所享有的行政裁决权,而变更为行政调解权。其他如《中华人民共和国土地管理法》(1998)、《中华人民共和国海洋环境保护法》(1999)、《中华人民共和国大气污染防治法》(2000)、《中华人民共和国药品管理法》(2001)、《中华人民共和国草原法》(2002)《中华人民共和国治安管理处罚法》(2006)等,都取消了有关行政裁决的内容。

② 顾培东:《国家治理视野下多元解纷机制的调整与重塑》,载《法学研究》2023年第3期。

③ 司法部负责人就《关于健全行政裁决制度加强行政裁决工作的意见》答记者问,https://www.gov.cn/zhengce/2019-06/02/content_5396933.htm,下载日期:2023年10月7日。

一、域外行政裁决制度的简介

1.英国行政裁判所制度

现代行政裁决制度肇始于英国行政裁判所制度。19世纪初,因为经济发展,引发了大量税收争议,英国于1803年率先在税收评估领域设立了第一个行政裁判所,解决税收评估与税收征管方面的争议。后来,随着铁路运输与运河运输的发展,英国政府分别于1845年和1873年成立了铁路委员会和铁路与运河委员会,由两名法律界人士和一名其他业界人士组成,以"尽可能简单和低花费"地解决铁路和运河运输纠纷。因为工业化大生产的发展,产业工人与企业之间的劳动争议纠纷、养老保险、失业保险等大量涌现,超出了传统司法审判机关的承载能力,英国政府相应地又设立了一系列专门化的行政裁判所。进入20世纪后,随着社会经济危机的爆发,英国政府推进了社会福利立法,加强了社会保障机制建设,同时也加强了政府对利伯维尔场经济的干预力量,推动社会的变革发展,维护社会的和谐稳定。而传统的普通法院态度过于保守,无法满足社会变革和行政管理的需要,[1]而且诉讼成本太高、效率太低,导致大量案件积压,政府只好通过设立大量专门的行政裁判所,来快速解决纠纷。"事实上,不管是好是坏,将权力授予行政机关的实践是不可避免的。这是我们对政府观念的变化,也来自科学发现带给我们的生活环境的变化。"[2]当时,人们认同一些简单的争议不值得耗费宝贵的司法资源,"如果请求的津贴平均还不到10英镑,我们就不要让一个将来每年要拿12000英镑退休金的法官费尽心机……来决断该请求"。[3] 正如对于当事人而言,他们之所以会择ADR而弃诉讼,也正是基于成本效益的考虑,与诉讼相比,ADR具有费时少、费用低的优点。[4]

第二次世界大战以后,英国在建设福利国家口号的推动之下,全面推行社会安全计划。当时,舆论界对普通法院的保守倾向于持批判态度。政府执行社会立法所发生的争端尽量不由普通法院管辖,而是大量设立行政裁判所来受理这

---

① [英]卡罗尔·哈洛、理查德德·罗林斯:《法律与行政》(下卷),杨伟东等译,商务印书馆2004年版,第731页。

② Committee on Ministers' Powers Report (1932),(Cmnd. 4060),London: Her Majesty's Stationery Office,Reprinted 1966,p.5.

③ H. Street, Justice in the Welfare State,2ud ed,London,(1975),p.3.转引自宋华琳:《英国的行政裁判所制度》,载周汉华:《行政复议司法化:理论、实践与改革》,北京大学出版社2005年版,第531页。

④ 齐树洁主编:《英国司法制度》,厦门大学出版社2007年版,第243页。

类案件,出现所谓"行政判所热"。① 英国的行政裁判所"像蘑菇一样地发展"。②
裁判所作为法院之外的争议解决机制得到了快速的发展,大量的案件都由裁判
所予以裁决。据统计,到 2001 年,英国 70 个不同类型的裁判所工作人员达
3500 人,每年审理 100 万件案件,在社会纠纷化解中占据了非常重要的地位,影
响巨大。③ "很明白,如果现在所有由裁判所解决的争议都转归法院解决的话,
就有必要增加大量的法官数目,尤其是在基层法院。这使我们相信,我们国家发
展起来的行政裁判所机制,对普通法院体制得以保留,作出了积极的贡献。"④

行政裁判所的发展,意味着行政机关在更多的领域具有了"裁判"的权力,推
动着行政权向"裁判权"方向不断侵夺司法的职能,从而引发人们对行政权过度膨
胀的担忧。"最严重的权力滥用和最可能导致专断和不合理的就是对法院司法权
予以剥夺的立法",⑤其可能危及民主政治与法治的基础。同时,行政机关设立行
政裁判所,在开展各类民事纠纷裁判的过程中,难免带上自身的行政思维,特别是
在效率与变革理念的追求上,往往为摆脱程序性的束缚,忽略正当的程序,从而带
来"公正性"的隐患与质疑。另外,行政裁判所过多过滥,又造成社会资源的严重浪
费。1955 年,英国议会因为"克里奇尔高地事件"(The Crichel Down Affair)⑥,以

---

① 王名扬:《英国行政法、比较行政法》,北京大学出版社 2016 年版,第 120 页。

② [英]卡罗尔·哈洛、理查德德·罗林斯:《法律与行政》(下卷),杨伟东等译,商务印
书馆 2004 年版,第 847 页。

③ Tribunals for Users One System, One Service.(Report of the Review of Tribunals by
Sir Andrew Leggatt.) 2001. para.1.1, 2.9. http://www.tribunals-review.org.uk/leggatthtm/
leg-00.htm.

④ Report of the Committee on Administrative Tribunals and Enquiries(1959),(Cmnd.
218), London: Her Majesty's Stationery Office, Reprinted 1979,p.9.

⑤ Richard Joyce Smith, Book Review: The New Despotism. *The Yale Law Journal*, 1930,
Vol.39,No.5,p.763.

⑥ 克里奇尔高地是一片在英国多西特地区的土地,在 1937 年第二次世界大战前夕被空
军强制性征收,作为皇家空军的投弹靶场,当时征收的价格是 12006 英镑。1941 年英国首相丘
吉尔在议会中保证这片土地以后将返还其原所有者,但第二次世界大战后丘吉尔的保证并没
有兑现,这片土地(当时已经价值 21000 英镑)被转给农业部,农业部将这片土地抬价到 32000
英镑,使原土地所有者无力购回,然后出台政策将土地出租,引起了原土地所有人的不满。这
片土地的原所有人发起了一场反对农业部的运动,得到了保守派后座议员和国家农场主协会
的支持,促使英国政府对此事件展开调查。英国政府经过调查,严厉批评了农业部对这件事的
处理方式,确定在该事件中,农业部对政策本身以及政策的执行都负有责任。农业部长托马
斯·达格代尔爵士辞职,内政大臣随后宣布了一系列的部长责任规则(Maxwell-Fyfe 规则)。
"克里奇尔高地事件"促使英国政府对传统的部长责任和行政错误的调查方法进行反思,并考
虑如何防止这些危险的产生。参见 Gillian Peele,Governing the UK-British Politics in the 21st
Century (Modern Governments),4th ed.,Blackwell Publishing, 2004,p.461.

奥里佛·佛兰克斯为首,成立佛兰克斯委员会(Franks Committee),对行政裁判所制度进行专门调查研究,并于1957年公布了《佛兰克斯委员会报告》。2000年,英国议会又任命前上诉法院法官爱德华·里盖特对裁判所体系进行一次彻底调查。2001年8月,里盖特委员会发布了《使用者的裁判所:统一体系,统一服务》审查报告,建议对裁判所体系实施大规模的改革。此后,英国于2005年、2007年先后颁布了《宪政改革法》《裁判所、法院和执行法》,新设立裁判所高级主席,取代大法官担当裁判所司法系统的首脑。这一改革标示着英国传统上的立法、行政、司法三权交叉的时代宣告结束,裁判所成为独立的司法系统不可或缺的组成部分。可以说,无论从性质上还是技术上,裁判所实际上就是一个法院。①

2.美国的行政法官制度

在长期的法治实践过程中,美国已经把司法独立原则看作社会广泛认同的法治基石,建立了完备的司法对国会立法和政府行政的审查制度。但是,面对社会的快速发展,美国没有刻板地固守严格的三权分立理论,适时建立了自己的委任立法与委任司法制度,即授权行政机关立法和裁决的权力。从美国的经验中看出这一分化趋势的反动,也就是行政成为最高宪法权力之下的三项权力的结合。② 只是,所有委任立法与委任司法,都必须遵循司法的最终审查原则。虽然在学理上仍然存在许多争论,但行政裁决在美国的存在已经成为一个既定事实。美国最高法院认为,行政裁决既不违反宪法规定的分权原则,也无须受宪法修正案规定的陪审团审理的限制,只要行政裁决能够受到司法审查,行政裁决制度的存在就是合宪的。③ 时至今日,美国的行政裁决制度已经成为多元化纠纷解决机制的重要组成部分,为减轻法院诉讼压力、快速稳定社会关系作出很大贡献。

美国行政裁决制度经历了从行政审查官到行政法官制度的历程。行政审查官制度起源于联邦州际贸易委员会的成立。随着19世纪20年代铁路的兴起,美国迎来了运输业的大发展,打破了各州之间的经济发展边界,也突破了各州的管辖范围。与英国行政裁判制度最早是为了应对铁路运输纠纷一样,为了解决各州之间围绕铁路运输产生的各类纠纷,美国联邦政府于1887年成立了第一个专门进行经济管理的机构——州际贸易委员会。它第一次突破行政机关行政职权,就各州之间的铁路运输纠纷进行裁决。1906年,美国通过了《赫普本法》,正

---

① 郑磊、沈开举:《英国行政裁判所的最新改革及其启示》,载《行政法学研究》2009年第3期。

② 张千帆、赵娟、黄建军:《比较行政法——体系、制度与过程》,法律出版社2008年版,第5页。

③ 王小红:《行政裁决制度研究》,知识产权出版社2011年版,第186页。

式规定州际贸易委员会有权任命行政审查官,对运输人与托运人之间的损害赔偿纠纷进行裁决,确立了州际贸易委员会准司法性质的行政裁决权力。

1929年美国爆发了严重的经济危机。为了走出经济危机,美国政府实行罗斯福新政,放弃了自由放任的市场经济政策,强化了对经济的干预和指导,通过了一系列的干预经济的政策,相应成立了一批独立的经济控制委员会。第二次世界大战后,随着社会经济的增长,美国政府行政权进一步膨胀,出现了更多的工伤、劳动、保险、环境损害等领域的独立委员会。这些独立委员会具有高度的技术性和专业性,不仅行使特定的行政管理权,而且对行政管理对象的行为是否违法进行裁决,这种裁决权实质上就是司法权。独立管制机构在其管辖范围内裁决的争议案件,在数量上甚至大大超过法院每年受理案件的数量。[1] 除了独立管制委员会有权对私法上的争议进行解决外,"裁判私人之间发生的属于损害和赔偿案件的权力也同样授给了许多行政机关"。[2] 美国联邦政府的许多部,根据国会法律的规定也行使准司法权力,有权裁决相关私权争议,如农业部、内务部等。有些部则设立相对独立的局、所来承担司法职能。如卫生教育和福利部内设立的社会保险管理局、商业部内设立的海上运输管理局、运输部内设立的海岸检查所等,每年都裁决大量的案件。[3]

这些独立委员会独自任命自己的行政审查官,行使行政裁决权力。行政审查官听从委员会领导的指挥,难免受到行政机关自身利益的干扰,从而损害行政相对人的合法权益。行政审查官即使是以第三方的身份对当事人之间的民事纠纷作出裁决,也无法避免人们对其行政本位的质疑。因此,人们意识到,为了保护自己的合法权利,有必要确保行政审查官地位的独立性,让行政审查官保持裁决的中立性。1946年,美国制定《联邦行政程序法》,逐步确立了行政审查官的独立状态,规定正式听证程序可以由听证审查官(hearing examiner)主持。根据《联邦行政程序法》的规定,听证审查官地位得到保障,具有独立性质,不受机关长官的直接控制。每一机关根据工作需要任命若干听证审查官。除非有文官事务委员会所规定和确认的正当理由,并经过正式的听证程序,否则听证审查官不能罢免。不能罢免的内容包括非自愿离职、丧失工作能力、提前退休、降级、停职及其他非出于本人自愿的地位改变在内。行政机关无权自由任命听证审查官,只能从文官事务委员会所确认合格的人员名单中,选择任命人员。听证审查官在生活和编制上是所在工作机关的职员,但在任命、工资、任职方面,不受所在机关的控制,而是受文官事务委员会的控制。由此,保障了听证审查官能够独立行

① 王小红:《行政裁决制度研究》,知识产权出版社2011年版,第58页。
② [美]伯纳德·施瓦茨:《行政法》,徐炳译,群众出版社1986年版,第10页。
③ 罗豪才主编:《行政法学》,中国政法大学出版社1989年版,第158页。

使职权,不受所在机关的压力。

为了强调听证审查官的独立地位,1972年,文官事务委员会将听证审查官改称为"行政法官"(administrative law judge)。自此,美国正式确立了行政法官制度,表明听证审查官的工作性质基本上和司法官员相同,大大提高了行政法官的威信和地位,推动了行政裁决制度的全面发展。

二、域外行政裁决司法审查制度的简介

1.英国行政裁判所司法审查制度

在英国,对行政裁判所的司法审查并没有成文法的规定,而是普通法上的制度。越权原则是在英国宪法背景下,普通法院监督行政机关活动的法律根据。这是一个普通法的原则,这个原则实际上是执行议会的旨意,保障议会制定的法律得到遵守,同时不妨碍行政机关的效率。① 根据英国普通法院判例,对行政机关越权原则的审查,主要是三个方面:违反自然公正原则、程序上的越权、实质上的越权。自然公正原则要求行政机关作出行政裁决行为应当遵循两个规则:一是不得审查自己或者与自己利益相关的案件,包括与自己制定的政策执行相关的纠纷;二是必须听取对方当事人的辩解意见,及时有效地通知双方当事人,不得仅凭单方的陈述,就纠纷作出裁决。程序上的越权,指行政机关所有的行政权力均来源于立法的授权,行政机关必须按照立法规定的内容和程序,行使自己的行政职权。行政机关违反法律规定的程序,所作出的行政行为,包括行政裁决行为,均构成程序越权,或者程序违法。实质上的越权,是行政机关的行政裁决行为,违反了法律规定的授权范围,就构成行政裁决行为的实质性越权,包括积极的越权与消极的越权,即超越自己的职权作出行政裁决与不履行法律规定的行政裁决职权。

总之,英国的行政裁判所制度经过长期的发展,由行政性机构向司法性机构转化演进,充分发挥自身快速、便捷、便宜的优势,扮演了社会矛盾纠纷化解一线分流组织的角色,已经成为英国司法制度的一个重要组成部分。同时,行政裁判所也逐步纳入法治化的轨道,不仅规范了自身的裁决程序,而且建立了有效的行政裁判司法审查制度,确保行政裁判活动的公正性与合法性。

2.美国行政裁决的司法审查制度

美国《联邦行政程序法》赋予美国行政机关内部的行政法官独立行使行政裁决的权力。相应地,为了防止行政裁决权力的滥用,保护公民的合法权益,确保行政裁决权力在法律授权的范围内、按照法律规定的程序和条件行使,美国建立

---

① 王名扬:《英国行政法、比较行政法》,北京大学出版社2016年版,第129页。

了一套完善的司法审查制度。

美国行政裁决司法审查制度伴随行政裁决权的扩张,经历了从"严格按照法律规定审查"到"除非法律禁止审查"的模式发展历程。早期出于对行政裁决权"专业性、技术性"的尊重,美国法院司法审查相当保守,严格限定"法律规定可以审查"的范围,而且特别尊重行政机关作出行政裁决的专门知识。随着行政裁决在现代社会经济领域的扩张,人们发现行政裁决权日益深入地介入了整个社会经济的发展,对人们生活的影响日益扩大,严格按照法律规定的范围进行司法审查,已经无法防止行政裁决权力的滥用。为此,美国打破了原来的司法审查理念,逐步树立了"除非法律明令禁止或排除司法审查以外,一切行政行为均可接受司法审查"的原则,将大多数的行政裁决行为纳入了司法审查的范围。

另外,在对行政法官行政裁决内容审查的深度上,美国法院通过判例制度,创设了具有自身特色的严格区分"事实审查"与"法律审查"的审查体系。区别事实问题和法律问题,对它们适用不同的审查标准,是美国司法审查的主要原则。[1] 法院法官掌握"法律话语权",决定法律的解释与法律适用。对于行政裁决行为的法律问题,法院司法审查认定起主导作用。司法审查不仅可以推翻行政法官行政裁决过程中所做的法律解释与法律适用,而且可以以司法的认定取代行政机关的认定,判决推翻或改变行政裁决认定。而鉴于行政裁决过程中的事实认定问题,涉及广泛的专业技术内容以及社会经济发展态势的判断,行政机关显然具有更大的话语权。所以,法院一般要尊重行政裁决对事实问题的认定,除非存在明显的"滥用",否则不得推翻行政机关的认定。

当然,所谓法律问题与事实问题,只是宏观上的原则性的分类。在日常实践中,行政裁决的法律问题与事实问题往往纠缠在一起,本身就是一个难以分割的现象,特别是在行政法官是否滥用自由裁量权的认定上,一半是法律问题,一半是事实问题。法院司法审查过程中自然是无法精确地将其截然分开,只能就具体的案件情况来甄别判断。

3.日本行政裁决司法审查之当事人诉讼制度

日本在借鉴引入英美行政裁决制度的过程中,结合日本自身的社会特征,构建起独特的审查行政裁决行为的当事人诉讼制度。当事人诉讼制度区别于英美的司法审查制度,主要是从程序上进行了改造,具有鲜明的特点。①类似于民事诉讼,当事人诉讼以民事纠纷当事人为诉讼主体,以与原告发生民事争议的另一方当事人为被告。行政裁决的纠纷来源是当事人之间的民事纠纷,当事人选择行政裁决本意是要解决双方之间的民事纠纷。行政裁决机关只是以公断人的身份,对双方当事人的民事纠纷作出居中的裁断。当事人不服行政机关的行政裁

---

① 王名扬:《美国行政法》,北京大学出版社 2016 年版,第 503 页。

决,通过常规的行政审查模式,解决了针对行政裁决的行政争议,但行政诉讼常常遗漏了当事人之间的民事纠纷,所以没有解决纠纷的本源。日本当事人诉讼在价值选择上,更接近实质性化解纠纷,把当事人民事纠纷视为纠纷的本源,以化解当事人之间直接的民事纠纷为优先选择。②行政裁决的行政机关以特殊身份参加诉讼,仍然保持自身公断人的身份,参与诉讼来阐明自身作出行政裁决的依据和理由。但是,行政裁决必须同步接受法院的司法审查,法院的判决对行政机关有拘束力,行政机关必须服从。③在当事人诉讼程序中,法院作出的判决具有最终效力。法院对当事人之间的民事争议,可以作出给付、确认或变更判决,同时也可以维持或者变更行政机关的行政裁决。行政裁决的效力,最终以法院裁判为准。行政机关服从法院的裁判,不仅应接受法院最终的裁判,而且应依据法院的最终裁判,来开展相应的行政活动。④当事人诉讼主要适用于民事诉讼程序,可以在审理当事人民事诉讼案件时,对行政裁决作出司法审查结论。法院的判决具有最终的效力,不仅拘束当事人,也同样拘束行政机关。在当事人诉讼中,当事人不会面对和行政机关相对抗或者放弃民事实体权益的两难选择,行政机关也不会因担心作被告和担心败诉而对诉讼施加压力,反而会积极促成争议的解决。① 因此,确立当事人诉讼制度符合司法最终原则和诉讼经济原则,既尊重了当事人的诉权,也有利于行政争议的全面解决。②

三、我国行政裁决制度以及司法审查机制发展

1.我国行政裁决制度的发展历程

行政机关行政裁决行为是根据民事当事人的申请,以中立的身份,就当事人之间的民事纠纷作出裁决。这种对民事纠纷的居中裁决行为,是行政机关传统的行政职能之一。中国封建时代实行专制集权统治,皇权集最高司法权和行政权于一体。在地方治理方式上,郡县制实行行政机关与司法机关合一,地方行政长官同时负责司法职能,不仅刑民不分,更无谓行民之分。因此,中国历史传统上,地方行政长官对民间纠纷作出的裁断,具有绝对的权威,不存在针对裁决的审查或者不服的问题,所有的争议都视为当事人之间的民事纠纷。

作为行政机关的传统职权,行政机关一直对民事纠纷进行各种"处理"。"处理平等主体之间一部分民事、经济纠纷的职能,一经法律规定从司法机关转移到行政机关手中,就应是行政机关的法定职能。"③行政机关依照此种职能进行裁

---

① 薛刚凌:《行政诉权研究》,华文出版社 1999 年版,第 164 页。

② 薛刚凌:《处理行政、民事争议重合案件的程序探讨》,载《法律科学》1998 年第 6 期。

③ 罗豪才主编:《中国司法审查制度》,北京大学出版社 1993 年版,第 223 页。

决的活动,自然属于行使行政职权的活动。但是,基于其系依当事人申请而被动地对民事纠纷进行裁决处理,无疑也被视为行政机关的本职活动之外的额外"负担"。行政裁决的主要特征之一,裁决的民事纠纷往往与行政机关的行政管理行为具有某种牵连性,甚至当事人的某一行为同时侵犯了民事权益与公共利益双重法益。① 不管这个民事纠纷与行政机关行政管理活动的关联度如何,即使与行政机关行政管理活动所指向的对象重叠,在本质上也是区别于行政管理行为的民事纠纷。此时,行政机关实质上处于类似于司法裁判一样的中立地位,遵循中立裁决的各项基本原则,从而使其扮演着一种超脱于常规行政管理的职能角色。因此,行政裁决行为作为一种公立的裁断,本身与被裁决的事项没有利益关系,直观上并非纠纷的双方当事人,而纠纷本质上只是当事人之间的民事纠纷。因此,长期以来,行政机关的行政裁决行为不属于诉讼的客体范畴,不存在司法审查的问题。对行政裁决不服,当事人只能根据双方之间的民事纠纷,单独向法院提起民事诉讼。

毫无疑问,无论是在历史传统认知上,或在裁决处分的对象目标上,还是基于现实的运行状态的观察,行政机关行政裁决似乎都仅仅是一桩"民事纠纷"。在《中华人民共和国行政诉讼法》以及相关司法解释颁行之前,相关立法均规定行政裁决性质上仍属于民事权益纠纷的处理。法院对所有的对行政裁决不服的案件,也一直作为民事案件受理,以民事纠纷争议双方作为诉讼当事人。

直到 20 世纪 80 年代中期,行政裁决才逐步被确立为一种具体行政行为。在行政法教材中用"行政裁决"一词来指代行政机关对相关民事争议的处理始见于应松年教授主编的《行政法学教程》一书。② 该书在"行政司法"部分将行政司法分为行政复议、行政仲裁、行政裁决、行政调解四大类。其中,行政裁决指的是行政机关裁决民事争议的行为。这是在我国行政法教材中第一次作如此界定。后来,人们又逐步认识到行政裁决行为具有中立裁判的性质。"行政裁决系指行政机关依照法律授权,以中间人的身份,对特定的民事纠纷进行审理和公断的具体行政行为。"③"行政裁决是指行政机关根据法律的授权,对平等主体之间特定的民事纠纷居间进行裁断的行为。它是行政机关从维护行政管理秩序出发,解决平等主体之间民事纠纷的一种具体行政行为。"④"所谓行政裁决,是指行政机关依照法律授权,对发生在行政管理活动过程中的平等主体间的民事纠纷进行

---

① 孔繁华:《行政与司法之间:行政裁决范围的厘定与反思》,载《甘肃政法大学学报》2021 年第 1 期。

② 应松年主编:《行政法学教程》,中国政法大学出版社 1988 年版,第 82 页。

③ 胡建淼:《行政法学》,法律出版社 2003 年版,第 273 页

④ 应松年主编:《行政法与行政诉讼法学》,法律出版社 2005 版,第 265 页。

审查并作出裁判的行政行为。"①"行政裁决是行政机关以国家公断人的身份,运用其专业知识,按照准司法程序依法居中裁决与其行政管理职能有关的平等主体之间的争议的一种行政司法性质的具体行政行为。"②"行政裁决是指法律、法规授权的行政机关,依法在其职权范围内,对与其行政管理活动有密切关系的民事纠纷,单方作出裁判的行为。"③"在我国,行政机关依据法律、法规的授权依法处理平等主体之间的与行政管理有关的民事争议的活动被称为行政裁决行为,行政裁决行为是行政机关行政司法行为的一种类型。"④

行政裁决又具有司法的属性。⑤ 行政裁决是一种行政司法行为,主要理由是:(1)从行政裁决的设立初衷看,由于市场经济的发展,大量与行政管理有关的、平等主体之间的特定民事争议需要司法程序解决,而法院因缺乏具有专业知识的法官而难以胜任,行政裁决正好弥补了这一缺陷,并顺应了迅速解决民事争议的社会需求,因此行政裁决具有分担法院部分司法权的功能,具有行政司法的性质。(2)从行政裁决的特征看,行政裁决是由行政机关作为第三方居中裁判平等主体之间的民事争议,对当事人的权利义务产生直接的影响。因此,从该表征看,行政裁决属于行政司法行为。(3)从行政裁决的对象看,其也应属于行政司法行为。一般的具体行政行为的对象是行政管理事务,只是为了直接进行行政管理,不在于定分止争,而行政裁决的对象是平等主体之间的民事争议,进行行政裁决固然具有行政管理功能,却直接起到解决当事人之间纠纷的作用,具有准司法的属性。⑥

2.我国行政裁决司法审查制度

在我国,对于行政裁决行为的性质,一直存在争议。随着理论界逐步认同行政裁决行为本质上是一种具有准司法性质的行政行为,摆脱了行政裁决属于"民事纠纷"范畴的传统观念,逐步建立了我国行政裁决司法审查制度。1990年10月1日施行的《中华人民共和国行政诉讼法》正式建立了我国行政诉讼制度,宣告了公民不服行政机关的具体行政行为可以向法院提起行政诉讼,打破了民不能告官的历史传统,在我国政府机关内部引起了巨大的震动。1991年最高人民法院有关行政诉讼法的司法解释,第一次明确了对行政裁决不服提起的诉讼属

①　方世荣、石佑启主编:《行政法与行政诉讼法》,北京大学出版社2005版,第306页。
②　马怀德主编:《中国行政法》,中国政法大学出版社1997年版,第118页。
③　郭修江:《行政裁决及其司法审查》,载刘莘等:《中国行政法学新理念》,中国方正出版社1997年版,第330页。
④　张兴祥:《行政裁决争议问题之研究》,载刘莘等:《中国行政法学新理念》,中国方正出版社1997年版,第343页。
⑤　王光辉:《中国行政裁决制度研究》,河南人民出版社2000年版,第6页。
⑥　齐树洁主编:《纠纷解决与和谐社会》,厦门大学出版社2010年版,第260页。

于行政诉讼的受案范围①,是作为行政案件,而不再按照民事案件受理,从而建立了我国行政裁决司法审查制度。

把对行政裁决不服产生的纠纷视为裁决对象所承载的基础民事纠纷的观点,实际上就把行政机关的行政裁决行为认定为一个局外第三方的近似于"调停"的行为,相应的行政机关自然是一种与纠纷本身无关的"局外人"身份。虽然,行政机关行政裁决是以中立的身份对争议双方的民事纠纷进行裁决,但是,行政机关是依据法律的授权,依一方当事人的申请,代表政府机关的身份,依职权对双方的纠纷进行裁断。这无疑是行政机关的一种法定职权,也是行政机关作出的一种具体行政行为。当事人对行政机关行政裁决不服,实质上构成了对行政机关具体行政行为的行政争议。只是,此时,不服行政机关行政裁决的争议中,同时存在两种争议的交叉形态,即当事人不服行政裁决的行政争议,与当事人之间的民事争议交叉存在。对行政机关行政裁决的司法审查,也同时面临着如何处理当事人之间的民事争议的问题。而且,当事人之间的民事争议,恰恰是行政裁决争议的纠纷源头。在司法审查程序中,对行政机关的行政裁决审查模式,与当事人之间的民事纠纷审查模式,是两种不同的审查程序和裁判标准。

面对行政争议与民事争议交叉并存的状态,在裁判行政争议的同时,如何平衡处理好当事人之间的民事争议,同时化解两种争议,防止"官了民不了",实现纠纷从源头上实质性化解,是行政裁决司法审查诉讼的应然命题。然而,行政诉讼与民事诉讼是两种完全不同的诉讼形态,分别适用不同的诉讼程序和裁判标准,特别是实行不同的举证责任规则。完全依靠单一的行政诉讼,无法充分保护当事人的民事权利,也无法解决诉讼法官对部分技术性较强的行政裁决行为审查能力不足的问题。② 有学者建议按照行政裁决的性质,将行政裁决分为职权性行政裁决、同源性行政裁决和选择性行政裁决,分别适用不同的救济方法。③我国行政诉讼法选择了行政附带民事诉讼,人民法院对行政争议与民事争议同

---

① 1991年《最高人民法院关于贯彻执行〈中华人民共和国行政诉讼法〉若干问题的意见(试行)》出台,其中第一部分"受案范围"第4条明确了对行政裁决不服提起的诉讼属于行政诉讼的受案范围。

② 行政裁决制度产生的原因主要有以下几点:首先,行政机关拥有较强的专业知识。这正是解决高技术经济发展领域中社会纠纷得天独厚的条件,而这一条件正是司法机关所缺乏的。其次,由于行政机关具有专门的行政管理经验,由其处理与行政管理有关的民事、经济纠纷,有利于查清发生纠纷的原因,以便对症下药解决纠纷。同时也有利于查清行政管理中的薄弱环节,改进工作,加强行政管理……也就是说,是由于一部分民事争议涉及的问题超出了"通才型法官"的智识范围,必须借助专业型的行政官僚的知识方能有效解决,所以才创设行政裁决制度。罗豪才主编:《中国司法审查制度》,北京大学出版社1993年版,第219页。

③ 肖泽晟:《行政裁决及法律救济》,载《行政法学研究》1998年第3期。

时审理、同时判决,行政机关对行政裁决行为负举证责任,民事当事人对自己的主张负举证责任。同时,出于行政效率的考虑,也可以先审理行政争议,再审理行政附带民事争议。

毫无疑问,重建我国行政裁决制度的关键,在于重构一个合乎现实的行政裁决司法审查机制。现实的呼唤,迫使人们赋予行政机关对民事纠纷的裁决权。现实召唤行政裁决权的回归,以此更高效地解决大量增长的纠纷。但是,行政裁决权力逃不脱自我膨胀的宿命。缺失监督的权力,不可避免地将陷入被滥用的风险。因此,构建起对行政裁决权的司法审查机制,为行政裁决行为所涉及的当事人打造有效的司法救济渠道,是防止行政裁决权力滥用的必然选择。只是,行政裁决司法审查机制,并非为了审查而审查。它必须建立自身的价值理念——以纠纷的公正解决为使命。如果说,重建行政裁决制度的目的在于更高效快速地解决纠纷,那么,合理的行政裁决司法审查机制的目标,就是保证纠纷解决的公正底线。为此,基于我国现实的法律制度、权力分工与社会环境,准确地区分行政裁决与司法审查行为的性质、定位与特征,准确地界定行政裁决与司法审查的范围、内容与限度,构建起既能保障行政裁决行为高效运行,又能有效地救济受损害的权利,保证行政裁决活动合乎公正性要求的行政裁决司法审查机制,是当前我国多元化纠纷解决机制建设的一项紧迫任务。

后果裁判下行政协议合法性瑕疵补救的思考

——基于 422 份裁判文书的实证分析

■ 熊娇娇[*]

摘要：行政协议合法性瑕疵因规范、价值和事实等不同要素的交织，效力呈现动态发展状态。而传统行政法学以静态行政行为为研究对象，过于强调传统行政行为形式理论，对行政协议合法性瑕疵的补救问题认识不足，忽视该瑕疵补救正当性之具体考量。2019 年新出台的《最高人民法院关于审理行政协议案件若干问题的规定》虽规定了行政协议无效转化制度，但依然对合法性瑕疵的补救问题没有具体规定。因此，为避免后果裁判下行政协议瑕疵补救的恣意性，进而增加受众对裁判混乱的体认，有必要从外部视角嵌入成本收益为核心的利益衡量，设定补救认定规范性、考量系统性、评判统一性规则，并以此划定规制范式，从不同视角予以探讨补救的制度构建。

关键词：行政协议；合法性瑕疵；补救界定；裁判考量

实践中大量不同程度的行政协议合法性瑕疵，种类繁多、效力判定不一，能否补救或赋予何种补救，亟待司法机关履行事后审查职责。关于行政协议合法性瑕疵，其并未仅限于"微小的不当"，而是将其概括为不符合或欠缺行政协议合法性要件之瑕疵，[①]主要指行政协议所具有的可能影响其效力的各种法定瑕疵，原则上并非无效，尚有撤销、废止等各种不同效果。[②] 围绕行政协议司法审判实践，尽管 2019 年最高人民法院颁布的《关于审理行政协议案件若干问题的规定》（以下简称《行政协议司法解释》）第 12 条第 3 款增加了无效转化的规定，弥补了行政协议效力转化的部分缺失，但关于瑕疵补救的规范仍严重匮乏。实务中，法官在个案裁判中不得不采用后果裁判论证方法，但该方

---

* 作者系南昌铁路运输中级法院法官，法学硕士。

① 江嘉琪：《行政契约的瑕疵及其法律效果》，载《月旦法学教室》2007 年第 61 期。

② 参见吴庚：《行政法之理论与实用》，台湾三民书局 1999 年版，第 273～276 页；蔺耀昌：《行政契约效力研究》，法律出版社 2010 年版，第 54～68 页。

法也因法官价值考量侧重不同,导致裁判结果亦可能相悖。因此,亟待对该问题的处理展开深入探讨。

一、行政协议合法性瑕疵案件的裁判梳理

(一)个案钩沉:瑕疵判定之微观己见

1.合法性瑕疵标准界定难

【案例1】①钟某作为户主与某区街道办事处于 2012 年签订征用集体土地房屋拆迁住房安置协议。2016 年,案涉集体土地经省文件批准征收。2018 年案涉集体征收土地补偿安置方案经市政府批准同意。2020 年,案涉房屋共同所有权人钟某之未成年子女康某等认为街道办事处不具备拆迁主体资格,未与其协商,违反先批后征法定程序,向法院请求确认协议无效。街道办事处认为,其已得到有权机关授权,具备签约资格,与户主签约符合惯常做法,案涉土地征收已获批准,不存在程序违法。

案例 1 反映了实践中协议瑕疵的表现形式多样,瑕疵是否违法、违法程度如何,在个案中因行政机关"补救"情况不同而界定不同。有的认为,瑕疵已得到有效弥补,可忽略不计;有的认为,瑕疵不影响协议合法性,仅轻微违法;有的认为,尚不足以导致撤销,构成一般违法;有的认为,行政机关未批先征,越权订立协议,已构成重大违法。

2.合法性瑕疵效力判断难

【案例2】②李某与某镇政府签订了一份拆迁补偿协议书和一份回购安置房协议书。履行拆迁补偿协议后,镇政府发现李某实际上不具备安置补偿方案中规定的回购安置房的资格,以该协议有损社会公共利益为由,拒绝履行回购约定。李某不服,诉至法院要求继续履行该协议。

案例 2 反映了人民法院在后果裁判下陷入了依法行政与契约严守的两难抉择。在相对人不符合回购资格的情形下,对于行政机关拒绝履行回购协议的做法,一审法院从尊重契约严守,防止公权力随意毁约角度,认定协议有效,判决行政机关履行约定。而二审法院以避免对国家利益、集体经济组织成员共同利益以及社会公平正义造成侵害为由,否定协议效力,撤销一审判决,发回重审,要求行政机关依法依规重新进行安置房回购资格及人数的认定工作。

---

① 详见四川省成都市中级人民法院(2020)川 01 行终 676 号行政判决书。
② 南昌铁路运输法院(2018)赣 7101 行初 256 号行政判决书、南昌铁路运输中级法院(2018)赣 71 行终 604 号行政裁定书。

3.合法性瑕疵规制方式难

【案例 3】①周某与某区房管局签订国有土地上房屋征补协议,其中约定:采取产权调换方式安置周某,该户因两年内有过户转移,故不享受居住困难户补助政策。协议签订后,周某提出,其属于当地居住困难户,上述协议条款系格式条款,双方意思表示不真实显失公平,故请求法院确认补偿协议无效。区房管局却认为,该条款约定是为了防止目前拆迁过程中大量被征收人采取假离婚等不当手段骗取补助政策,该协议应认定合法有效。

案例 3 反映了面对行政协议合法性瑕疵,法官因其个体考量差异性,极易导致裁判认定不一。有的认为,相对人是否符合补助政策不明,待有关部门调查核实后予以判定,该协议效力待定;有的认为,该协议条款系当事人合意签订,应合法有效。而法院认定,该协议条款违反法律、行政法规强制性规定而无效,且应判定行政机关采取调查补救措施。

(二)样本索隐:瑕疵补救之宏观探赜

上文中法官内部对个案不同看法的讨论可能存在偏颇,为更深入研究法官在面临多重价值利益冲突情境下如何对行政协议合法性瑕疵补救问题进行评判,笔者在北大法宝官网通过设置关键词"行政协议""瑕疵""合法性"等,选取了新修订的《中华人民共和国行政诉讼法》施行以来至今五年间的行政协议诉讼裁判文书。经剔除重复、无关联样本后,笔者抽取了涉及 22 省市共计 422 份有关行政协议合法性瑕疵案件的典型裁判文书(见表1),这些文书涵括了我国各个地域、不同审级的多家法院,基本上可以描绘不同类型的行政协议合法性瑕疵在司法实践中的真实图景。

表 1　样本总体情况

案件类型	土地房屋征收补偿协议(173 份)、国有土地等国有自然资源使用权出让协议(97 份)、特许经营协议(46 份)、特定范围内的政府采购协议(39 份)、招商引资协议(29)、PPP 协议(28)、其他行政协议(10 份)
案件审级情况	一审文书(87 份)、二审文书(183 份)、再审文书(152 份)
案件地域分布情况	华北地区(87)、华东地区(103)、华南地区(67)、西南地区(29)、华中地区(47)、西北地区(53)、东北地区(36)
案件来源	北大法宝案例数据库

1.样本要素类型归纳分析

当事人诉争的行政协议合法性瑕疵,按照要素归纳相对表现在三方面(见表

---

①　南昌铁路运输法院(2018)赣 7101 行初 718 号行政判决书。

2);(1)主体瑕疵,缔约主体作出缔约意思表示之行为能力或者行政职权存在欠缺,如案例 1、2 中协议签订主体资格存在的瑕疵;(2)内容瑕疵,双方合意约定内容有违公法管制的规范边界,如案例 3 中约定的格式条款内容严重违法;(3)程序和形式瑕疵,主要指行政协议的缔结违反法律法规予以特别规定的程序要求或形式要件,如案例 4[①]中法院认为不能以协议程序代替法律规定的招拍挂程序,案例 5[②]中口头协议也可成为拆迁补偿协议形式,但须满足口头协议成立条件。

表 2 行政协议合法性瑕疵要件类型

瑕疵类型	案例列举	主要特征	占比
主体瑕疵	案例 1、2	1.不具有行政主体资格的被设立或被委托的组织以自己的名义订立协议; 2.欠缺处分权或代理权的缔约主体以自己名义订立协议。	41%
内容瑕疵	案例 3	1.协议内容缺乏事实或法律依据; 2.内容客观上可能不能实施; 3.损害社会公众利益或第三人利益; 4.以合法形式掩盖非法目的; 5.违反法律、行政法规强制性规定。	37%
程序和形式瑕疵	案例 4、5	1.违反"公开透明、强制竞争"程序缔结; 2.采取不正当手段订立协议; 3.违反权利告知等正当程序; 4.违反法律规定的书面形式订立协议; 5.要符合协议成立的条件或形式要件。	18%
其他			4%

2.样本裁判维度归纳分析

"补救"与现行审判规则是否"琴瑟和鸣",不同立场有不同的见解。法官基于行政协议事实认定和法律适用维度的考量,对瑕疵界定及补救规范涵摄并不统一,以致裁判结果也各异(见表 3):

(1)从纵向维度分析,瑕疵补救在协议不同阶段呈现不同的效力判断结果。在案例 6、7 中,因协议缔约的法定要件以及是否履行等不同阶段涉及的补救考量因素不同,协议补救效力认定亦不同。

---

① 最高人民法院(2020)最高法行申 3496 号行政裁定书。
② 内蒙古自治区高级人民法院(2018)内行终 618 号行政判决书。

表 3　不同维度瑕疵类型案件效力认定对比

不同维度	瑕疵类型	案件对比	瑕疵案件效力认定列举对比
纵向维度	主体瑕疵	案例 6：(2017)黔 26 行终 20 号行政判决书	被告与第三人签订的协议处置了原告的房屋,原告虽不同意,但原告收到了款项并使用了被告安置的地块进行房屋修建,其以行为表示了接受,应视为原告对第三人无权处分的追认,法院认定该协议有效。
		案例 7：(2019)豫 01 行终 842 号行政判决书	徐某儿子未经徐某同意,与镇政府签订拆迁补偿安置协议,法院确认该协议无效。
横向维度	内容瑕疵程序/形式瑕疵	案例 8：(2016)川 34 行赔初 8 号行政判决书	被告在上级政府的授权范围内与原告签订独家特许经营权许可合同,违反了《反不正当竞争法》第 7 条的强制性规定,法院认为该认定无效。
		案例 9：(2019)青 22 行终 3 号行政判决书	上诉人诉称被上诉人直接以行政协议的形式进行征收,其规避行政征收法定程序的行为违法。法院认为,该拆除合同是由于环境保护需要而实施的拆除补偿行为,且不违背法律规定,应予以支持。且上诉人又不能提供被上诉人在与其签订拆除合同时,存在胁迫等违法情形的有效证据支持其主张,协议合法有效。
给合维度	程序/形式瑕疵	案例 10：(2017)粤 0203 行初 212 号行政判决书	法院认为,被告在征地方案未获批准的情况下与原告签订了《征收协议书》,属于程序违法。但不损害社会公共利益等情形,故法院作出违法有效认定。
		案例 11：(2020)渝 05 行终 71 号行政判决书	法院认为,虽然在征地过程中存在"先征后批"的问题,但是,征地实施程序存在的瑕疵不影响征地安置协议的合法性。故法院认定协议合法有效,驳回原告诉讼请求。

(2)从横向维度分析,瑕疵补救在不同类型协议案件中凸显不同的价值考量因素。在案例 8、9 中,因不同类型协议所涉及的瑕疵违法程度不同,瑕疵补救考量也不同。

(3)从综合维度分析,同类型同瑕疵协议案件,因具体个案中瑕疵补救评判不同,法院裁判也不同。如案例 10、11 中,瑕疵补救都侧重公共利益的考量,但行政协议因瑕疵补救治愈程度评判不同,而呈现不同的效力认定。

3.样本后果论证分析

关于判定行政协议合法性瑕疵法律效果之补救考量,有两种不同倾向(见表 4)。

一是肯定性判定模式(案例 A 列举的诸多案例):经合法性审查,协议即便存在瑕疵违法性,仍予以保留其效力。该模式肯定补救审查及法律效果,主要理由包括:不违反法律的强制性规定;不影响处理结果正确性;并未造成原告合法权益的实质性损害;该协议已经实际履行完毕,不损害社会公共利益等。

二是否定性判定模式(案例B列举的诸多案例):经审查认为,协议违法性不能经补救予以治愈,协议无效。该模式否定补救或忽视补救审查及法律效力,主要理由包括:协议违反法律、行政法规规定;损害第三人和社会公共利益;不具有签订主体资格或能力;程序严重违法等。

目前我国法官判定行政协议无效的主导规则是重大且明显违法,而对于协议合法有效的判定,通常是通过反向证成的。在样本案件数量上,协议瑕疵有效认定占比75%;而无效认定部分仅占比25%,且均属于违法程度重大,瑕疵难以补救治愈类型。因此,行政协议瑕疵补救须经法官个案权衡,综合考量违法性的严重程度以及否定协议对公共利益、相对人利益以及第三人利益可能带来的伤害,以此作出效力判定。

表4　司法判决中行政协议合法性瑕疵补救的判定模式

补救肯定性判定模式(占比75%)					补救否定性判定模式(占比25%)			
案例A要素	1.(2017)最高法行申6163号; 2.(2018)浙行终13号; 3.(2017)最高法行申8386号; 4.(2016)最高法行申2247号; 5.(2015)浙金行终字第59号; 6.(2016)晋0723行初2号; 7.(2018)闽0203行初99号; 8.(2017)豫04行初89号; 9.(2015)益法行初字第42号。			VS	案例B要素	1.(2016)川15行终36号; 2.(2016)皖0824行初2号; 3.(2018)桂行终712号; 4.(2019)粤20行终4号; 5.(2019)豫01行终842号; 6.(2019)辽14行初175号; 7.(2020)最高法行申3832号; 8.(2019)浙03行终848号; 9.(2019)沪03行终669号。		
瑕疵情形	主体(案例A)1、2、6、7、8	内容(案例A)3、9	程序形式(案例A)4、5、6		瑕疵情形	主体(案例B)1、2、5、7	内容(案例B)3、4、6、7、8、9	程序形式(案例B)7
认定考量	追认表见代理、行为默认	协议的安定性、不损害社会公共利益、不影响合同效力	不影响处理结果正确性;不损害原告实质权利		认定考量	不具有主体资格、无权处分	损害社会公共利益;违反法律、行政法规规定	程序严重违法
裁判依据	《行政诉讼法》第69条、第74条、第76条、第78条,《民法典》第170条等				裁判依据	《行政诉讼法》第75条,《最高人民法院关于适用〈中华人民共和国行政诉讼法〉的解释》第99条,《民法典》第144条、第146条、第153条、第154条等		
协议效力	有效、违法有效、效力待定、未生效等				协议效力	无效		

二、行政协议合法性瑕疵补救的逻辑追问

在行政协议合法性瑕疵补救过程中,法官经常在依法行政与契约自由之间摇摆不定。与传统法律方法不同,后果主义推理方法通常是指法官根据具体事实情境进行价值判断后,将有助于社会公共利益或国家利益的后果预测和评价证成融入判决理由选择中,即从法律事实到裁判结论,法官需要通过裁判的证立和说理,将后果考量限制在整体法秩序的框架内。因此,关于行政协议合法性瑕疵补救的后果考量,须从其考量正当性的内在逻辑方面予以进一步分析。

(一)第一层面:合法性瑕疵补救效力的边界尺度

人民法院审理行政协议案件,通常隐含着对其效力进行判断的逻辑前提。[①]从行政协议的过程看,行政协议效力呈现出发展的态势。为此有必要结合行政协议有效性和合法性之间的关系分析瑕疵补救效力的边界尺度问题。

1.“无效论”:尊重公法管制,却违背行政效率

无效论强调行政协议是实现行政管理或公共服务的方式或手段,其一旦经合法性审查发现存在瑕疵违法,则一律拒绝或忽视补救效力。这看似严格尊重公法管制,防止公权力滥用,实则显得过于苛刻,不仅违背行政效率,也不利于形成稳定的社会关系,最终也有悖实质法治的要求。

2.“有效论”:注重意思自治,却忽视公平正义

有效论主张尽管行政协议存在合法性瑕疵,但补救能弥补或调适瑕疵所带来的不利后果,不破坏协议的忠诚原则,应予承认协议有效性。该裁判思路克服了确认无效带来的协议不稳定的不利结果。法国“贝兹耶案”(Béziers)反映了加强合同安定性维护的重要性,同时也有效防止合同一方当事人为恶意规避合同约定而主张合同关系仅因过去微小瑕疵就溯及既往的消灭。[②]但是,如一律强调补救效力,维持协议有效,却忽视了依法行政的本质作用,就会在一定程度上助长瑕疵违法的风气,有违公平正义。

---

① 江必新、梁凤云:《最高人民法院新行政诉讼法司法解释理解与适用》,中国法制出版社 2016 年版,第 154 页。

② M.Long, P.Weil, G.Braibant, P.Delvolvé, B.Genevois, préecité, p.949,转引自陈天昊:《在公共服务与市场竞争之间:法国行政合同制度的起源与流变》,载《中外法学》2015 年第 6 期。

3."在有效与无效之间":多元化法评价性效力

行政协议本属于行政法上之意思表示,效力相应地也分为与意思内容相关的内部效力和与表示相关的外部效力。[1] 行政协议效力因规范、价值和事实等不同要素的交织,并不是静态不变的,而是呈现互动结构,动态发展状态。因此,从行政协议效力上看,行政协议的合法性与有效性并非一一对应关系。[2] 法官也从过去只能在有效与无效之间进行非此即彼的判定选择向现今灵活运用多种衡量方式在各种价值利益的综合权衡中寻求最佳平衡方式转变。

(二)第二层面:合法性瑕疵容许补救的考量因素

人民法院对于协议瑕疵违法性要适度审查,慎重作出价值判断,进而认定协议效力。该价值考量的背后,实则反映补救考量的必要性。

1.现实考量

从规范主义过渡到功能主义,合法性判断已不再是协议效力判断的唯一标尺,而是诸多考量因素之一。诸如行政协议瑕疵的违法程度,协议履行所实现的政策目标,以及该判决可能给各方带来的利益后果等,均应是法官在判决时应当考量的因素。正如法国公法学者所言:"对行政协议之命运判断,不再严格按照原定条件判断,而日益服从于一种结果主义的逻辑。"[3]

2.基础考量

现代社会关系已发生重大变革,行政权不再是传统的消极行政模式,而是向现代积极行政转变。在行政机关的角色由适法的传统监控者角色向充分考虑行政目标和任务实现的管理者转变的同时,行政行为形式理论随之也逐渐向行政行为形式自由选择理论转变。行政协议改变了传统行政法中的命令与服从的对抗关系,在提升行政治理效能的同时,其补救权能也必然随之增强。

3.效果考量

人民法院审理行政案件,不再仅限于控制约束行政权,而是转向引导激励行政机关高效依法履职。在实践中,人民法院也逐渐注重瑕疵补救裁判的后果论证,平衡多元主体的利益冲突,实现社会效益最大化。但是,由于公权力目的所关涉的公共利益概念的不确定性、各法益价值的多元性、个案的复杂性、审查理念的抽象性,瑕疵补救的考量因素也呈现多样性,进而不同法官考量审查瑕疵补救的深度和广度也会有所偏差。

---

[1] 杨科雄、郭雪:《行政协议法律制度的理论与实践》,中国法制出版社 2021 年版,第125 页。

[2] 江必新:《行政行为效力判断之基准与规则》,载《法学研究》2009 年第 5 期。

[3] 陈天昊:《行政协议合法性审查机制的构建》,载《法学》2020 年第 12 期。

(三)第三层面:合法性瑕疵补救评判的裁量空间

通常认为,行政协议合法性瑕疵补救的目的在于治愈弥补瑕疵效力的不足。然而,如何评判补救是否适当,是一个关涉裁量权如何规范行使的问题。

1.瑕疵补救认定的手段与目的应匹配

协议瑕疵补救是衡平缓解行政协议在市场冲击中所形成的利益冲突及紧张关系的有利方式。然而,现实社会生活关系促使个案事实趋于复杂化,法律和事实上的不确定性加剧了裁量空间滥用的可能。瑕疵补救是行政机关采取的补救措施,只要稍微合目的性,还是要求所采取的补救须完美治愈瑕疵效力所有的不足。毕竟,"有枣没枣打三竿"或"高炮打麻雀"式的补救方式,于常理而言,并不可取。如何识别补救相适当,因评判尺度控制不同,极易造成连锁悖论,得出逻辑难以自洽的答案。

2.瑕疵补救考量的判断标准要全面

当前立法没有对行政协议瑕疵补救的具体规则进行规定,也未对补救所应达到的效力标准予以明确;对瑕疵进行违法程度判断,也很难找到一个相对准确的节点进行明确的划分,除属行政机关专业判断权领域之外的事项,很大限度上依赖法院的考量。因此,行政实务中通常运用比例原则对行政行为瑕疵补救的考量予以限制。但是,比例原则在行政行为瑕疵补救的审查中更侧重于静态的适当性,尤其是在兼具契约性和行政性的行政协议领域,忽视动态的适当性,无法全面地关照外部视角下理性标准人应考虑的各种成本、收益因素,以及法官在裁判考量过程中关涉适当还是过度的判断所产生的隐喻的利益衡量层面也远非具象层面那么直观全面,可能产生禀赋效应、损失趋避等偏见。[①]

3.瑕疵补救评判的主客观性相统一

行政协议合法性瑕疵,是以客观的标准对其进行评判,一定程度上就是违法的。该违法是一种客观认定,而行政协议领域的裁判考量不仅强调客观违法性,也强调主观责任层面上,协议效力认定对整体社会公共利益的影响。这并不意味着客观违法与主观责任之间可以不对应,而是从实质法治的角度更全面宏观地对瑕疵补救的适当性进行评判衡量。如何有效识别瑕疵补救是否根据公共利益及个案具体情况,在合乎宪法基本原则和法律价值的范畴内,作出的合乎公行政目的与私法权益保障的判断? 实践中,有两种观点:一是从主观适当性方面考量,以补救作出时为判断时点审查行政协议瑕疵补救是否合目的性;二是从客观适当性方面考量,以补救后的实际效果产生后为判断时点,审查行政协议瑕疵补

---

① 戴昕、张永健:《比例原则还是成本收益分析法学方法的批判性重构》,载《中外法学》2018 年第 6 期。

救是否合目的性。如案例 2 中,一、二审法院对于行政协议合法性瑕疵补救是否适当的评判,不同的判断方式得出两种截然不同的答案,从中也反映了瑕疵补救评判不统一。

三、行政协议瑕疵补救的要素体系化考量

诚然,通过行政协议诉讼裁判文书样本梳理,协议瑕疵补救在司法裁判中运用后果主义推理已广泛存在,但这种后果裁判本质上是一种价值判断,如何让这种价值判断不会使个案裁判流于恣意而成为一种事实上的"先定后审"? 受制于内在逻辑考量因素的影响,其缺乏认定规范性、考量系统性、评判统一性,从而这种后果裁判一定程度上也折射出裁判失序,增加受众对裁判混乱的体认。因此,必须借助于更为直观全面适当的补救考量方法与标准,才能在事后使其约束化和合理化。具体从外部视角嵌入成本收益分析方法去考究补救的要素体系化,以此规范补救所承载的价值期待。

(一)效率为先:细化理性公正的补救认定规则

行政效率对行政活动具有重大意义,而协议瑕疵补救则有利于实现效率经济,促进协议双方除去瑕疵所造成的不利结果。结合域外经验,协议违法并不必然归于无效,而是违法状态的纠正委诸行政机关,由行政机关采取弹性的补救措施加以治愈违法性。[①] 如何认定行政机关作出的补救是更趋理性的判断以及法院如何主动以一定补救手段调适协议瑕疵的效力?《行政协议司法解释》对此未作规定。为弥补规范缺漏,有必要基于成本收益分析,在该解释第 12 条第 3 款的基础上,细化有关瑕疵补救认定的适用规则。

1.概化瑕疵补救的范围

《行政协议司法解释》第 12 条转介《行政诉讼法》第 75 条关于行政行为无效的规定,增加行政协议无效在一审辩论终结前可转化有效的相关内容。据此,对介于合法与严重违法之间的瑕疵违法均可予以补救。又因协议具有双重属性,且行政行为与民事合同合法性要件不尽相同,故不宜限缩补救范围,而应抽象出其共性,即以是否符合成本收益分析对补救作兜底规范。为此,在审理行政协议案件时,基于行政效率的考量,通过构建理性公正的一般性补救规范框架,将瑕疵补救范围的不确定性定位到相对确定性中,以尽可能地维护行政协议效力。

2.规范瑕疵补救的程序

根据个案的不同,瑕疵补救的启动主体既可能是签订协议的当事人,也可能

---

① 王贵松:《论我国行政诉讼确认判决的定位》,载《政治与法律》2018 年第 9 期。

是具有行政管理职权或监督管理职责的行政机关或行政复议机关,还有可能是法院基于公共利益的考量通过裁判方式主动对瑕疵进行补救。为保证补救程序的公平公正,启动主体应当在一审法庭辩论终结前提供补救申请或说明等相关材料,并由书记员记录留存案卷。且为有效考量补救的公正合理性,避免法院单方面认定,影响瑕疵补救的判断,有必要保证诉讼中的利益主体对瑕疵补救的相关材料进行质询。

3.扩大瑕疵补救的方式

从域内外立法看,德国行政程序法以及我国台湾地区和澳门特别行政区的行政程序法对违法行政行为效力采取全面、多层次的法律评价,对瑕疵可作补救论,其补救包括补正、转换。补救后,行政行为在法律评价上既合法,其效力也不受原违法情形影响。[①] 对民事合同瑕疵而言,域内外观点也并非"一刀切"否定,而是可采取一部无效、合同解释、无效行为转换、合同改订等补救措施,使某些无效合同有效。[②] 因而,针对协议瑕疵补救方式,为避免挂一漏万,便于实务运用,有必要结合案件实际情况,对补救方式应予扩大化,灵活接纳以上措施。

(二)兼顾公平:注重合目的性考量的价值衡平

行政协议不同于以单方意思表示作出的行政行为,其更倾向于民法领域所调整的双方合意。故行政协议制度功能的发挥亦注重对协议合意的肯定,不能悖于协议订立之初的目的实现。由于公私法规则的区别,行政协议公法规则将违法的严重程度作为考量因素,而私法规则将法律的层级效力和规范性质作为标准。如行政协议的订立损害了国家利益和社会公共利益,从理论上来看,采用何种标准并不会妨碍法律的惩戒性功能实现。但上述判定协议无效的规定,本身均极具抽象性,私法主要衡量的是当事人之间的私法权益,而公法侧重公共利益与个人利益的衡量,这导致私法领域对认定公共利益的允许边界很窄,但在公法领域,行政机关对公共利益的认定掌握着主动权,致使公法场域下公共利益的范畴要大很多。[③]

在审查行政协议效力时,要求法官结合具体实际情况认定是否属于公共利益的范畴,中间掺杂着法官个体的价值判断,主观性较强。因此,在行政协议合法性瑕疵补救过程中,如何以公共利益为切入点,衡平规范行政协议公法属性和私法属性所带来的价值冲突?正如上文指出,在兼具契约性和行政性的行政协

---

① 杨登峰:《行政行为的多元矫正制度研究》,清华大学出版社 2018 年版,第 28 页。

② 韩世远:《合同法总论》,法律出版社 2018 年版,第 240~243 页。

③ 杨会永、王丽沛:《论行政协议无效认定中强制性效力规定的适用》,载《河北工程大学学报(社会科学版)》2020 年第 4 期。

议领域,比例原则忽视动态的适当性,无法全面地衡平多元价值冲突,可能产生禀赋效应、损失趋避等偏见。如何权衡价值,拉德布鲁赫认为,思考的重点不应放在抉择何者和舍弃何者,而应同时兼顾各种理念,合目的性予以考量。[①] 因此,将协议瑕疵补救考量的价值关系统一放在成本收益分析框架下,解决的不仅仅是价值量化的公式与数据,而是一个永恒的公法难题:在面向行政的合法性审查下,如何协调依法行政与契约自由、安定性的关系。

成本收益分析既是一种方法,也是一个过程。孙斯坦认为,面对一些存在深层利益冲突或根本价值分歧的议题,由于无法强迫人们改变价值立场,要在理论和逻辑上达成共识殊为不易,因而他提出一种"不完全理论化协议"(incompletely theorized agreement),即在理论观念上差异悬殊的人们对于具体做什么事达成共识,以推动公共生活前进。[②] 换言之,要注重衡平价值关系的冲突,注重补救的程序公开,注重征求不同利益主体的意见,注重多元化协商,在考量过程中寻求补救考量价值侧重的共识。因此,在搁置深层理论争议的前提下,成本收益分析能够在协议瑕疵补救所涉及的价值关系考量的实操层面展开。补救规范的内在活力在于兼顾协议的合法性与安定性之间的平衡。法官须审慎衡平各方利益,在整体上既维护协议合法性以纠正协议中各类瑕疵违法,又避免合法性审查过度侵扰协议有效性而引发市场不确定性。

(三)基于实际:规范协议瑕疵补救的评判标准

成本收益分析不仅是经济学上的分析方法,其作为规制工具也已在行政法领域得以运用。[③] 有别于传统的理解,成本和收益也可指标准社会规范下价值层面利益的增减。[④] 借助"卡尔多-希克斯"主流成本收益理论模型分析,权衡待补救的措施可能导致的各类有利和不利后果即成本和收益,在此基础上,比较待补救举措与其他可能的替代性举措,判断何者最优。[⑤] 成本收益分析强调公开透明,既预防行政机关通过补救进行权力寻租与监管俘获,进而避免大量不正当的补救;同时,也有助于规制行政不作为,防止损失风险扩大。因此,关于行政协

---

① 赵宏等:《法治国下的行政行为存续力》,法律出版社 2007 年版,第 109 页。

② [美]凯斯·R.孙斯坦:《法律推理与政治冲突》,金朝武等译,法律出版社 2004 年版,第 35 页。

③ 刘权:《作为规制工具的成本收益分析——以美国的理论与实践为例》,载《行政法学研究》2015 年第 1 期。

④ Louis Kaplow & Steven Shavell, *Fairness versus Welfare*, Cambridge: Harvard University Press, 2002, p.18.

⑤ 戴昕、张永健:《比例原则还是成本收益分析法学方法的批判性重构》,载《中外法学》2018 年第 6 期。

议合法性瑕疵补救是否符合理性的评判,取决于是否满足收益大于成本这个基本前提。具体如下:①协议未履行,若瑕疵补救成本大于收益,则可依法对其瑕疵违法性作出效力判决。②协议已经全部履行或部分履行,则需考虑否定协议给交易双方所带来的相应成本收益分析:若补救成本大于收益,且否定协议效力能够给相对人带来新的收益,则否定协议有效性;若补救成本低于收益,且补救给相对人带来了更大收益,则应认可协议有效性;若补救给行政机关带来收益,即便成本小,也仍须基于更长远的视角对整个社会效果进行利益衡量,如有损政府公信力,则也应否定协议有效性。例如在案例 4 中,案涉协议在缔约程序、主体职权等方面严重违法,通过成本收益分析方法,可直观地把补救成本大于收益呈现出来,进而得出涉案瑕疵不能通过简单事后追认治愈的结论。

四、行政协议合法性瑕疵补救的视角描摹

毋庸置疑,行政协议制度长期处于不断发展完善的过程中,其合法性瑕疵补救是一项系统工程。综合瑕疵补救的要素体系,从要件、阶段、类型三个视角予以构建补救规则。

(一)要件视角:构建瑕疵补救的立体结构

针对协议瑕疵补救,可借鉴法国公法学者围绕平衡公共服务与市场竞争理念所作的思考,[1]将其放置在整个行政协议要件体系中探讨。

首先,按照协议要件属性构建分层结构体系。根据行政协议与公共服务之间关系的紧密程度,对行政协议进行排序,进而根据排序决定行政机关在多大程度上对瑕疵适用补救。为平衡公共服务与交易安全之间的关系,应当赋予所含公共服务意识越强的行政协议更多空间的补救手段。

其次,根据协议要件特性适用相应的补救手段。根据协议要件特性特点,区别出一般与特别属性,以立体多层次的方式进行归类,进而与适用于各类行政协议的一般规则及特殊规则实现分层对接。例如根据行政协议不同要件特性区分为权益填补类、资源交易类等协议,在此基础上,又可将权益填补类协议细分出具体类型的补偿协议,据此分别适用量身定做的特别规则,这样就形成一套"行政协议—居中类型合同—各类专门合同的主体结构"[2],以此因事而异地根据协

---

① Gabriel ECKERT,précité,p.11,转引自陈天昊:《在公共服务与市场竞争之间:法国行政合同制度的起源与流变》,载《中外法学》2015 年第 6 期。

② 参见 Francoie Bernet,précité,pp.277-288,转引自陈天昊:《在公共服务与市场竞争之间:法国行政合同制度的起源与流变》,载《中外法学》2015 年第 6 期。

议特性探索最佳补救方案。

最后,根据协议要件目的考察补救的成本收益。行政协议的目的在于实现行政管理力或者公共服务目标,其救济的合理性不可能只关注一个维度。瑕疵本身就涉及多方利益的衡量,同时补救也并不意味着不惜一切代价去追逐协议不利后果最小化的目标。还需综合考虑协议各要件目的所涉及的各种影响因素,运用成本收益分析平衡行政性和契约性等多重关系,实现法律效果和社会效果的统一。

(二)阶段视角:明确补救规范的价值考量

协议瑕疵补救在行政协议订立、履行、变更解除等阶段所考察的侧重点是不一样的。借鉴法国 PPP 纠纷解决机制的裁判思路:行政协议合法性瑕疵效力争议集中在缔结阶段解决,允许第三人争议协议缔结行为合法性;同时为防止订立阶段第三人提起诉讼导致诉累,维护交易稳定性,对第三人诉讼范围等进行限制,以尽可能赋予法官处理瑕疵违法更灵活的裁判工具。[①]

基于此,行政协议合法性瑕疵补救不同阶段所考量的价值目标也不同。在订立阶段,重视协议合法性,强调协议签订的透明公正性,避免将瑕疵违法留存到协议履行阶段。在履行阶段,以维护协议安定性为优先目标,尊重协议双方达成的意思自治,监督双方善意履约,尽量避免交易损伤,对瑕疵补救进行合法性审查,通过成本收益考量补救所涉及的各种价值关系。在变更解除阶段,强化对协议相对人的保障,限制主观公权力行使,防止补救成本远大于收益的不良后果,更充分地衡平保障公共利益与个人利益等多重价值利益的最大化。

(三)类型视角:健全补救"阶梯式"裁判防护网

为规范法官评判统一性,在判决维持协议关系到确认无效之间,搭建梯度合理、层次分明的违法谱系分层,构建瑕疵补救阶梯式裁判防护网。

第一阶梯层介于合法到轻微违法之间,侧重考量意思自治。法官判决维持协议关系的同时,可视个案情况不同,具有不同尺度灵活处理的权力,可授予责任主体采取相应补救措施的时限要求,如责令行政机关出具具体补救方法的承诺函以防后续不作为现象。

第二阶梯层介于轻微违法到一般违法之间,注重考量意思自治与公法管制的衡平,法官须把握协议合法性与安定性之间的关系,通过补正、转换、解释等方式消减或治愈瑕疵违法效力。同时考虑到行政协议的特殊性,应对协议瑕疵补

---

① 陈天昊:《法国 PPP 纠纷解决机制——在协议合法性与协议安定性之间》,载《中国法律评论》2018 年第 4 期。

救作出特殊安排。如可适用《行政诉讼法》第 74 条规定判决确认违法保留其法律效力的同时,责令有关机关采取补救措施(如追认等)或补偿损失等。或增加变更判决,如符合行政诉讼法变更判决情形的,可以判决直接变更,而对协商一致的部分则应当经当事人合意才能变更。

第三阶梯层介于一般违法到严重违法之间,侧重考量公法管制的价值。法官在充分保障当事人程序权利的前提下,通过合同改订、无效转换、一部无效等方式,尽可能形成有效的行政协议关系。如确实不能消减协议瑕疵严重违法的法律效果,考虑到《行政协议司法解释》第 14 条规定的撤销判决仅规定了意思表示瑕疵情形,因此在必要时可适用行政诉讼法有关撤销判决的规定,对行政协议增加内容违法的撤销判决,或在未来可考虑对解除协议之判决设置生效期限,如判令该判决待 1～2 年后生效。[①]

结　语

当前中国司法实践中,大量诉诸法外因素的论证遮蔽了裁判结论正当化的法律依据和理由,隐藏了后果裁判论证合法性争议,无形中增加了法官的裁判压力。行政协议合法性瑕疵补救作为法律适用的例外状态,最能反映出法官裁判的内心抉择。本文以此类案件的司法裁判为窗口,探讨补救规则外观下,深藏着的影响法官裁判理念和方法的制度正义、权力保障和利益衡平。而本文的思考则试图揭开上述真实司法世界中未被重视却又是法官必须面对的现实。

[①]　杨科雄、郭雪:《行政协议法律制度的理论与实践》,中国法制出版社 2021 年版,第 354 页。

公 益 诉 讼

生态环境损害赔偿诉讼因果关系证明责任分配[*]

■ 张 培[**]

摘要:因果关系证明责任分配是生态环境损害赔偿诉讼研究必须关注的重要问题。现行立法套用环境污染侵权诉讼的因果关系证明责任倒置规则,对原、被告各自承担的证明责任进行规定。而经司法案例分析,因果关系证明责任倒置规则在实务中并没有落实。造成这种实务与立法相违背的情况,既与相关理论无法达成共识和定论有关,也有证明方法和程序上的原因。基于对影响证明责任分配的程序性和实体性因素的考量,生态环境损害赔偿诉讼中,因果关系要件应回归证明责任分配的一般规则,由原告承担证明责任。

关键词:生态环境损害赔偿诉讼;因果关系;证明责任分配

生态环境损害赔偿诉讼在我国正式确立,始于2019年6月最高人民法院颁布并施行《关于审理生态环境损害赔偿案件的若干规定(试行)》(以下简称为《若干规定》)。作为一种新型诉讼,生态环境损害赔偿诉讼是在国家政策的导向和强力推动下"应急式"设立,而相关理论和学说尚在探索的阶段,还未成熟、成型,因此制度本身仍有许多规则留白尚待后续研究填补。从当前国内研究现状看,学界对该制度的关注重点集中于宏观或抽象性问题思考,诸如该诉讼的性质认定或制度定位、赔偿权利人的权源基础和起诉的正当性论证等,或者是探讨制度

---

　* 本文系陕西省创新能力支撑计划项目(2020KRM003);陕西师范大学2021年中央高校基本科研业务费专项资金项目阶段性成果。

　** 作者系陕西师范大学国际商学院副教授,法学博士。

的外部关系处理,例如其与环境公益诉讼的关系及二者如何衔接等,而对该制度内部的具体规则设计和建构则关注甚少。

证明责任是指引当事人诉讼证明活动的重要依据,对生态环境损害赔偿诉讼而言,如何在原、被告之间合理分配证明责任,不仅影响个案公正,也关系生态环境保护目的的实现,是生态环境损害赔偿制度研究必须关注的问题。有关生态环境损害赔偿诉讼证明责任,现行立法中,除《若干规定》对原、被告承担举证责任的事实予以规定外,《中华人民共和国民法典》(以下简称为《民法典》)对生态破坏责任完全沿用《中华人民共和国侵权责任法》关于环境污染侵权责任的举证责任规则。

因果关系的举证责任倒置,是现行立法将环境污染侵权作为一种特殊侵权行为而予以的特别规定,这一规则同样适用于生态环境损害赔偿诉讼,①然而,与环境污染侵权不同的是,生态环境损害是对生态本身的功能价值的损害,而非对财产或人身造成的损害,②那么,作为以维护公共生态环境利益为目的的公益诉讼,③生态环境损害赔偿诉讼适用因果关系证明责任倒置规则是否合理,将是本文关注的问题。

一、法律规范下的因果关系证明责任分配

现行实体法规范涉及生态环境损害赔偿诉讼证明责任的内容,体现在《民法典》第 1230 条和《若干规定》第 6 条、第 7 条,其中,《民法典》第 1230 条和《若干规定》第 7 条为被告举证责任的规定,《若干规定》第 6 条为原告举证责任的规定。

根据《民法典》第 1230 条的规定,生态环境损害赔偿诉讼被告负担举证责任事项包括:(1)法律规定的不承担责任或者减轻责任的情形;(2)行为与损害之间不存在因果关系。按条款文意理解,第 2 项即因果关系举证责任倒置规则,由行为人(被告)承担因果关系要件事实的证明责任,具体而言,被告承担的是因果关系不存在的证明责任,也即对因果关系要件"证伪"。《若干规定》第 6 条规定,生态环境损害赔偿诉讼原告要对下列事项承担举证责任:(1)被告实施了污染环

---

① 《民法典》第 1230 条:"因污染环境、破坏生态发生纠纷,行为人应当就法律规定的不承担责任或者减轻责任的情形及其行为与损害之间不存在因果关系承担举证责任。"

② 《生态环境损害赔偿制度改革方案》第 3 条:"生态环境损害,是指因污染环境、破坏生态造成大气、地表水、地下水、土壤、森林等环境要素和植物、动物、微生物等生物要素的不利改变,以及上述要素构成的生态系统功能退化。"

③ 学界对生态环境损害赔偿诉讼性质有四种观点:国益诉讼、私益诉讼、公益诉讼、混合诉讼。这四种观点中,公益诉讼观点的影响力较大,代表学者为李浩、林莉红教授等。

境、破坏生态的行为或者具有其他应当依法承担责任的情形;(2)生态环境受到损害,以及所需修复费用、损害赔偿等具体数额;(3)污染环境、破坏生态行为与损害后果之间具有关联性。对应生态环境损害赔偿责任构成要件分析,上述事项中第 1 项属于生态环境损害行为要件事实,第 2 项为损害后果要件事实,这两项事实由主张者(原告)承担证明责任。而第 3 项事项使用"关联性"的表述显然与传统的必然因果关系概念不同,因为现行立法已经将因果关系的证明责任分配给了被告承担,所以按照条款文意可得出,原告只需对"关联性"事实而非"因果关系存在"事实承担举证责任。

不过,对于因果关系证明责任是否完全倒置给被告承担的观点,学界持不同意见,主流观点认为环境侵权适用的是因果关系推定,即由原告证明污染者实施了污染或生态破坏行为,且损害后果在该行为后已经或正在遭受,即可推定损害后果是污染行为所致,从而推定因果关系成立。[①] 因果关系推定,更规范的说法是"因果关系法律上的推论推定",法律上的推论推定要求受害人首先证明基础事实的存在,即可根据法律得出推定事实存在,再由侵害人对推定事实不存在负证明责任,并在推定事实真伪不明时承担诉讼上的不利后果。在这种理解下,生态环境损害赔偿诉讼原告仍需对"因果关系存在"的基础事实承担证明责任,而后再由被告对"因果关系存在"这一推定事实不存在承担证明责任。当然,尽管立法与学术界观点不完全统一,但不论是因果关系举证责任倒置还是因果关系推定,在因果关系不存在的客观证明责任由污染者承担这一点上是能达成一致的,区别在于原告是否还需要对因果关系存在的基础事实承担证明责任。

二、司法实例考察

上述分析仅从法条或司法解释的文意出发,粗略划分了生态环境损害赔偿责任因果关系证明责任在原、被告之间的配置。为了考察生态环境损害赔偿诉讼实践中因果关系证明责任分配的具体情况,笔者在中国裁判文书网收集并筛选出生态环境损害赔偿诉讼 19 起案例共 22 份判决书,[②]起讫时间为 2017 年 12 月至 2021 年 8 月,其中,2017 年判决书 1 份,2018 年 3 份,2019 年 10 份,2020

---

① 杨立新:《侵权法论》(下册),人民法院出版社 2014 年版,第 735 页。

② 以"生态环境损害赔偿诉讼""民事案件"为条件在中国裁判文书网搜索出 2016—2021 年共计 151 份判决文书,经筛选,排除检察院、环境公益组织提起的环境民事公益诉讼等不符合条件的案件,有效文书仅 22 份,涉及 19 起案件,其中有 3 起案件包括一审和二审判决书。

年 6 份,2021 年 2 份,覆盖了重庆、江苏、江西、贵州、山东、天津、河南、吉林等 8 个省级行政区域。①

从举证负担来看,19 起案例无一例外,都由原告提交了证明包括生态破坏行为的实施、赔偿义务人行为违法性、损害后果以及因果关系等各项法律要件事实的证据。19 起案例 22 份判决书中的鉴定评估报告全部系由原告委托的相关机构作出,其中除一起案例的被告在一审中也提交了鉴定评估意见之外②,其他案例中被告无一委托鉴定。鉴定评估报告的内容包括因果关系判断、损害的范围和程度以及损害量化数额的认定,其中,因果关系判断涉及对污染物的同源性认定、行为与损害后果的时间顺序、污染物的传输路径等事实的判定,并由此推论得出污染行为与损害后果之间存在直接因果关系。③

19 起案例中,被告没有进行任何举证的案例有 11 起,另外 8 起被告举证的案例中,被告对生态破坏行为要件事实反证的有 5 起,本证证明已履行了修复义务的有 2 起(权利消灭抗辩),对损害后果要件事实反证的有 1 起。这反映出实践中,被告争议的焦点主要在于共同被告之间的责任分担问题,举证证明的重点是对原告举证的生态破坏行为要件事实进行抗辩。对于原告提交的鉴定评估报告,被告表示无异议的案例共计 11 起;对鉴定评估报告被告明确提出异议的 8 起案例中,对鉴定结论内容有异议的 4 起(只对损害后果认定有异议的 3 起,对因果关系和损害后果认定均有异议的 1 起),对评估费用有异议的 2 起,对鉴定评估方法有异议的 1 起,对鉴定程序合法性有异议的 1 起。对于被告对鉴定结论内容持异议的,法院没有要求被告进行举证,而是要求原告方的评估人员或专家出庭接受质询,对被告异议当庭作出说明。④

从判决结果来看,19 起案例除一起原告败诉之外,⑤其他案件均为原告胜诉。所有原告胜诉案例中,法院对原告提交的鉴定评估报告均予以采信,并以鉴定结论作为裁判依据,判定因果关系存在和认定被告对损害后果应当承担的赔

---

① 22 份判决书的地域分布具体为:重庆市 6 份、天津市 4 份(包括同一案件一、二审判决书 2 份)、山东省 5 份、贵州省 2 份(为同一案件一、二审判决书)、江苏省 2 份(为同一案件一、二审判决书)、江西省 1 份、河南省 1 份、吉林省 1 份。

② 但该案中被告提交的鉴定评估意见因"不符合证据的形式要件",未被法院采信。参见(2017)鲁 01 民初 1467 号民事判决书。

③ 参见(2019)渝 01 民初 1171 号民事判决书。

④ 参见(2017)鲁 01 民初 1467 号民事判决书、(2017)渝 01 民初 773 号民事判决书、(2017)苏 12 民初 51 号民事判决书。

⑤ 该案原告起诉要求被告承担鉴定评估费 1 万元,但其明知被告在诉讼前已经履行了生态环境修复责任,并支付了污染物处置费用,仍委托相关机构进行评估鉴定,法院认为该鉴定行为已无必要,判决驳回原告诉讼请求。参见(2019)渝 01 民初 1171 号民事判决书。

偿数额。没有一起案例的被告因未申请鉴定证明因果关系不存在而承担举证不能的不利后果。①

总体而言,19 起案例中,所有原告均通过外部证明方法(鉴定评估)承担了对行为与损害后果之间具有必然因果关系的充分证明,而并非仅对关联性事实进行初步举证;同时,所有案例中被告均未对因果关系进行证明(其中一起案例的被告虽提交鉴定评估意见,但目的是区分共同被告之间的责任份额,非证明因果关系不存在)。而对于原告提交的鉴定评估报告,被告即便持有异议也不申请重新鉴定,法院对其也不做要求,反而要求原告方专家证人出庭接受质询,实际上仍然是原告在深入履行证明的义务。

三、现存问题及分析

综合上述分析发现,生态环境损害赔偿诉讼中,关于因果关系证明责任分配司法实务做法与现行规定并不一致。按照现行规定的因果关系举证责任倒置规则,生态环境损害赔偿诉讼应当由被告承担因果关系不存在的证明责任,原告仅需对"关联性"事实承担举证责任,然而实践做法是,因果关系要件事实(包括生态环境损害赔偿责任的其他所有法律要件事实)的举证责任实际全部由原告承担,被告可以不对任何要件事实进行举证证明,并且不会因此承担任何不利后果。而造成这种实务与立法相背离的情况,既与相关理论未达成共识和定论有关,也有证明方法和程序上的原因。

(一)"关联性"与"因果关系"难以界分

"关联性"一词首次出现是在《最高人民法院关于审理环境侵权责任纠纷案件适用法律若干问题的解释》中作为被侵权人应当承担的举证责任,其后《若干规定》也套用该思路,对生态环境损害赔偿诉讼原告适用同一规定。"关联性"可以说是我国司法解释创设的一种专门表达,其确切含义尚无明确界定,法院裁判时将其等同于因果关系"初步证明",②最高人民法院也有原告要提交因果关系

---

① 2019 年修订的《最高人民法院关于民事诉讼证据的若干规定》第 31 条:对需要鉴定的待证事实负有举证责任的当事人,在人民法院指定期间内无正当理由不提出鉴定申请或者不预交鉴定费用,或者拒不提供相关材料,致使待证事实无法查明的,应当承担举证不能的法律后果。

② 参见山西省太原市铁路运输中级人民法院(2018)晋 71 民终 2 号民事判决书、江西省南昌市中级人民法院(2017)赣 01 民再 26 号民事判决书。

"初步证据"的提法,①表达的是因果关系存在具有的可能性;而有不少学者将其理解为因果关系推定中的基础事实,②即可借以推断出因果关系存在的前提。

初步证明与基础事实这二者初看似乎区别不大,实际却有本质差异。初步证明或曰初步证据,其"初步"之措辞本身是一种抽象性说法,但能体现出司法解释对此持以较低标准的证明要求的态度,也被很多学者理解为是对因果关系存在的"可能性"的要求,③对这种可能性可以肯定的是,并不要求达到高度盖然性的证明标准。而基础事实是推定适用的第一条件,对基础事实需要达到充分证明才能推定待证事实成立,换言之,推定的功能是将当事人对基础事实的证明替代了对待证事实的证明,以此达到减轻待证事实证明难度的目的,所以,当事人对基础事实仍要承担证明责任。当前学界对环境侵权中的因果关系持推定的观点,相当于承认原告对基础事实要承担证明责任,关联性如果解释为因果关系存在的基础事实或前提条件,那就是要求原告对关联性要达到充分证明的程度,要能够使法官得出因果关系存在的假定事实,进而才能要求污染者对因果关系不存在承担证明责任。由此可见,"初步证明"与"基础事实"的差异,在于客观证明责任是否发生转换,关系到原告是否要重新负担对因果关系存在这一事实的风险责任。正是由于对关联性认识的分歧,所以学界对于原告对关联性到底承担何种责任也没有统一认识。有学者从客观证明责任角度看待原告对关联性所负责任;④而有学者将原告的初步证明义务视为(形式上的)举证责任;⑤还有学者将环境侵权更细化地分为常识型、科学确定型和科学不确定型三类,认为前两类环境侵权中关联性即一般因果关系本身,应由原告承担证明责任,第三类环境侵权中关联性为一般因果关系的前提,原告只承担举证责任。⑥ 此外,认同原告对关联性承担证明责任的学者间,对关联性的证明标准也没有定论,只是在应当低于必然因果关系的证明标准这一点上存在共识。然而,这一点理论共识在实践

---

① 最高人民法院 2014 年颁布的《关于全面加强环境资源审判工作为推进生态文明建设提供有力司法保障的意见》第 8 条:"……原告应当就存在污染行为和损害承担举证责任,并提交污染行为和损害之间可能存在因果关系的初步证据。"

② 参见孙晨、杨帆:《环境侵权中因果关系的证明责任分配辨析》,载《环境保护》2020年第 6 期;施珵:《环境侵权诉讼中因果关系推定的适用》,载《法律适用》2015 年第 3 期。

③ 参见薄晓波:《论环境侵权诉讼因果关系证明中的"初步证据"》,载《吉首大学学报》2015 年第 5 期;孙佑海、孙淑芬:《环境诉讼"关联性"证明规则实施阻碍和对策研究》,载《环境保护》2018 年第 23 期。

④ 参见王倩:《环境侵权因果关系举证责任分配规则阐释》,载《法学》2017 年第 4 期;田亦尧、刘英:《环境侵权中关联性的证明责任》,载《法律适用》2019 年第 24 期。

⑤ 杨立新:《侵权责任法》,法律出版社 2012 年第 2 版,第 482 页。

⑥ 陈伟:《环境侵权因果关系类型化视角下的举证责任》,载《法学研究》2017 年第5 期。

中也未落实。从司法实务来看,原告承担的既不是司法解释中的对"关联性"事实的举证责任,也不是学理上因果关系推定说的"因果关系存在之基础事实"的证明责任,而已然是通过科学证据(鉴定结论)证明形成因果关系的完整证据链,证明标准已达到了高度盖然性标准。

其实不论关联性还是因果关系,都是关于两个事件之间联系的抽象性概念,个案中,这两个抽象概念必须具体化后才能被证明,也就是说,这两种抽象的联系只有通过外在的、被"情境化"的具体事实呈现后才能被明确是否存在或不存在。按照学界目前较多认可的因果关系推定说,由原告首先证明关联性存在的基础事实,转而再由被告对因果关系不存在承担证明责任,从形式上看,关联性证明与因果关系证明似有先后次序,但实际上二者之间难以截然界分。一来,两者之间是度的衡量而非质的差异。环境案件中的因果关系与传统概念下的必然因果关系含义不同,在逻辑上属于一种部分因果关系,[1]表现为原因与结果之间的盖然性(非必然性)联系,而对于"关联性"含义不论是理解为初步证明还是作为推定成立的前提,都指向一种可能性的联系,故在环境案件中,关联性与因果关系二者差别就在于盖然性的程度不同,然而司法裁量时对于盖然性的程度差别没有可以用来精准划分的标尺,法官只能结合事实和证据进行主观判断,考量的结果都带有一定模糊性。二来,两者具体化后的事实证明会发生交叠。与环境侵权案件存在一个很长的因果链条不同[2],生态破坏案件中行为与损害后果之间不需要人身或财产作为传导介质,行为可以直接作用于生态环境产生破坏后果,所以因果链没有中间环节,直接表现为:损害原因(源)—损害方式(路径)—损害后果。如此一来,关联性与因果关系的证明都聚焦于损害路径和事件发生的时间序列性,证明关联性存在的事实与证明因果关系不存在的事实就会发生重叠。举例来说,生态环境损害赔偿诉讼原告欲证明关联性存在的事实有损害的同源性、损害源(污染或破坏行为)到达损害发生地、污染或破坏行为先于损害后果发生。被告证明因果关系不存在的事实,根据《最高人民法院关于审理环境侵权责任纠纷案件适用法律若干问题的解释》第 7 条的规定,[3]包括"排放的污染物没有造成损害可能"、"排放的可造成该损害的污染物未到达该损害发生地"和"该损害于排放污染物之前已发生"等情形。其中,污染物到达损害发生

---

① 胡学军:《环境侵权中的因果关系及其证明问题评析》,载《中国法学》2013 年第 5 期。

② 环境侵权行为造成的损害通常不具有直接性,需要以环境介质为媒介,经过环境影响这个中间环节后再作用于人身或财产,所以在因果关系上存在较长的关系链条。

③ 关于因果关系不存在的证明,《民法典》第 1230 条仅笼统地规定破坏生态行为人对因果关系不存在承担举证责任,包括《若干规定》中都没有作具体规定,根据《若干规定》第 22 条,生态环境损害赔偿诉讼可以参照适用《环境侵权解释》的规定,该解释第 7 条提出污染者能举证证明四种情形的,法院应认定其污染行为与损害后果之间不存在因果关系。

地、污染先于损害后果发生既是证明关联性存在的事实,同时这两项事实的反面情形又是因果关系不存在的证明事实。那么,如果发生证明关联性与因果关系证伪相交叠的事实处于真伪不明的状态,则败诉的风险应该分配于哪一方负担?

目前来看,实践中尚未出现关联性证明与因果关系证伪交叠冲突的情况,但这是由于原告已经承担对必然因果关系的证明,法官即可绕过对关联性与因果关系的区分,在裁判时借助科学原理以鉴定结论为依据,采用演绎证明方式对因果关系存在与否直接进行判断,而不必再由被告来证明因果关系不存在。

(二)因果关系与损害后果"捆绑"证明

生态环境被破坏,从生活意义上理解本是一个整体性的客观事实,法律上将其分解为多个构成要件事实是为了便于法律适用和评价,但在法律解构的逻辑之下,各构成要件事实之间却难免产生交叉重叠。例如,在生态环境损害纠纷整体事实中,损害事实本指的是一种实际的生态环境功能性损害,而法律上的损害后果则要被解释为因生态破坏行为导致的损害,照此理解,在行为与后果之间的因果关系未能证明时就不能认定现实中的损害就是法律上的损害后果,这其实造成了因果关系要件被损害后果要件所吸收,因而相应地,对两个构成要件事实的证明也就产生交叠,要求原告举出确切证据证明损害事实存在,实际上必须以原告证明因果关系存在为前提。既然法律规范规定原告承担损害后果的证明责任,而损害后果必要要基于因果关系判断得出,那么原告在证明损害后果的同时也得主动承担对因果关系的证明。

不仅理论推论如此,从现实的证明方法来看,因果关系证明与损害后果证明也确有重合。环境纠纷案件因果关系的证明方法包括外部证明和内部证明两类,外部证明即通过科学证据证明的方法,最常见的是鉴定评估方法;内部证明是依赖于经验证据的证明方法,如运用一般或特殊经验法则推定的方法。可是在环境司法实务中,这两种证明方法并不是均衡适用,法官裁判案件通常对科学证据尤其是鉴定结论过度偏好,当事人也多以鉴定结论证明因果关系成立与否。[①] 同样地,损害后果的证明也依赖于鉴定结论,按照生态环境部 2020 年 12 月 31 日发布的《生态环境损害鉴定评估技术指南》第一部分总纲中的规定,生态环境损害鉴定评估的内容包括:生态环境损害确定、因果关系分析和损害数额量

---

① 有学者统计了 619 份环境案件判决书,其中至少 381 份判决书中当事人是通过鉴定结论证明因果关系,占比 61.6%。参见张挺:《环境污染侵权因果关系证明责任之再构成》,载《法学》2016 年第 7 期。

化等。① 因果关系分析结论、损害后果的确定和量化结论一并包含在同一份鉴定评估结论中,所以,申请鉴定评估的当事人实际上是同时对因果关系和损害后果两个要件事实进行证明。然而,这种"捆绑"证明的做法与立法规定是矛盾的,两要件的证明责任按规定是分配给不同主体承担,损害后果证明由原告承担,因果关系不成立的证明责任要由被告承担。可是,此时如果严格遵循立法,在原告已经证明损害后果和因果关系存在之时,仍要求被告证明因果关系不存在,则可能要给司法裁判带来新的困扰。按照 2020 年《最高人民法院关于民事诉讼证据的若干规定》第 25 条的规定,申请鉴定被视为相关主体承担举证责任的方式,对鉴定事项负举证责任的当事人无正当理由不申请鉴定,将承担举证不能的不利后果。如此,原、被告为避免败诉不利后果就必须各自承担法律分配的要件事实的证明责任,即双方对损害后果证明和因果关系证明分别申请鉴定,结果就很有可能导致两份司法鉴定结论内容相互矛盾,这样不仅无助于待证事实认定,反而还将进一步陷入对司法鉴定本身更复杂的争议之中。诚然,该矛盾冲突尚未现实产生,而这也是因为实务中被告没有承担其本该承担的因果关系证明责任。

此外,从程序上看,之所以几乎所有的鉴定评估都出自原告之手,也与诉讼自身的程序设计有关。2017 年国务院出台的《生态环境损害赔偿制度改革方案》明确将"磋商"作为提起生态环境损害赔偿诉讼的前置程序,规定赔偿权利人要根据生态环境损害鉴定评估报告,就损害事实和程度、修复启动时间和期限、赔偿的责任承担方式和期限等具体问题与赔偿义务人进行磋商。至于如何评估,方案中没有提及,但从地方立法来看,其实早在启动磋商之前,行政机关就已经委托环境司法鉴定机构完成生态环境损害调查和鉴定评估,形成鉴定评估报告后,再告知赔偿义务人启动磋商程序。② 而到后续庭审阶段,作为原告的行政机关必然会提交前期鉴定评估报告以支持本方诉求,于是,法律虽未做要求,而诉讼中所有原告均会自愿、主动地举证证明因果关系就不足为怪了。

四、因果关系证明责任分配规则反思

因果关系证明是生态环境损害赔偿诉讼中必须明确的关键环节,也是环境司法证明中的难点,现行规范采用大一统思路,将环境污染侵权诉讼的证明责任倒置规则套用于生态环境损害赔偿诉讼,然而,两种诉讼基于不同的制度设计,

---

① 参见《生态环境损害鉴定评估技术指南 总纲和关键环节 第一部分:总纲》第 4.3 条、4.5 条、附录 A2.4、A4 等条款。

② 参见《贵州省生态环境损害赔偿磋商办法(试行)》第 11 条、《江苏省生态环境损害赔偿磋商办法(试行)》第 5 条。

在当事人诉讼地位和举证能力、诉讼证明的难易程度,以及诉讼目的等方面都有明显差异时,适用相同规则的合理性存疑。前文已分析,由于关联性与因果关系难以区分,以及因果关系与损害后果捆绑证明等,法官便选择"绕道而行",对立法规定的由被告承担的因果关系证明责任避而不谈,从而回避立法和理论上的难解问题,然而,这种实务"架空"立法的做法是暂时回避矛盾,并未真正解决问题。解决矛盾的根本还在于实务与立法相统一,对各要件事实证明责任进行合理分配。本文认为,生态环境损害赔偿诉讼中,因果关系要件应回归证明责任分配的一般规则,即由原告承担因果关系要件事实的证明责任。提出该观点,并非以规范迎合实践,为当下司法实务的做法"正名",而是基于对影响证明责任分配的程序和实体性因素的考量。

(一)程序性考量——司法裁判的公平裁量

所谓"证明责任倒置"是相对于证明责任分配的一般规则而言的。证明责任分配的一般规则起源于罗森贝克的"规范说"理论,即从实体法规范构造和法条之间的相互关系推演出证明责任分配的规则,该理论引入我国后成为证明责任理论通说,并一度表述为"谁主张,谁举证"原则。但是,由于民事诉讼中的证明责任分配非常复杂,而实体法规范中对证明责任分配又鲜有规定,所以,更常见的情况是,法官在裁判案件时根据案件具体情况裁量分配证明责任,一般会借助于当事人举证能力的强弱、距离证据的远近、证明负担公平等因素进行考量,以使双方当事人公平地分担证明责任。

公正是民事诉讼的根本价值追求,证明责任分配必须符合公平、正义的要求,证明责任倒置适用于环境侵权诉讼是基于对上述分配因素进行公平裁量而作出的选择,然而"倒置"之于生态环境损害赔偿诉讼,则有失"公平"之基础。

作为以私人利益保护为目的的私益诉讼,环境侵权诉讼中证明责任分配必须考虑当事人之间的诉讼地位和证明能力的差异。环境侵权诉讼的被告通常是污染企业,在经济实力、专业技术以及知识和信息获取能力等方面都具有显著优势,取证和举证能力一般都远强于原告,故出于"武器平等"的考虑将因果关系要件事实倒置给被告证明,以减轻证明能力居于弱势的原告的证明负担。同时为避免不合理地加重被告证明责任,利益权衡之下,立法又对原告课以关联性举证要求,以求平衡诉讼双方的证明能力。然而,此种平衡状态在生态环境损害赔偿诉讼中就不成立了。后者原告为政府及其指定的相关部门、机构,在职权、资源、经济、技术及专业知识等各方面都拥有普通当事人难以抗衡的强势地位,作为国家公权力机关,政府的举证能力也明显强于作为被告的企业或个人,其依据国家权力通过前期行政调查等行为即可较容易和充分地获取一手证据,在信息掌握更优势的状态下,如果证明责任分配如再给予倾斜性"保护",反将造成双方当事人诉讼地位实质性不平等,进而破坏诉讼结构的稳定和平衡。

待证事实证明的难易程度是影响证明责任分配的另一重要因素。按照当代证明责任理论中的证明危机原则,证明责任的分配应根据证明的难易程度来决定。① 待证事实由哪一方证明更为容易,就交由该方当事人承担证明责任。环境损害从事实层面可以区分为直接损害和间接损害。直接损害表现为"行为人的行为直接作用于环境要素",②间接损害是指行为人的行为通过环境介质,对受害人人身或财产权益造成的损害。显然,间接损害由于损害后果比较隐蔽,或损害可能在人体长期潜伏等原因,因果关系证明通常更为困难。所以,环境侵权纠纷中,受害人要证明是因为这种具有潜伏性、多因性、叠加性等特点的环境侵权行为对自己造成间接损害,往往很难。但生态环境损害是独立于人身和财产损害之外的第三种损害,属于直接作用于环境的损害,没有传导介质,不存在环境侵害在人体内潜伏、隐藏的问题,因果关系链中没有中间环节,表现明显且直接,因而相比环境侵权间接损害,因果关系证明的难度大为降低。从实务情况来看,原告均积极、主动地证明因果关系,并基本都能得到法院认可。所以,如果以证明难度过高,原告对因果关系存在没有证明的可能性为由,减轻原告举证负担,这一理由在生态环境损害赔偿诉讼中难以成立。

(二)实体性考量——证明责任分配的规范功能

以"举证的难易"、"当事人举证能力"或"距离证据的远近"等作为决定证明责任分配的因素,是一种诉讼法上的分析路径或曰程序性思维,如果仅此一种分析路径未免偏颇,因为其忽略了证明责任实体法上的意义。证明责任分配一般被视为实体法如何适用的问题,③日本学者高桥宏志就反对以程序性标准分配证明责任,认为证明责任分配的实质性原则,应以"实体法的趣旨"和"实体法的价值判断"为主要考量因素。④

因此,对证明责任的分配,还可以换到另一种思维路径上,从证明责任实体法上的属性来分析,证明责任分配规则本身就蕴含着一定的规范功能和目的,而这一目的就是实现实体法的基本价值和目标。作为为维护环境公共利益而创设的一种新型的公益诉讼,生态环境损害赔偿诉讼的证明责任分配应该以实现环保法的基本价值为目的,贯彻环保法的基本理念。与保护私人利益为目的的环

---

① [德]汉斯·普维庭:《现代证明责任问题》,吴越译,法律出版社 2006 年版,第 351 页。

② 吕忠梅:《环境司法专门化:现状调查和制度重构》,法律出版社 2017 年版,第 201 页。

③ 胡东海:《民事证明责任分配的实质性原则》,载《中国法学》2016 年第 4 期。

④ [日]高桥宏志:《民事诉讼法:制度与理论的深层分析》,林剑锋译,法律出版社 2003 年版,第 445 页。

境侵权诉讼不同,国家设立生态环境损害赔偿制度的初衷,是避免生态环境保护领域的"公地悲剧",解决生态环境损害后索赔主体缺失、索赔权利和赔偿义务不明确等问题,解决生态环境行政执法中存在的问题与不足,明确生态环境损害的责任分配与承担问题。① 也即,生态环境损害赔偿制度的建立,是国家赋予地方政府的一项生态环境保护"尚方宝剑",除了行使行政执法权,地方政府还将行使司法追诉权,落实"损害担责"的环境保护基本原则,由生态环境侵害者担责而非由国家买单。建立生态环境损害赔偿诉讼制度,在实现保护生态环境目的的同时,也打通政府追偿的途径,强化了政府生态环境损害的追偿义务。② 这一追偿义务在政府前期的行政管理活动中,表现为对生态环境损害行为予以行政调查和处理,在后续诉讼活动中,追偿义务的履行当然不仅仅是提起诉讼一项行为,更具体地表现为参加诉讼而展开的各种取证、举证、质证活动,所以,追偿义务在诉讼中实际上就是政府履行查明损害事实的职责和义务,表现为对客观事实的积极证明。概言之,生态环境损害赔偿诉讼中,证明责任分配所应发挥的规范功能,与生态环境保护的立法基本目标下衍生而来的政府对损害的追偿义务,具有目的一致性,因此,从这一角度来说,在政府负有追偿义务且具备证明能力的条件下,将因果关系证明责任分配给政府承担,是证明责任分配规则其规范功能下的合理选择。

结　语

生态环境损害赔偿诉讼因果关系要件回归一般证明责任分配规则,意味着将生态破坏责任与传统的环境污染赔偿责任截然分开,这似乎有违于民法典将二者一体化规范的基本路径,可能会令人担忧法律体系因此趋于零散和凌乱。然而,无可否认,生态环境破坏与环境污染侵权二者本就有所不同,对生态环境造成损害并不代表必然会导致人身或私人财产的损害,同理,两种损害的因果关系证明也不该一概而论。民法典将二者一并规范于侵权责任编,只是形式上糅合,非本质属性统一。鉴于生态环境损害赔偿诉讼的制度定位和使命均有别于环境污染侵权诉讼,有必要为其发展出具有独立性的生态环境损害责任承担理论,同时,兼顾差异和共性问题,将其与环境污染侵权诉讼形成恰当衔接,以推进我国生态环境保护法律机制的优化和完善。

---

① 戴建华:《生态环境损害赔偿诉讼的制度定位与规则重构》,载《求索》2020 年第 6 期。

② 浙江省湖州市中级人民法院与中国人民大学法学院联合课题组:《生态环境损害赔偿诉讼的目的、比较优势与立法需求》,载《法律适用》2020 年第 4 期。

恢复性司法领域下环境刑事
附带民事公益诉讼的司法路径探究
——以国家公园生物多样性保护为切入点

■祝金妹 *

摘要:"中国式现代化是人与自然和谐共生的现代化",这是党的二十大报告中提出的。为了营造良好的营商环境,推动经济绿色高质量发展,生态环境保护是不容忽视的。文章主要从国家公园生物多样性保护领域出发,通过研究该领域刑事附带民事公益诉讼的恢复性司法现状,分析人类社会发展与生态环境保护中存在的问题,希冀通过司法实践分析,寻求和谐共生的路径,做到类案裁判统一、研究行刑衔接、跨区域法院沟通协作等;通过分析探索刑事附带民事公益诉讼制度的良好运行对保护生物多样性具有的积极实践应用价值,探寻司法实践思路,在为生物多样性提供有力司法保护的同时,厘清恢复性司法的理念,为经济融合发展提供有力支撑,真正做到人与自然和谐共生。

关键词:刑事附带民事公益诉讼;生物多样性;恢复;和谐共生

为有效惩治环境犯罪,2016年最高人民法院明确要求将恢复性司法适用于环境资源审判工作。2018年3月1日颁布的《关于检察公益诉讼案件适用法律若干问题的解释》明确了检察机关在刑事起诉过程中可以一并提起附带民事公益诉讼。2020年颁布的《中华人民共和国民法典》(以下简称《民法典》)规定了较为完整的生态修复责任。党的二十大报告指出"中国式现代化是人与自然和谐共生的现代化",提出了生态保护与人类发展的紧密关系,明确要加强对生态环境的修复。2021年5月26日至27日,在我国云南昆明举行世界环境司法大会,强调"生物多样性司法保护,完善公益诉讼制度"。可见,通过公益诉讼能更好地实现生物多样性的保护。下文通过反思国家公园生物多样性司法保护存在恢复性刑事附带民事公益诉讼的理论、立法、程序缺陷,以及恢复性行刑公益诉

---

* 作者系福建省武夷山市人民法院二级法官。

讼审执断层问题,分析探索刑事附带民事公益诉讼制度的良好运行对保护生物多样性具有的积极实践应用价值。同时,鉴于野生动植物资源损害的难以逆转性,进一步探索修复性司法,对于发挥刑事附带民事公益诉讼的生态修复功能具有极大的现实意义。

一、环境刑事附带民事公益诉讼的阐述

环境刑事附带民事公益诉讼主要研究诉前公告、行刑衔接等,还有学者研究了预防性公益诉讼,较少研究该类诉讼中的恢复性司法、责任承担等问题。对于刑事附带民事公益诉讼的理解,姜保忠、姜新平认为:"刑事附带民事公益诉讼是刑事附带民事诉讼和民事公益诉讼两种诉讼制度的结合,其本质是刑事附带民事诉讼向社会公共利益的延伸。"[1]杨贝认为:"附带民事诉讼制度本身具有独特的优势,即以最小的司法成本,平衡刑、民交叉诉讼的关系,争取诉讼效益的最大化,无疑是符合诉讼经济这一社会利益的价值理念。"[2]也有学者认为,作为公益诉讼的一种形式,不仅检察机关可以提起,其他相关集体也可以提起,检察机关应当保持谦抑性。[3] 鉴于此,环境刑事附带民事公益诉讼的恢复性司法研究对于环境保护是必不可少的。

(一)本质属性

在检察机关对被告人的犯罪行为提起刑事诉讼过程中,认为有证据证实环境资源受到破坏,必须提起公益诉讼时,通过公告等程序,可以一并提起刑事附带民事公益诉讼,在同一个案件中、由同一个审判组织审理,在打击犯罪的同时,更多地关注生态价值和社会公益。将该项制度置于生物多样性保护的背景下进行讨论,回归刑事附带民事公益诉讼的价值本位,注重生态修复等诉讼请求的提出,更能凸显这一制度设立的必要性与可行性。与传统的生物多样性保护路径相较而言,环境刑事附带民事公益诉讼具有补充性、预防性与修复性的价值与功能。[4] 环境刑事附带民事公益诉讼主要处理的是已经造成损害的违法行为,通过巡回审判、法治宣传等,可以强化民众的生态环境保护意识。恢复性司法的提

① 姜保忠、姜新平:《检察机关提起刑事附带民事公益诉讼问题研究——基于150份法院裁判文书的分析》,载《河南财经政法大学学报》2019年第2期。
② 杨贝:《附带民事诉讼制度研究与实务》,中国政法大学出版社2016年版。
③ 郭锦勇、苏喆:《检察机关在环境公益诉讼中的职能研究——以公益诉讼专门制度的构建与实施为视角》,载《河北法学》2015年第11期。
④ 朱烨、梁勇:《野生动物保护之环境公益诉讼路径探析》,载《山东法官培训学院学报》2020年第3期。

出就在于损害已经发生了,怎么最有效地修复受损环境,环境刑事附带民事公益诉讼真正的价值在于能够使违法行为人认识到环境保护的重要性,并积极主动地从事生态修复活动。

(二)司法现状

1.相关数据的梳理分析。本文以2022年4月1日至2023年4月1日共计12个月的案件作为样本,通过中国裁判文书网,搜索关键词"附带民事公益诉讼",案由"破坏环境资源犯罪",文书类型为判决书,审理程序为刑事一审。删除部分不符合要求的案件,共检索到了235份在刑事附带民事公益诉讼中承担生态恢复责任的案件。通过分析案件类型,占比较大的是非法捕捞水产品(76件),非法狩猎(58件),非法占用农用地(41件),滥伐林木(38件),盗伐林木(18件)。经初步统计分析,在明确涉及生物多样性保护的案件当中,尽管总数较多,但案由相对单一,除部分涉嫌损毁国家重点保护植物或珍贵、濒危野生动物之外,剩余案件几乎全部集中在非法捕捞水产品、"三有"动物保护这些领域。以C市某基层法院的数据为例(详见表1),附带民事公益诉讼几乎集中在破坏环境资源犯罪方面。主要原因在于其行为较为常见且恢复性的措施相对简单,如补种绿植、增殖放流、恢复原状等;珍贵、濒危野生动植物保护的恢复性措施较为复杂等;生物多样性领域恢复性司法的附带民事公益诉讼判决居后。

表1 生物多样性司法保护现状

年度	非法狩猎	非法猎捕、杀害珍贵、濒危野生动物	故意毁坏财物罪	非法占用农用地	滥伐林木	非法捕捞水产品
2019	5	2	13	2	9	21
2020	4	3	9	3	15	27
2021	6	2	13	6	19	19
2022	8	1	9	5	17	24

通过检索北大法宝案例库,对2020年3月1日至2023年3月31日期间的裁判文书进行筛选,检索关键词为"破坏环境资源犯罪",一一筛选生物多样性保护方面的判决书,得到刑事附带民事公益诉讼判决书与民事公益诉讼判决书的比例(详见图1),其中由检察院直接提起附带民事公益诉讼的案件约占82%。从以上数据可以看出,生物多样性保护采用恢复性司法方面还存在欠缺,且主要是检察院通过附带民事公益诉讼的形式来实现保护野生动植物资源的目的,或

者说在起诉序位上变相取得一种显著的优越性,检察院从公益诉讼"后置"地位走向"前置"。

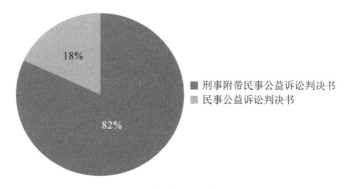

图 1　生物多样性判决书

2.相关案例的分析梳理。以下两个案例均是国家公园范围内的案例。案例一:被告人滕某犯危害国家重点保护植物罪一案,其非法采摘国家重点保护植物的行为,破坏了野生植物资源,侵害了社会公共利益,应承担民事侵权责任。经鉴定,生态植被修复费用仅为 550 元,因采摘行为造成植被破坏,但因无前后对比依据,无法作出鉴定,故对其生态植被修复无法进行认定,不利于生物多样性的司法保护。案例二:被告人衷某、安某犯非法占用农用地罪一案,判决赔偿非法占用农用地造成的生态修复费 20 多万元,被毁坏的生态服务功能损失费 40 多万元,共计 60 多万元,该笔费用缴入生态赔偿金专户,但专户的资金如何使用、由谁使用、使用范围等规定不够细致,造成赔偿金没有落地生根,不利于受损生态环境的及时修复。

(三)引入恢复性司法的必要性

该类诉讼目的是环境资源受损后得以及时保护,引入恢复性司法有其必要性。其一,恢复性司法在环境刑事案件中具有很强的适用价值,恢复性司法契合环境责任的特征。刑事犯罪行为兼具刑事和民事违法性,环境犯罪行为也不例外。恢复性司法将恢复补偿等司法理念和方法引入环境刑法领域,契合了环境责任"公私交错"的特征,弥补了环境刑罚体系的缺损。其二,恢复性司法的引入有助于环境的恢复。环境破坏责任在前期可以进行预防,在被告人犯罪造成损害后,也不能任由其自生自灭,通过对其补救或者消除隐患等,可以继续恢复其应有功能。① 恢复性司法的作用就体现为通过让当事人承担一定的义务,尽快恢复被破坏的环境,将环境犯罪所造成的损失降到最低。其三,恢复性司法的引入有助于化解社会矛盾。被告人积极地对受损生态环境进行修复,可以在量刑时酌定考量,被告人可以更好地回归家庭和社会,如果有受损失人,也能取得受害人的谅解,弱化双方当事人之间的矛盾,实现法律效果和社会效果的统一。恢复性司法追求恢复正义,适用程序较为灵活,通过刑事附带民事公益诉讼中适用恢复性司法,不仅降低了司法成本,也实现了惩治犯罪与恢复生态的双重目的,获得了更好的社会效果,提高了环境刑事司法职能。

二、环境刑事附带民事公益诉讼适用中存在的问题分析

通过上文的现状分析,下文从生物多样性保护刑事附带民事公益诉讼的理论缺失、立法不全、程序不完善、裁量标准缺位、功能运行不畅,以及行刑衔接、审执断层等方面进行分析,可以发现生物多样性保护领域环境刑事附带民事公益诉讼的司法实践存在诸多问题。

(一)立法理论缺失

就诉讼而言,检察机关可以行使抗诉权参与活动,但不能直接提起民事诉讼,为了公共利益,立法赋予检察机关提起环境民事公益诉讼的资格,但在具体实施该项职能的过程中,检察机关受到各种限制。2019 年 12 月,两院发布的《关于人民检察院提起刑事附带民事公益诉讼应否履行诉前公告程序问题的批复》明确规定诉前公告是必经程序。这一制度设计的合理性在于既保障了社会组织的权利,又发挥了检察机关的监督功能,是司法谦抑性的表现,从中体现出的是检察机关的起诉主要发挥补充性的作用,但这种法律定位与上述司法实践中对生物多样性的修复方面近乎完全相反。根据上文对裁判文书的分析,绝大多数生物多样性损害案件是由检察机关提起的,实践与立法就存在不和谐。在立法机关堵上直接起诉的大门之际,又为检察机关顺利突破既有法律秩序和诉讼结构安排开了一道"后门"。于立法旨意而言,这种行为无疑是法律上的巨大"漏洞",有必要对该制度进一步明确。

---

① 如某被告人非法捕捞水产品罪一案,刑事附带民事公益判决,被告人退赔涉案水产品直接经济损失费用 8835 元、人工增殖放流实施费用 22759 元,有利于生态环境的及时修复。

(二)范围界定不明

公共利益不仅包括国家利益、集体利益,还包括社会公共利益,在环境刑事附带民事公益诉讼中尤其应当突出保护社会公共利益,在国家公园生物多样性恢复性保护方面,应准确把握何谓社会公共利益。目前,尚无法律对社会公共利益的范围进行界定,导致检察机关在决定是否提起附带民事公益诉讼时享有较大的自由选择权。有学者主张通过立法为检察机关开展刑事附带民事公益诉讼划定社会公共利益保护的范围。[①] 笔者认为,为了环境刑事附带民事公益诉讼能更顺利开展,有必要在立法上对社会公共利益的范围进行明确。现在一些地方法院开始聘请技术调查官,从生态环境保护而言,就可以通过这些手段确定范围,再立法予以明确。

(三)司法程序启动困难

刑事附带民事公益诉讼程序启动门槛高,立法者和社会公众的环保意识仍有待提高,人们对通过刑事手段惩处环境违法行为的适当性认识不足,对生物多样性恢复性保护采用附带民事公益诉讼方式的理解不够。由于对生物多样性保护犯罪的主体单一,社会公众难以参与诉讼。同时,生物多样性损害犯罪的认定具有专业性、复杂性,往往需要对其进行专业的证据收集和鉴定,若所收集的证据材料达不到刑事立案标准,则案件难以进入刑事司法程序。生物多样性损害犯罪的特殊性要求刑事司法对该类犯罪既遂的认定、因果关系的证明、严格责任的适用、管辖制度的完善、追溯时效的计算等方面作出特殊回应。然而,当前我国生物多样性刑事司法在这方面仍存在欠缺。此外,提起刑事附带民事公益诉讼,需要提交相应的证据,如鉴定报告,但因生物已受损或动物已被食用等各类情形,导致无法作出鉴定报告,从而无法提起附带民事公益诉讼。

(四)裁量标准缺位

对于国家公园范围内生物多样性犯罪的裁量标准不一,主要是法律规定不明时,适用就存在不统一,对同类的犯罪,不同法院、不同庭室、不同承办法官就作出不同的裁判,类案就会出现不同判的情形,对于打击生物多样性犯罪的惩治不同,导致司法公信力提升不够。恢复性司法在适用过程中标准不一、规程各异的乱象,不仅有违法律适用的统一性和公平性,也大大增加了司法权失控的风险。司法实践中,各地法院在适用恢复性司法时主要有四种判

---

① 尹吉、王梦瑶:《全面优化刑事附带民事公益诉讼制度的立法研究》,载《法治社会》2021年第3期。

决模式,如果不能明确恢复性司法的法律性质,势必会使环境司法判决的权威性受到影响。

(五)功能运行不畅

侵害生物多样性违法行为严重违反环境法规范,情节严重时,则会触及刑法构成犯罪。在此情况下,行刑衔接显得尤为重要。行政执法机关可以取得第一手证据,这些证据转化为刑事证据使用才能更好地打击该类犯罪。《刑事诉讼法》第54条第2款规定,行政机关收集的相应证据材料,在刑事诉讼中可以作为证据使用。但行政执法机关证据材料如何作为司法机关证据使用以及立法没有列举的证据类型是否可以作为证据使用仍然存在立法缺陷,理论界亦存在不同的认识。

除了行刑衔接中证据衔接不畅之外,实践中还存在执行不到位、赔偿金无法使用等问题。生物多样性犯罪的违法行为人因收入有限,罚金与高额赔偿金的并用,会导致在判决执行阶段面临无财产可供执行的局面,会采用管护、补种等方式,但对事后犯罪行为人的义务履行情况没有进行跟踪,没有相关部门监督,导致履行义务不了了之。对于判决被告人支付修复费或赔偿损失等案件,实践中,赔偿款项的保管处所不一致,主要有国库、行政机关专门的部门账户、环境公益基金账户、财政局非税收收入账户、生态文明建设基金账户等。法院在判决书中对赔偿款项如何使用并无明确规定,多数保管机关也并未制定与此相关的实施细则,无法保障资金的合理使用和生态修复工作的落实。

(六)缺乏专业的环境司法人员

环境违法行为具有技术含量高、违法后果严重且不易认定、与经济政策联系紧密及处理结果影响重大等特点。[①] 比如国家重点保护的野生植物,它的检测、勘验、取证过程专业性比较强,在司法运行过程中需要专业人员的介入。从当前刑事司法实践来看,就案件的受理情况看,法官的环境法律知识、环境案件的审理理念、环境利益的衡平能力都存在欠缺,难以满足强化环境司法保护的现实需要。对环境司法的功能认识片面,导致司法裁判明显忽视了对环境的修复。

---

① 赵星:《我国环境行政执法对刑事司法的消极影响与应对》,载《政法论坛》2013年第2期。

三、恢复性司法理念下环境刑事附带民事公益诉讼的拟完善路径

(一)完善立法

为有效惩治破坏生物多样性保护的犯罪等,2016年最高人民法院要求将恢复性司法适用于环境资源审判工作。2018年最高人民法院进一步提出"充分运用司法手段修复受损生态环境"。但提起刑事附带民事公益诉讼方面还是受到各种限制,如应履行两个前置程序:一是公告程序,没有其他相关单位提起时,检察机关才能提起诉讼;二是前置民事调解程序,在提起附带民事公益诉讼之前,先行对民事部分进行调解,积极促成行为人与行政机关达成修复赔偿协议。因为立法的要求很严格,可以考虑出相关的司法解释,如《关于在环境污染和生态破坏案件中生态修复提起诉讼、责任承担有关问题的解释》等,这样检察机关提起诉讼明确,法院审理案件也有相应指导。关于恢复性司法的完善方面,通过研究现有的各地关于生态恢复的具体规范和司法实践,借鉴国外的恢复性司法观念实践,在经济高速发展的新时代,条件成熟时,可以制定一部《环境法典》,将现有关于环境保护方面的相关规定整合、修改、完善。在环境刑事附带民事公益诉讼案件中适用恢复性司法理念时不要局限于传统林业犯罪,可以拓展到土地、野生动植物资源、矿产资源等类型的犯罪。

(二)法院加强对诉前公告的审查

前文已阐述,目前检察机关提起刑事附带民事公益诉讼受一些条件限制,在这些现状下应考虑如何完善突破。环境公益诉讼保护的是社会公众对环境享有的权益,其起诉主体理应是代表社会公众且符合法定条件的社会组织,故检察机关的诉前公告具有其合理性与必要性。尽管检察机关直接提起附带民事公益诉讼提高了诉讼效率,也能够使社会公共利益得到有效的保护,但履行诉前公告的意义在于保障公众的知情权和监督权,能够避免社会组织就同一环境权侵权行为重复起诉,从而节约司法资源,也能缓解环境公益诉讼领域检察机关"一家独大"的情形,维护司法公正。此外,诉前公告期间,社会组织决定提起民事公益诉讼的,人民检察院应当做好证据收集与固定工作,其在刑事公诉活动中收集的证据也可以作为民事公益诉讼证据使用。因此法院应当加强对诉前公告的司法审查,发挥民事公益诉讼应有的公众参与和社会监督功能。

(三)建立类案统一裁判标准机制

联合实施精准调研,以解决审判实践问题为立足点,注重大数据分析,归纳环国家公园生态保护主要案件类型,科学研判案件发展态势,规范法官自由裁量权,推进适法统一性。对于国家公园跨区域的生物多样性保护,应当加强沟通交流,可以共签协调保护机制,每年组织联席会,交流讨论、总结经验做法,互相借鉴、共同发布典型案例,共同探索环境资源审判体制、机制方面的前沿问题,促进适法均衡性、协调性。实施精品案件办理战略,力争每年在世界环境日联合发布一批具有典型示范意义和类案规则意义的精品案件,促进环国家公园协同保护发展区法院的审判能力和司法水平整体提升。

(四)加强行刑衔接

环境行政执法与刑事司法相衔接是指在查办违法犯罪案件工作中,检察机关和公安机关等司法机关与环境行政执法机关加强联系、密切配合、各司其职、相互制约,建立案件移送、立案监督、信息共享、联席会议、情况通报等制度,形成打击犯罪的合力,保证准确有效地执行法律。① 在环境司法领域,有如 2017 年发布的《环境保护行政执法与刑事司法衔接工作办法》等文件的支撑,应继续细化移送程序,公安机关和检察机关对行政机关移送涉嫌犯罪案件的程序进行细化,明确公安机关受理、处理移送案件的监督程序等。就环境执法部门和检察机关的行刑衔接过程中的证据转化问题,我国刑事诉讼法对证据转化并没有规定何种形式,其主要有四种形式:第一种,直接调取转化,主要是针对实物证据。第二种,重新收集转化,主要是针对言词证据。第三种,授权委托转化。第四种,例外转化。对于言词证据,如果相关人员确实因不可抗力无法到庭,证据无法重新收集,但该类证据的来源、收集程序合法并有其他证据相互印证,经司法办案机关审查符合要求的,也可以作为证据使用。

(五)规范赔偿款项的管理

环境刑事附带民事公益诉讼保护的是社会公共利益,因而判决的生态修复费用、惩罚性赔偿金等款项应当归属于不特定的社会主体,用于生态环境公共利益的维护,但我国法律尚未明确此类赔偿款项的保管与使用。对此,可以借鉴《生态环境损害赔偿制度改革方案》中的相关规定,做好生态修复费用的收取、保管与使用工作。首先,针对违法行为人的经济能力,确定对其适用生态环境损害

---

① 吴云、方海明:《法律监督视野下行政执法与刑事司法相衔接的制度完善》,载《政治与法律》2011 年第 7 期。

经济赔偿或提供公益劳动、现身说法等替代性修复方式;其次,明确生态环境损害的赔偿范围,包括但不限于资源损失、修复费用、鉴定评估费用等;最后,建立专项资金管理机制及运行方案。由公益性基金组织作为赔偿款项缴纳收存管理机构,有利于各地区及时地利用资金进行生态修复,从而避免上缴国库后烦琐的划拨程序,检察机关在此过程中可发挥监督作用,以保证资金的有效使用。对赔偿款项资金管理权的分配仅是制度层面的,并不意味着管理机构对资金拥有绝对的支配权。首先,要保证损害赔偿与生态修复费用执行到位,着力解决执行难的问题;其次,要规范上述款项的保管与使用工作,确保资金的有效使用;最后,应当及时公开治理效果,既保障公众的知情权,又有利于集思广益,更好地促进生态修复。

(六)加强沟通协作

强化国家公园跨区域人民法院在跨域立案、案件审判、调查取证、证据保全、委托送达等事务方面的协助配合,制定出台相关细化工作规程。加强异地执行协助配合,对跨行政区划的生态环境修复、管护令、禁止令、劳务代偿等特殊执行事项,实行委托监督制度,密切加强沟通交流;完善执行信息共享、异地修复协助、异地监督同步等机制,简化异地执行程序,逐步形成常态化、长效性的省际执行协作工作机制。共同开展生物多样性保护等方面的"联合打击""专项打击"行动,以最严厉的法律手段打击跨区域的破坏生物多样性犯罪行为,斩断非法交易链条,共同促进区域间裁判标准统一和量刑规范化。

恢复性视野下引入环境刑事附带民事公益诉讼,可以节约成本,提高诉讼效率。但前文提到该制度存在诸多问题,《关于检察公益案件适用法律若干问题的解释》中仅有一项原则性规定,在司法实践中没有可以量化的具体规则,因而需要从法律与实践层面建构一套体系化的制度。通过立法和司法实践的改革和完善、类案裁判统一、研究行刑衔接,以及国家公园跨区域法院沟通协作等,希冀不断解决遇到的各类问题,望对惩治生物多样性犯罪发挥更大作用,能更好地为国家公园生物多样性保护提供有力司法服务和保障,促进人与自然和谐共生。

环境刑事审判中生态修复责任适用现状与优化路径

■ 陈仁萍*

摘要:随着生态文明建设的不断推进,对于环境资源犯罪不仅需要刑罚予以惩罚,更需要确立生态修复责任救济受损的生态环境。司法实践中,各地人民法院不断探索出具有地方特色的生态修复工作机制,但运行过程中仍存在着法源依据不明、生态修复责任的法律定性、修复名称过多、修复标准不统一导致适用泛化、生态修复费用与罚金刑抵触加重负担、监督机制不完善等问题。由此,在环境刑事审判中嵌入生态修复责任有其独特的价值和正当性,应当通过司法理念转变、立法层面的宏观构造、审判实践的微观运行等途径探索出符合中国国情的环境刑事审判生态修复责任。

关键词:环境刑事审判;生态修复责任;恢复性司法理念

党的十八大将生态文明建设列入中国特色社会主义"五位一体"总体布局,党的十九大决定实施重大生态系统保护和修复工程,"绿水青山就是金山银山"的生态环境保护发展理念已深入人心。在推进生态文明建设的大背景下,司法机关对环境资源犯罪的打击力度空前加大,对生态环境资源犯罪开展专项行动予以精确打击;司法层面以恢复性司法理念为引领,生态环境修复的独特价值日益显现,逐步建立了具有地方特色的生态修复工作机制,例如福建法院的生态环境审判"三加一"机制,就是积极应对生态环境保护过程中出现的新形势的产物,力求实现惩治犯罪与保护环境双赢的目的,促进环境资源犯罪案件公正高效审判,有力维护生态环境公共利益,满足人民群众日益增长的对美好生活环境的需求。但生态环境保护非一日之功,生态修复责任在环境资源刑事案件中的应用,目前仍然是一种"实践提前于理论"的司法审判模式,尚未成熟,在司法实践中也存在着诸多法律难题。本文拟通过梳理当前生态修复责任的法律规范基础,通过实证研究生态修复责任在环境资源刑事案件中的实践样态及法律困境,厘清环境资源刑事审判中确立生态修复责任的价值所在,提出相应的对策和建议,以

---

* 作者系福建省武夷山市人民法院四级法官。

期为在环境刑事审判案件中确立合理的生态修复责任提供有益思路。

一、制度检视:生态修复责任的法律基础

在环境刑事审判中,生态修复责任在刑法中尚未有明确规定,而最早运用生态修复责任的是我国 2015 年公布的《最高人民法院关于审理环境民事公益诉讼案件适用法律若干问题的解释》,其明确可以判处被告人承担生态环境修复责任,且使用了替代性修复的用语。

2016 年 11 月,最高人民法院和最高人民检察院联合公布《关于办理环境污染刑事案件适用法律若干问题的解释》(以下简称《环境污染解释》),明确规定修复生态环境可作为量刑情节适用。但该司法解释对适用范围进行了限制,仅适用于《中华人民共和国刑法》(以下简称《刑法》)第 338 条、第 339 条,即污染环境罪、非法处置进口的固体废物罪以及擅自进口固体废物罪,不能涵盖所有。

2016 年《最高人民法院关于充分发挥审判职能作用为推进生态文明建设与绿色发展提供司法服务与保障的意见》明确要遵循恢复性司法要求,积极探索生态环境修复责任承担方式。其将恢复性司法适用到《刑法》中。

在最高人民法院发布的"2019 年度人民法院环境资源典型案例"中,明确提出履行生态环境修复义务应当作为从轻处罚的情节,在量刑时予以考虑。

《中华人民共和国水污染防治法》、《中华人民共和国大气污染防治法》、《中华人民共和国海洋环境保护法》、《中华人民共和国固体污染环境防治法》、《中华人民共和国森林法》(以下简称《森林法》)等,均明确了要承担治理费、侵权责任、缴纳复垦费等,但都未明确修复责任大小。

二、生态修复责任的实践样态

(一)研究样本选取说明

福建省系全国首个生态文明先行示范区,森林覆盖率高达 66.80%,被称为"最绿的省份"。早在 2014 年,福建省高级人民法院就在全国率先出台《关于规范"补种复绿"建立完善生态修复司法机制的指导意见(试行)》,通过责令被告人补植等方式修复受损生态环境。多年来,福建省各地法院立足司法职能,积极探索多层修复、立体保护的生态修复模式,修复范围覆盖了林木、矿山、江河、溪流、海洋等,相关的改革举措和经验做法也在全国得到推广,形成了生态环境司法保护的"福建经验"。故而本文选取福建省法院作为实证样本,并以此为基础,从审判运行层面,全面梳理生态修复责任在环境资源犯罪案件中的司法适用现状,并

以此呈现其在审判实践中面临的现实问题。

(二)样本数据分析

1.破坏环境资源保护罪案件数量变化趋势及类型分布

笔者在中国裁判文书网上以破坏环境资源保护罪、福建省、判决书、基层法院为检索范围,检索了福建省基层法院2017—2021年的案件数量,得到如下结果。

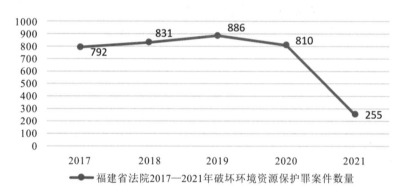

图1 福建省法院2017—2021年破坏环境资源保护罪案件数量走势图

由图1可见,2017—2021年福建省基层法院破坏环境资源保护罪案件数量较为平稳,至2021年案件数量下降幅度较大。在上述案件中,案件类型数量较多的主要为盗伐林木罪、滥伐林木罪、非法占用农用地罪、非法采矿罪、非法狩猎罪。

2.生态修复方式的种类

笔者选取了福建省法院2021年破坏环境资源保护罪的案件255件,一共有122件刑事案件判处被告人承担生态修复责任,占比47.8%,生态修复责任包括支付修复费用、补植复绿、增殖放流、碳汇认购等多种方式,其中判处支付生态修复费用占绝大比例,成为生态修复的主要方式,缴纳阶段包括审查起诉阶段、审理阶段及判决后等(参见图2)。

3.环境资源犯罪案判处刑罚的种类

表1 环境资源犯罪刑罚种类

刑罚	拘役或管制	有期徒刑	缓刑	并处罚金
判决书数量	55	54	197	211
占比	21.57%	21.18%	77.25%	82.75%

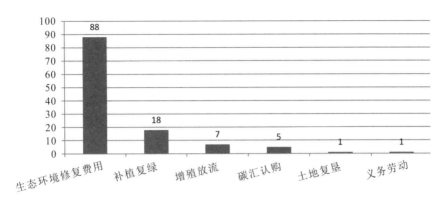

图 2 生态环境修复方式

从判处的刑罚种类看,破坏环境资源保护罪中适用缓刑的案件居多,适用率高达77.25%。而绝大部分判决书中都将履行生态修复义务作为量刑情节予以考虑从轻处罚。

4.生态环境修复责任的裁判模式

表 2 破坏环境资源保护罪适用生态修复责任的司法裁判模式

裁判模式	判决数量	占比	具体示例
作为判项	6	4.9%	于本判决发生法律效力之日起 30 日内由福清市人民检察院组织向持有《水生苗种生产许可证》的苗种生产单位购买水产苗种,并由福清市人民检察院监督在福清市××镇××附近海域增殖放流
量刑情节	87	71.3%	案发后对涉案非法占用并毁坏的林地进行补植复绿,可酌情从轻处罚
刑事附带民事诉讼	29	23.8%	赔偿生态环境修复费用,用于本县域内生态环境损害修复

在司法实践中,对于生态修复责任的裁判模式各法院不一样,各地法院在判决时,会结合案件的具体情况,来确定使用何种裁判模式。从上述样本的数据可以发现,司法裁判中,将生态修复责任作为量刑情节予以考虑的居多,直接作为判项的极少。

(三)刑事审判中生态修复责任的样态特征

1.生态修复措施种类多

从前文的数据分析来看,目前我国审判机关在破坏环境资源保护罪中判处生态修复责任的方式不一,措施种类繁多,概括起来可以分为如下两大类:一是直接修复。在直接修复中,包括补植复绿、增殖放流、土地复垦等修复方式。补植复绿是指在被犯罪人盗伐、滥伐等毁坏的森林中通过补种树苗等活动修复受损生态环境。增殖放流是指购买鱼苗等种苗放入被其破坏的水域中来达到修复环境的目的。土地复垦主要是指针对采矿业或者工业建设等被占用或破坏的土地,通过重新整治使土地恢复再生产能力。这几类生态修复方式在环境刑事审判中运用得较多,且修复措施都是针对具体的罪名。二是替代性修复。替代性修复的适用情形主要是,在一些特殊类型的环境资源刑事案件中,生态环境资源要素被破坏,无法通过修复来达到恢复生态系统同功能的目的,例如非法狩猎使得某种野生动物或植物极端灭绝,或者非法采矿导致矿产资源被破坏无法修复等,可以采取"替代性修复"的模式修复生态环境,以达到生态环境的总量平衡。① 实践中常见的替代性修复方式有异地补植(如福建省漳浦县建立了生态环境损害赔偿补植复绿基地)、放流替代性鱼种、植树替代野生动物资源赔偿、劳务代偿、碳汇认购、公益活动等,如福建省顺昌县人民法院就探索以被告人自愿认购"碳汇"的方式对受损的生态环境进行替代性修复,即被告人在平台上自愿认购有碳汇存量的林农或村集体的碳汇产品,用于抵消个人或组织产生的二氧化碳排放量,而认购资金会进入专门设立的公益账户,支持贫困地区生态保护工作。

2.裁判模式多样化

如表 2 所列,当前司法机关在适用生态修复责任时司法裁判模式呈多样化,主要有列入判决主文、作为量刑情节、提起刑事附带民事诉讼三种。(1)作为判项。将生态修复责任直接列入判决书判项中,并明确具体的内容及要求,体现了教育为主,惩罚为辅的方针,有利于生态环境恢复。但是生态修复责任并非刑罚处罚措施,《刑法》无明文规定,直接列为判项是否违反罪刑法定?(2)作为量刑情节。绝大部分环境刑事审判中均将履行了生态修复责任作为量刑情节予以考虑,可以起到激励作用,能够有效督促被告人恢复生态环境。(3)刑事附带民事诉讼。随着刑事附带民事公益诉讼的案件增多,在判决被告人承担刑事责任的同时,判处其承担民事责任,如支付生态修复费用、赔偿生态损害赔偿金等情形也在增加,有利于社会效益和环境效益的统一。

3.轻刑、缓刑适用居多

从本文所选取的样本数据来看,有 77.25% 的环境资源犯罪案件是判处缓刑,有 21.57% 的案件是判处拘役或管制,适用轻刑、缓刑的居多。且大部分案件

---

① 最高人民法院环境资源审判庭:《最高人民法院关于环境民事公益诉讼司法解释理解与适用》,人民法院出版社 2015 年版。

都会将履行生态环境修复责任义务的情况,主要包括案发后修复、全部缴纳或部分缴纳修复费用、支付生态修复保证金、承诺进行修复等情形,纳入量刑情节中予以考虑,结合被告人认罪悔罪表现,酌情从轻处罚。可见,人民法院在审理此类案件时不仅考虑了犯罪行为的危害性以及刑法的权威性,也综合考虑了环境法益的修复情况。

三、现实之失:生态修复责任在环境刑事审判中的适用困境

生态修复责任在环境刑事审判中的应用贯彻落实了恢复性司法理念,对于修复受损的环境法益起到了积极的推动作用,有力地保护了生态环境,促进了绿色发展。然而,由于生态修复责任现今仍处在司法实践的不断探索阶段,故在现实适用中缺乏统一、系统的规范性要求,对于生态修复责任的法律定性存在争议,在环境刑事审判中适用生态修复责任的方式、范围、条件等也各不相同,固定的传统审判思维桎梏了生态修复责任的司法实践发展,事后监管的缺失也阻滞了生态环境修复的现实进程。

(一)法律规范层面

1.法源依据不明,欠缺实体法规范支撑

目前我国尚未建立真正意义上的生态修复环境刑事司法制度,只是将生态修复措施应用于环境刑事审判中。目前仍然采用以报应性司法程序为主的环境刑事裁判。因此,对于在刑事判决中直接判处生态修复,有学者质疑该刑事判决没有法源依据,违反了罪刑法定原则。[①] 也有学者认为判处被告人承担生态修复责任并非刑罚,没有违反罪刑法定原则。[②] 目前,我国《刑法》破坏环境资源犯罪这一章节中并没有关于生态修复责任的表述,而人民法院判处被告人承担生态修复责任的依据,主要是《刑法》总则中的第 36 条、第 37 条[③]。虽然环境刑事审判中援引第 36 条、第 37 条为裁判依据,但是第 36 条仅规定了赔偿经济损失,第 37 条的表述也是"具结悔过、赔礼道歉、赔偿损失",并不包含诸如补植复绿、

① 王琳:《"盗林犯被判种树"于法无据》,载《新京报》2011 年 1 月 10 日。
② 蒋兰香:《生态修复的刑事判决样态研究》,载《政治与法律》2018 年第 5 期。
③ 《中华人民共和国刑法》第 36 条规定:由于犯罪行为而使被害人遭受经济损失的,对犯罪分子除依法给予刑事处罚外,并应根据情况判处赔偿经济损失。承担民事赔偿责任的犯罪分子,同时被判处罚金,其财产不足以全部支付的,或者被判处没收财产的,应当先承担被害人的民事赔偿责任。第 37 条规定:对于犯罪情节轻微不需要判处刑罚的,可以免予刑事处罚,但是可以根据案件的不同情况,予以训诫或者责令具结悔过、赔礼道歉、赔偿损失,或者由主管部门予以行政处罚或者行政处分。

增殖放流等这些生态修复方式,且第37条适用的前提是犯罪情节轻微不需要判处刑罚,我国目前尚无被告人成立犯罪,但不判处刑罚而是判处其修复生态环境的案例。因此,在环境刑事审判中直接适用生态修复责任是否有违罪刑法定原则有待商榷,能否适用《刑法》第36条、第37条也存在逻辑障碍。

2.环境刑事判决适用生态修复责任的定性存在争议

笔者对前述选取的研究样本的判决书进行分析,对生态修复责任在刑事审判中的样态归纳为三种:一是在刑事判决主文中直接判处被告人承担补植复绿、增殖放流等生态修复责任;二是在裁判说理中,对已履行全部生态修复义务的,作为量刑情节酌情考虑从轻;三是在环境刑事附带民事公益诉讼中判决被告人承担赔偿损失、支付生态修复保证金等民事方面的生态修复责任。也正是基于此,环境刑事审判中适用生态修复责任的法律定性,是新的刑罚种类,是量刑情节,还是非刑罚处罚措施,或者是民事责任,在学界观点不一。目前,仅在《环境污染解释》中对于有积极修复生态环境、履行生态修复义务的可以在量刑时考虑从轻处罚,但是该解释对适用范围设置了如仅限于轻微污染环境犯罪等一系列的适用门槛,在审判实践中适用率较低。

3.生态修复费用与罚金刑抵触,加重被告人负担

在前述生态修复刑事判决案件中,并处罚金的同时又判处生态修复费用或者赔偿损失的有55件,比例达26%,而这些案件的被告人大多经济能力有限。罚金刑是财产刑,被告人要向国家缴纳一定数额的金钱,而判决生态修复费用或赔偿经济损失,被告人同样需要金钱支出,两者同时判处,虽然可以起到制裁犯罪的目的,但是无形中使被告人受到双重经济制裁,增加了被告人的经济负担,若一些被告人无力负担,那么刑事判决也成了虚设,执行困难。此外,若一味地扩张适用金钱修复方式,也会遭到"花钱买刑"的质疑。

(二)司法实践层面

1.重惩罚、轻修复的思维尚未转变

生态修复责任关注的主要焦点在于如何修复受损生态环境,治理重点在于事后的生态修复方式。虽然最高人民法院已明确提出了要树立修复为主的环境刑事审判司法理念,各地各级法院也在不断探索生态环境修复的刑事审判机制,但是从笔者选取的样本裁判文书可以发现,仍有大部分环境刑事审判关注的焦点、中心仍然侵害了人类利益,治理重心在于事后惩治,"重惩罚、轻修复"的惯性思维仍然主导着环境刑事审判。

2.修复名称过多,不利于司法统一

实践中,生态修复刑事判决中涉及的名称有补植复绿、植树造林、修复环境、增殖放流、购买鱼苗、土地复垦、土地恢复原状等,而单直接判处生态修复费用的

名称也有诸如生态修复保证金、生态环境修复费用、赔偿损失、生态修复费用等诸多称谓,目前,仅除了补植复绿被相关省份的地方规范性文件进行规范以外,其他生态修复方式没有规范性文件予以体现,表述各异、名称不一,不利于贯彻司法统一性。

3.修复标准阙如,适用泛化

罪责刑相适应原则要求被告人的犯罪行为与其将要承担的刑罚应是相当的,即便是恢复性司法也要在法律规定的惩罚限度内运用。鉴于此,环境刑事审判中被告人应承担的生态修复责任的大小也须与其行为危害性及刑罚幅度相适应。但目前并没有法律对刑事生态修复责任明确规定修复标准,以致在司法实践中出现生态修复责任范围大小依据不一、适用泛化的局面,限制了生态修复责任的刑事司法适用。比如通过梳理法律法规可以发现,目前仅有《森林法》对损害植物资源犯罪类案件生态修复责任进行了责任量化,以及非法捕捞类犯罪规定了该类犯罪确定生态修复责任大小的具体计算方法,但这两种责任量化具有较强的指向性和针对性,并不适用于其他类型破坏环境资源犯罪。而如果法院直接依据专业的鉴定机构或者环境职能部门出具的意见作为裁量生态修复责任大小的依据,那么对被告人犯罪行为的危害性以及应受刑罚幅度则会考虑得不够全面,不符合恢复性司法的基本适用原则。此外,生态环境的价值无法衡量,对于在环境刑事审判中,不论是直接修复还是替代性修复,其生态修复责任大小的标准如何确定才能够达到保护生态环境法益与惩治犯罪刑责相适应之间的平衡,也是亟待思考的问题。

4.监管缺失,落实效果存疑

虽然部分环境资源犯罪案件中个别法院会在判处被告人承担生态修复责任跟踪、监督生态修复的完成情况,有些法院也会会同相关职能部门检查,但是大量的刑事生态修复案件并没有得到有效的监督,比如生态环境修复费用的管理、使用是否切实专款专用到生态环境修复上,补植复绿、增殖放流等是否达到了修复受损生态环境的目的等。主要原因有:一是法院的审判任务繁重,无暇顾及环境刑事审判生态修复判后情况;二是生态修复刑事判决仅判处了要实施何种修复方式,对于修复的目标、验收标准等都没有明确;三是生态修复评估专业性强,依靠法院来验收实难到位,而目前大部分法院与诸如环保部门、林业部门、自然资源局等相关专业部门的联动机制未建立,未能起到实质监督效果;四是被告人未按要求履行生态修复义务或者履行义务不符合要求的情形下,是以被告人未遵守管制、缓刑期间的规定来惩处,还是以拒执罪另案处理,也是司法实践的一大困惑。

四、价值解读:环境刑事审判嵌入生态修复责任的正当性分析

(一)确立刑事生态修复责任是生态文明建设时代发展的需要

事物的内在联系,决定了社会历史发展到一定阶段必然需要推动生态文明建设,而生态文明建设的根本,是要建立一种新型的发展方式来适应当今的经济社会发展。今天的中国社会,包括法律建设在内的一系列制度构建,既要着眼于处理社会内部的关系,又要着手处理人与自然的关系。[①] 每一部法律都应当与时俱进,积极适应时代发展的需要,《刑法》也是如此。而生态环境审判领域的探索和发展,是人民法院审判工作贯彻落实习近平法治思想和习近平生态文明思想的重要体现。当前生态文明建设作为新时代发展的重要战略部署,刑法也应当不断适应新情况从而促进生态文明建设的发展。确立刑事生态修复责任对于生态文明建设来说无疑是生态司法强有力的"助推器"。

(二)确立刑事生态修复责任契合生态伦理要求

确立刑事生态修复责任是恢复性司法的体现。与传统报应性司法不同的是,传统刑事司法侧重对犯罪的惩治,忽视修复。恢复性司法强调修复生态环境,注重采取措施对犯罪人进行改造,让犯罪人通过合理行动弥补犯罪行为造成的损害,并补偿和抚慰被害人。[②] 通过确立刑事生态修复责任,鼓励被告人积极承担修复责任争取从轻处罚,可以弱化犯罪对其带来的不利影响。若被告人愿意承担生态修复责任,就意味着其有修复受损法益的意思表示,系悔罪表现,也可以使被告人和被害人之间达到一个平衡状态。

(三)确立刑事生态修复责任是刑法谦抑性的要求

刑法谦抑主义,强调将刑法的处罚范围限制在绝对必要的限度内。[③] 也就是要以最小的刑罚成本达到对犯罪最大限度的惩治。生态修复责任是通过对受损法益的修补,提前介入对环境问题的早期治理,尽可能地降低损害后果。在环境刑事审判中确立生态修复责任,用多样的生态修复方式还原、保护生态系统,将履行生态修复责任义务纳入量刑情节酌情予以考虑从轻处罚,也有利于引导

---

① 王宏斌:《生态文明:理论来源、历史必然性及其本质特征——从生态社会主义的理论视角谈起》,载《当代世界与社会主义》2009年第1期。

② 刘晓虎:《恢复性司法研究——中国的恢复性司法之路》,法律出版社2014年版。

③ 何荣功:《社会治理"过度刑法化"的法哲学批判》,载《中外法学》2015年第2期。

被告人积极履行生态修复义务,从而促进生态环境的修复。比如《环境污染解释》中详细规定了"严重污染环境"的情形,对于人身伤亡数量、财产损失金额等均给予量化标准,这正是对刑法谦抑主义对处罚范围的限缩的彰显。

(四)确立刑事生态修复责任有利于构筑生态环境司法保护的刑法防线

周光权教授认为:"积极一般预防论的主旨是通过指导公众的行为,确立公众对于规范的认同、尊重进而预防犯罪。"[①]刑罚的目的并不只是简单地通过威慑惩治预防犯罪,而是强化公民的核心价值观,深化公民遵循法律规范的意识。由于环境犯罪自身隐蔽性强、持续时间长、修复困难等特点,确立合理的刑事生态修复责任,对于构筑生态环境司法保护刑法防线具有重大作用。此外,确立刑事生态修复责任可以实现惩教结合,在司法层面判决破坏环境资源犯罪被告人实施生态修复,能够达到"挽救一个人、教育一群人、恢复一片绿"的"三赢"效果,对于恢复自然界生态系统的服务功能,实现人与自然平衡发展、和谐共生,实现经济社会的可持续发展,具有重要而深远的意义。

五、破困开新:生态修复责任在环境刑事审判中适用模式再造

生态修复责任在环境刑事审判中的适用有其历史性和必然性,但是其在实践过程中的问题也是客观存在的。如何完善环境刑事审判中生态修复责任的适用,使其更好地助力生态法治文明建设,笔者拟从司法理念转变、立法层面的宏观设想、审判实践的微观运行三个角度来阐述分析生态修复责任在环境刑事审判中的适用路径。

(一)理念转变:寻求人类法益与生态法益保护的衡平

1.报应性司法向恢复性司法理念转变

"坚持人与自然和谐共生"是新时代坚持和发展中国特色社会主义的基本方略,而生态文明是最能够直接反映人与自然和谐共生的,因此保护生态环境、保持人与自然良好的关系,就是保护人类自身的利益,这也是当前形势下人民法院办理环境刑事审判案件应遵循的核心要义。在新时代生态文明法治建设的潮流下,传统的报应性司法已不足以适应当前形势,其虽然能起到一般性的预防作

---

① 周光权:《行为无价值论与积极一般预防》,载《南京师大学报(社会科学版)》2015 年第 1 期。

用,但是对恢复遭受破坏的生态环境效用甚微。且在传统的报应性司法模式下,环境资源犯罪中的被告人基本上只承担刑事责任,政府或者社会却要承担环境破坏的修复责任,这有违"谁破坏谁治理"的环境保护原则,而环境刑事审判中对破坏环境资源犯罪的惩治,应该是通过修复受损的生态环境,从而达到修复人与自然之间关系的目的,也可以改变政府或者社会承担绝大部分生态环境修复责任的局面。据此,司法审判人员在审理环境刑事审判中,应以恢复性司法理念为指导理念,确立以生态修复为中心的环境刑事审判方针,突破惯性思维,实现传统的报应性司法向恢复性司法的观念转变。

2.倡导"生态学人类中心法益说"

法益,即刑法所保护的利益。在学界,关于环境刑法所保护的利益,有人类中心主义、生态中心主义以及生态学人类中心法益说三种观点在博弈。① 人类中心主义和生态中心主义虽然均有其合理性,但是都过于片面化,人类中心主义单纯地强调人类利益漠视了生态环境对人类利益的至关重要性,生态中心主义过于强调生态环境伦理,而生态学人类中心法益说认为环境刑法保护的利益是二元的:"一是对人的生命、身体、健康等个人法益的保护为中心的刑法规范,二是将环境媒介、动植物等生态法益予以保护的刑法规范。生态学的法益是阻挡层法益,而人类中心的法益则是背后层法益。"② 笔者倾向于第三种观点,即生态学人类中心法益说,该观点综合了人类中心主义与生态中心主义的观点,生态法益的独立性不能否认其与人类利益的关联和依赖,但同时也要摒弃人类唯我独尊的不平等观念。从恢复性司法角度看,该学说实现了对人类法益与生态法益的双重保护,通过修复生态缓和人与自然关系日益紧绷的趋势,实现可持续发展。因此,人民法院在审理环境资源犯罪案件中,也应转变司法理念,兼顾人类利益与生态利益的平衡,实现刑法对利益的双重保护。

(二)宏观设想:生态修复责任在《刑法》的嵌入

我国目前关于环境资源犯罪案件中适用生态修复责任的规定,散见于一些

---

① 人类中心主义认为,环境犯罪保护的法益是人类的生命、健康或重大财产,自然界没有独立的关怀价值,惩治环境犯罪看似谴责的是破坏环境的行为,实则谴责的是破坏环境进而影响到了人类自身的长远利益与整体利益。生态中心主义承认自然物本身的内在价值,认为自然物与人类有平等的权利,有甚者主张建立以自然为中心的价值体系与评判标准。生态学人类中心法益说认为大气、水、土壤、动植物等生态环境要素是人类赖以生存的基础,人类发展活动必须尊重自然、顺应自然、保护自然,否则就会遭到大自然的报复。人因自然而生,对自然的伤害最终会伤及人类自身。因此生态法益与人类利益应处于保护的同一水平面上,均有其独特的保护价值。

② 张明楷:《污染环境罪的争议问题》,载《法学评论》2018年第2期。

环境资源保护立法,如《森林法》《中华人民共和国矿产资源法》《中华人民共和国土地管理法》等,但是这些规定尚不足以作为司法机关追究被告人刑事生态修复责任的法律依据。基于前文分析,生态法益也应是刑法所保护的利益,据此,为了生态修复责任在环境刑事审判的适用中能够有理可循、有法可依,笔者从以下几个方面提出宏观层面的立法建议。

1.完善《刑法》对生态环境资源犯罪的规制

首先,为贯彻恢复性司法理念的要求,可以参照《中华人民共和国民法典》的"绿色发展"原则①,在《刑法》总则第一章"刑法的任务"中明确加入"保护生态环境利益",并明确破坏生态环境资源中适用生态修复责任的自愿参与的基本原则,为环境刑事审判采用恢复性司法理念提供立法基础;其次,目前《刑法》中破坏环境资源保护罪是列于妨害社会管理秩序罪项下的,从该章来看,妨害社会管理秩序罪主要还是基于保护人类利益,基于生态环境法益独特的价值,可以在《刑法》中单列"破坏生态环境资源犯罪"章节,将与生态环境犯罪有关的罪名一并罗列入该章节,以凸显生态环境法益的价值;最后,对于生态修复责任在刑法中的定性,应将其确定为刑罚种类较为合理,鉴于此,建议《刑法》第34条附加刑的种类里增设一项"恢复生态环境",在污染环境罪、非法捕捞水产品罪、滥伐林木、盗伐林木等罪名中,除判处原有的自由刑、罚金刑外,还可视生态环境破坏程度判处被告人"恢复生态环境",实现司法机关判处被告人承担生态修复责任有法可依。

2.履行生态修复义务列为量刑的法定从轻情节

履行生态修复义务作为量刑情节具有特殊性,与一般的量刑情节不同,其在量刑情节中应有明确的定位,通过合理配置、细化量刑规则,应用强力化使生态修复情节量刑规范化,充分发挥生态修复自身优越的价值,反向激励被告人实施生态修复。例如,对于自愿签订生态修复协议书、支付生态修复费用、缴纳生态修复保证金或者采取具体生态修复行为的,明确将上述生态修复情节作为量刑的法定从轻情节,人民法院可以从轻处罚。使得法院在处理该类案件时有法可依,确保恢复性司法在环境刑事审判实践中的有效运用,且也有利于增进公众对刑事司法的认同及满意度。当然,法院在具体运用时,应综合考虑被告人的悔罪态度以及履行义务的情况。

3.明确生态修复的适用标准

一要明确生态修复责任的适用范围。通过相关司法解释制定统一标准,明确人民法院在决定适用生态修复措施时,应综合考虑被告人所实施的行为对生

---

① 《中华人民共和国民法典》第9条规定:民事主体从事民事活动,应当有利于节约资源、保护生态环境。

态环境破坏的程度、社会危害性、损害结果的大小、生态环境恢复的可行性及必要性、被告人的劳动能力和经济能力等,决定哪些犯罪行为、犯罪主体可以适用生态修复责任,哪些不可以适用,哪些犯罪行为可以适用行为修复方式,哪些犯罪行为可以适用金钱修复方式,以此限制审判机关的自由裁量权,避免生态修复责任适用的过度扩展或限缩。二要设置生态修复程序。通过在诉讼法中增设生态修复程序,明确规定生态修复责任的适用范围,规范具体的生态修复措施和名称,确定生态修复的标准以及明确生态修复的实施主体、验收及评估主体、监管主体。

(三)微观运行:拓展生态修复机制

1.规范生态修复程序,科学合理裁判

对于破坏生态环境资源犯罪案件,法院在判决时要慎用法官的自由裁量权,主刑与附加刑的适用要平衡,判处被告人生态修复责任的前提是要区分被告人实施生态修复的自愿性、实施生态修复的能力、实施生态修复恢复的可能性等。同时,在同一个案件中要考虑被告人的经济承受能力,不要同时判处罚金刑和生态修复费用等。对于生态修复的程序,笔者认为,可以设计为启动准备、实施修复、验收评估、执行结案四个环节(见图 3)。在启动准备环节,被告人若自愿实施生态修复,其在判决作出之前,已经履行生态修复义务或者缴纳生态修复费用的,可以作为量刑情节考虑,予以从轻处罚;若未履行生态修复义务的,则法院综合考虑被告人有无劳动能力和经济能力,若认定被告人有劳动能力、经济能力的,则根据犯罪的性质、生态环境破坏的情况判处被告人承担生态修复责任并确定生态修复的方式,拟定生态修复方案,确定生态修复期限,反之则不予考虑判处生态修复责任。在实施修复环境时,被告人应当根据修复方案的要求进行生态环境修复,修复过程中,由司法机关、相关行政主管部门对实施情况进行监督跟踪。在验收评估环节,修复期限届满后,人民法院可委托第三方专业的评估机构对生态修复的结果进行验收。执行结案环节,验收合格的,则向被告人送达生态修复完毕通知书;若验收不合格,则撤销缓刑适用。

2.建立多元共治的生态修复联动机制

生态修复维护的不是人类个体利益,实现的也不是个案正义,而是维护全社会、全人类的整体利益、共同利益,生态环境问题的复杂性、长期性、潜伏性等也决定了生态修复之路必将长远且艰难,这就需要建立全方位、全覆盖的系统性生态环境保护机制,调配各方力量共同参与、共同推动。因此,要建立多元共治的生态修复联动机制,强化法院与检察院、公安机关、司法局、环境行政部门、社会组织等各主体的分工与联动,开展生态修复的司法衔接工作,包括对生态修复落实的监督、生态修复资金的监管、生态修复项目的验收与评估等。

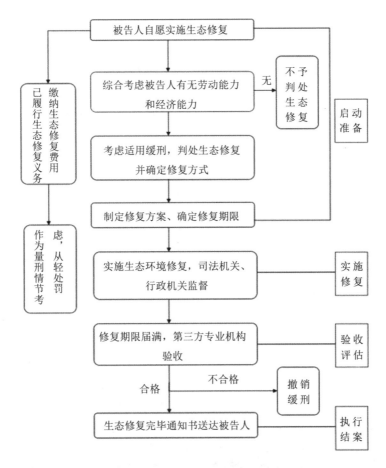

图3 环境刑事审判生态修复程序的框架设计

3.明确生态修复主体专一性

确立环境刑事审判生态修复责任的主要目的是实现惩治与教育并行,既如此,生态修复一般应以被告人作为实施主体。但生态环境修复毕竟是一项专业性极强、对技术要求极高的工程,因此,当被告人因客观因素无法亲自实施生态修复工作时,应当允许被告人委托专业机构或者由其向司法机关缴纳一定修复费用聘请专业机构实施修复,此时生态修复义务的主体仍然是被告人。

4.生态修复基金规范化管理

生态修复目的的顺利实现离不开生态修复资金的有效管理,规范生态修复基金的专项管理势在必行。一是建立生态环境修复基金专门账户,并由专门的机构统一调配。二是对于愿意自行实施生态修复方式的被告人,可以要求其缴纳生态环境修复保证金,对于被告人在行政处罚阶段缴纳的行政罚款可一并列入该生态环境修复基金专门账户。破坏生态环境资源犯罪中有判处罚金的,可以将罚金纳入生态环境修复基金。环境刑事附带民事公益诉讼中判处生态修复补偿金的,也可以将补偿金汇入生态修复基金账户。三是将生态环境修复资金纳入审计,实现生态环境修复基金专款专用。

5.完善生态修复监督机制

破坏环境资源犯罪案件不能一判了之,判后完善生态修复的监督机制极其必要。一是法院、检察院在生态修复过程中应起到主导监督的作用,公安机关、司法局、环境保护局、林业局、国土资源局等享有环境保护监督权的行政主体,应当对生态修复过程进行监督,对在修复过程中拒不履行或者履行无法达到修复标准的,可以向司法机关提出监督意见。二是加强跟踪监督和回访。对于直接修复的,由相关职能部门建立执行档案,对生态修复现场通过拍照等形式存档;法院、检察院、公安以及其他相关环境职能部门应当落实监督机制,定期检查生态修复的情况,及时跟踪反馈,作为对被告人缓刑考察的重要内容,以此避免出现修复后"无人管"的现象。

结　语

生态法治思想早已深入人心,生态修复责任也在环境刑事审判中的司法实践中普遍适用,但是立法上的缺失、司法实践中的困难等始终如影随形。"只有实行最严格的制度、最严密的法治,才能为生态文明建设提供可靠保障。"[①]于生态环境刑事审判而言,从立法层面将生态修复责任确定为刑罚性质、适当地修改《刑法》中关于生态环境资源犯罪的相关规定,从实操层面拓展生态修复机制的运用,规范生态修复的司法程序,凝聚各方力量实现生态环境保护多元共治,这一系列的措施,希望对于推动我国恢复性环境刑事司法的深入发展,及时高效地服务生态法治文明建设,有所裨益。

---

① 吕忠梅:《习近平新时代中国特色社会主义生态法治思想研究》,载《江汉论坛》2018年第 1 期。

民事司法

明清司法判词与现代裁判文书之比较研究
——基于"语言、逻辑、理由"三维视角的实证分析

■ 林　娟　李志芳*

摘要:裁判文书是审判活动的主要载体,是法官审理案件质量的综合反映。司法判词是古代司法官员断案决狱的具结文书,是中国古代法律智慧的结晶。通过选取明清时期的优秀司法判词,采取古今纵向对比的研究方式,聚焦语言、逻辑、理由三大要素,剥茧抽丝式地挖掘二者的特征,透视明清司法判词的风格色彩和现代价值,以期为当今裁判文书在语言、逻辑和说理领域的承袭和发展提供有益的经验和启示,不断推动司法文化的改革和进步。

关键词:明清判词;裁判文书;比较分析

习近平总书记指出:"我国古代法制蕴含着十分丰富的智慧和资源,中华法系在世界几大法系中独树一帜。要注意研究我国古代法制传统和成败得失,挖掘和传承中华法律文化精华,汲取营养、择善而用。"①古代判词是中国传统法律文化中一颗闪耀的明珠。我国最早最完整的判词,可追溯至西周晚期夷厉时期的亻朕匜铭文②。发展至明清时期,司法判词已日趋成熟,在数量

---

* 林娟:福建省福州市长乐区人民法院法官助理;李志芳:福建省高级人民法院四级高级法官,法学硕士。

① 习近平:《加快建设社会主义法治国家》,载《求是》2015 年第 1 期。

② 该铭文共百余字,记载了一桩奴隶买卖纠纷的经过,判案依据为当时的刑典,内容包括罪名认定和处理结果,已具备判词的雏形。

和内容上都有明显进步,如明代《折狱新语》《谳狱稿》,清代《陆稼山判牍》《于成龙判牍精华》等。笔者试在古今对比视角下,以明清优秀判词为例,从裁判文书三要素即语言、逻辑、理由进行分析比较,以资借鉴。

一、语言之比较

(一)语体格调:骈散兼具 VS 法言法语

古代判词无外乎骈体和散体两类。明清司法判词骈中有散、散中有骈,融骈体的典雅意蕴和散体的灵活平实于一体。骈体的典雅意蕴在于行文考究,言辞对偶;引经据典,假物取譬;文采飞扬,合辙押韵。散体的灵活平实在于辞情精妙,力透纸背;运句敦朴,不尚藻饰;长短错落,隽爽畅通。

[案例 1]端午桥巧判姊妹易嫁案

"周玉笙有八斗之才,屈畹芬具千娇之色。要说配得均,才子配佳人;要说未配错,田螺配蚌壳。曹子建与甄后,天生佳偶;黄瘦狼与狗睡,前世因缘。李瞎子说瞎话,命中冲犯;糊涂人办蠢事,乱点鸳鸯。于是洞房生变,萧郎跨彩凤同飞;因而兄弟反目,弟弟与嫂嫂出走。家庭丑事,全是老爸造成;听信胡言,竟被瞎子操纵。本官为媒,将错的翻转过来。以畹芳配周氏长子,畹芬配周氏次子。使夜叉成双成对,让玉人交映生辉。此判。"①

首先,判词形式对仗工整,多为"四六句",善用排比、对偶等修辞手法,饶有朗朗上口之音腔。其次,工于用典,如"曹子建与甄后,天生佳偶"借用了曹植和甄宓的典故②,"萧郎跨彩凤同飞"引用了萧史的典故③。最后,熟稔文道,既具有"八斗之才""千娇之色""交映生辉"等华丽辞藻,又参以"说瞎话""办蠢事"等浅白妙语,二者交替运用,可谓词情并茂、明晰透辟,极具音韵铿锵之美感和回环往复之律感。

现代裁判文书需严格依照"裁判文书行文应当规范、准确、清楚、朴实、庄重、凝练,一般不得使用方言、俚语、土语、生僻词语、古旧词语、外语……应当避免使用主观臆断的表达方式、不恰当的修辞方法和学术化的写作风格,不得使用贬损

---

① 刘加永:《那些挽救婚姻的古代"诗意判词"》,载《人民法院报》2016 年 12 月 23 日第 7 版。

② 《洛神赋》,原名《感鄄赋》,是三国时期曹魏文学家曹植创作的辞赋名篇,世人多认为该赋为曹植写给甄宓的爱情篇章。

③ 汉代刘向《列仙传·萧史》中道:"萧史善吹箫,作凤鸣。秦穆公以女弄玉妻之,作凤楼,教弄玉吹箫,感凤来集,弄玉乘凤,萧史乘龙,夫妇同仙去。"

人格尊严、具有强烈感情色彩、明显有违常识常理常情的用语……"①的要求制作。据此,现代裁判文书色彩偏向严肃,具有专业性、规范性、客观性等特征,遣词造句优先使用法律规定中表述的法律术语和法学理论中表述的专业术语,以确保裁判文书用语准确、恰当、规范、专业(常见法律专业规范用语如表1所示)。例如,裁判文书需将口语化的"打了一张借条"表述为"出具了一份借款凭证",将"可以依法再向××要求偿还款项"表述为"对××依法享有追偿权",以呈现法言法语的简练和精确。

表 1　常见法律专业规范用语摘选

	刑 事	民 事	行 政	执 行
称 谓	被告人、公诉人、被害人、自诉人……	原告、被告、第三人……	原告、被告……	申请执行人、被执行人……
行 为	中止、既遂、未遂、自首……	表见代理、无权处分、先诉抗辩……	行政许可、行政处罚、行政复议……	保全、查封、冻结、划拨、扣押……
其 他	数罪并罚、累犯、死缓……	孳息、无因管理……	具体行政行为、土地使用权……	执行异议、恢复执行……

注:以上法律术语一般情况下不使用其他词语代替。

(二)内容实质:言简意赅 VS 面面俱到

明清司法判文内容简洁凝练、篇幅短小精悍,即便是复杂的案情,仍重视字斟句酌,鲜见臃词废语。现代裁判文书结构完整,繁简得当,对案件的审理过程、诉辩要点、举证质证、事实认定、裁判理由等全面兼顾。为了直观表现古今裁判文书的差异性,现选取古今均涉及正当防卫的刑事案件裁判文书予以比较分析,详见表2。

---

① 最高人民法院:《最高人民法院关于加强和规范裁判文书释法说理的指导意见》,https://www.court.gov.cn,下载日期:2023 年 3 月 28 日。

表2 古今裁判文书(均涉正当防卫)之语料分析

	拒奸杀人之判	张×虎故意伤害 一审刑事判决书①
基本案情	陶丁氏系陶文凤的弟媳,陶丁氏为反抗陶文凤对其强奸而将陶文凤杀死。	张×虎因工作琐事与同事王某发生口角,王某用拳头殴打张×虎面部,张×虎遂咬伤了王某左手大拇指。
累计字数	607字	3357字
案件由来及审理经过等	用31字简单概括:"审得陶丁氏戳死陶文凤一案,系因抗拒强奸,情急自救,遂至出此。"②	用374字详细阐述指控罪名、案件由来、公诉日期、审理程序、审判组织形式、开庭时间、开庭方式、诉讼参与人出庭情况等内容。
事实和证据	406字,简述:(1)事实方面:"一手握银锭两只,以为利诱,一手执凶刀一把,以为威胁""丁氏见持凶器,知难幸免,因设计以诱之。待其刀已离手,安然登榻,遂出其不意,急忙下床,夺刀即砍"。(2)证据方面:"陶文凤赤身露体""衣服乱堆床侧""袜未脱""双鞋又并不齐整""劈柴刀""银锭两只""生者供词"。	1028字,详述:(1)事实方面:使用230字阐述法院经审理查明王某与张×虎发生肢体冲突的前因后果。(2)证据方面:使用798字罗列法院经审查举证、质证后认定的12个证据情况。
理由和主文	170字,将理由与主文内容有机糅合,具引律文"妇女遭强暴而杀死人者,杖五十,准听钱赎。如凶器为男子者免杖",通过"且也强暴横来,智全贞操,夺刀还杀,勇气佳人,不为利诱,不为威胁。苟非毅力坚强,何能出此!"抒发对陶丁氏勇气的钦佩之情,最后定论陶丁氏"免杖"。	1227字,围绕张×虎系构成故意伤害罪还是正当防卫不负刑事责任进行分析评判,阐释本案适用的法律条文及适用理由,论述张×虎的行为性质、法律关系和法律责任,最后判决"被告张×虎无罪"。

---

① 湖北省武汉市江夏区人民法院(2019)鄂0115刑初606号刑事判决书。
② 张建成:《明清判词特色研究》,载《新乡学院学报》2009年第3期。

二、逻辑之比较

(一)结构布局:不落窠臼 VS 规行矩步

明清司法判词没有严格要求使用特定的格式,可对事实、理由、主文进行自主搭配,随意性较大,如表3。现代裁判文书格式统一、要素齐备、结构完整,一般由标题、正文、落款三部分组成,如表4。

表 3　明清司法判词结构描摹

基本案情	判词内容	语篇布局
明代时,一年春耕时节,湖南长沙两农户的牛相斗,致使一牛死亡,一牛受伤。	太守祝文山判道:"两牛相斗,一死一伤。死者共食,生者共耕。"①	事实＋主文
明代时,福建龙溪县张松茂与金媚兰私通,被金家捆绑至福建巡抚大堂上。巡抚王刚中见二人长相端正,皆擅作诗,便分别以蝴蝶、珠帘为题试二人,然二人不负众望均作出让人满意的诗句,王刚中便觉二人才情相配,有意成全。	巡抚王刚中判道:"佳人才子两相宜,致富端由祸所基。判作夫妻永偕老,不劳钻穴窥于隙。"②	事实＋理由＋主文
清代时,山东潍县一女子因不愿被父母许配给老财主做妾而削发为尼,其同村的青梅竹马亦削发为僧。因缘巧合,二人相遇于来年三月三的风筝会上,不料却在夜晚幽会时被以私通败坏风俗为由抓至县衙。	县令郑板桥判道:"一半葫芦一半瓢,合来一处好成桃。从今入定风波寂,此后敲门月影遥。鸟性悦时空即色,莲花落处静偏娇。是谁勾却风流案?记取当堂郑板桥。"③	理由＋主文

---

① 李志刚:《郑板桥判案:一半葫芦一半瓢》,载《文史博览》2012 年第 5 期。
② 杨兴培:《中国古代判词的法学与文学价值》,载《北方法学》2013 年第 5 期。
③ 吴昊:《幽默的判决》,载《政府法制》2012 年第 36 期。

表 4　民事裁判文书结构样式

基本要素	涵盖内容
标　题	法院名称、文书名称、案号。
正　文	首部：诉讼参加人及其基本情况、案件由来、审理经过等。①
	事实：当事人的诉讼请求、事实和理由,法院经审理认定的证据及事实。
	理由：以事实为依据,以法律为准绳,分析评述当事人的诉讼请求是否成立。
	裁判依据：法院作出裁判所依据的实体法和程序法条文。
	裁判结果：人民法院对案件实体、程序问题作出的明确、具体、完整的处理决定。
	尾部：诉讼费用负担、告知事项。
落　款	署名、日期。

注：采用令状式、表格式、要素式等裁判文书,但保留基本要素。

(二)推理方式:形式司法推理＋实质司法推理 VS 三段论推理模式＋图尔敏论证模式

1.形式司法推理＋实质司法推理

中国古代缺乏司法逻辑理论,但古代司法实践中却客观存在着各种司法逻辑推理方法,其可分为两大类型:一种是形式司法推理,以演绎推理、类比推理和归纳推理为主;另一种为实质司法推理,也称辩证推理。

(1)形式司法推理——演绎推理、类比推理、归纳推理

演绎推理,是指遵守"从一般推导个别"的逻辑规则,一般表现为存在明确的律文规定,并严格适用规定。类比推理,是指遵守"从个别推导个别"的逻辑规则,一般表现为律文没有明确规定,通过比附或者援引作为审判依据。归纳推理,是指遵守"从个别推导一般"的逻辑规则,一般表现为从多数相似案例中总结出法律规则适用于司法实践。为分析明清司法实践所适用的逻辑推理方式,现选取三篇具有代表性的司法判词予以对比分析,详见表 5。

---

①　最高人民法院:《最高人民法院关于印发〈民法院民事裁判文书制作规范〉〈民事诉讼文书样式〉》,http://qqherlj.hljcourt.gov.cn,下载日期:2023 年 3 月 28 日。

表5　明清司法判词逻辑推理之样本剖析

判词名称	盟水斋存牍·争田文明芳等(杖)	折狱新语·黑抄事	刑案汇览·人命·谋杀人·将钱用云恐其不依谋死人命
基本案情	文明芳将田地卖给吴茂元后,因受曾顺忠挑唆又将田地卖给梁家,即"一田两卖"。	董应迈将粪窖建造在街角,难闻的气味影响了周边居民和过路行人。因此,夏连等人自行将粪窖填平。	谢东受因赌博将李亚养交付用于赎牛的银两输尽,因担心无银两将牛赎回,李亚养不善罢甘休,遂起意谋杀李亚养。
裁判依据	《大明律》规定:"若将已典卖与人田宅,朦胧重复典卖者,以所得价钱计赃,准窃盗论,免刺,追价还主,田宅从原典卖主为业。"①	比附《大明律·工律·侵占街道》规定:"凡侵占街巷道路而起盖房屋及为园圃者,杖六十,各令复旧。其穿墙而出秽污之物于街巷者,笞四十,出水者勿论。"	引用四个照谋故杀律定罪的相关先例:嘉庆八年(1803年),湖北省王泡三因被债主李光柏追索银两发生争执后蓄意谋杀李光柏案件;嘉庆十一年(1806年),四川省薛邦礼因被债主聂刚强行以铺盖抵债发生争吵后起意杀害聂刚案件;嘉庆十一年(1806年),曾光耀因为被债主刘显茂索要欠款后起意杀死刘显茂案件;嘉庆十一年(1806年),番民昔达尔因无法偿还谢奉仓债务而谋杀谢奉仓的案件。由于前述案情相似的四个案件均以谋故杀律定罪,归纳出谋故杀罪相区别于谋财害命犯罪的特点,后将本案比照此定罪,结果按谋故杀罪处理。

---

① 〔明〕李清:《折狱新语注释》,华东政法学院法律古籍整理研究所注释,吉林人民出版社1989年版,第9页。

续表

判词名称	盟水斋存牍·争田文明芳等（杖）	折狱新语·黑抄事	刑案汇览·人命·谋杀人·将钱用云恐其不依谋死人命
裁判结果	依律判道："茂元出银拾两与明芳为洗业之资，抵还梁家，其田听茂元管业，伪契俱作故纸。倘拾两之外，尚有余欠，听明芳自还，不得再累。茂元、明芳、顺忠各杖，并请加责，枷示顺忠以为土勾之戒。"	判道："况秽薮乎？故以纠众横行，特杖治之。董应迈辗转公庭，惜粪若金，何鄙甚也。其粪既经众填，即令永移他所。庶民攻之，不日填之。可谓爱应迈而借其人力者矣。不得妄思复窖，自干众怒。"即判决杖治夏连等人，董应迈应将粪窖移至他处，不得在原处重建。	判道："各该省均照谋故杀本律定拟，经本部照覆在案。今谢东受一犯该省依谋杀本例科断，核与王泡三等情事相同，似可照覆。"①
推理类型及分析	演绎推理，严格按照《大明律》规定。	类比推理，本案《大明律》没有贴合案情的规定，《大明律·工律·侵占街道》对侵占街巷道路和对从墙内将污秽之物排至街巷作了规定，但本案董应迈的情节轻于律文规定，因此比照该律文判令其移除粪窖；杖罚未经裁断而擅自行动的夏连等人。	归纳推理。四个已决先例均依照谋杀例判决，本案与先例情节相符，故引用先例所适用的条文。

(2)实质司法推理——辩证推理

实质推理又称辩证推理，其基本特征是不以法律条文为前提进行逻辑推理，而以符合基本价值观念的实质正义为追求目标，如表 6 所示。

---

① 王娜：《中国古代司法推理中的误区研究》，天津商业大学 2012 年硕士论文。

表6 《明清公牍秘本五种》适用辩证推理之示范性分析

名　称	案　情	裁判结果	具体分析
违略号法事	诬告行为	维新诬奸诬略,本应按律,悯其穷丐免究。①	四份判词均未抱令守律,而是运用衡平艺术性的辩证推理加以裁决。其中,《违略号法事》《剿叛劈奸等事》为裁判者鉴于当事人年老、贫困而作出不符律法规定的免责处理。《强奸幼女事》《违律坏纪等事》为裁判者根据案情作出较律法减轻和加重的处罚。
剿叛劈奸等事	仆人逃跑	九十本应按治,念其年老姑宽。	
强奸幼女事	强奸行为	昱如误听,本应如律反坐,念其不系同居,无由察其虚实,姑从宽免。	
违律坏纪等事	擅自悔婚	其女应归前夫,思明不愿,应照律倍追财礼,仍有士介前受思明历寄银信未吐,应再追一倍,给还思明收领另取。	

2.三段论推理模式+图尔敏论证模式

(1)简案:形式逻辑推理——司法三段论

司法三段论是一种基本的形式逻辑推理模式,即以法律规范为大前提,以案件事实为小前提,将案件事实置于法律规范之下,进而推导出裁判结果。对于事实清楚、证据充分的简单案件,运用司法三段论即可清晰明了地推导出正确的裁判结果。

[案例2]民间借贷纠纷

案情简介:A 向法院起诉要求 B 还款 5 万元,并出具借条和转账凭证各一份,B 对借款事实无异议。

逻辑分析:本案大前提为以《民法典》第 675 条②为主的关于借款合同规定的法律规范,小前提为根据借条和转账凭证建构出 A、B 间的借贷事实,据此,法院作出 B 应当偿还 A 借款本金 5 万元的判决结果。(详见图1)

(2)繁案:非形式逻辑推理——图尔敏论证模型

图尔敏论证模型解决了司法三段论在论证领域无法应对复杂情形的局限,

①　金亮亮:《〈明清公牍秘本五种〉中的司法理念与审判技巧探究》,东北师范大学 2015年硕士论文。

②　《民法典》第 675 条:"借款人应当按照约定的期限返还借款。对借款期限没有约定或者约定不明确,依据本法第五百一十条的规定仍不能确定的,借款人可以随时返还;贷款人可以催告借款人在合理期限内返还。"

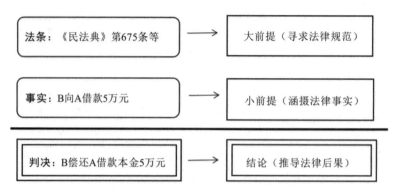

图 1　民间借贷案件之司法三段论论证图式

展示出论证过程中所涉及的各个要素。图尔敏论证模型由六大元素组成,包括主张(claim)、依据(ground)、正当理由(warrant)、支援(backing)、模态限定词(qualifier)、反驳(rebuttal)。图尔敏论证模型中的"主张"(C)为裁判者所要证明的结论。为证成该主张,有必要提供"依据"(G),即提出相关事实命题;为回应从"依据"直接得出结论的质疑,需要"正当理由"(W)加以佐证,即提出具体法律命题;为增加"正当理由"的可信度,需要寻求"支援"(B),即提出具有更强说服力的支持正当理由的命题;因正当理由的证明力强弱不同,"依据"与"正当理由"的结合对"主张"的成立与否存在不同强度的支撑力,不可避免地需要"模态限定词"(Q),如使用"应当""不得"等词予以修饰。由于"正当理由"可能存在例外、反例而具有可辩驳性,需要"反驳"(R),即提出对例外、反例的说明,以加强"正当理由"在个案中的有效性。

[案例 3]伟大的判决之"于×水盗窃案"

案情简介:2013 年 10 月 30 日,于×水持其邮政储蓄卡在邮储银行惠阳支行某 ATM 机存款时,先后 6 次存款,发现现金均被退回,ATM 机屏幕显示"系统故障",但账户余额相应增加,于是于×水恶意存款 17 次,存入 97700 元,后通过其他网点跨取、转账共计 90000 元。银行工作人员发现后联系于×水无果后报警。同年 12 月 12 日,于×水被公安机关抓获,随后共向银行退还 92800 元。2014 年 10 月 16 日,广东省惠州市惠阳区人民法院判决被告人于×水犯盗窃罪,判处有期徒刑三年,缓刑三年,并处罚金人民币一万元。[①]

逻辑分析:本案属于疑难复杂案件,判决书主要由一个主论证和三个子论证组成,其中三个子论证(对罪与非罪、此罪与彼罪、刑罚衡量的论证)是为了支持主论证(对于×水最终判决结果的论证)。在主论证中,主张(C)是法院对于×

---

① 广东省惠州市惠阳区人民法院(2014)惠阳法刑二初字第 83 号刑事判决书。

水最终的判决结果。为了证成判决结果,法院提供了相关的事实依据(G),包括于×水的实行行为、案发过程、三个子论证的论证结果等。为消除由认定事实到判决结果的障碍,法院提供了连接二者关系的具体法律命题,主要为《刑法》中关于财产权保护等条款(W)。结合事实依据和正当理由,明确主张的限定修饰词(Q)为"应当"。法院对于×水自我辩解(行为属侵占而非盗窃)和辩护人辩护意见(于×水行为构成不当得利,即便构成犯罪,也只构成侵占罪)等加以排除的内容为反驳(R),对财产犯罪科以刑罚系为了维护社会正常交易秩序的陈述为支援(B),通过反驳和支援确保正当理由在本案中的适用性,充分展现主论证的有效性。(详见图2)

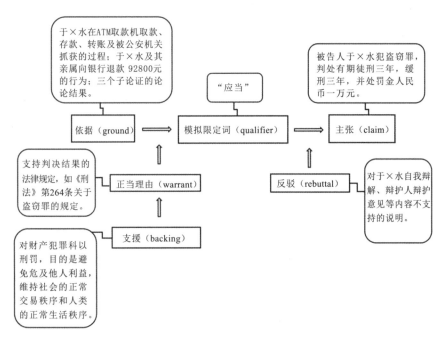

图 2　于×水盗窃案之图尔敏模式论证图解

三、理由之比较

(一)主要依据:"情"VS"法"

中国古代构建了"天理""国法""人情"三位一体的社会治理体系,三者协调统一、互补互用,"天理"体现为"国法","国法"须顺民情民意,反映在司法领域,就是不仅要求援法断罪,更注重"情"的运用和考量,"盖天下事,不外情与理而已"。作为司法实践中可援用的法援,"情"绝非司法者主观上恣意的裁量与擅断,而具有客观性与稳定性,主要包括普通大众所普遍认同的常情常理、民情民意、世情社情、道德礼仪、风俗习惯、家法族规、乡约民规等。一个严明的司法者,应做到"谨持法理、洞察人情""上不违法意,下不拂人情",但是,当法律与人情发生冲突或者法无明文规定时,司法者往往采取中庸的态度主张"法顺人情",甚至"舍法用情"。也就是说,"情"在判断是非上比法更具权威性,即"人情大于王法"。

[案例 4]李虎娃杀人案

清朝渭南县村民李虎娃因为正赶巧遇见本村佃农彭某与其母通奸,便因此杀死了彭某。在法庭上,李虎娃起初为保住母亲的名声并不愿意说出实情,而是"到县侃侃自承,谓向与彭同炕而宿,肇衅之夕,彭与同鸡奸,愤不可遏,故以刀毙之,愿论抵"。但知县觉得事有蹊跷,年仅十八的李虎娃怎么会将力大如牛的彭某乱刀砍死? 于是不断地对李虎娃进行开导,李虎娃终于说出了实情:是因为彭某与自己的母亲通奸,才一气之下将其杀害。知县判决如下:"李虎娃弱龄杀奸,挺身认罪,其始激于义愤,不愧丈夫;其后曲全母名,可称孝子。"①

该案表面看来,杀人偿命在法律成熟、定型,判词发展到鼎盛时期的清朝,是理所应当的,但因李虎娃杀人是为了保全母亲的名声,符合当时社会的道德伦理要求,司法者依据情理作出判决,免除了原来应有的处罚。李虎娃案并非个案,在强调情与法一体衡平的古代司法实践中,该类案件并不鲜见。可以说,司法者对法律精神的理解、对律例的掌握、对情理的期待都反映在司法裁判中,同时也使司法裁判带有浓厚的"人情味"。

然而,这种人情味在现代司法裁判中却比较罕见。现代司法裁判坚持法律中心主义,贯彻"以事实为依据,以法律为准绳"的基本原则,更多强调"法",而所谓的"情",不管是风俗习惯等非正式法律规范,还是人之常情、朴素正义观等"正义衡平感",其实质都是一种法外因素,并没有得到过多的关注和运用。比如在民事判决书理由部分,通常表述为:"本院认为……(写明争议焦点,根据认定的事实和相关法律,对当事人的诉讼请求作出分析评判,说明理由)。综上所述……(对当事人的诉讼请求是否支持进行总结论述)。依照《中华人民共和国……法》第×条……规定,判决如下……"刑事判决书理由部分大致如下:"本院认为,被告人×××的行为(具体)已构成××罪。(对控辩双方适用法律方面的争议采纳或者不予采纳的理由;依法从轻、减轻处罚或者免除处罚的理由。)依照《中华人民共和国……法》第×条……规定,判决如下……"由此可见,无论是陈述判决理由还是结果,都援引法律条款作为主要依据。

---

① 王聪:《从情理法看我国古代判词的现代价值》,载《理论观察》2018 年第 9 期。

(二)说理模式:"柔"VS"刚"

古代判词的说理,可谓是"充实之谓美",注重将法律、文化、情感、道德、伦理等多重因素有机融为一体,凸显了"柔"的特性,形成了别具一格、独树一帜的说理模式。

[案例5]"吕豹变抢婚不遂案"①

"关雎咏好逑之什,周礼重嫁娶之仪。男欢女悦,原属恒情;夫唱妇随,斯称良偶。钱万青誉擅雕龙,才雄倚马;冯婉姑吟工柳絮,凤号针神。初则情传素简,频来问字之书;继则梦隐巫山,竟作偷香之客。以西席之嘉宾,作东床之快婿;方谓情天不老,琴瑟欢谐。谁知孽海无边,风波忽起。彼吕豹变者,本刁顽无耻,好色登徒;恃财势之通神,乃因缘而作合。婢女无知,中其狡计;冯父昏聩,竟听谗言。遂以彩凤而随鸦,乃使张冠而李戴。婉姑守贞不二,至死靡他,挥颈血以溅凶徒,志岂可夺?排众难而诉令长,智有难能。仍宜复尔前盟,偿尔素愿。月明三五,堪谐凤世之欢;花烛一双,永缔百年之好。冯汝棠贪富嫌贫,弃良即丑,利欲熏其良知,女儿竟为奇货。须知令甲无私,本宜惩究,姑念缇萦泣请,暂免杖笞。吕豹变刁滑纨绔,市井淫徒,破人骨肉,败人伉俪,其情可诛,其罪难赦,应于杖责,儆彼冥顽。此判。"②

清代名臣于成龙所作这短短不到三百字的判词,实现了法、理、情的联通统一,堪称古代判词之典范。笔者以小见大,进一步解析明清司法判词的说理模式。(1)情感。"动之以情、晓之以理",不局限于理性的分析,更注重情感的共鸣。于成龙对冯汝棠的处断"须知令甲无私,本宜惩究,姑念缇萦泣请,暂免杖笞",即按照《大清律》规定③本应追究责任,但因其女儿请求特免予杖笞,兼顾了法律与人情,亦体现了法律应有的人文关怀。(2)道德。古代判词更加侧重法律

---

① 冯汝棠之女冯婉姑与私塾教师钱万青两情相悦,私订终身。经媒人说和,这桩婚事得到了冯汝棠的允诺。但市井无赖吕豹变垂涎冯婉姑的美色,遂贿赂冯婉姑的婢女从中挑拨,并托媒向冯汝棠游说。冯汝棠贪恋吕豹变的钱财,毁弃婚约,将女儿另行许配给吕豹变。迎亲之日,冯婉姑拒绝上轿,被强行拖走。在拜天地时,冯婉姑乘人不备,用袖中事先藏好的剪刀刺伤了吕豹变,并趁现场混乱逃出吕家,跑到县衙诉吕豹变强抢民女;钱万青因冯汝棠悔婚而诉至县衙,吕豹变后来亦诉冯婉姑刺伤亲夫。

② 刘加永:《那些挽救婚姻的古代"诗意判词"》,载《人民法院报》2016年12月23日第7版。

③ 依照当时的婚姻法("礼"),婚姻须经过纳采、纳吉、纳征、问名、请期、亲迎六个程序才正式成立。大约到了"纳征"和"请期"阶段,婚姻基本确定,就不得反悔。《大清律》明确规定:"许嫁女已报婚书而辄悔者,(女家主婚人)笞五十;虽无婚书,但受聘财者亦是。若再许他人,(女家主婚人)杖七十……追还财礼,女归前夫。"

的教化功能,具体到说理方面,即说理不但要求人们"诸恶莫作",更要求人们"众善奉行"。正如于成龙对吕豹变的惩处意在发挥法律的震慑作用,使人"不敢为非"。可以说,坚持依法治国和以德治国相结合的精神实质,在古代判词说理中得到了完美体现。(3)文化。中华文化源远流长,积淀着中华民族最深层的精神追求,不仅为中华法系提供了源头活水,更为古代判词提供了强有力的文化支撑。如于成龙的判词,以《诗经》的"关雎"和《周礼》的"婚礼"开篇,使说理充满了浓厚的文化气息。综上所述,明清司法判词的说理并非"头疼医头、脚疼医脚"的法律适用,而是通过对当时的历史文化、主流价值观等的深入分析来明断是非,从而作出判决。

相比之下,现代裁判文书强调法律的严肃性和权威性,判决理由大都不涉及法官的个人道德判断,而是完全依据客观事实,进行法律推理,得出法律上成立的结论。[①] 基于此,裁判文书说理也过于"刚"性,存在千篇一律、隔靴搔痒、机械冷漠、不通情理等问题,如此有形式而无实质的说理极大影响了司法裁判的可接受性和说服力。以"于欢案"为例,其一审判决说理部分指出:"本院认为,被告人于欢面对众多讨债人的长时间纠缠,不能正确处理冲突,持尖刀捅刺多人致一名被害人死亡……被告人于欢故意伤害罪,判处无期徒刑,剥夺政治权利终身……"本案中,一审判决事实上与法律规定并无多大出入,但其引发舆论争议的重要原因便是忽视了情理,从而使得裁判可能于法无违,却对维系社会整体秩序的道德文化造成了冲击,最终反噬了司法正义与权威。

随着全社会法治意识的不断提高,社会大众不再狭隘片面地关注裁判文书的判决结果,而是更加渴望看到裁判文书的说理过程和法理分析。党的十八届三中全会、四中全会提出"增强法律文书说理性""加强法律文书释法说理"的改革要求。2018 年 6 月,最高人民法院发布《关于加强和规范裁判文书释法说理的指导意见》,提出:"裁判文书释法说理,要阐明事理,说明裁判所认定的案件事实及其根据和理由,展示案件事实认定的客观性、公正性和准确性;要释明法理,说明裁判所依据的法律规范以及适用法律规范的理由;要讲明情理,体现法理情相协调,符合社会主流价值观;要讲究文理,语言规范,表达准确,逻辑清晰,合理运用说理技巧,增强说理效果。"2021 年 1 月,最高人民法院发布《关于深入推进社会主义核心价值观融入裁判文书释法说理的指导意见》,强调"对于裁判结果有价值引领导向、行为规范意义的案件,法官应当强化运用社会主义核心价值观释法说理,切实发挥司法裁判在国家治理、社会治理中的规范、评价、教育、引领等功能,以公正裁判树立行为规则,培育和弘扬社会主义核心价值观"。

目前,在司法改革的深入推进下,加强裁判文书说理已成为共识,各地各级

---

① 张清:《中国古代判词与现代刑事判决书对比研究》,载《比较法研究》2019 年第 3 期。

法院在裁判文书说理的方式、程度和质量上都发生了明显变化。曾被全网刷屏的"江歌案",被称赞为"一份力透纸背的司法判决为善良撑腰",判决指出:"扶危济困是中华民族的传统美德,诚信友善是社会主义核心价值观的重要内容。司法裁判应当守护社会道德底线,弘扬美德义行,引导全社会崇德向善。""基于民法诚实信用基本原则和权利义务相一致原则:在社会交往中,引入侵害危险、维持危险状态的人,负有采取必要合理措施以防止他人受到损害的安全保障义务;在形成救助关系的情况下,施救者对被救助者具有合理的信赖,被救助者对于施救者负有更好的诚实告知和善意提醒的注意义务。""江歌作为一名在异国求学的女学生,对于身陷困境的同胞施以援手,给予了真诚的关心和帮助,并因此受到不法侵害而失去生命,其无私帮助他人的行为,体现了中华民族的传统美德,与社会主义核心价值观和公序良俗相契合,应予褒扬,其受到不法侵害,理应得到法律救济。"此份裁判文书的说理融合了法律的刚性与温情,充满激情同时也蕴含深刻的法理,不仅让公平正义的光束聚集到了个人身上,还向全社会传递了法律的关切和温度。

四、结语

伟大的时代需要伟大的判决。作为当代的中国法官,既要有国际视野,又要有历史眼光。我国古代的优秀判词,语言之优美、逻辑之严谨、说理之充分,世所罕见。我们要心怀敬畏和尊重,去挖掘、传承、弘扬我国古代判词中蕴含的"古老而又永远年轻的东西",以期为现代中国司法裁判注入更多不竭生机和勃勃动力。

民事虚假诉讼识别机制的优化路径

——基于 2736 件民事裁判文书的实证考察

■ 林祥润*

摘要：自 2012 年《中华人民共和国民事诉讼法》对民事虚假诉讼的规制措施增设法条以来，经过十多年的运行，民事虚假诉讼高发态势仍未得到有效遏制。通过对该法条适用现状实证分析，发现当前民事虚假诉讼识别机制存在识别标准模糊、刑民交叉程序不畅及公检法协作不足等问题。本文通过探寻现行识别机制失灵原因，提出从两个方面优化民事虚假诉讼识别机制的路径：一是完善识别机制实体内容；二是建立程序一体化识别运行机制。

关键词：民事虚假诉讼；识别程序；程序一体化；实证研究

引　言

据最高人民法院统计,2017 年至 2020 年全国法院共查处虚假诉讼案件1.23万件。① 2021 年 11 月,最高人民法院专门出台了《关于深入开展虚假诉讼整治工作的意见》(法〔2021〕281 号)(以下简称《虚假诉讼整治意见》)和《关于在民事诉讼中防范与惩治虚假诉讼工作指引(一)》(〔2021〕287 号),但虚假诉讼高发态势仍未得到有效遏制。虚假诉讼不仅妨碍公平竞争,还极大损害了司法权威,社会影响十分恶劣。面对层出不穷的民事虚假诉讼案件,学界针对虚假诉讼范围的界定、检察监督、规制措施以及受损第三人的救济程序等领域进行了探讨和研究,但对于虚假诉讼识别机制如何完善鲜少涉及。识别是规制的前提,只有精准识别才能精准施治。为构建一套能精准施治、靶向整治的识别机制,本文考察了2778 个民事诉讼虚假案件,对民事虚假诉讼的识别现状进行分析,以探寻问题

---

* 作者系福州市中级人民法院研究室主任、四级高级法官,法学硕士。

① 《最高法:对参与虚假诉讼的法院工作人员依规依纪严肃处理》,https://new.qq.com,下载日期:2021 年 11 月 9 日。

症结之所在,从而构建切实可行的识别程序。

一、实证考察:民事虚假诉讼案件的识别现状

法律的生命不在于逻辑,而在于经验。① 民事虚假诉讼作为一个典型的实践性问题,如果想提高识别率、精准施治,首先应当深入了解我国民事虚假诉讼的识别现状,并在此基础上提出针对性建议。为此,笔者在中国裁判文书网上,以"民事诉讼"、"虚假诉讼"和"《中华人民共和国民事诉讼法》(以下简称《民事诉讼法》)第 112 条"作为"法律依据"的检索词进行了检索,共获得了 2841 个样本,经过对这些案例的梳理分析后,最终筛选出了 2736 个有效样本。② 通过对有效样本案件的实证考察,发现当前识别机制存在以下特征。

(一)识别标准:无统一性和明晰性

民事虚假诉讼案件的识别标准包括两方面的内容:一者是虚假诉讼的构成要件问题,即何种行为构成虚假诉讼;另一者是证明标准问题,即案件审理中证据证明力需要达到何种程度,法官才能将案件定性为虚假诉讼。以下将分别从这两方面对样本案件进行分析探讨。

1.构成要件认识不统一

虽然我国民事虚假诉讼案件的裁判文书中"判决所依据的法律条款项"这一部分基本都会引用《民事诉讼法》第 112 条,但实践中法官对该条规定的理解和适用并不统一。有法院严格依据该条的规定,因案件不具有"双方恶意串通"这一要件,而认为案件不属于虚假诉讼的范畴。但也有相当一部分案件仅仅一方当事人存在捏造事实、隐瞒事实提起诉讼的行为,法官就会认定该案属于虚假诉讼。这就使得相似案情的案件在实践中得到不同的界定。虽然从最终裁判结果来看,似乎并无差别,都是判决驳回当事人的诉讼请求或裁定驳回起诉,但是对于能否适用第 112 条中"根据情节轻重予以罚款、拘留"的规定则大相径庭。如果未被认定为虚假诉讼,当事人仅需要承担败诉的结果,并不需要付出相应的代价,这对于虚假诉讼的遏制显然是不利的。

---

① [美]米尔伊安·R.达玛什卡:《司法和国家权力的多种面孔》,郑戈译,中国政法大学出版社 2015 年版,第 5 页。

② 检索时间为 2023 年 3 月 30 日,此时《民事诉讼法》已进行了第四次修正,对于民事虚假诉讼的规定在增设时是 2012 年第三次修改的《民事诉讼法》第 112 条和第 113 条,第四次修正后内容没变,但法条变为第 115 条和第 116 条。本文以下所提及的第 112 条、第 113 条均指增设第三次修改的《民事诉讼法》的规定。

值得关注的是,最高人民法院于 2021 年 11 月发布了《虚假诉讼整治意见》,其中第 2 条明确指出一方当事人单独恶意或与他人恶意串通皆可构成虚假诉讼。同时公布的 5 起法院整治民事虚假诉讼典型案例中,两起案件都是单方恶意型虚假诉讼。作为典型的实践性问题,虽然《民事诉讼法》第 112 条没有进行修改,但该意见的出台和典型案例的公布,可谓是对民事虚假诉讼构成要件标准的统一,能有效避免日后各地法院在司法实践中再出现上述对构成要件理解不一的情形。

2.证明标准适用不明晰

证明标准在整个证据法学中占据重要地位,它既为自由心证设立了标尺,又在事实确认判决和证明责任判决之间划定了边界。① 从某种程度上而言,证明标准的高低直接决定了法官认定民事虚假诉讼案件的难度。在笔者选取的样本案件中,约有 20 个案件的判决书中提到了证明标准的适用。此外,笔者对 F 市两级法院 30 名民事法官进行了问卷调查,其中,中级法院法官 10 名,基层法院法官 20 名。在受访的 30 名法官中,认为民事虚假诉讼识别应适用“高度盖然性”标准的有 21 名,占比 70%;认为适用“排除合理怀疑”标准的有 5 名,占比 16.7%;认为构成犯罪的适用“排除合理怀疑”标准、未构成犯罪的适用“高度盖然性”标准的有 4 名,占比 13.3%。虽然笔者选取的判决书样本和调查问卷样本具有不全面性,但也在一定程度上反映了我国司法实践中对于证明标准适用的混乱性。

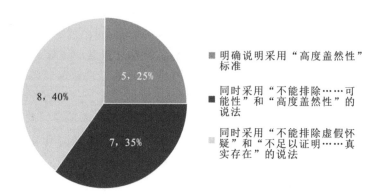

图 1 民事虚假诉讼案件中采用的证明标准

---

① 吴泽勇:《中国法上的民事诉讼证明标准》,载《清华法学》2013 年第 1 期。

(二)识别阶段:集中于再审程序,滞后性强

我国对民事虚假诉讼加大规制的原因之一,在于虚假诉讼案件浪费了大量的司法资源。案件历经的诉讼程序越多,则占据的资源越多,对司法秩序和司法公信力产生的危害性也越大,因此对于民事虚假诉讼案件最理想的识别阶段即在一审程序。但事与愿违,通过对有效样本的梳理和分析后,笔者发现法院对民事虚假诉讼案件识别的阶段多通过再审程序,普通一审和二审程序阶段中虚假诉讼的识别率仅约为23%。同时,不同阶段识别的虚假诉讼案件也呈现出不同的特点。

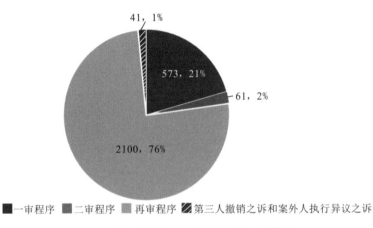

41,1%
573,21%
61,2%
2100,76%

■一审程序 ■二审程序 ■再审程序 ◩第三人撤销之诉和案外人执行异议之诉

图2 民事虚假诉讼案件识别阶段分布情况

1.识别阶段特征各异

在普通一审和二审阶段识别的虚假诉讼案件,整体上单方型虚假诉讼的占比较高,当事人对抗性偏强。"初字号"案件中有110个案件都是原告单方进行虚假诉讼行为,其比例约占据了"初字号"虚假诉讼案件的五分之一,而"终字号"案件更基本都是单方型虚假诉讼。再审程序的绝大多数样本案件则为双方恶意串通型虚假诉讼,而且原案多以调解结案。"再字号"案件中有1236个案件原案都是以调解结案的,占比约为45.2%。在第三人救济程序中,第三人撤销之诉则呈现立案困难、第三人察觉权益受损时间晚的特点。在2736个有效样本中,仅有15个案件为第三人撤销之诉案件,占比约为0.55%,而且绝大部分案件中的原告都是在申请执行时或者在执行程序进行中才发现虚假诉讼案件的线索。此外,执行异议之诉在实践中也没有达到预期的救济效果,反而被一些虚假诉讼行为人加以利用,成为拖延执行、侵害他人合法权益的工具。在26个执行异议之诉样本案件中,只有2个样本案件发挥了应有的救济作用,其余案件全为虚假诉讼案件,系被执行人恶意策划而成。

2.识别滞后性强

诉讼效率决定着公平的质量及其由实然向应然迈进的速度。[①] 从上文中识别阶段的分析可看出,近八成的民事虚假诉讼案件通过再审程序才得以识别,且再审程序的启动距离原案判决书生效时间往往间隔两三年及以上,甚者有虚假诉讼案件的识别时间跨度长达 16 年,其滞后性非常强。[②] 同时,在已经识别的民事虚假诉讼案件中,其标的额一般都偏高,尤其是一方或双方当事人为法人的,其标的额动辄数百万,甚者有上亿元。在这种情况下,原告一旦申请财产保全等措施,法院识别出虚假诉讼的时间跨度越长,对利害关系人造成的影响就越大。即使最终当事人的虚假诉讼行为被法官识别,但其已经对利害关系人造成了巨大的损失,而这种损失有时是难以弥补的。

(三)识别主体:检察机关作用突出

在普通程序中一般没有检察机关的介入,因此主审法官是民事虚假诉讼案件主要的也可以说是唯一的识别主体,其多通过庭前审查、开庭审理等活动识别虚假诉讼。如有的案件是法官在审查证据原件时发现线索,还有案件是法官在审查财产保全时发现案件存在虚假诉讼重大嫌疑。而通过再审程序认定的民事虚假诉讼案件,其线索来源更为多样化,在这之中,检察机关发挥了突出性作用。

表 1　再审程序启动方式的分布情况

再审程序启动主体	案件数量	占比
法院	1007	47.6%
检察院	1039	49.1%
当事人或案外人申请再审	69	3.3%

检察机关之所以能发挥突出作用,有着多重因素影响。一方面,检察机关在职能和人员配置上存在优势。相对于中立的法官,检察官对虚假诉讼案件具有调查取证权,可以采取一定手段进行事实调查、证据调取。而且检察官在与犯罪分子作斗争中积累了丰富的审讯经验,在询问虚假诉讼当事人时具有心理把握、审讯技巧、突破能力等方面的优势,能够快速找到虚假诉讼疑点,击破当事人恶

---

① 齐延平:《法的公平与效率价值论》,载《山东大学学报(社会科学版)》1996 年第 1 期。
② 山东省博兴县人民法院(2020)鲁 1625 民再 10 号民事判决书。

意串通的"防线"。① 另一方面,当事人和案外人,主要是案外人,通过申请监督、控告和举报等方式向检察机关提供了虚假诉讼案件的相关线索。最高人民检察院相关负责同志就曾表示,对虚假诉讼的监督,检察机关一般根据当事人申请或案外人控告启动监督程序。② 此外,律师也是向检察机关提供虚假诉讼案件线索的重要主体。例如山东省平度市检察院监督办理的一起案件,就是检察官在走访律所时发现虚假诉讼线索,从而通过启动再审程序为企业避免了1100余万元的经济损失。③

二、检视反思:民事虚假诉讼识别困境的原因剖析

虽然各国司法实践中或多或少都存在诉讼权利滥用的问题,但虚假诉讼可谓是中国的独有现象。这一现象值得我国加以反思,为何在我国虚假诉讼案件的滋生和发展有着如此丰沃的土壤和广泛的空间,在立法机关增设多条法律条款、司法机关多次出台指导意见的情况下仍屡禁不止?究其根本原因,一方面在于民事虚假诉讼本身存在难以被识别的现实特点,另一方面在于当前我国民事虚假诉讼识别机制尚不健全。

(一)虚假因素隐蔽性强

民事虚假诉讼线索的强隐蔽性主要体现在双方恶意串通型虚假诉讼案件中。在当事人事先进行充分沟通的情形下,其伪造的证据在外观上和内容上往往不具备明显的瑕疵性,法官难以及时察觉。当双方当事人恶意串通时,正常的诉讼构造被破坏,原、被告实际处于同一立场与法院"对抗"。只要演员的"演技"和"道具"不过于拙劣,在案多人少和强调调解的情况下,法官难以识别当事人的虚假诉讼行为也无可厚非。同时在许多样本案件中,都有着"专业人员"的身影,极大增强了识别难度。相较于当事人而言,律师具有更丰富的法律专业知识储备和诉讼经验,在律师的帮助下,当事人能够更为熟练地运用诉讼程序达到非法目的。除了律师外,有些案件的主审法官也参与了民事虚假诉讼过程。如在2018年江苏省高级人民法院审理的一起案件中,一审主审法官在审理中明知该

① 王雄飞:《论强化对虚假诉讼的检察监督》,载《暨南学报(哲学社会科学版)》2015年第10期。

② 彭波:《检察机关3年监督虚假诉讼6800余件》,https://www.spp.gov.cn,下载日期:2016年2月3日。

③ 郭树合、白树文:《1100余万元虚假债务清零了》,载《检察日报》2021年11月24日第8版。

案主要证据系伪造,故意违背事实和法律,仍对虚假证据予以采信,并以调解方式结案。[1] 还有在2020年黑龙江省七台河市中级人民法院审理的再审案件中,一审在法院办案人员的操纵下当天立案、当天审结、当天执行完毕。[2]

(二)存在信息壁垒

单方型虚假诉讼识别难度相对较低的重要原因在于双方当事人的对抗性较强,而在双方恶意串通的情形下,信息相对隔绝,利害关系人和司法机关都难以及时地获取有效信息,不能参与到诉讼过程中与虚假诉讼行为人形成对抗。实践中相当比例的民事虚假诉讼案件都是在执行阶段或者执行完毕后,利害关系人才察觉权益受损,进而向检察机关申诉或者向法院申请再审。检察机关对于民事虚假诉讼案件的检察监督也主要是事后监督,难以在庭审阶段便察觉当事人的虚假诉讼行为。此时当事人之间的"恶意串通"便使得"对抗·判定"式程序结构"失灵",法院在垂直方向上获取的信息受限,无法准确认定案件事实,进而形成了"信息孤岛"。[3] 在当事人怠于行使权利的情形下,信息壁垒的存在阻碍了利益相关方的信息共享,使得法院遭受蒙蔽,无法作出客观、正确的判决。有学者认为民事虚假诉讼识别之难,就难在利害关系人难以穿越这种由于虚假诉讼行为人恶意串通而造成的信息壁垒。目前我国民事诉讼制度中,利害关系人正常获得诉讼信息、介入诉讼仍然缺乏切实的制度保障。[4]

(三)证明标准偏高

事实愈是重要,事实误认造成的后果愈严重,为防止误认事实,就应当适用愈高的证明标准。[5] 从这个逻辑而言,民事虚假诉讼行为的认定,不仅可能会引发强制措施和民事侵权责任的适用,还可能进一步引起刑事责任的承担,因此在民事虚假诉讼行为的证明标准上,应该更为严格。由于法官只有一般调查权,如果采用更高层级的排除合理怀疑标准,其不仅需要耗费更多的时间和精力,且难以达到,所以法官往往会采取高度盖然性的标准,以涉嫌虚假诉讼为由判决驳回请求或裁定驳回起诉,从而避免民事虚假诉讼案件性质的认定。因此在司法实践中,法官对虚假诉讼是怠于直接下断论的,更不轻易动用强制措施。虚假诉讼认定难的相当一部分原因在于,排除合理怀疑证明标准促成了一种"既然在民事

---

① 江苏省高级人民法院(2018)苏民再124号民事判决书。
② 黑龙江省七台河市中级人民法院(2020)黑09民再5号民事判决书。
③ 刘君博:《论虚假诉讼的规范性质与程序架构》,载《当代法学》2019年第4期。
④ 韩波:《论虚假诉讼的规制方式:困扰与优化》,载《政法论丛》2020年第4期。
⑤ 李浩:《证明标准新探》,载《中国法学》2002年第4期。

诉讼中难以认定恶意串通事实,那就不如不予查明"的裁判思维。① 法官"不敢"作认定,自然会导致虚假诉讼制裁力度不够,使虚假诉讼行为愈演愈烈。以主张事实不存在、诉讼请求不成立为由除了可以避免难以证明恶意串通的尴尬,还可以将法官代表的司法行政意志隐藏到证明责任中消减为无形。② 在我国普通的高度盖然性标准已经比英美法系标准更高的情形下,对于恶意串通事实的证明标准再度拔高,引入刑事诉讼中证明标准的合理性和必要性有待商榷。

(四)识别主体间缺乏协作

民刑虚假诉讼虽然在规范层面与审理程序上各自独立,但在事实层面往往存在交叉重合,由此带来虚假诉讼在诉讼程序、事实认定、证据使用等方面的刑民交叉衔接问题。与此同时,司法实践中也出现公安、检察院、法院三个识别主体各自为政的现象。囿于民事诉讼固有局限性,法院仅有一般调查权无侦查权,因此,法官在民事诉讼普通程序审理中,面对涉嫌虚假诉讼但无法达到排除合理怀疑标准的案件,往往会裁定驳回起诉或中止审理,并将案件移送公安机关侦查识别。但公安机关一般擅长刑事实体法,对民事实体法相对不熟悉,对于法院移送的涉嫌虚假诉讼的案件有着天然的排斥。在没有检察机关监督情况下,经常不予立案或立案后又撤销,真正从普通民事诉讼程序转入虚假诉讼刑事侦查处理的案件极少。

三、策略应对:民事虚假诉讼识别路径优化

民事虚假诉讼的识别是规制的前提和基础。要精准施治必须精准识别。根据民事虚假诉讼虚假因素隐蔽性强、存在信息壁垒等表现特征,针对识别标准不统一、识别程序运行不畅、识别主体间协作不强等问题,笔者认为,可以通过以下两个路径优化我国民事虚假诉讼的识别机制。

(一)完善识别机制实体内容

1.区分发现标准和认定标准

在虚假因素隐蔽性强、存在信息壁垒以及法院识别方法有限的情况下,笔者认为可以将证明标准分为发现标准和认定标准。发现标准是指发现民事虚假诉讼的线索,即涉嫌民事虚假诉讼,只要达到高度盖然性标准,法官即可认为案件

---

① 韩波:《论虚假诉讼的规制方式:困扰与优化》,载《政法论丛》2020 年第 4 期。

② 李剑林:《民事虚假诉讼的法律规制:反思、归因与对策》,载《司法改革论评》2019 年第 2 期。

具有高度的虚假诉讼可能性,据此可裁定驳回起诉,并移送公安机关侦查,不需要再进一步审理。排除合理怀疑的标准是公安机关在立案侦查中应当达到的虚假诉讼的认定标准。当事人提起民事虚假诉讼是构成虚假诉讼罪的前提,因此公安机关在侦查犯罪事实时必然会涉及民事虚假诉讼事实的侦查。此时无论是认定民事虚假诉讼还是虚假诉讼罪,证据都应当达到排除合理怀疑的证明标准,只是两者的构成要件不同。将发现标准和认定标准予以区分,可以有效避免法院难以达到高证明标准的弊端,也充分利用了公安机关的侦查权。通过法院和公安机关的合理协作及案件的合理分流,能够在低成本运作的基础上高效识别民事虚假诉讼案件。

2.规范识别方法

民事虚假诉讼有虚假因素隐蔽性强、信息壁垒难以被识别的特征,因此为达到"排除合理怀疑"标准,法院在识别民事虚假诉讼行为时应当发挥法官主观能动性,穷尽职权范围内的所有识别方法进行甄别。我国《最高人民法院关于适用〈中华人民共和国民事诉讼法〉的解释》第96条规定,在当事人有恶意串通侵害他人合法权益的可能时,法院应当调查取证。在民事诉讼法规定的权限范围内,法官对民事虚假诉讼要经过"两查一问"方式,即审查书面证据并向有关机关调取必要的证据、查询系列案件及关联案件、对当事人及诉讼参与人进行积极询问等进行甄别。为防止法官未尽上述方式随意裁判,有必要在出台专门整治民事虚假诉讼有关规定时,规定法官在审理涉及民事虚假诉讼案件时必须载明经过"两查一问"方式查明的事实情况。对于未载明的,应认定为程序错误或程序上有瑕疵。

(二)构建程序一体化识别运行机制

1.建立事前法院立案预警机制

立案是诉讼开始和必经的程序,"有案必立,有诉必理"是对公民便捷寻求司法救济自由的保护,不能因为会对他人造成无端诉讼困扰而被剥夺这种自由,但这并不意味着法院在立案阶段对民事虚假诉讼的识别无所作为,可通过以下方式构建虚假诉讼案件审理前的预警机制。

(1)加强法院警示,当事人普遍签署承诺书。实践证明,法官的警示对于当事人终止民事虚假诉讼行为有一定的积极作用。实务中,法院的警示行为通常是在庭审阶段,笔者建议,将其提前至立案阶段,即在立案时要求所有起诉人员均要看风险提示书,提示其违反诚实信用原则进行民事虚假诉讼须承担的风险,并加大对违法性和对其制裁力度的强调,立案人员还要配以口头提醒。对于立案时就有虚假诉讼迹象的,立案人员还应当要求起诉人员签署诚信保证书,保证其不是进行虚假诉讼,否则自愿接受法律制裁。

（2）虚假诉讼可能性因素标识。虚假诉讼案件中往往有许多共同的异常因素,可通过这些异常因素来预估案件的风险性。法院立案庭在审查当事人起诉时,如有以下因素,应当对该案件予以标识,提示后续审理法官该案有虚假诉讼的风险性,加大庭审力度:一是当事人对调解异常积极的,比如立案当天便要求调解;二是当事人短期内作为多起案件的原告或者被告;三是当事人有财产被法院查封或者冻结。以上是立案阶段通过信息共享机制和信息数据平台可能得知的信息。目前我国各地法院的信息数据共享范围一般限于地市级,未来可加强全国性信息数据平台构建,使得法院能够查询当事人在全国范围内诉讼案件的立案和审理情况,从而加强对民事虚假诉讼案件的识别。

通过立案庭的风险性标识,能够有效引起审判庭的重视,避免遗漏识别当事人的虚假诉讼行为,这在某种程度上也是对民事虚假诉讼识别程序的一种分流。有虚假诉讼可能性标识的案件应当列入调解负面清单,不能进行调解结案。若有条件,法院也可以设立专职法官,由审理虚假诉讼案件经验较为丰富的法官担任。案件若被立案庭进行风险性标识后,则转由专职法官进行实质性审查。

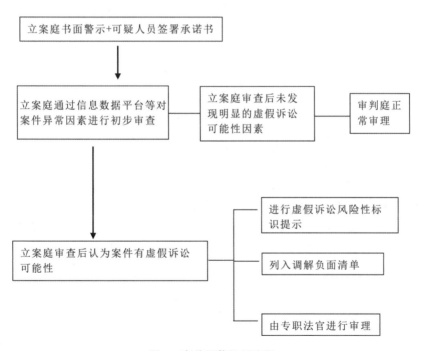

图 3　事前预警机制流程

2.建立事中程序一体化识别运行机制

《虚假诉讼整治意见》第21条规定,法院要积极探索与检察院、公安机关、司法行政机关等职能部门建立完善各种工作机制,强化配合协调,形成整治合力。① 虽然该规定指导性较强,但是较为笼统,需要进一步完善事中阻却机制,构建公检法相互协作制约、民刑有机无缝衔接的一体化机制。

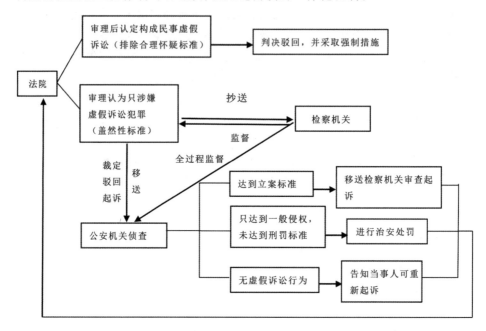

图4 事中阻却机制流程

(1)人民法院:审理过滤

民事虚假诉讼处于民刑交叉地带,民事虚假诉讼整治往往以民事虚假诉讼的提起为前提,人民法院作为虚假诉讼第一个接触者自然成为整治虚假诉讼最先锋。而识别标准要达到"排除合理怀疑"证明标准,对于隐蔽性强的虚假诉讼,要精准识别按规律应当交给具有强大的侦查能力和调查取证能力的公安机关(侦查机关)侦查才是。但民事诉讼与刑事诉讼各有各的使命和任务,如上所析,即使囿于民事诉讼局限性,法院调查取证能力有限,也要承担起完成民事诉讼任

---

① 最高人民法院《关于深入开展虚假诉讼整治工作的意见》(法〔2021〕281号)第21条规定:强化配合协调,形成整治合力。各级人民法院要积极探索与人民检察院、公安机关、司法行政机关等职能部门建立完善虚假诉讼案件信息共享机制、虚假诉讼违法犯罪线索移送机制、虚假诉讼刑民交叉案件协调惩治机制、整治虚假诉讼联席会议机制等工作机制;与各政法单位既分工负责,又沟通配合,推动建立信息互联共享、程序有序衔接、整治协调配合、制度共商共建的虚假诉讼整治工作格局。

务责任内的"两查一问"方式进行识别并处理。因此识别虚假诉讼,法院承担审理过滤职能,最后是两种演变路径结果。

一是对于审理后能达到识别"排除合理怀疑"标准且不构成虚假诉讼犯罪的民事虚假诉讼案件,法院应当判决驳回原告的诉讼请求,同时采取强制措施。虽然"排除合理怀疑"的证明标准偏高,但有些案件的证据中异常因素过于明显,法官在初审后是能够形成内心确认的。如有案件中原告提供的证据记载原告于2014年4月份在办公室借给被告5万元,但在2013年6月至2015年12月间,原告一直在监狱服刑,根本不可能出现在办公室。据此法官可以直接认定案件为虚假诉讼。① 由于立案阶段法院对原告已充分警示且原告已签订了承诺书,因此在法院判决驳回原告诉讼请求时,应当同时对虚假诉讼行为人进行罚款。若当事人存在具有法律专业背景、法官多次询问仍拒不悔改等情节,应加重处罚,情节严重的则进一步采取拘留措施。

二是对于只达到发现标准,涉嫌但无法认定为民事虚假诉讼的,统一裁定驳回起诉并移送公安机关侦查。通过前文的实证考察发现,许多虚假诉讼案件中的虚假因素隐蔽性极强。虚假诉讼行为人在专业律师的指导下,能够制造出完整、闭合的证据链,证据外观上一般不具有瑕疵性,因此法官很难证实证据虚假。若开庭审理后法官怀疑案件为虚假诉讼,但是依现有证据又不能形成内心确认,处于一种真伪不明状态的话,应当裁定驳回原告起诉,并移送公安机关审查。此时法官只需形成"高度盖然性"层级的内心确认即可。

(2)公安机关:侦查主体

实施刑事侦查是我国公安机关的基本职能之一。相较于法院,公安机关在收集、调取证据时受限较小,只要收集证据的方式依照法定程序即可,并不受当事人的限制。同时公安机关可以吸收一切与案件有关或者了解案情的公民进行协助调查,其调查手段和调查对象更为广泛,在职能和侦查手段上更有优势地位,因此能够展开充分的调查取证。

公安机关在侦查后,认为虚假诉讼行为人的行为达到虚假诉讼罪立案标准的,应当及时予以立案,并移送检察机关审查起诉。如果当事人存在民事虚假诉讼行为,但没有达到立案标准的,或者虚假诉讼行为人在侦查过程中积极具结悔过,主动交代自己的虚假诉讼行为或交代其他虚假诉讼案件线索的,公安机关应当对虚假诉讼行为人进行治安处罚。如果公安机关侦查后认为案件并不存在虚假诉讼行为的,则应当告知当事人可以重新起诉。无论公安机关最终侦查结果如何,都应当将侦查结果及时告知法院和检察机关,同时将相关材料抄送至法院和检察院。

---

① 山东省莱西市人民法院(2019)鲁0285民初4324号民事判决书。

（3）人民检察院：全过程监督

检察机关作为我国的法律监督机关，进行虚假诉讼监督具有实体法和程序法上的依据，[①]但是目前对于虚假诉讼案件的检察监督存在滞后性偏强、查处方法有限、威慑力不足等问题，需要进一步完善。

一是对法院的检察监督。检察机关对于法院的检察监督主要包括两方面的内容：一方面是对于案件移送方面的监督，另一方面是对于法官是否存在枉法裁判行为的监督。在案件移送方面，法院在裁定驳回起诉，并将案件移送至公安机关的同时，应当将相关证据材料抄送至检察机关。通过检察机关的事中监督，能够有效避免法院滥用权利，肆意扩大案件移送范围。同时检察机关也要对法官的裁判行为进行有效监督，避免法官对虚假诉讼行为视而不见甚至主动包庇。

二是对公安机关的检察监督。检察机关应当对公安机关行使侦查权的全过程进行检察监督。无论公安机关最后侦查结果如何，都应当将收集的证据材料和侦查结果及理由说明移交至检察机关，由检察机关进行进一步的审查。依据现有法律规定和相关指导意见规定，公安机关只是将是否予以立案的结果及理由告知检察机关，即检察机关虽然具有监督权，但是并没有实质性监督的配套措施辅助。应当赋予检察机关足够的法律权威，使其立案监督权具有刚性的法律效果。[②] 若公安机关认为案件不存在虚假诉讼行为，但检察机关审查后发现存在虚假诉讼行为的，应当责令公安机关纠正，并再次进行侦查。如果公安机关仍然坚持不予立案，检察机关则可宣布不予立案的决定无效，并追究公安机关相关负责人的责任。

3.建立公检法相互协作制约、民刑有机衔接程序一体化运行机制

首先，建立定向联络和联合整治联席会议协作机制。地市两级法院和检察院、公安机关、司法行政机关等职能部门应当指定两名工作人员作为整治民事虚假诉讼定向联络人，收集各自单位的虚假诉讼有关信息，相互之间建立信息共享机制，并定期召开联席会议。其次，建立民刑有机衔接程序一体化运行机制。法院将涉嫌民事虚假诉讼案件移送公安机关立案时，应当向检察机关备案。对于法院移送案件侦办的，公安立案的侦办结果在向法院反馈的同时，也要向检察机关备案。移送立案和备案的具体案件材料均要求卷宗电子化的正卷全卷。移送函、备案函和接受备案后的签收函中，公检法各单位均须附上各单位的具体承办人员及联系方式。接受备案后，检察机关要积极行使法律监督权，对不当行为应

---

① 周清华：《民事检察与虚假诉讼监督的几个基本问题》，载《人民检察》2019 年第 16 期。

② 陈瑞华：《公安职能的重新定位问题》，载《苏州大学学报（哲学社会科学版）》2018 年第 4 期。

及时发出检察建议。最后,移送单位、被移送单位及备案单位的具体个案经办人员有必要就具体个案进行定向联络或召开整治联席会议,对具体的民事虚假诉讼案情及时进行研判处理。总之,要精准识别和整治虚假诉讼,公检法机关必须紧密协作又相互制约,同时让民刑程序一体化有机衔接,良性运行。

结　语

　　虚假诉讼是诚信法治社会的一种病毒,不及时清除必将发展为一颗破坏社会主义法治体系建设的"毒瘤"。人民法院作为捍卫和建设社会主义法治体系的极其重要的一支力量,是虚假诉讼的首个接触者也是首当其冲者,自然要承担起整治虚假诉讼病毒的急先锋、主治者。虚假诉讼隐蔽性强等特征表现,必然要求我们对其精准施治、靶向整治。精准识别是精准施治的前提。本文通过实证分析当前民事虚假诉讼识别机制存在的问题原因,提出从完善识别机制内容,建立事前法院立案预警机制和事中程序一体化识别运行机制两方面优化路径,特别强调法院移送公安立案以及公安立案的侦办结果均要向检察机关备案,强化检察机关事中法律监督;建立公检法个案经办人员定向联络制度和联合整治联席会议制度,应该对理论研究、司法实务和立法皆有重要价值。民事虚假诉讼的整治非一日之功,但通过识别程序和规制的逐渐完善,整治力度的持续加大,民事虚假诉讼蔓延的现象必将成为历史,"法安天下、德润人心"的诚信法治理念必定是常态。

民事诉讼中村集体负责人出庭应诉机制构建

■陈芳序*

摘要:基层社会治理格局中,村民委员会和村民小组作为农村基层的代表性组织发挥着重要的作用,随着经济社会的发展,越来越多涉村集体民事案件出现,诉讼能力是村集体实现自治、维护村集体利益的必要能力,而村集体在诉讼中存在的怠于应诉、消极应诉、不当应诉等失范现象,容易产生质效不高、虚假诉讼、资产流失等问题。为突破应诉限制,倒逼村集体负责人从诉讼末端反思自治缺漏,实现司法有效参与乡村治理,需从理念、规则、配套等方面完善、构建村集体负责人出庭应诉的合理路径。

关键词:出庭应诉;乡村治理;民事诉讼

党的十九届五中全会提出,要全面推进乡村振兴,实现巩固拓展脱贫攻坚成果同乡村振兴有效衔接。2021 年 6 月 1 日,《中华人民共和国乡村振兴促进法》正式实施,标志着乡村振兴战略迈入有法可依、依法实施的新阶段。人民法院始终致力于该项工作:2018 年 11 月 7 日,最高人民法院印发了《关于为实施乡村振兴战略提供司法服务和保障的意见》;2021 年 7 月 26 日,最高人民法院发布了《关于为全面推进乡村振兴加快农业农村现代化提供司法服务和保障的意见》,不断提升人民法院服务全面推进乡村振兴、加快农业农村现代化的能力水平。然而,与日俱增的诉讼数量暴露了相关主体诉讼能力的短板,由此带来各类隐形侵蚀集体利益的矛盾,降低乡村治理效能,阻碍乡村振兴战略推进,引发民众关注。

一、村集体②应诉乱象探究

基层社会治理格局中,村民委员会作为其重要的组成部分,对基层政府的社

---

* 作者系厦门市海沧区人民法院审判管理办公室(研究室)副主任、三级法官。
② 全文指称村集体包括村民委员会和村民小组。

会治理格局起着至关重要的作用。① 村民小组是村民的最基本的生存环境,是村治结构中的组成部分。② 二者以村民集体意志为意思表示,在自治过程中需处理各类民事权利义务纠纷。

(一)村集体涉诉情况

2016—2020 年间,H 法院共受理涉村集体案件共计 1030 件,其中民事一审程序 908 件,民事特别程序 119 件,行政非诉程序 2 件,民事监督程序 1 件。

1.年份分布

受理情况呈现先升后降的趋势,2018 年案件受理量达到峰值,为 367 件(见图 1)。

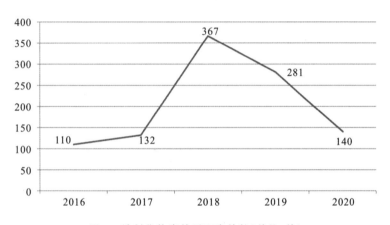

图 1 涉村集体案件受理案件数(单位:件)

2.案由分布

民事一审程序共审结 906 件,按案由划分,数量前三的案由分别占比 53.64％、30.46％、9.49％(见图 2)。

3.结案方式

判决结案的占比 41.5％,其次为调解,占比 27.92％,准予撤诉及按撤诉处理分别占比 17.22％、10.7％,其他方式结案共计 24 件(见图 3)。

---

① 汪世荣:《"枫桥经验"视野下的基层社会治理制度供给研究》,载《中国法学》2018 年第 6 期。

② 于建嵘:《岳村政治:转型期中国乡村结构的变迁》,商务印书馆 2001 年版,第 369 页。

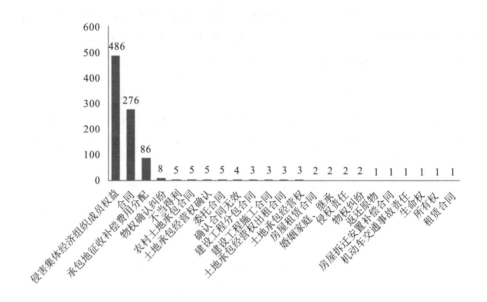

图 2　民事一审程序中结案案由情况(单位:件)

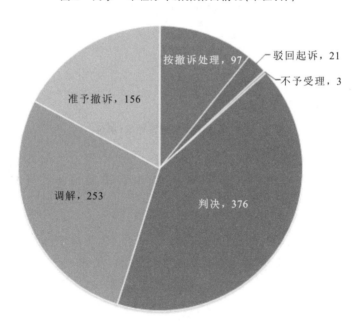

图 3　民事一审程序中结案方式情况(单位:件)

4.涉诉村集体情况

涉 H 区村集体的 896 件案件中,村集体作为原告、被告、第三人的分别为 11

件、877 件、8 件。在 885 件村集体作为被告和第三人的案件中,涉及三个街道,①分别为 C 街道 903 件次、D 街道 12 件次、B 街道 4 件次。C 街道因涉征地拆迁工作量大,案次占比高达 98.26%,案件数量前三的村集体分别为 613 件次、214 件次、31 件次。

表 1 2016—2018 年 H 辖区征地拆迁情况汇总表②

年份	2016			2017			2018		
项目 街道	征地 面积 /公顷	(签约) 拆迁面积 /万平方米	拆除 面积 /万平方米	征地 面积 /公顷	(签约) 拆迁面积 /万平方米	拆除 面积 /万平方米	征地 面积 /公顷	(签约) 拆迁面积 /万平方米	拆除 面积 /万平方米
A 街道	59.28	14.66	16.79	44.5	76.66	64.21	33.27	14.491	17.361
B 街道	76.99	9.55	7.42	6.46	8.3	7.67	0.3473	4.93	3.52
C 街道	103.6	34.43	25.10	147.2	92.68	71.14	84.99	49.1	33.46
D 街道	20.82	25.59	40.73	9.73	9.04	19.83	7.93	4.442	10.774

(二)村集体应诉乱象透视

村集体作为被告和第三人出庭应诉共 242 件,其中作为被告出庭应诉 241 件,出庭率 27.45%;作为第三人出庭应诉 1 件,出庭率 9.09%。村集体出庭应诉存在以下三方面问题。

1.怠于应诉

村委会主任由村民直接选举产生,其作为村委会的法定代表人需进行相关的诉讼行为。村民小组的性质虽未有明确的法律规定,但根据有关规定,村民小组可以作为民事诉讼主体,应以小组长作为主要负责人提起。③ 综上,村委会主任和村小组组长作为村集体的负责人,应履行其相应的诉讼义务,但实践中,2016 年至 2020 年,村集体负责人出庭应诉仅 23 件,其中作为第三人出庭 1 件,村集体出庭应诉率仅为 2.6%,详见表 2。

---

① 2018 年,H 区下辖 4 个街道,28 个社区、15 个建制村。资料来源:中共厦门市 H 区委党史和地方志研究室编:《H 年鉴(2019)》,中华书局 2019 年版。

② 数据源于厦门市 H 区地方志办公室编:《H 年鉴(2017)》,中华书局 2017 年版;厦门市 H 区地方志办公室编:《H 年鉴(2018)》,中华书局 2018 年版;中共厦门市 H 区委党史和地方志研究室编:《H 年鉴(2019)》,中华书局 2019 年版。

③ 最高人民法院对河北省高级人民法院《关于村民小组诉讼权利如何行使的几个问题的请示报告的答复》。

2.消极应诉

村集体负责人参与庭审时缺少有效对抗,主要呈现三种表现形式:一是不做实质答辩,例如在侵害集体经济组织成员权益纠纷中,负责人仅陈述本村征地补偿款发放标准,但未就属于外嫁女子女的原告是否属于发放对象这一争议焦点做答辩;二是认可事实和证据,例如负责人在庭审中直接承认原告所述事实和证据,没有异议;三是对诉求表示同意,例如负责人认可对方诉求,表示愿意补偿。

表 2 村集体负责人出庭应诉情况

	出庭数/件	涉案数/件	出庭率/%	备注
2016	3	109	2.76	
2017	2	129	1.55	1件为第三人
2018	1	364	0.27	
2019	1	278	0.36	
2020	16	139	11.51	

3.不当应诉

部分村集体不区分案件情况,统一将案件委托代理律师处理,通过村集体财产支付律师代理费。根据 H 法院审判数据统计,2016 年至 2020 年,律师出庭应诉共计 218 件,而当支付遇到困难时,律所便以诉讼等方式进行费用追索。追索律师代理费用的民事一审案件共 291 件,其中 275 件为合同纠纷,5 件为委托合同纠纷,11 件为侵害集体经济组织成员权益纠纷。其中,调解 232 件,按撤诉处理 56 件,准予撤诉 3 件。民事特别程序 13 件,均确认协议有效。

(三)应诉乱象的负向影响

1.审判质效不高

相较律师而言,村集体负责人更了解案件的关键事实,如侵害集体经济组织成员权益的分配方案的制定,承包地征收补偿款分配纠纷案件的承包关系,而律师对案件的事实仍需要与村集体负责人核实,或需要由法院向相关负责人调查取证,导致庭审查明的拖延、效率低下。

2.虚假诉讼

部分村集体长期消极对待诉讼,拒绝出庭应诉,也不委托诉讼代理人参与诉讼,部分村民瞄准村集体不应诉"惯例",利用公章保管、财务审查等管理漏洞伪造证据,通过向法院诉讼、调解等方式,获得生效裁判后,申请强制执行村集体财产,造成农村"三资"领域虚假诉讼难以杜绝。

3.集体资产流失

2016 年至 2020 年,村集体作为被告败诉或部分败诉的 327 件案件中,结案标的共计 3280 万元,平均每个案件村集体要支付 10 万余元,遑论因诉讼产生的大量诉讼费和后续执行费用。村集体不分案件难易情况,大量委托律师出庭应诉,产生高额的费用。此外,因村小组不具有独立账户,多寄存于村委会账户下,个别村小组因支付相关费用造成财务赤字。

二、村集体负责人出庭率低的原因剖析

村集体负责人不愿出庭应诉受制于法律、集体、个人三重因素的制约。

(一)法律层面

1.法定职责规定模糊

现行法律对村集体负责人法定职责的规定过于模糊,一方面,村民委员会主任是否需要因履职需要而参加诉讼存在争议;另一方面,村民小组负责人若无村民多数表决同意则无权代表村民小组诉讼,[①]导致村民小组负责人参与诉讼行为无相应规定支撑。

2.诉讼法的非强制要求

村民委员会主任作为特别法人的法定代表人,村小组组长作为村小组的主要负责人进行诉讼是民事诉讼的应有之义。《中华人民共和国民事诉讼法》(以下简称《民事诉讼法》)尊重原、被告双方对自己的诉讼权利进行处置,法律上不要求被告强制出庭就可以进行缺席判决,其实质是认可被告放弃出庭陈述辩驳的机会。

3.监督机制缺位

《中华人民共和国监察法》第 15 条明确将基层群众性自治组织中从事管理的人员列入监察的范围。这是立法的巨大进步和突破,但遗憾的是,实践操作中从事管理的人员范围、监察事项的范围等细化规定不甚明确。

(二)村集体层面

1.内部制约弱化

为规范监督村民自治,村集体设立了村务监督委员会,由除村干部以外的村

---

① 顾乐永:《村民小组诉讼主体确认及责任承担——以中国裁判文书网发布的 328 例判决为样本》,载《人民司法·应用》2016 年第 1 期。

民担任,这是为了避免村干部兼任,导致村务监督委员会毫无用处。① 现阶段我国村民自治的模式仍为村内的能人进行治理,在自治过程中村委会主任及其他成员、村民小组小组长,对公共权力的行使仍占据绝大部分的话语权。此外,大多数村民在个人认识和对村民自治的意识方面都相对薄弱,村民自治体系发挥的作用有限,多无条件服从或受到能人思想影响遵从负责人的决定。

2.外部制约虚化

因负责人代表村集体行使诉讼权利是否属于法定义务尚未明确,一则乡镇政府不想监督遭遇无"据"可依的尴尬境地;二则因乡镇政府很多政策需要当地村干部密切配合才能"落地生根",容易形成庇护和纵容关系,②乡镇政府可能对表面上未违反强制性规定的不规范应诉行为放任自流;三则如果村集体负责人出庭应诉属于村民自治范畴,乡镇政府如果进行监督干涉,有违村民自治的要求,或会引发上一级人民政府责令改正的隐忧。

3.熟人社会制约

在乡土社会中,地方的习惯、风俗等非正式规则深深烙印在村民的思想体系中,乡土社会成员对于非正式规则的认同感可能超出对国家法律的认同度。原有对诉讼的观念还很坚固地存留在广大的民间,③出于宗族关系、情感联系等考虑,不愿或不能配合查明部分事实。受此影响,村集体负责人民事诉讼主体行为受到非正式规则的影响以及长期以来的传统自治的自由性和乡土性,在法律范畴行使职责具有不规范性。④ 因此,村集体倾向于委托律师出庭应诉,尽量避免村集体负责人与村民产生庭审对抗。

(三)负责人层面

1.法律素养不够

受到传统乡土思想影响,通过选举或是推选产生的负责人通常是村内威望高、具有雄厚人情或家族资源的村民。大部分的村集体负责人文化知识和法律知识储备不足,虽然在村务管理上能善用情理服众,但是对与村务关涉的相关法律法规往往一知半解。

---

① 任大鹏:《村务监督决不能流于形式》,载《人民论坛》2018 年第 27 期。
② 杨成军、张心雨:《农村"三资"领域虚假诉讼检察监督》,载《中国检察官》2020 年第 10 期。
③ 费孝通:《乡土中国》,人民出版社 2012 年版,第 47 页。
④ 谢依婷:《从乱象到有序:基层社会治理格局下人民法庭乡村治理功能的回应——以规范和制约村民委员会民事诉讼行为为切入点》,载《厦门法学》2020 年第 4 期。

2.时间保障不足

村民委员会虽为自治组织,承担了大量的村务管理工作,部分地区还存在村委会书记和村支书"一肩挑"模式,村委会主任所承担的工作就更为冗杂。同时,各村之间的经济发展、规范建设程度各不相同,村集体负责人之间也可能存在工作量不均衡的情况,出席庭审会大规模挤占工作时间,更何况进行充足的庭前准备,争取最有利于集体的裁判结果。

3.奖惩机制匮乏

在出庭应诉方面,法律规定缺乏相关明确要求,因此对村集体负责人履职行为的考核细则中通常会忽视此项内容的考核。一方面,正向评价的缺乏,影响绩效考核风向标的指向作用,村集体负责人的出庭积极性将受不同程度影响;另一方面,负向评价的不明确,导致村集体负责人对是否出庭、出庭质量和效果等问题的关注甚少,甚至不予关注,任何裁判结果由村集体照单全收。

三、村集体负责人出庭之必要性分析

村集体负责人出庭应诉机制的选择,应考虑其追求的功能和目标。村集体负责人出庭应诉的实质是要求村集体负责人履行职责,强化纠纷化解,进而提高基层治理法治化水平。

(一)基层社会治理的制度追求

乡村治理体系是自上而下的国家治理与由下至上的乡村治理的耦合互动。[①] 传统乡村治理的模式,囿于差序格局、横暴权力、熟人社会、宗法秩序等因素,以人治为主,[②]而随着乡村振兴战略的提出,健全自治、法治、德治相结合的乡村治理体系成为新的发展方向。村集体负责人参与诉讼,实则为参与农村基层治理,是乡村自治和法治的有力实践,因此,要积极维护村集体负责人的参与度,提高基层治理效能,不断培育治理主体。

(二)集体财产保护的客观要求

为实现土地资源的充分利用,村集体的土地实行承包制,但随着乡村振兴战略的推进,合同或经营权纠纷增长迅速。此外,农村开发涉及征地拆迁工作,因

---

① 李牧、李丽:《当前乡村法治秩序构建存在的突出问题及解决之道》,载《社会主义研究》2018年第1期。

② 张帅梁:《乡村振兴战略中的法治乡村建设》,载《毛泽东邓小平理论研究》2018年第5期。

村集体可以决定分配土地补偿费,故而面临大量关涉集体财产的法律事务。考量乡村治理是否有效,还要看乡村治理资源的"投入"和"产出"的匹配度。[①] 村集体负责人的不规范应诉行为,不仅造成大量的"衍生"执行、追索律师费案件,也带来了诉讼执行相关成本投入的沉重负担。然而,巨额投入并未带来良好产出,基此引发的虚假诉讼、"微腐败"等问题极大侵蚀了集体财产,最终损害了村民的整体利益。

(三)乡村纠纷预防的进路选择

长期以来乡村处于自我管理、自我监督的宽松氛围中,因村集体负责人多为名望高、资历久的村民,其凭借威望和口碑就能对邻里纠纷、村间事务进行决断,天然地铸就对争讼的排斥思想。由于农村经济模式嬗变转型,村民法治意识的强化,越来越多的法律纠纷涌现,村集体无法通过传统处置模式消弭与村民间的矛盾,回避诉讼的态度对于同类型纠纷的处理以及预防纠纷产生毫无裨益。诉源治理语境下的司法理念应当从消极司法转向为积极司法,[②]在不违反司法独立的前提下,厚植社会主义核心价值观,强调以案释法、发挥法治引领作用,在庭审过程中为村集体和村民形成规范预期,对外嫁女征地补偿等特定类型提供解纷思路。

(四)履行职责需要的内嵌考量

《中华人民共和国村民委员会组织法》第二章专门对村民委员会的职责进行规定,包含村民自治、协助行政和经营管理集体资产。[③] 村民委员会主任是村委会的法定代表人,其代表村委会法人行使职权并从事民事活动,在其权限范围内代表法人实施相关行为,由法人承受后果。仅从法人代表的角度讲,要代表村民委员会参与民事经济活动,如对外签订民事合同,代表村集体进行集体土地发包,代表法人进行相应的诉讼行为等。[④] 村集体负责人出庭应诉是其履职的重要表现,同时也是对其履职能力的重要考验。乡村振兴需要智力的广泛投入,需要培养大量的基层法治人才,村集体负责人作为直接参与者,理应具备相当的法治思维和能力。应诉能力作为参加诉讼的必要条件,也应成为评价村集体负责人是否适当履职的重要标准。

---

① 程瑞山、任明明:《乡村"治理有效"的意蕴与考量》,载《科学社会主义》2019 年第 3 期。

② 侯国跃、刘玖林:《乡村振兴视阈下诉源治理的正当基础及实践路径》,载《河南社会科学》2021 年第 2 期。

③ 王国忠:《论村民委员会和农村集体经济组织的职能及相互关系》,载《黑龙江省政法管理干部学院学报》2004 年第 6 期。

④ 裴旭:《村民委员会法人制度研究》,河北师范大学 2017 年硕士论文。

四、村集体负责人出庭应诉机制构建

为了破解农村集体经济案件审理难题,有人建议,可规定涉村案件村主任、书记或代理人必须到庭应诉,[①]可以借鉴相关制度予以完善。

(一)理念转变:行政机关负责人出庭应诉之镜鉴

1.制度参考

《中华人民共和国行政诉讼法》第 3 条规定,被诉行政机关负责人应当出庭应诉,不能出庭应诉的,应当委托行政机关相应的工作人员出庭。行政机关负责人出庭最终从政策上升为法律制度,行政机关负责人出庭被认为是行政诉讼法的亮点之一,有利于增强行政机关负责人的法治意识和法律知识,促进依法行政工作的开展,有利于从源头化解行政争议,有利于司法权威的巩固和政府公信力的维护。[②] 相较于普通民事案件而言,村委会案件具有特殊性,作为被告或第三人,如果缺席审判或是出庭人员抉择不当,容易造成村集体资产流失,阻碍村民自治权行使,甚至影响基层治理的正常运作。

2.法律依据

司法权的本质是判断权,[③]当事人到庭陈述缺位容易影响民事诉讼亲历性实现。出庭应诉作为程序性权利,并非具有绝对的选择自由,也应依法行使。《民事诉讼法》第 109 条、第 116 条针对必须到庭的当事人进行了部分限制和制度设计,其中不到庭就无法查清案情的被告在必须到庭之列。此外,《最高人民法院关于适用〈中华人民共和国民事诉讼法〉的解释》第 110 条还规定,人民法院认为有必要的,可以要求当事人本人到庭,就案件有关事实接受询问。以上规定均可为村集体负责人出庭应诉机制的实现提供可行性支持。

在涉村集体利益案件中,参考行政机关负责人出庭应诉制度,对村集体负责人出庭应诉进行有限度规制,一是有利于提升庭审亲历性,尽快查明案件事实,避免虚假诉讼等情况;二是有利于村集体负责人提升法治思维和法律知识,促进自治和法治相结合;三是有利于村集体提高村民自治管理的规范性,源头上化解大量可能出现的民事争议,推进基层治理能力的提升。

---

① 费尤祥:《化解涉村案件审理"三难"的建议》,载《江苏经济报》2014 年 3 月 12 日第 B03 版。

② 李淮:《行政机关负责人出庭应诉实证研究——以规范性文件和裁判文书为分析样本》,载《中山大学法律评论》2016 年第 4 期。

③ 朱孝清:《司法的亲历性》,载《中外法学》2015 年第 4 期。

(二)规则设计:有限出庭规则之建构

1.出庭主体

限定人员要求为限。根据《最高人民法院关于行政机关负责人出庭应诉若干问题的规定》第2条之规定,涉及村集体的行政诉讼案件,可以由正、副职负责人出庭应诉。是否应将此项设置推及村集体负责人出庭应诉规则?回归到涉村集体民事诉讼中,出庭人员应严格控制为主要负责人,不应扩大其范围。

一是适用出庭人员规定不具有民事诉讼的相关依据。根据《民事诉讼法》第48条,村民委员会作为特别法人,其法定代表人仅为村委会主任。此外,村民小组小组长并未有正副职之分,故出庭人员应严格限制在村民委员会主任与村民小组小组长之内。

二是村集体组织架构、层级关系相较于普通行政机关而言较为简单,村集体正职负责人可能直接参与某些事项或工作的若干环节,或是直接参与某些事项决策,其比副职负责人更为清楚村集体的整体情况,更有利于庭审调查的顺利推进。

2.出庭范围

特定案件范围为限。行政机关负责人出庭应诉机制经历了一轮由热转冷的转变,主要是因为制度平稳运行后,对负责人出庭的曝光率要求下滑,大量的行政管理事务挤占了出庭应诉的积极性,出庭的成本与收益失衡,那些简单案件、当事人无理缠讼案件,行政机关负责人出庭应诉成本要大于收益。[①] 相对于行政诉讼而言,民事诉讼可能涉及的数量相对较大,尤其是部分涉及征地拆迁工作的村集体而言,出庭应诉工作可能会对村集体资源及负责人本人造成严重的负担。因此,基于成本效益的考量,可以考虑限缩出庭应诉的案件类型。

一是明确无必要可不出庭案件类型。对于权利义务特别明确的案件,例如追索律师费用等合同纠纷,此类案件基本上没有对抗,属于"走程序"的庭审,无需村集体负责人出庭应诉。对于非涉集体经济组织身份的侵权类案件,例如村集体土地或相关设施造成他人人身损害等案件,该类属于一般侵权纠纷,虽义务负担将涉及村集体财产,但案件起因并非因村集体经济组织身份或相关联事项,也无需出庭应诉。

二是划定需出庭应诉案件参考范围。在涉村集体利益的案件中,对于案

---

① 崔兆在:《行政机关负责人有限度出庭机制构建——以推进法治政府建设效果为视角》,载《山东法官培训学院学报》2020年第1期。

情较为复杂、标的额较大、已在答辩中自认明显不利事实、可能涉及虚假诉讼、裁判结果可能形成示范性作用的案件,本区范围内有重大影响或者群体性的案件,可能产生重大影响的案件等,需要村集体负责人出庭应诉,以便查明事实。

3.出庭条件

法院有效通知为限。行政机关负责人出庭应诉是法律附加于行政机关的义务,但是行政机关负责人是否出庭与能否实质性解决行政纠纷之间并不存在必然联系,[①]尤其当负责人出庭类似于"走秀般"缺乏实质作用时,可能会引起行政相对人的反感甚至敌对情绪,因此,构建村集体负责人出庭应诉机制时,要避免采用"一刀切"的方式强制负责人事无巨细必须到场。但如何配置确定符合需出庭条件的负责人是否出庭的权力,应基于《民事诉讼法》相关规定的要旨,由人民法院进行审核,如认为有必要的,可以要求村集体负责人到庭就案件有关事实接受询问,即以人民法院通知为限。此外,该通知应为有效通知,即要以书面或其他可接收的具体形式,并且要严格遵守送达相关要求,以便村集体负责人有充足的诉讼准备及合理安排工作的时间。

(三)配套完善:行政、司法、纪检等职能部门联动

1.纳入相关考核项目

村民自治是国家基层社会治理的重要一环,村集体负责人在自治过程中起着引领的关键作用,在职责不明的情况下,负责人缺少努力的目标及指向,因此,建议相关部门能尽快明确村集体负责人诉讼职责,以便村集体负责人参与诉讼有据可依。村集体负责人出庭应诉仅是规范村集体民事诉讼行为的初级阶段,但也是目前改变村集体应诉出庭乱象的可行路径,建议在年度绩效考核吸纳出庭应诉的指标项目,细化相应的指标要求,例如针对应出庭而未出庭的村集体负责人按照未参加庭审数量分别予以扣分。同时,设置负向评价,如若因为村集体负责人未出庭导致村集体资产受损或出现虚假诉讼等情况,应予以惩罚性扣分处理,进而发挥绩效指挥棒作用,引导村集体负责人积极参与诉讼,以便法院及时查明事实,维护村集体合法权益。

2.强化村务监督管理

村务监督委员会是依法设立的村务监督机构,负责村民民主理财,监督村务

---

① 范一辰、公丕潜:《行政机关负责人出庭应诉的价值张扬与功能变迁——从"行政帷幕"到"司法前台"》,载《黑龙江省政法管理干部学院学报》2021年第2期。

公开等制度的落实,其成员由村民会议或者村民代表会议在村民中推选产生。①而目前村务监督委员会的运行情况不尽如人意,存在公开内容、流程不完善等问题。其监督管理虚置和功能弱化,存在内源性和外部影响两重因素,内源性原因包括权力的不明晰、监管的能力欠缺、上级部门的支持有限等,而其深层的外在影响因素有村庄派系、村民公共理性、上下级权力庇护关系等。② 然而,村务监督委员会的完善是乡村治理进程的必由之路,也是成为监督、督促村集体负责人出庭应诉的重要助力。村务监督委员会应强化出庭应诉情况的公开力度,加强对村集体委托律师处理诉讼事务等支出监管,如若发现重大违纪违规的行为,应启动相应的程序进行处置。

3.协调职能部门督促

随着监察制度的不断完善,针对村集体负责人的监察会逐步走上正轨,应对出庭难的相关负责人强化监察,推动负责人出庭应诉,进而发现村集体纠纷产生的堵点、难点,倒逼负责人规范村务管理。同时,完善问责机制,对因恶意串通、急于应诉、消极应诉、不当应诉等引发重大或群体性事件的,造成村集体利益损失的,及时追究村集体负责人责任,减少"三资"领域腐败情况发生。

乡村建设法治人才培养应使法律走出所谓的"高端",而成为人民的法学,应用之学,③应积极发挥司法行政机关职能作用,引入律师等法律服务资源,增强村集体法律顾问力量,采用政府购买服务等方式,推动顾问进村,对村集体订立合同进行把关,对常见涉诉纠纷进行法律应对指导,定期组织针对村集体负责人的法律知识培训,帮助村集体负责人提高法律素养,帮助部分负责人克服因法律知识匮乏而引发的出庭应诉心理障碍,真正实现村集体负责人出庭又出声,不断提升出庭的有效性。

法院作为司法机关,应建立出庭情况通报共享机制。一方面,针对已有效通知却拒不出庭的负责人,及时通知乡镇政府相关职能部门;另一方面,整理调研村集体负责人出庭情况,分析问题,研究对策,并形成定期通报制度,为有关考核部门提供评价依据。乡镇政府在村集体负责人出庭应诉方面应加强定期指导抽查,尤其对出庭率不理想的村集体负责人加强指导并适度对该项机制予以支持,适度予以经费倾斜,作为村集体负责人出庭应诉的工作津贴,鼓励负责人积极参与诉讼,以便更好地服务村集体自治工作。(见图4)

---

① 包先康、朱士群:《村民自治视野下村民代表的权域》,载《西北农林科技大学学报(社会科学版)》2013 年第 3 期。

② 李韬、吴思红:《村务监督委员会的实践困境和功能改进——派系、理性和庇护因素的分析视角》,载《湖北行政学院学报》2016 年第 5 期。

③ 王斐:《乡村建设法治人才培养目标及实现路径》,载《法制与社会》2020 年第 9 期。

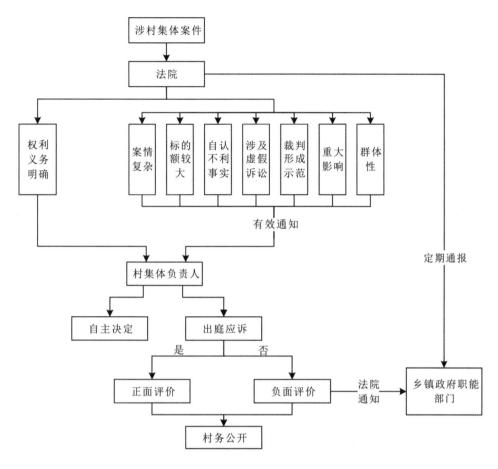

图4　村集体负责人出庭应诉流程

结　语

　　没有乡村法治的现代化就无法谈中国的现代法治,[①]乡村治理能力的提升是基层社会治理能力建设的重要一环,而诉讼能力是村集体实现自治、维护村集体利益的必要能力。村集体涉诉案件乱象的背后,是村集体长期对诉讼能力的忽视和漠视,也是多数村集体负责人不愿启齿的"阿喀琉斯之踵"。推动村集体负责人出庭应诉,或是破解村集体利益被蚕食困局的有效途径,倒逼村集体负责

---

　　① 　唐东楚:《我国诉讼文化的乡村视域》,载《湖南公安高等专科学校学报》2001年第12期。

人从诉讼末端反思自治缺漏,进而从纠纷前端查缺补漏,强化相关工作标准及制度规范,从源头上减少涉村集体纠纷,不断提升治理能力,不断推动乡村振兴向法治化方向迈进。

新时代人民法庭审判职能的激活与拓展

——以 Z 市 L 区法院为分析样本

■ 刘一杰*

摘要：推动审判重心有序下沉是审级职能定位改革的基础工作，人民法庭作为基层审判工作的前沿阵地，理当充分发挥审判职能。当前关于人民法庭的理论与实践呈现"轻职能、轻审判"的特征，司法改革总体趋势、基层社会司法需求及现有职能体系不足，对激活与拓展人民法庭的审判职能提出了更高要求，新时代人民法庭建设应找准专业或综合的角色定位，探索建立"3＋1"审执机制，构建"大法庭、小法院"职能模式，塑造对应的审判资源配置格局。

关键词：人民法庭；审执机制；职能体系

2021 年 8 月，第十三届全国人民代表大会常务委员会第三十次会议作出《关于授权最高人民法院组织开展四级法院审级职能定位改革试点工作的决定》。2021 年 9 月，最高人民法院（以下简称最高院）印发《关于完善四级法院审级职能定位改革试点的实施办法》（以下简称《试点实施办法》），于同年 10 月 1 日正式启动试点工作。在民事案件方面，根据最高院《关于调整中级人民法院管辖第一审民事案件标准的通知》（法发〔2021〕27 号）所做的调整，今后大部分第一审民事案件将主要由基层法院处理。此外，按照《试点实施办法》，试点地区四类以县级以上地方人民政府为被告，但审理难度及地方干预可能性相对较小的案件管辖权将下放至基层法院。四级法院案件结构调整后审判重心下沉，基层审判体系案件压力增大，将对重新激活人民法庭审判功能、充分发挥其作用提出更高要求。

人民法庭作为基层审判工作的前沿阵地，是我国司法审判体系的"神经末梢"，同时也是司法体制改革的试验田，是深化司法体制改革的重中之重。① 早在 2013 年，《最高人民法院关于切实践行司法为民大力加强公正司法不断提高

---

* 作者系福建省漳州市龙海区人民法院法官助理，法律硕士。

① 周强：《认真学习贯彻习近平法治思想　全面推动新时代人民法庭工作实现新发展》，载《法律适用》2021 年第 1 期。

司法公信力的若干意见》第 34 条便已明确提出,要深化人民法庭改革,扩大人民法庭案件管辖范围。遗憾的是,该意见发布至今已有 10 年,人民法庭的审判职能范围依然未见普遍发展。

2021 年 9 月,最高院发布《关于推动新时代人民法庭工作高质量发展的意见》,进一步重申在法治进程中加强人民法庭工作的战略意义。加强新时代人民法庭建设与四级法院职级职能定位改革两项重点工作,凸显了激活人民法庭审判职能的重要性,对人民法庭的审判职能进行回顾、审视与重构尤为必要。对于人民法庭审判职能的统一设计,应当放入这一大背景中进行规划,把握司法改革的整体性,将人民法庭审判职能与我国四级法院的职能定位规划相结合,明确人民法庭功能定位,强化审判职能,拓展受案范围。

一、审视与反思:人民法庭审判职能的现状及不足

(一)人民法庭审判职能建构因循固化

人民法庭是中国特色社会主义司法组织结构中极具创造性的制度设计,是基于我国国情产生的伟大创举。人民法庭的职能主要分为审判职能与治理职能两大类,其中审判职能是人民法庭在我国司法系统中的基本职能,参与社会综合治理是其延伸职能。然而,由于现有法律法规未对基层法院内部机构职能分配做统一的技术性规范,加之近年来对于人民法庭参与社会治理职能的高度重视,当前人民法院组织结构的设计并未充分关注人民法庭应当具有的基本审判职能。通过表 1 对比可知,人民法庭审判职能的建构自 20 世纪 50 年代初形成,沿用至今,未能跟随时代发展进行调整变化。

表 1 1954 年来人民法庭具体职能的有关规定

年份	依据	内容
1963 年	最高院《人民法庭工作试行办法(草稿)》	规定人民法庭除了审理一般民事案件、轻微刑事案件的具体职能外,还包括指导人民调解委员会的工作,进行政策、法律、法令宣传,处理人民来信来访,办理基层人民法院交办的事项。
1999 年	最高院《关于人民法庭若干问题的规定》	构建起当代人民法庭职能体系,主要特点在于:增加了部分地区审理经济案件的职能;增设办理由法庭自审案件的执行事项职能;涤除了宣传和处理来访等与审判无关的职能。

续表

年份	依据	内容
2005 年	最高院《关于全面加强人民法庭工作的决定》	明确了人民法庭的核心职能是审判执行工作,但对于人民法庭的案件管辖范围规定并未做出明显变动
2014 年	最高院《关于进一步加强新形势下人民法庭工作的若干意见》。	强调要准确把握人民法庭的职能定位,代表国家依法独立公正行使审判权,是人民法庭的核心职能,但并未明确规定人民法庭审判职能的具体范围。

(二)人民法庭的理论与实践均存在"轻职能、轻审判"倾向

笔者以人民法庭为关键词、以核心期刊为条件,在知网检索到 1999 年以来的文章共 101 篇,其中以人民法庭为主要对象的研究成果共有 56 份,通过对研究内容进行分类统计,研究成果主要集中在乡村司法、社会治理等方面,以法庭角色功能为对象开展的研究较少,缺少专门针对法庭审判功能进行研究的文章(见图 1)。进入 21 世纪后,对于人民法庭社会治理职能的研究力度不断加强,甚至出现人民法庭"弱司法化"的学术声音,主张将人民法庭定位为一个弱化程序要求、不主要以审判方式处理案件的纠纷处理机构,[1]认为"乡村司法的价值目标仅在于解决问题,而不是实现法律正义"。[2] 该理论的出现与和谐社会、完善基层治理体系建设等大政方针的提出密不可分,对人民法庭的理论研究存在"重治理,轻审判"的趋向。

人民法庭开展工作的内容,受其职能定位模式指引。如果说学术论文反映的是理论研究重心,最高院工作报告作为全国法院工作的重要权威文件,反映的则是司法实践的重心。笔者对 1999 年至 2022 年最高院工作报告中有关人民法庭的实质内容进行归纳统计,内容主要集中于以下几个层面:一是调整人民法庭布局、规范化建设、基础设施建设等硬件方面,共 17 次;二是立案管理、司法管理、司法便民等工作机制方面,共 17 次;三是参与社会综合治理、服务乡村建设等方面,共 10 次。对于人民法庭的职能体系建设则未提及(见图 2)。不难看出,在过去 20 多年的人民法庭建设中,同样存在"重硬件、轻职能""重治理、轻审判"的倾向。

---

① 张睿:《论和谐社会理念下人民法庭的弱司法化》,载《河北法学》2009 年第 5 期。
② 丁卫:《秦窑法庭:基层司法的实践逻辑》,生活・读书・新知三联书店 2014 年版,第 43 页。

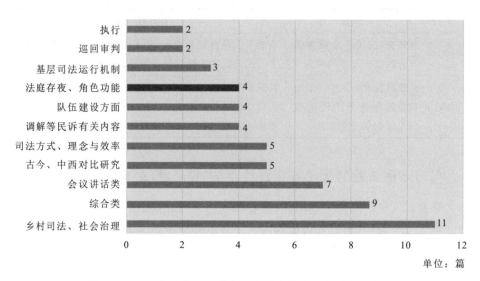

图 1　1999 年来以人民法庭为研究对象的核心期刊内容统计

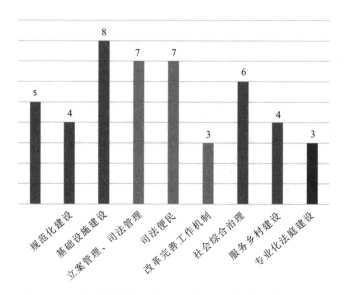

图 2　1999 年来最高院工作报告提及人民法庭的内容归纳统计

(三)人民法庭审判职能运转模式亟待优化

1.人民法庭与院机关庭职能混同,空心化明显

人民法庭最初是按照"两个便于,三个面向"的原则和要求设立的。[①] 21世纪初,随着城镇化进程的快速发展,人民法庭产生的社会基础不复存在,废除人民法庭的学术声音不绝于耳。[②] 采取废除说的学者从不同角度出发提供了纷繁的论据,几乎所有论据都指向一个事实,即人民法庭发挥的作用非常有限,其存在是对本不富裕的司法资源的进一步浪费。2005年最高院发布《关于全面加强人民法庭工作的决定》使得主张废除说的声音戛然而止,但人民法庭存在的功能定位等问题仍未得到完全解决。

以笔者所在Z市L区的6个人民法庭为例,人民法庭与院机关庭所受理的案件难易程度区别不大,审理案件的方式方法并无差异。个别法庭司法审判职能非常有限,例如L区法院K法庭仅有员额法官2名,法官助理1名,2022年受理案件237件,法官数和收案数都非常少。人民法庭"空心化"问题并非L区个例,有些地区的人民法庭甚至无独立办公地点,其中不少法庭虽具有人民法庭的外壳,实质功能上却等同于院机关庭,甚至在机构改革中直接编入院机关部门,还有部分人民法庭形同虚设,实为空转,并无实际审判工作数。[③]

2.人民法庭审判职能单一,司法公信力有待加强

在实践中,人民法庭虽具有距离更近的地理优势,但当事人对法庭的信任度低于对法院的信任度。2022年,L区法院6个法庭新收案件数为3347件,其中有659件案件由院部立案大厅立案后派发到各法庭审理,占比近20%,一定程度上反映出部分群众存在舍近求远的诉讼行为。这一情形的出现原因复杂多样,其中一个重要的因素在于当前人民法庭司法公信力未得到群众充分信赖。

一方面,人民法庭司法审判职能单一。Z市L区法院的6个人民法庭中有5个人民法庭只受理由本庭审理的部分民商事案件,且不具备执行职能,执行事项须到院机关进行办理。另一方面,关于人民法庭职能转型的改革尝试普遍采取繁简分流的形式,即由院机关庭着力审理疑难复杂案件、进行个类案指导,而将人民法庭定位为速裁庭,审理简单民事案件。这一职能模式虽在提高审判效率方面取得一定成效,但人民群众难免产生一种人民法庭审判力量低于院机关

---

① 杨海燕:《进一步加强人民法庭建设全面推进人民法院各项工作》,载《人民司法》2005年第5期。

② 谭世贵:《中国司法改革研究》,法律出版社2000年版,第273页。

③ 余晓龙:《新时代人民法庭职能定位与转型发展调研报告——基于山东地区人民法庭样本的分析》,载《山东法官培训学院学报》2019年第6期。

庭的错觉。加快人民法庭审判职能的重构与发展对于人民法庭司法公信力的建设至关重要。

3.人民法庭职能设置未完全匹配人民群众的现实司法需求

L区法院当前6个人民法庭均仅受理由本庭审理的案件,未提供跨管辖区域的立案服务。且除T法庭外,其余5个人民法庭均不具备执行功能,案件纠纷无法得到一站式处理,当事人需要多次往返于法庭和院机关之间。实践中不少基层法院未赋予人民法庭审理刑事自诉案件和执行案件的职能,而是将所有执行案件归口到执行局办理、刑事自诉案件归口到刑庭办理,该做法不仅增加了当事人的诉讼成本,也违背了人民法庭的固有性质。

坚持以人民为中心,是习近平法治思想中关于全面依法治国的基本立场。① 新时代人民法庭工作,在坚持"两个便于"原则的基础上,将"便于人民群众及时感受公平正义"作为工作原则中新的时代内涵与实现途径。随着全面依法治国的有序推进,社会公民的维权意识和法治素养与日俱增,对司法产品和服务的需求日益旺盛。人民法庭作为法院的基层单元,是最为贴近群众的纠纷解决场所,但当前人民法庭的职能设置并未完全匹配人民群众的现实司法需求。

根据我国宪法及有关法律规定,我国基层司法辖域与区县一级行政区划相同,设立基层人民法院受到行政区划的严格限制,基层法院作为我国司法辖域的基础单元,不得突破区县行政区划任意扩张。最高院曾批复设立过二十多个城市的开发区法院,这一做法受到学界的批评,认为该行为严重违宪违法。② 然而,我国幅员辽阔、人口众多,以县区作为司法辖域的基础单元不免顾此失彼,不利于深入贯彻落实"三个便于"的基层司法原则,同时将减弱司法行为的辐射力。由于人民法庭可以不受行政区划的限制,根据地域范围、人口基数、案件量和经济发展状况等情况设置,对人民法庭的职能进行改革是回应基层社会司法需求最为可行的进路。因此,对人民法庭在我国司法体制中的定位进行合理调整,通过明晰人民法庭审判职能范围,使人民法庭在新的历史条件中发挥更大的功能作用显得尤为必要。

二、佳绩与瓶颈:L区T法庭拓展审判职能的实践样本

(一)T法庭"3+1"审执机制的试点模式

Z市T投资区是国务院批准设立的国家级开发区,属L区法院的司法辖

---

① 张文显:《习近平法治思想的理论体系》,载《法制与社会发展》2021年第1期。
② 刘松山:《开发区法院是违宪违法设立的审判机关》,载《法学》2005年第5期。

区,区域总面积约 163 平方公里,现辖 46 个村(居、场),人口 30 万(其中外来人口 15 万)。T 投资区经济体量较大,2022 年全区生产总值达 476.95 亿元,规模以上工业总产值 1051.16 亿元,固定资产投资 155.05 亿元。

T 法庭设立于 1957 年,原有员额法官 4 名、法官助理 2 名、书记员 4 名(其中 1 名在编)、协警 1 名、驾驶员 1 名。基于 T 投资区经济发展迅猛、外来人口多、矛盾触点多、各类案件体量较大的特点,Z 市 L 区法院于 2019 年 9 月在 T 法庭创新建立"3+1"审执机制。在"3+1"审执机制下,T 法庭职能范围由原来的仅受理民商事案件,扩大到负责审理辖区内由基层院管辖的普通刑事案件(职务犯罪、涉黑涉恶等相对集中管辖案件除外);并做好附带民事诉讼案件的调解工作;负责审理辖区内由基层院管辖的民商事案件(建工合同类等少量特殊类型纠纷及重大疑难案件除外);负责受理、审查辖区内由基层院管辖的行政诉讼案件、行政非诉执行案件;负责受理、执行本庭审结的生效案件法律文书(被执行人不在辖区内及疑难、重大复杂案件除外);负责实施本庭作出的诉前保全和诉讼保全等工作;负责审查、审理执行过程中提出的执行异议案件及执行异议之诉案件。调整受案范围后,在原有行政编制基础上,新增员额法官 3 名、执行员 1 名、司法警察 1 名,同时采用社会购买服务方式,新增法官助理 1 名、书记员 4 名、协警 3 名、驾驶员 1 名,设诉讼服务团队、民事行政审判团队、刑事审判团队、执行团队以及后勤保障团队。

简言之,T 法庭探索建立刑事、民事、行政和执行案件"3+1"审执机制(亦称为"四合一"审执机制),即赋予人民法庭审理民事、刑事、行政、执行案件的职能,形成"大法庭、小法院"的人民法庭职能体系。

(二)T 法庭"3+1"审执机制的运行成效

T 法庭"3+1"审执机制实行以来展现出明显的制度优势:一是便于当事人诉讼。推行立案"双轨制",院部执行指挥中心、诉讼服务中心与 T 法庭诉讼服务团队皆可审查立案,新设执行立案窗口为申请人提供执行立案、咨询接待、执行办理等一站式服务,原需到院部登记立案的部分案件当事人可直接在 T 法庭立案。二是便于人民法院依法独立公正高效行使审判权。立审执协调更加配合,法官能够及时全面跟进案件审理情况,有效避免对同一案件事实作出不同认定,把握裁判尺度,同时有助于法庭整合审判资源,优化工作机制,法庭与公安机关、检察院、自然资源局、国土局等单位建立长效沟通协调机制,进一步提高审判质效,最大限度发挥人民法庭的功能和潜力。三是便于人民群众及时感受到公平正义。由法庭执行团队直接负责法庭作出的生效判决的执行,减少移送执行局的流程,摒弃原有程序累赘,加快执行流程速度,提高财产保全效率。2019 年 9 月实施改革至 2023 年 3 月,法庭共受理各类案件 5625 件,办结 5464 件,分别同比增 29.96％和 27.69％,案件审执周期较改革前平均缩短 21.6 天和 30.4 天。

(三) T 法庭"3＋1"审执机制试点中的堵点与难点

1.人民法庭"3＋1"审执机制改革试点合法性存疑

由于现行《人民法院组织法》并未明确人民法庭的职能范围,当前人民法庭的职能设置主要由最高院通过司法解释的形式进行规定(见表2)。"3＋1"审执机制除了突破《最高人民法院关于人民法庭若干问题的规定》(法发〔1999〕20号)对人民法庭职能作出的建构外,与现行司法解释中的其他规定也存在诸多不符,多数学者以此为由反对扩大人民法庭的审判职能。① 例如:在违反上述规定的同时,拓展人民法庭审判职能范围、构建"3＋1"审执机制缺乏明确的法律依据,改革试点存在合法性危机,削弱了改革的动力,加大了改革阻力。

表 2　现行司法解释对于人民法庭审判职能的限制性规定

法律文件	文号	内容
最高院《关于适用〈中华人民共和国行政诉讼法〉的解释》	法释〔2018〕1 号	第 3 条:人民法庭不审理行政案件,也不审查和执行行政机关申请执行其行政行为的案件。
最高院《关于办理行政机关申请强制执行案件有关问题的通知》	法〔1998〕77 号	行政机关申请人民法院强制执行案件由行政审判庭负责审查。需要强制执行的,由行政审判庭移送执行庭办理。
最高院《关于加强人民法院基层建设的若干意见》	法发〔2000〕17 号	第 29 条:人民法庭原则上只负责执行由其审结并发生法律效力的,具有给付内容的简易民事、经济案件裁判文书,非诉行政案件和复杂、疑难案件均由基层人民法院执行。

2.人民法庭"3＋1"审执机制运行中出现的梗阻

因受各种主客观因素约束,设计上看似合理且能自洽的制度,实践中不一定尽如预期。由于现行审级制度和法院职能定位,是长期运行包括内外博弈所形成的,已经为内部适应并获得外部条件支持,有的甚至本身就是改革的成果,一旦改变,势必产生新的矛盾和问题,乃至发生某些负面实践效应。② 在 T 法庭构建"3＋1"审执机制的过程中同样出现不少导致改革难以推进的制度性梗阻。

---

① 赵大光:《新司法解释答疑(二)关于行政诉讼的管辖》,载《行政法学研究》2000 年第 3 期。

② 龙宗智:《审级职能定位改革的主要矛盾及试点建议》,载《中国法律评论》2022 年第 2 期。

从硬件设施来看,住建部、发改委《关于批准发布〈人民法院法庭建设标准〉的通知》(建标〔2010〕143 号)规定,根据人民法庭的职责范围,其审判工作用房与人民法院审判法庭的审判用房有所不同,并对人民法庭的房屋建筑建设内容按四类功能用房进行列举,其中,审判用房未涉及刑事审判用房。由于当前人民法庭大多不具有刑事审判职能,在硬件方面未能达到人民法院"六专四室"建设规范,对于警务安全工作的要求,配置专用囚车库、专用羁押通道、羁押室等刑事审判场所对于人民法庭用地用房和硬件设施造成一定困难。此外,由于审判职能范围拓展后需充实相关工作人员,T 法庭审判办公用房不能满足调整后的需求,为此 T 法庭积极申请加盖审判办公用房,但由于历史遗留问题及客观因素限制,未能办理完整的用地手续和建设手续,该项计划处于搁置状态。

从刑事审判工作来看,L 区检察院未在 T 法庭辖区设置检察室,需协调检察院将案件送至 T 法庭立案并协调公诉人到 T 法庭开庭,由于检察院距离 T 法庭路途较远,协调工作存在困难。基于这一现实问题,L 区法院协调 L 区检察院在 T 法庭辖区设置检察室,L 区检察院积极配合,向上级检察院申请设立 T 投资区检察室,拟派驻 10 名检察干警负责办理该区公安机关移送的审查逮捕、审查起诉案件,参与该区的社会治安综合治理,并向编办申请增加 8 个政法专项编制及 1 个领导职数。该项工作推进存在难度,目前同样处于搁置状态。

从人员配置来看,建立"3+1"审执机制拓展审判职能范围后,T 法庭拟设立诉讼服务团队、民事行政审判团队、刑事审判团队、执行团队以及后勤保障团队。诉讼服务团队负责立案登记、涉诉信访、诉前调解、小额速裁、审判监督、统筹协调和综合管理法庭审判执行工作等,拟配备员额法官 2 名,法官助理 2 名,书记员 4 名;民事行政审判团队负责审理 T 投资区的民事、商事、行政非诉案件,拟配备员额法官 6 名,法官助理 6 名,书记员 6 名;刑事审判团队负责依法审理属于 L 区法院管辖的且犯罪地在 T 投资区的各类刑事案件,拟配备员额法官 1 名,法官助理 1 名,书记员 1 名;执行团队负责执行法庭审结的生效案件及作出的诉前保全和财产保全裁定,拟配备员额法官 1 名,执行员(兼法官助理)1 名,书记员 2 名;后勤保障团队负责协调处理法庭的各项综合事务,拟配备司法行政人员 1 名,司法警察 1 名,协警 4 名,驾驶员 3 名。由于 T 法庭原有员额法官及法官助理较少,L 区法院积极协调增加法官、法官助理、司法行政人员等 14 个政法专项编制,目前未能实现。

综上,拓展人民法庭审判职能需要人、财、物各方面支持,对本不富裕的司法资源提出更高的要求,实现难度较大。若上述支持不能到位,将影响审判功能的实现。例如有些执行案件需要组成合议庭,单独一个执行员不利于开展工作。又如从事民商事审判的员额法官应有 4 名以上,若达不到则可能仍由原有法官审查执行异议,不利于提高司法公信力。

三、转型与拓展:人民法庭审判职能重构的进路

(一)改革推广范围及合法性分析

由于拓展人民法庭审判职能需要投入更多的司法资源,并非适合在所有人民法庭进行推广,唯有当法庭的案件体量达到一定规模,"3＋1"审执机制才有可能得以正常运转,投入的司法资源尤其是人力资源才能"回本"。评估法庭案件体量是否达到"3＋1"审执机制运行的规模,可以先确定支撑法庭"3＋1"审执机制运行所需员额法官数量的最小值,用法庭年均收案数计算出预计人均办案数,再与院机关庭人均办案数进行横向对比。若预计人均办案数大于或等于院机关庭人均办案数,则不会造成司法人力资源的浪费,若预计人均办案数远远小于院机关庭人均办案数,则可能加剧案件负担不平衡的问题,不适宜推行"大法庭、小法院"模式。

即便改革试点合法性存疑,司法实践中也已有许多地区开展了关于拓展人民法庭审判职能的探索,并取得了较好的成果。例如,2009 年,厦门市同安区人民法院成立了道路交通法庭,制定方案赋予道路交通法庭统一审理同安法院受理的交通事故民事案件、不服交警处罚的行政案件、当事人未被羁押及无严重冲突的交通肇事、危险驾驶等刑事案件。[①] 又如,福建省福清市人民法院宏路法庭探索"民刑一体"专业化审判模式,集中受理全市交通事故责任纠纷以及相关追偿权纠纷、保险合同纠纷等民事案件,同时受理交通肇事刑事案件,积极引导受害人提起刑附民赔偿,促成刑事部分和民事部分由同一法官审理,取得良好效果。[②] 当然,试点的数量与规模并不能直接证明改革试点具有合法性。"摸着石头过河""改革先行、法治附随"的实践模式在改革开放初期起到非常积极的作用,但党的十八大以来,我国树立了"法治优先、改革附随"的法治改革理念,即不仅仅把法治当作改革的工具,还要把法治当作改革的目标,用法治精神和法治思维塑造改革的决策和过程,引领和推动改革事业。[③] 因此仍有必要对拓展人民法庭审判职能试点改革的合法性进行论证。

---

① 彭海波:《城镇化进程中人民法庭的职能完善与重构》,厦门大学 2019 年硕士学位论文。

② 最高人民法院《关于印发〈新时代人民法庭建设案例选编(一)〉的通知》(法〔2021〕227 号)。

③ 郭文涛:《论全国人大及其常委会对司法改革的合法性控制》,载《学术论坛》2018 年第 2 期。

随着时代的发展和形势的变化,最高院在关于人民法庭审判职能方面作出不同于以往的规定,对 1999 年构建的人民法庭职能体系以及前文所述对于人民法庭审判职能的限制进行了多次自我突破,但以下突破性规定与前文所列举限制性规定属于同一法律效力位阶,时间上存在反复交叉,表明立法层面对于人民法庭审判职能范围的立场并不明确(见表 3)。

表 3   现行司法解释对人民法庭审判职能限制所作的自我突破

法律文件	文号	内容
《关于加强新时代未成年人审判工作的意见》	法发〔2020〕45 号	第 15 条:探索通过对部分城区人民法庭改造或者加挂牌子的方式设立少年法庭,审理涉及未成年人的刑事、民事、行政案件。
《关于进一步加强刑事审判工作的决定》	法发〔2007〕28 号	第 65 条:加强人民法庭队伍建设,不断提高人民法庭处理轻微刑事案件的能力和水平。
《关于贯彻宽严相济刑事政策的若干意见》	法发〔2010〕9 号	第 37 条规定:要积极探索人民法庭受理轻微刑事案件的工作机制,充分发挥人民法庭便民、利民和受案、审理快捷的优势,进一步促进轻微刑事案件及时审判。

在具有法律效力的成文规范本身并不明确甚至自相矛盾的情况下,对改革合法性的理解不能采取狭隘的谱系合法性范式分析。谱系合法性范式分析强调合法性的形式层面,将合法性等同于合法律性,司法改革试验合法性范式类型除谱系合法性范式外,还有经验合法性范式、规范合法性范式和程序合法性范式。司法改革试验在某类合法性范式方面不足并不必然推理出其整体合法性不足,不能囿于某类合法性范式判析便对符合社会发展趋势的司法改革试验进行限制。① 在上述立法层面对于人民法庭审判职能范围的立场并不明确的情况下,对于改革的合法性分析更应该采取审慎而宽容的基本立场,否则将使得司法改革试验困境丛生。

(二)"专业"或"综合":功能定位影响审判职能发挥

随着交通状况的改善和信息化应用的普及,人民群众对于城区人民法庭司法便民的功能需求逐步下降,相较之下对于诉讼专业化的需求愈发迫切。2021年 9 月,最高院《关于推动新时代人民法庭工作高质量发展的意见》(以下简称《意见》)为人民法庭的职能转型奠定了主基调,其中第 5 条将人民法庭职能的发

---

① 徐钝:《司法改革试验合法性的反思与重构》,载《法制与经济》2018 年第 11 期。

展方向分为两类:一类是乡村法庭发展综合性人民法庭,产业特色明显地区可以发展专业化法庭;另一类是城区法庭和城乡结合法庭发展专业化法庭。然而,《意见》本身以及其他官方文件并未对以上乡村法庭、城区法庭以及城郊结合法庭的范畴进行界定,因此,贯彻上述意见的前提在于根据实际情况准确把握城区法庭和农村法庭二者的范围。

笔者在研究中发现,山东省在人民法庭职能转型的调研方面颇有建树,《意见》中提出的人民法庭转型发展方向,与2019年临沂市中级人民法院课题组发表的关于人民法庭转型发展的调研报告中的论点基本相同。在该调研报告中,作者给出了城区法庭和乡村法庭的具体定义,"在城区办公、距所在基层院小于5公里、具有专业审判条件的人民法庭为城区法庭,边远地区或山区距所在基层院超过20公里、约辖2个乡镇的人民法庭为乡村法庭"。① 该定义虽为城区法庭、乡村法庭的认定提供了一个具有可实操性的定义,但是过于机械和绝对。新时代人民法庭的专业化建设要区分城乡差异、区域差异,坚持综合性和专业化相结合。② 鉴于东西部经济社会发展水平、交通状况都有很大差异,以同一距离作为划定城区、乡村法庭的标准,并不符合各地对人民法庭的实际需求。

人民法庭综合性和专业化的角色定位,不能仅依距离院部的远近这一要素进行机械选择,而应综合距院部远近、距其他人民法庭远近、辖区面积与人口、受理案件数、案件类型集中度、社会治理复杂程度、全院人民法庭总数与对专业化法庭的需求平衡度等多种因素进行具体判断。以笔者所在Z市L区为例,L区法院共有6个人民法庭,其中L法庭距离院部仅1.4公里,辖区群众对于司法便民的功能需求较弱,法庭与院部审理案件同质化现象突出,可以往专业化法庭方向发展;K法庭虽距离院部32公里,但辖区人口数仅6万人,2019—2022年平均年收案数为318件,且案件类型集中度高,65%的案件与房地产及物业相关,可以考虑建设房地产特色专业化法庭;而H法庭虽距离院部仅6公里,但下辖3个乡镇,辖区人口多达17.5万人,案件类型多样化,社会治理任务相对繁重,发展综合性法庭更能充分发挥该法庭的司法功能,分流基层院机关庭的案件。另外3个法庭由于距离院部均在20公里以上,且与其他人民法庭距离较远,考虑到L区法院案件类型集中度低,对专业化法庭需求程度不高,继续发展综合性人民法庭较为稳妥,避免改革过于冒进。

---

① 临沂市中级人民法院课题组:《关于人民法庭转型发展的调研报告》,载《山东法官培训学院学报》2019年第5期。

② 周强:《坚持以人民为中心 更加注重强基导向 不断提升人民法庭建设水平和基层司法能力》,载《法律适用》2021年第8期。

对人民法庭的角色功能进行正确的定位关系到人民法庭的案件体量,进而影响人民法庭审判职能的发挥与拓展。例如上述 L 区 H 法庭距离院部仅 6 公里,若不考虑辖区面积与人口、受理案件数、案件类型集中度、社会治理复杂程度、对专业化法庭的需求程度便贸然发展专业化法庭,必将导致法庭受理案件数量大幅减少,会很大程度限制法庭司法功能的发挥,在这种情况下拓展人民法庭审判职能可能会带来更多的负面效果。

(三)塑造"重心下沉"的审判资源配置格局

"四合一"审执机制下,人民法庭受理案件类型增多,案件量大幅提升,应当加强人民法庭审判资源配备,充实人民法庭的审判力量,完善有关配套制度,坚持力量下移、保障下倾,构建基层法院"重心下沉"的审判资源配置格局,使基层人民群众对法律服务和司法产品的实际需求得到更好的满足。

1.加强人民法庭审判资源配置

在硬件设施方面,要加强审判业务办公用房建设,整合法庭功能区域并及时为诉讼服务区配备办公设施,尤其要完善人民法庭审理刑事案件的硬件设施。可以根据法庭实际需要在总面积指标范围内适当调整并积极申请功能用房的间数、面积指标,争取行政无偿划拨用地,将项目建设经费纳入政府财政预算。

在团队建设及人员配置方面,调整受案范围后案件增多,员额法官办案压力增大,要根据辖区案件工作量增加法官、法官助理、司法行政人员等政法专项编制,此外须从院部调配精干人员以及通过向社会购买服务的方式充实队伍力量,尤其要加强司法警察配备,以保障刑事案件开庭押解及部分执行案件拘留工作。

2.构建基层法院审判资源一体化格局

当前,各基层法院审判资源尤其是人力资源较为紧张,能够向法庭调配的精干人员有限,向社会面购买服务的方式亦不能完全缓解这一问题,通过构建基层法院审判资源一体化格局,使人民法庭的审判活动与院机关保持联动互通状态,成为破解该问题的另一思路。第一,院机关有关领导可以通过审判管理平台反映的案件办理过程,实时把握各人民法庭的审判活动情况,进行必要的监督指导。第二,机关庭及审管办等机构积极承担指导、辅助人民法庭的职能,及时为人民法庭提供技术支持,提出专业的建议和意见。第三,完善人民法庭与机关庭相衔接的案件调度机制,确保案件能够及时按照难易水平及便利程度在二者间顺畅流转,使基层法院的审判资源得到一体调配和高效利用。第四,充分借助院部审判辅助团队力量,高度整合司法资源。例如法庭受理刑事案件后,书记员需要制作文书材料送达至检察院、看守所、监察委、组织部、司法局、法律援助中心等部门,送达任务较重,可借助院部刑事审判庭的送达工作组配合工作。第五,在工作机制方面,有关流程信息管理系统应及时接入人民法庭案件承办庭室,对文书签发权限、合议庭组成人员、案款发放权限、拘留审批权限等形成更合理的审批机制,理顺工作衔接,建构法庭执行绩效分级考核体系。

结 语

在审判职能分配"重心下沉"的改革方向下,对人民法庭审判职能进行激活与拓展,既对原有人民法庭职能体系存在的问题进行了修正,也回应了时代背景下基层群众对于司法的新需求。对于改革试点的合法性分析更应该采取审慎而宽容的基本立场,不能因其在某类合法性范式方面不足就推理出其整体合法性不足。从 L 区法院 T 法庭的改革样本来看,拓展审判职能范围虽然取得一定成绩,但遇到的困难与阻碍应当引起审慎思考。首先,由于"3+1"审执机制的运行对人民法庭的人、财、物提出了更高的要求,在选取改革样本时应充分关注法庭受理案件的体量,只有案件体量达到一定规模,构建"大法庭、小法院"的模式才不会造成司法资源的浪费或导致改革无法落地。其次,人民法庭须明确"专业"与"综合"的功能定位,功能定位影响审判职能的发挥与拓展。再次,"3+1"审执机制的运行须从硬件设施、人员配备、工作机制等方面进一步塑造"重心下沉"的审判资源配置格局。最后,期待最高院从顶层设计上修改司法解释中于人民法庭职能范围不合时宜的规定,清除制约人民法庭职能体系发展的制度藩篱,为更好地发挥新时代人民法庭的功能提供明确的法律依据,鼓励基层法院为人民法庭审判职能拓展提供更多的实践样本。

审判辅助事务集约化运行效果分析

——基于 SBM 效率模型

■绍兴市中级人民法院课题组*

摘要:对浙江省审判辅助事务集约化试点的五家法院运用 SBM 效率模型进行分析,发现集约化运行成效显著,尤其是在扫描编目、案卷整理归档等方面,但仍存不足,甚至部分事项集约与否值得商榷。故而统一厘定集约事项、独立运行集约中心、完善相关配套制度、推进集约事务社会化,将有助于审判辅助事务集约化运行效果的提升。同时,持续运用 SBM 效率模型也将有助于推动审判辅助事务集约化运行达到最优效果。

关键词:SBM 效率模型;审判辅助事务;集约化运行

2019 年,《最高人民法院关于深化人民法院司法体制综合配套改革的意见——人民法院第五个五年改革纲要(2019—2023)》指出,要配合内设机构改革,在人民法院内部推行部分事务集约化管理,并充分利用市场化、社会化资源,探索审判辅助事务部分外包。浙江法院在"全域数字法院"改革的大背景下,于 2022 年就审判辅助事务的集约化进行了多地改革试点。浙江法院的集约化探索普遍采用审判辅助事务集中处理和人员空间上聚集管理的双重聚集的方式,并根据自身原本机构设置、人员配备、审判习惯、经费等因素在集约中心的运行架构、人员配备、运行模式、集约事项上有所区别。

运行架构根据集约中心是否为独立部门分为独立运行和挂靠运行两种。独立运行是通过下设集约中心或者将原有部门实质化运作,设置独立部门处理审判辅助事务,如浙江省绍兴市中级人民法院(以下简称绍兴中院)实质运行审判

---

* 课题组成员:陈建民(浙江省绍兴市中级人民法院副院长)、戚立晶(浙江省绍兴市中级人民法院法官助理)、金世庆(浙江省绍兴市中级人民法院法官助理)、蔡立刚(浙江省绍兴市越城区人民法院院长)、张硕栋(浙江省绍兴市越城区人民法院副院长)、王丽萍(浙江省绍兴市越城区人民法院法官)、冯栖(浙江省诸暨市人民法院法官)、沈如波(浙江省诸暨市人民法院法官)、马东晓(浙江省诸暨市人民法院法官)。

保障服务中心。挂靠运行的则在立案庭(诉讼服务中心)下设集约中心,由相关部门选派专人进行管理。还有如浙江省诸暨市人民法院(以下简称诸暨法院)等部分法院,在集约中心挂靠立案庭(诉讼服务中心)的同时积极引入审判保障中心、审管办等其他部门。审判辅助人员配比方面,根据社会化程度主要可分为"集约化+社会化"协同模式、内部集约管理模式,目前仅有浙江省台州市黄岩区人民法院(以下简称黄岩法院)未进行社会化外包。集约事项是各地法院区别最多的,各法院对于排期、送达、扫描、编目、归档等较为成熟的项目均进行了集约,但因各地实践基础不同,在纳入集约化的事项上存在一定差异,对于上诉案件移送、分案、评估鉴定等工作的集约与否存在不同考量。此外,浙江各试点法院在是否突破原有审判组织、集约中心工作流转方式等方面也各有特点。可以说,浙江法院在审判辅助事务集约化改革上已经积累了一定的有益经验,但纵观国内学者对审判辅助事务集约化的研究多着眼于可行性分析,对于各地审判辅助事务集约化的运行模式和运行效果缺乏科学合理、客观全面的评价方法。

本文聚焦浙江省审判辅助事务集约化运行实践,引入 SBM 效率模型的定量分析方法,以期通过数据测算分析,构建能够客观、准确反映审判辅助事务集约化效果的评价指标体系,以探究浙江省审判辅助事务集约化运行的优化路径,完善审判辅助事务管理,促进审判体系和审判能力现代化。

一、评价方法与模型构建

(一)模型选择

数据包络分析(data envelopment analysis,简称 DEA)方法是基于投入产出数据的相对有效性评价方法,是针对多投入多产出情况下决策单元相对有效性和规模收益等方面应用最为广泛的数理方法之一。[①] 因其在处理多指标投入和多指标产出方面具有不可替代的优势,自提出以来已广泛应用于不同的行业和部门。审判辅助事务集约化工作多投入、多产出,综合考虑给各个投入、各个产出赋予合适的权重,即可进行相对效率的评价。通过数据包络分析可以基于集约事务的不同变量进行效果评价。

DEA 方法分为径向的 DEA 效率评价模型和非径向的 DEA 效率评价模型。SBM(slack based measure)模型是目前较为完善的 DEA 效率评价模型,成功解决了径向模型在效率评价过程中对于松弛变量的忽视问题,直接将松弛变量代

[①] 杨国梁、刘文斌、郑海军:《数据包络分析方法(DEA)综述》,载《系统工程学报》2013年第6期。

入目标函数,通过投入的冗余量和产出的不足量所产生的与最佳生产前沿相比的超效率指标,不仅可以计算出各个决策单元的效率值,还可以就这一决策单元与最优决策单元比较,对投入的多余量和产出的不足量进行测定,现广泛运用于金融、房地产、股份有限公司等行业、领域。基于各法院收案数量和案件情况不具备一致性,审判辅助事务类型多样、办理期限要求不一、效率评价标准多样,这些特点决定了单纯的径向模型无法科学测算出单个集约事项的运行效率,因此SBM 模型基于不同投入产出项测算的效率评价值就显得更为客观、可靠,从而对审判辅助事务集约化运行效果进行更为合理的评价及提供准确的效率改进方向。

(二)模型解析

SBM 模型包括投入导向、产出导向和非导向三种模型,其中投入导向模型是以决策单位的产出水平为确定,按最小化投入为假设估计效率;产出导向模型是以投入量为确定,按产出最大化为假定估计效率。

对于 n 个决策单元,每个决策单元都存在着投入和产出两个向量,分别为 $X \in R^m$,$Y \in R^h$。定义投入、产出矩阵为:$X=[x_1,\cdots,x_n] \in R^{m \times n}$,$Y=[y_1,\cdots,y_n] \in R^{h \times n}$。其中,$X>0$,$Y>0$。在总体规模保持不变的情况下可得到集合:

$$P=\{(x,y) \mid x \geqslant X\lambda, y \leqslant Y\lambda, \lambda \geqslant 0\}$$

根据松弛测度条件的 SBM 模型,表达式如下所示:

$$\rho = \frac{1-(1/m)\sum_{i=1}^{m} s_i^- / x_{i0}}{1+(1/h)\sum_{r=1}^{h} s_r^+ / y_{r0}}$$

$$s.t. \begin{cases} x_0 = X\lambda + s^- \\ y_0 = Y\lambda - s^+ \\ \lambda \geqslant 0, s^- \geqslant 0, s^+ \geqslant 0 \end{cases}$$

其中,ρ 代表着效率评价标准,m 代表投入要素的种类,h 代表产出要素的种类,λ 代表权重向量,x_0 和 y_0 分别为每个待评估的决策单元的投入向量和产出向量,x_{i0} 和 y_{i0} 分别为向量 x_0 的第 i 项指标值和向量 y_0 的第 r 项指标值。s_r^+ 和 s_i^- 分别为投入松弛量 s^- 的第 i 项元素和产出松弛量 s_r^+ 的第 r 项元素。目标函数 ρ 关于 s_i^-、s_r^+ 严格单调递减,且 $0 \leqslant \rho \leqslant 1$。对于某一被评价的决策单元,仅当 $\rho=1$,$s^-=0$,$s^+=0$ 时,该决策单元才是有效率的,若 $\rho<1$ 则该决策单元并非有效率,存在投入冗余或者产出不足,即需要改进。

二、指标选取与数据来源

(一)指标选取

审判辅助事务集约化主要关注两大价值取向:一是缓解"案多人少"的现实困境,增强法官和审判辅助人员的获得感;二是实现审判质效提升的价值追求,尤其是紧紧围绕案件审理本身,但又与案件涉及的诉讼内容无关的效率指标,即程序性审判质效的提升。结合上述 SBM 模型,设定三项投入指标和十项产出指标即可输出事务的效率值。

1.投入指标

就投入指标而言,主要基于浙江省审判辅助事务集约化运行实践,具体包括人员、集约事项、资金投入等方面。

(1)人员

人员投入包括集约人数和审判辅助人员配比。集约人数是各地开展审判辅助事务集约化后在集约中心集中办理集约事务的工作人员总数,包括法院工作人员和外包人员。

(2)集约事项

集约事项包含了集约事务数量和集约事项类型。各地在推行审判辅助事务集约化运行过程中均制定了相应的改革方案,列明了集约事项清单,可直接进行分类统计。

(3)资金投入

审判辅助事务集约化运行以组织架构重塑和业务流程再造,实现审判辅助事务集约管理,就集约中心场地改造、数字化建设、社会化外包等方面均需要大量的资金投入。因此,资金投入是集约化运行效果评价体系中不可忽视的因素。

2.产出指标

以浙江法院案件质量综合指数评估指标体系、"全域数字法院"相关指标,每个从审判部门剥离出来的集约事项或有直接对应质效指标,或在案件流转过程中对某项质效指标,即为产出指标。辅助审判特性决定了产出指标集中于程序性的审判质效(详见表1)。

表 1　集约事项—审判质效对应表

集约事项	对应审判质效（产出指标）
材料扫描	电子诉讼应用率、法定期限内立案率、无纸化立案率、上诉案件平均移送天数、上诉案件延期移送率、信访投诉率
卷宗编目	平均审理时间指数、无纸化立案率
分案排期	平均审理时间指数、信访投诉率
文书送达	电子诉讼运行率、平均审理时间指数、上诉案件平均移送天数、上诉案件延期移送率、民事公告送达率、信访投诉率
誊录笔录	上诉案件平均移送天数、上诉案件延期移送率、信访投诉率
诉讼费审核结算	平均审理时间指数、诉讼费退费平均时间指数、信访投诉率
案卷整理归档	正常审限内结案率、归档率、定档替换率、月均存案工作量、信访投诉率
生效信息录入	信访投诉率
上诉移送	上诉案件平均移送天数、上诉案件延期移送率、信访投诉率
执前催告	自动履行率①、信访投诉率

（二）样本和数据来源

本文以绍兴中院、黄岩法院、浙江省绍兴市越城区人民法院（以下简称越城法院）、浙江省绍兴市柯桥区人民法院（以下简称柯桥法院）、诸暨法院作为实证研究对象。所用到投入指标系向以上五家法院调查所得，产出指标相关原始数据来源于五家法院 2022 年 1—5 月的审判质效。对五家法院各投入产出指标进行描述性统计（见图 1）。

代入的数据中，没有一项投入值和产出值有零，满足对于每种投入或产出要素，至少两个决策单元的投入值和产出值大于零的条件。且五家法院除了在集约事项、平均审理天数等方面相差较大，其他方面差异不大。

---

①　浙江省绍兴市柯桥区人民法院作为最先开展执前催告集约工作的法院之一，以其作为样本法院有较高的研究价值，但囿于 2022 年上半年的疫情，自动履行率数据并不能反映客观情况，故在模型测算中删去对自动履行率的评价。

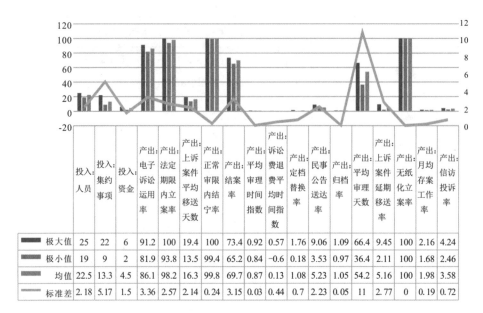

	投入人员	投入集约事项	投入资金	产出电子诉讼运用率	产出法定期限内立案率	产出上诉案件平均移送天数	产出正常审限内结宁率	产出结案率	产出平均审理时间指数	产出诉讼费退费平均时间指数	产出定档替换率	产出民事公告送达率	产出归档率	产出平均审理天数	产出上诉案件延期移送率	产出无纸化立案率	产出月均存案工作率	产出信访投诉率
极大值	25	22	6	91.2	100	19.4	100	73.4	0.92	0.57	1.76	9.06	1.09	66.4	9.45	100	2.16	4.24
极小值	19	9	2	81.9	93.8	13.5	99.4	65.2	0.84	-0.6	0.18	3.53	0.97	36.4	2.11	100	1.68	2.46
均值	22.5	13.3	4.5	86.1	98.2	16.3	99.8	69.7	0.87	0.13	1.08	5.23	1.05	54.2	5.16	100	1.98	3.58
标准差	2.18	5.17	1.5	3.36	2.57	2.14	0.24	3.15	0.03	0.44	0.7	2.23	0.05	11	2.77	0	0.19	0.72

图 1　样本法院投入—产出指标的描述性统计

三、结 果 测 算 与 效 果 分 析

(一)结果测算

运用 DEA-Sovler Pro5.0 软件测算,对五家样本法院审判辅助事务集约化运行效果进行评价,结果如表 2 所示。

SBM 模型研究思路是将所选取的样本法院"投入—产出"指标代入 SBM 模型求解,得出相对效率值。如前所述,各决策单元得出的效率值均在 0—1 区间内分布,属于有效率的决策单位的效率值为 1,即已处于一种最优状态。决策单位效率值未达到 1 的,系存在投入冗余或者产出不足,即需要改进的。

表 2　2022 年 1—5 月审判辅助事务集约化运行效率值

	越城法院	柯桥法院	诸暨法院	黄岩法院	绍兴中院
电子诉讼运用率	1	1	1	1	1
法定期限内立案率	1	1	1	1	1
上诉案件平均移送天数	0.73	0.83	1	1	0.91

续表

	越城法院	柯桥法院	诸暨法院	黄岩法院	绍兴中院
正常审限内结案率	1	1	1	1	1
结案率	1	0.95	1	1	1
平均审理时间指数	1	1	1	1	1
诉讼费退费平均时间指数	1	0.09	0	1	1
定档替换率	1	0.11	1	0.43	0.89
民事公告送达率	1	0.44	0.39	1	1
归档率	1	1	1	1	1
平均审理天数	1	1	1	1	1
上诉案件延期移送率	0.24	0.61	1	1	0.71
无纸化立案率	1	1	1	1	1
月均存案工作量	1	1	1	1	1

(二)审判辅助事务集约化运行效果分析

根据模型测算结果,将 14 项审判质效进行划分,效率值为 1 即达到最优效果,效率值未达到 1 但在 0.8 以上为效果良好,效率值 0.6~0.8 区间内为效果一般,效率值在 0.6 以下为效果较差,具体分类如表 3 所示。2022 年 1—5 月,14项审判质效中,五家法院审判辅助事务集约化运行效率值为 1 的,均达到 10 项以上;效率值为 0.8 以上的,五家法院均达到 10 项以上,即使 2022 年上半年受疫情影响较大的柯桥法院也有 71.43% 的效率值,运行在良好及以上水平。这一结果表明,在目前的投入水平上,各法院审判辅助事务集约化运行均有成效。

表 3   2022 年 1—5 月各法院审判辅助事务集约化运行效率值分类统计表

	0~0.6	0.6~0.8	0.8~0.99	1
越城法院	1	1	0	12
柯桥法院	3	1	2	8
诸暨法院	2	0	0	12
黄岩法院	1	0	0	13
绍兴中院	0	1	2	11

从具体指标来看,电子诉讼运用率、法定期限内立案率、正常审限内结案率、平均审理时间指数、归档率、平均审理天数、无纸化立案率、月均存案工作量等 8 项质效指标对应的效率值五家法院均达到 1,而材料扫描、卷宗编目、案卷整理归档等集约事项直接对应以上部分审判质效,分案排期、文书送达等集约事项在案件流转中对上述审判质效产生重要影响(见表 4)。直观表明扫描、编目、案卷整理归档、分案排期的集约化甚至社会化对集约化效率的贡献显著。

就上诉案件平均移送天数和上诉案件延期移送率两个指标,除审判部门向集约中心移送案件时间这一因素涉及部门衔接外,集约中心的办理效率直接影响指标的升降。该两项指标有两家法院效率值已达到最优,有一家法院效率值较差,考虑柯桥法院受疫情影响这一因素以外,试点开展二审网上立案工作对该指标造成了一定影响,数据结果说明上诉移送这一事项并非不适合纳入集约事项,而是集约化运行在上下级法院协作上比较欠缺,尚未形成规范的工作制度和高效的工作流程。

诉讼费退费平均时间指数、定档替换率、民事公告送达率在有三家法院效率值达到最优的情况下,还有两家法院效果较差。诉讼费退费平均时间指数考核案件生效后诉讼费结算的效率,涉及案件生效信息录入、诉讼费结算退费流转效率。除辅助人员自身工作效率外,还涉及集约中心内部工作组之间的衔接、集约中心与审判部门、财务部门的衔接。柯桥法院和诸暨法院的该项指标效果较差,主要问题集中在各地费用审计要求的差异,故该事项的集约与否要考虑财务管理的要求。关于定档替换率指标,有两家法院效率值较差,系案件结案后仍有材料入卷至本该归档完毕的目录项下,说明集约中心工作存在不规范、集约中心与审判部门沟通协调存在一定程度上的不畅。

表 4 2022 年 1—5 月审判辅助事务集约化运行各产出指标效率值分类统计表

	0～0.6	0.6～0.8	0.8～0.99	1
电子诉讼运用率	0	0	0	5
法定期限内立案率	0	0	0	5
上诉案件平均移送天数	0	1	2	2
正常审限内结案率	0	0	0	5
结案率	0	0	1	4
平均审理时间指数	0	0	0	5
诉讼费退费平均时间指数	2	0	0	3
定档替换率	2	0	1	2
民事公告送达率	2	0	0	3

续表

	0～0.6	0.6～0.8	0.8～0.99	1
归档率	0	0	0	5
平均审理天数	0	0	0	5
上诉案件延期移送率	1	2	0	2
无纸化立案率	0	0	0	5
月均存案工作量	0	0	0	5

四、结论与对策建议

结合数据模型的结果分析,审判辅助事务集约化运行旨在通过高效集约事务性管理,提升审判效率,其根本是厘清审判核心事务和审判辅助事务的边界,结合效率模型结果将一些更适合集约的事务从审判中剥离出来,以提高审判组织的审判质效,将一些不适应集约的事务及时调整。

(一)统一厘定集约事项

传统上,我国司法实践中对个案涉及的审判事务实行的是混合管理模式,[①]现行法律法规多从人员职责权限,以及司法责任出发,对司法事务进行划分,因此,集约化的逻辑起点就是审判核心事务与审判辅助事务边界的明晰和厘定。从浙江省的实践看,各法院以是否需要高度的法律判断并且能够产生确定效力或既判力[②]为标准进行区分,同时考虑与审判核心事务的紧密程度、集约事项效果是否凸显及地区实际确定集约事项。从数据模型的结果分析,课题组建议确定扫描编目、材料收转、分案排期、文书送达、诉讼费审核结算催缴、庭审记录誊录、案卷整理归档、生效信息录入、上诉移送、执前督促等十大类事项为常规集约事项,可以考虑社会化外包并在全省统一管理。针对部分法院将诉前调解、保全、文书上网等纳入集约中心集中办理,应结合本文的评估体系,根据工作效率、合法性、人员专业性要求等要素重新评估,结合自身实践和特点增加自选集约事项。

---

① 石春雷:《论审判辅助事务的集约化管理》,载《西南民族大学学报》2020 年第 12 期。
② 贾升宗:《探索构建以审判为核心的审判辅助管理方式——以审判事务分类管理为基础》,载《山东审判》2016 年第 2 期。

(二)独立运行集约中心

集约中心设于立案庭或诉讼服务中心易造成人员冗杂、机构臃肿,加之集约中心在人财物方面本就有一定的独立性,设在已经成熟的部门下将对原部门人财物管理、支部党建工作和集约中心后续专业化建设等造成较大挑战。从浙江省的实践看,虽然部分地区将集约中心设在立案庭(诉讼服务中心),但各地集约中心的工作运行机制、工作职能、日常管理均与原本立案庭(诉讼服务中心)相互独立,相对分离。集约中心的独立运行虽免去上述问题,但导致审判业务机构数量受到影响,也容易引发其他专项事务效仿,同内设机构改革精神与要求存在内在冲突。① 相较之下,重新"盘活"审判服务保障中心是一个相对较为合理的选择,但对于法院内部管理、部门内部管理提出了新的需求。因此,课题组认为审判辅助事务的高效运作需要基于独立的部门进行管理,各法院应将审判辅助事务集约化与审判团队建设、内设机构改革结合起来,根据实际以独立运行集约中心为原则设立集约中心。

(三)完善相关配套制度

1.出台工作细则

目前开展审判辅助事务集约化的法院均制定了相应的工作规程,但从数据测算结果看,仍存在因集约中心工作不规范而影响审判质效的情形。因此,有必要进一步明确工作规范,出台工作细则,根据标准化实证原则,做到"服务的过程应当可监控,服务结果评价应当可测量"②,有效增强审判辅助事务办理的专业性,使集约化运行更高效、顺畅。首先,工作细则应包含所有的集约事项,并逐一列明每个集约事项办理的工作标准、时限要求、操作步骤、是否需要审批以及办理依据。其次,工作细则涵盖从立案、分案、排期、庭前准备、庭审、归档、上诉、移送执行立案等案件全流程,从案件审理脉络梳理各集约环节之间的流转和衔接,让集约人员真正明确办理的集约事项从哪里来、到哪里去。最后,以流程图作为工作细则的附件,直观、简要地反映集约人员在特定环节、特定事务办理中的职责和任务。

2.建立智能化监管机制

高度平台化、无纸化、智能化的"全域数字法院"改革使审判辅助事务集约化

---

① 席建林、李震:《审视与优化:审判辅助事务管理"三化"改革再探索》,载《上海法学研究》2020 年卷。

② 杨凯、李婷:《论诉讼服务与公共法律服务体系融合的基本架构》,载《上海法学研究》2021 年卷。

平台智能监管成为可能。集约化运行中,应重点发挥平台对审判辅助事务的智能监管功能。在审判云智辅应用中构建审判辅助事务集约化线上管理架构,以实现审判辅助事务集约化全省监管。统一布局十类集约事项,同时开放各地部分集约事项示范探索申请端口,每一集约事项对接决策平台中各类审判质效数据,以 SBM 数据模型内嵌一体化办案办公平台,实现审判辅助事务投入—产出效果评价的动态展示。当决策单元超越生产前沿面时智能推送预警;为投入的冗余和产出的不足设定合理范围,超出合理范围时进行智能提醒;当投入—产出效率值达到 1 时,自动记录该条信息供决策者查询,将审判管理从传统事后管理向智能化、事中化管理转变,以平台的智能监管和评估指导集约化运行,从而达到最优效果。

(四)推进集约事务社会化

集约化的最终目的应该回归于司法机关作为公正裁判者本身的追求——向当事人和社会输出具有质量和效率的正义。[①] 从浙江集约化改革推进情况可以看出,扫描、编目、送达等审判辅助事务中的非核心、重复、专业司法能力需求不高的工作有从集约化到社会化的趋势,集约化的终极目标是辅助事务的社会化。根据数据测算,这两项事务均达到集约化的最优效果,由此可见,对于逐步集约成熟的部分审判辅助事务可以充分利用市场化、社会化资源,实施服务外包,推动集约化改革向纵深发展。课题组建议制定浙江省审判辅助事务社会化外包工作指导意见,明确外包事项的范围(包括禁止外包的负面清单)、工作机构、工作流程、牵头指导部门、日常管理部门,建立起规范、高效、安全的审判辅助事务社会化运行机制。对于目前较为成熟的扫描、编目和送达事务,可以由高院进行公开招投标优选具体外包单位,统一签订合作协议,通过全省统一购买社会服务的方式,对全省集约事务社会化进行统筹管理。对于排期等部分法院初探服务外包的集约事项,可由试点法院自主购买,在成熟之后全省推广。

---

① 尤乐:《论司法辅助事务集约化的含义、内容和法治化路径》,载《北方法学》2019 年第 4 期。

关于小额诉讼运行困境及完善对策的调研报告
——基于对 G 市法院小额诉讼案件的实证分析

■广州市中级人民法院金融审判庭课题组*

摘要:小额诉讼是推动案件繁简分流的重要制度,肩负着及时化解矛盾纠纷、提高诉讼效率的重任。2020年我国对包括小额诉讼在内的民事诉讼程序进行繁简分流改革,2021年年底民事诉讼法根据改革试点情况对小额诉讼的相关规定进行修正,有效推动了小额诉讼的适用。对 G 市法院改革试点期间以及民事诉讼法修正后首年的小额诉讼案件进行实证调研,可以发现小额诉讼仍然面对五方面困境:识别立案存在难题,与简易程序同质化,程序转换随意,程序衔接不畅,判决简化不足。针对上述困境,应当进行五方面完善:完善小额诉讼的识别立案机制,优化小额诉讼的审理程序要求,限定小额诉讼的转换条件,理顺程序转换的制度衔接,推行适用于小额诉讼的简式文书。

关键词:小额诉讼;立案识别;程序简化;程序衔接;文书简化

我国小额诉讼的司法实践源于 2011 年的全国试点①,并随着 2012 年民事诉讼法修正而在全国铺开。小额诉讼施行至今已逾十年,其是否已实现"及

---

* 课题组成员:黄雪梅(广州市花都区人民法院院长,原广州市中级人民法院金融审判庭庭长)、陈舒舒(广州市中级人民法院审判管理办公室主任)、余锦霞(广州市中级人民法院金融审判庭副庭长)、叶汉杰(广州市中级人民法院金融审判庭法官)、李小兵(广州市中级人民法院金融审判庭法官助理)、马健(广州市中级人民法院办公室四级主任科员)。执笔人:叶汉杰、李小兵、马健。

① 2011 年 3 月最高人民法院印发《关于部分基层人民法院开展小额速裁试点工作的指导意见》,提出北京、上海、广东等十三个省、直辖市高级人民法院在本辖区各指定两个基层人民法院作为小额速裁的试点单位。

时化解矛盾纠纷,提高诉讼效率"①的目标?无论是从各地的实证调研来看,②还是从学界的学术研究来看,③小额诉讼都未能实现预期目标。虽然实务界和学术界对小额诉讼不乏质疑之声,但面对"案多人少"矛盾日益加剧的客观现实,推动案件繁简分流势在必行,小额诉讼则是实现繁简分流的关键一步。2020年最高人民法院(以下简称"最高院")明确要求继续完善小额诉讼程序,并在2020年1月15日印发《民事诉讼程序繁简分流改革试点方案》,提出在G市等试点地区推动包括小额诉讼在内的繁简分流改革。近两年试点之后,2021年12月24日《中华人民共和国民事诉讼法》(以下简称《民诉法》)根据改革试点情况对有关小额诉讼的规定进行修正。《民诉法》的修正能否回应实务界和学术界对小额诉讼的质疑,能否有效提升小额诉讼的适用效果?针对上述疑问,课题组对G市法院小额诉讼的运行情况进行实证分析,进而揭示小额诉讼面对的困境,并针对困境提出完善对策。④

一、现状检视

本课题对G市法院以下两段时间的小额诉讼案件数据进行实证分析:第一段时间为改革试点期间,即2020年1月15日[《民事诉讼程序繁简分流改革试点实施办法》(以下简称《实施办法》)发布实施之日]至2021年12月31日(试点结束之日)期间。第二段时间为《民诉法》修正实施起一年内,即2022年1月1日(《民诉法》修正施行之日)至2022年12月31日全年。

---

① 《全国人民代表大会法律委员会关于〈中华人民共和国民事诉讼法修正案(草案)〉审议结果的报告》提出,为了便于及时化解矛盾纠纷,提高诉讼效率,《民事诉讼法》修订草案规定小额诉讼制度。

② 陆俊芳、牛佳雯、熊要先:《我国小额诉讼制度运行的困境与出路——以北京市基层法院的审判实践为蓝本》,载《法律适用》2016年第3期。

③ 参见王杏飞:《小额诉讼程序向何处去》,载《法治研究》2022年第2期;李浩:《繁简分流改革视域下完善小额诉讼程序研究——以N市与S市试点法院为重点》,载《当代法学》2021年第4期;刘加良:《小额诉讼程序适用的改进逻辑》,载《法学论坛》2021年第1期;等。

④ G市为我国南方某沿海省份的省会城市,G市中级人民法院下辖12个基层法院,下文对12个基层法院按名称缩写简称。2020年6月,G市中院作为试点法院制订《G市法院关于完善小额诉讼程序实施细则》,进一步细化和完善小额诉讼程序。G市法院2022年受理案件72.5万件,办结60.4万件,法官人均结案502件,"案多人少"矛盾突出。通过对G市法院的小额诉讼案件进行实证分析,可以较为全面准确地揭示小额诉讼的运行现状。

（一）小额诉讼程序的适用率

改革试点期间,G 市各基层法院受理小额诉讼程序案件共 272066 件,小额诉讼案件受理数大幅上升。适用小额诉讼程序审结案件共 218860 件,在所有一审审结的民商事案件中占比 31.73％。2022 年 G 市各基层法院受理小额诉讼程序案件共 132409 件,同比下降了约 2.7％。适用小额诉讼程序审结案件共 81488 件,在所有一审审结的民商事案件中占比 26.17％(见图 1),同比下降了 5.56％。对照上述数据可以发现,随着民事诉讼繁简分流改革的推进,小额诉讼程序适用率偏低的问题在 G 市法院有所改善,尤其试点期间的适用率已经超过了制度预期的 30％,但是试点结束后适用率有所下降,与制度预期的 30％相比仍有一定差距。[1]

图 1   2022 年 G 市基层法院小额诉讼程序适用率

从各基层法院看,改革试点期间小额诉讼程序的适用率处于 15.73％～63.81％,2022 年适用率处于 13.14％～59.8％,适用情况并不均衡,且最低和最高的适用率之间差异较为悬殊。改革试点期间有 2 个基层法院的小额诉讼程序适用率低于 20％,2022 年则有 5 个基层法院的小额诉讼程序适用率低于20％。各基层法院的小额诉讼程序适用率与其审结的民商事一审案件数量并

---

[1]   关于实务界对小额诉讼适用效果的期望,最高人民法院审判委员会时任专职委员杜万华于 2012 年秋曾指出,"全国法院小额诉讼案件将占到全部民事案件的 30％左右……对人民法院的民事审判工作格局将产生重大影响"。参见谢勇:《要认真做好小额诉讼实施准备工作》,载《人民法院报》2012 年 10 月 9 日第 01 版。关于学术界对小额诉讼适用效果的期望,有学者认为,"适用小额程序的案件如果为特定法院当年受理民事案件总数的 10％到 30％,都是合理的比率"。参见王亚新:《民事司法实务中适用小额程序的若干问题》,载《法律适用》2013 年第 5 期。

不成正比,在审结案件量较高、结案压力较突出的基层法院,小额诉讼程序适用率反而较低,对上述法院而言,小额诉讼程序减轻办案压力的作用有限(见图 2)。

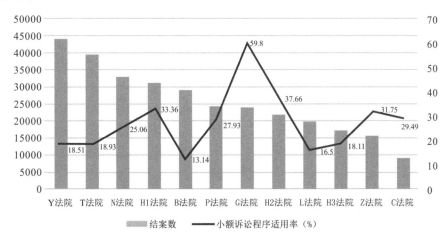

图 2　2022 年 G 市基层法院审结民商事案件数及小额诉讼程序适用率

(二)法定与合意适用小额诉讼程序情况

改革试点期间,在 218860 件适用小额诉讼程序审结的案件中,法定适用小额诉讼程序案件数为 172093 件,占比 78.63%,当事人合意适用小额诉讼程序案件数为 46767 件,占比 21.37%。2022 年在 81488 件适用小额诉讼程序审结的案件中,法定适用小额诉讼程序案件数为 46574 件,占比 57.15%,当事人合意适用小额诉讼程序案件数为 34914 件,占比 42.85%(见图 3)。可见,改革试点期间当事人合意适用小额诉讼程序的比例较低,但在《民诉法》修正后,当事人合意适用小额诉讼程序的比例有明显提升。

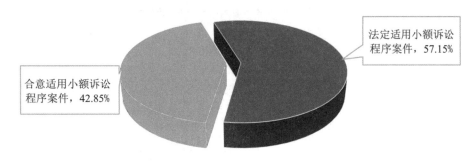

图 3　2022 年法定与合意适用小额诉讼程序案件比例

(三)小额诉讼程序转换情况

改革试点期间,在 G 市法院受理的 272066 件小额诉讼程序案件中,转为简易程序的案件有 37488 件,占比 13.78％;转为普通程序的案件有 11986 件,占比 4.41％;小额诉讼程序转换案件数合计 49474 件,合计转换率为 18.18％。2022 年在 G 市法院受理的 132409 件小额诉讼程序案件中,转为简易程序的案件有 14627 件,占比 11.05％;转为普通程序的案件有 21500 件,占比 16.24％;小额诉讼程序转换案件数合计 36127 件,合计转换率为 27.29％(见图 4)。可见,小额诉讼程序转换为简易程序、普通程序的比例仍然较高,而且在《民诉法》修正后程序转换率进一步上升。

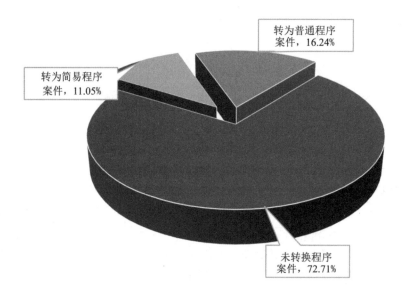

转为普通程序案件,16.24%

转为简易程序案件,11.05%

未转换程序案件,72.71%

图 4　2022 年小额诉讼程序转换为简易程序、普通程序的比例

(四)小额诉讼案件适用简式文书情况

改革试点期间,在适用小额诉讼程序审结的 218860 件案件中,共有 131852 件案件适用简式文书,占比 60.24％,未适用简式文书的案件占比 39.76％。2022 年在适用小额诉讼程序审结的 81488 件案件中,共有 70646 件案件适用简式文书,占比 86.69％,未适用简式文书的案件占比 13.31％(见图 5)。因《实施办法》第 9 条对小额诉讼程序简化裁判文书专门作出规定,《民诉法》修正后法院继续沿用之前使用的简式裁判文书,裁判文书简化的适用率得到提高。但是,各基层法院在小额诉讼案件中是否适用简式文书存在差异。就 2022 年而言,适用比例最高的基层法院,简式文书适用率达 91.93％;适用比例最低的基层法院,简式文书适用率为 68.74％。就文书样式以及配套机制总体而言,简化文书仍有提升空间。

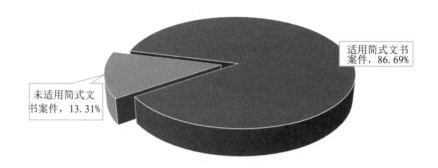

图 5 2022 年小额诉讼案件适用简式文书情况

(五)小额诉讼案件审理期限情况

改革试点期间,G 市法院适用小额诉讼程序审结案件平均审理期限为 32.31 天,在《实施办法》第 10 条规定的审理期限基础上进一步缩短了案件办理周期。2022 年 G 市法院适用小额诉讼程序审结案件平均审理期限 29.01 天,远少于《民诉法》第 168 条规定的两个月审理期限,这说明《民诉法》规定的小额诉讼程序审理期限基本符合 G 市地区的实际情况。G 市 12 个基层法院中,6 个基层法院的审理期限低于 30 天,3 个基层法院的审理期限在 30～35 天,3 个基层法院的审理期限在 35～40 天,小额诉讼程序快审快结的优势得到充分体现(见图 6)。

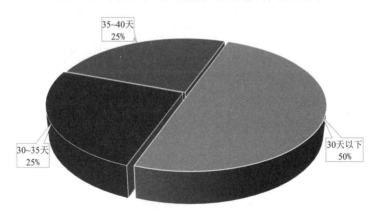

图 6 2022 年小额诉讼案件审理期限情况

(六)小额诉讼案件再审情况

小额诉讼程序是否通过"一审终审"实现效率价值,牺牲了公正价值,这是学界较为关心的问题。[①] 但通过调研可以发现,适用小额诉讼程序并不会推高再审发改率。改革试点期间,G 市法院适用小额诉讼程序审结的 218860 件案件中仅有 11 件申请再审,其中 5 件被再审改判或发回重审。2022 年,G 市法院适用小额诉讼程序审结的 81488 件案件中仅有 11 件申请再审,其中 7 件被再审改判或发回重审。可见,在《民诉法》修正后,小额诉讼案件的再审改判率虽然轻微上升,但总体而言再审发改率仍然维持在低于万分之一的较低水平,适用小额诉讼程序并不会有损审判的公正价值。究其原因,一是因为小额诉讼案件案情简单,争议较小,不少为已有生效示范判决的系列案件,法院就小额诉讼案件作出的判决得到双方当事人的认可,因此服判息诉率较高。二是虽然小额诉讼是一审终审,但小额诉讼仍然可能因再审改判,再审改判相比二审改判对当事人的影响更大,因此法官对于一审终审的小额诉讼案件相比可以上诉的其他一审案件在处理上更为审慎,也更愿意推进调解工作。三是当事人在小额诉讼中追求快速解决纠纷,不希望通过再审程序耗费时间精力,因此除非判决确有错误才会申请再审。综上原因,小额诉讼案件申请再审率以及再审发改率都比较低,当事人较为认可小额诉讼,会主动选择适用小额诉讼,小额诉讼并未出现学界担心的削弱公正价值。

二、问题分析

修正后的《民诉法》对小额诉讼制度进行了改进,G 市法院小额诉讼程序的适用也有了一定程度的提升,如当事人合意适用率上升了 21.48%,简化文书适用率上升了 26.45%,再审率低于万分之一,平均审理期限 29.01 天远低于《民诉法》第 168 条规定的两个月审理期限。但是,小额诉讼的运行仍面对以下困境,亟须进行完善。

(一)立案:小额诉讼识别立案存在难题

有学者提出我国的小额诉讼程序长期处于法官不敢用、当事人不愿用的

[①] 法学界普遍认为以小额诉讼程序和独任制改革的扩大适用为代表的改革举措过于追求效率,妨害了当事人的诉讼权利,且这一呼声在民诉法修正草案出台后尤为强烈。参见左卫民:《效率 VS 权利?民事程序繁简分流改革争论的实证审视》,载《现代法学》2022 年第 5 期。

状态,一审终审后败诉方只能以申请再审的方式寻求救济是造成该程序被虚置的主要缘由。[1] 但从调研来看,G市法院小额诉讼当事人合意适用率占比达42.85%,小额诉讼再审率维持在万分之一以下的较低水平,当事人不愿意用以及需要寻求再审救济并非影响小额诉讼适用的主要原因。立案条件规定不尽合理,导致可以适用小额诉讼的案件范围有限,而且难以准确识别立案,是导致G市法院小额诉讼适用率在《民诉法》修正后下降了5.56%的一个主要原因。

1.排除非单纯金钱给付类案件适用小额诉讼不科学

《民事诉讼程序繁简分流改革试点问答口径(二)》明确非单纯金钱给付类案件经各方当事人同意可以适用小额诉讼程序。但改革试点结束后,《民诉法》并未将非单纯金钱给付类案件纳入小额诉讼案件立案范围,即使当事人合意适用也只能限于简单金钱给付民事案件,修正后的规定不利于推广适用小额诉讼程序。

2.排除适用小额诉讼的案件类型不合理

《实施办法》规定了排除适用小额诉讼的案件类型,但相关规定存在以下不合理之处:首先,《实施办法》规定起诉时被告下落不明的案件不适用小额诉讼程序,导致很多简单的案件不能通过简便的小额诉讼程序处理。其次,《实施办法》规定需要评估、鉴定的案件不适用小额诉讼程序,但是有些需要评估、鉴定的案件其实并不复杂,完全排除适用不合理。改革试点结束之后,修正后的《民诉法》在《实施办法》的基础上扩充了排除适用小额诉讼的案件类型,增加规定了当事人提出反诉的案件不能适用小额诉讼。修正后的《民诉法》限缩了可以适用小额诉讼的案件范围,导致小额诉讼适用率有所下降。部分案件的被告提出反诉后也明确表示同意适用小额诉讼,规定当事人提出反诉的案件一律不适用小额诉讼程序是否合理值得商榷。

3.繁简分流标准欠完善

修正后的《民诉法》没有形成能够客观、简明识别案件繁简难易的标准。[2]《民诉法》规定简单民事案件的特征包括事实清楚、权利义务关系明确、争议不大,但上述规定比较抽象,实践中各地法院的案件繁简标准不统一,立案阶段案件繁简识别存在一定困难,准确率不高,常出现经过分流的案件简案不简、繁案不繁的情况。这一方面导致应该适用小额诉讼的案件无法立为小额诉讼,另一方面导致不应该适用小额诉讼的案件需要转换为其他程序,如2022年G市法

---

① 李浩:《小额诉讼程序救济方式的反思与重构》,载《法学》2021年第12期。

② 陈杭平:《未竟的"繁简分流"改革——兼评2021年〈民事诉讼法〉修改》,载《中国社会科学院大学学报》2023年第1期。

院小额诉讼转化为其他程序的比例达 27.28%,部分基层法院甚至有四成以上的小额诉讼需要转换为其他程序。

(二)审理:小额诉讼与简易程序同质化

修正后的《民诉法》、《最高人民法院关于适用〈中华人民共和国民事诉讼法〉的解释》(以下简称《民诉法解释》)对小额诉讼的简化问题仅作出原则上的规定,导致小额诉讼程序与简易程序同质化明显,小额诉讼未能体现明显优势。修正后的《民诉法》删除了相关内容特殊性条款,导致小额诉讼程序在法律规范层面上依然与简易程序没有本质区别,失去了在体系上将小额诉讼程序独立的机会。[①]

1.效率优势不突出

小额诉讼制度应将诉讼效率摆在突出位置,在保障当事人诉讼权利的前提下,通过限定举证期限、答辩期间等方式压缩案件审理周期。《民诉法解释》第275 条虽然将小额诉讼程序的举证期限缩短为 7 天,但是小额诉讼程序的最长答辩期间与简易程序、普通程序相比并无不同,均为 15 天。事实清楚、权利义务关系明确、争议不大的小额诉讼案件最长答辩期间与适用普通程序审理的案件并无差异,显然有悖于小额诉讼制度追求便捷高效的初衷。

2.程序简化不充分

小额诉讼程序中的传唤、送达、证据交换、庭审等事项能否科学简化直接影响程序的运行效果。但是现有规定并未明确"进一步简化"的具体方式,未能为适用小额诉讼程序高效审理案件提供明晰的操作指引。小额程序的设计在比照简易程序设计时,依然保留了诉讼程序法理下的基本程序设计。[②] 小额诉讼程序相对于简易程序的独立性没有充分显现,在统一适用的程序规则尚未形成的情况下,各试点地区法院制定的实施细则差异较大,而且不尽合理。

(三)转换:小额诉讼程序转换随意

小额诉讼程序是强制适用的,法官依职权决定是否适用,但这只是"纸面上的法律"而非"行动中的法律"。[③] 小额诉讼程序适用率低与转换率高的问题在司法实践中长期并存,较高的转换率已经成为影响小额诉讼适用效果的

---

① 刘哲玮:《理论界的失语?——2021 年〈民事诉讼法〉修订反思》,载《中国社会科学院大学学报》2023 年第 1 期。

② 范晓唯:《论小额案件中的职权主义》,载《学术界》2021 年第 12 期。

③ 王杏飞:《小额诉讼程序向何处去》,载《法治研究》2022 年第 2 期。

重要因素。2022 年 G 市法院小额诉讼程序转换率相比试点期间上升了 9.1%,达到 27.28%,高转换率不仅制约了小额诉讼程序发挥应有作用,而且程序转换增加了法院及当事人的工作量,导致法院及当事人适用小额诉讼的积极性降低。

1.转换事由规定不合理,引发被动转换

《民诉法》只是原则上规定"发现案件不宜适用小额诉讼的程序的"应当转换程序,但何谓"不宜适用"并不明确。实践中,法院一般根据《民诉法》第 166 条以及《民诉法解释》第 278 条把握"不宜适用"小额诉讼的情形。但是,上述规定存在以下不足:首先,《民诉法》第 166 条规定"需要评估、鉴定或者对诉前评估、鉴定结果有异议的案件"不适用小额诉讼程序,实践中法院经常将案件需要评估、鉴定作为小额诉讼程序转换为简易程序的事由之一。评估、鉴定的作用主要在于查明专门的事实问题,但并不必然意味着案件事实不易查明。当事人对评估、鉴定的结果无异议或提出的异议不成立的,法院可根据评估、鉴定结论认定案件事实。而且因评估、鉴定的期间不计入审限,此过程中的耗时与小额诉讼程序两个月的审限亦无明显冲突。适用小额诉讼程序审理的案件需要评估、鉴定的是否一律需要转换程序值得商榷。其次,《民诉法解释》第 278 条规定,"当事人申请增加或者变更诉讼请求、提出反诉、追加当事人等,致使案件不符合小额诉讼案件条件的",适用简易程序的其他规定审理或者裁定转为普通程序,该规定虽然有合理性,但也为当事人在诉讼过程中滥用权利规避小额诉讼程序提供了空间。

2.转换意愿不受规制,引发主动转换

首先,现行规定对于程序转换是否需要经过批准、如何审批未予明确,导致实践中法院转换程序相对随意。其次,鉴于小额诉讼程序审理期限较短,因送达难的问题未能有效解决,部分案件在多种原因作用下尚未开庭即已临近审限,不少案件数量较多的法院为了在审限内处理案件主动将小额诉讼转换为简易程序甚至普通程序,因此部分案件数量多的法院适用小额诉讼少,案件数量少的法院反而适用小额诉讼多,小额诉讼的作用无法得到体现。

(四)衔接:转换程序衔接不畅

如何理顺程序转换后的衔接问题已成为必须解决的重要问题。[1]《民诉法》《民诉法解释》关于程序转换后的衔接问题未尽明确,影响了小额诉讼的转换效果。

---

[1] 事实上,程序转换后的衔接问题一直是实务界关心和困惑的问题。参见许少波:《论民事简易程序向普通程序之转换》,载《法学评论》2007 年第 5 期。

1.审判组织衔接不科学

程序转换后的庭审组织如何衔接,各地针对该常见问题有不同实践。实践中,部分法院发现不适用小额速裁程序审理的案件,主审法官只能将案件直接退回立案庭,由此造成了案件程序转换的僵硬及前期司法资源的浪费。部分法院则作出"一次分流定终身"的规定,即使是因繁简甄别出现偏差而进入快速处理程序的案件,也不得随意将案件转出。① 由于转换法官可能导致程序拖沓问题,《G 市法院关于完善小额诉讼程序实施细则》规定"小额诉讼程序转为简易程序,独任法官可当庭裁定转换",但并未明确小额诉讼程序转化为普通程序是否需要变更法官。

程序转换后的经办法官更换与否其实各有利弊。首先,如程序转换后不变更法官,优点是可以当庭变更程序,且为不重新开庭创造了必要条件;缺点是如小额诉讼原本由速裁法官处理,如果小额诉讼变更为其他程序但法官不予变更,那就意味着速裁法官需要处理普通案件,有损设置速裁团队的初衷和影响审理效率。其次,如程序转换后变更法官,优点是可让速裁法官只处理小额诉讼案件,通过案件集约管理提高审理效率;缺点是变更法官意味着案件需要重新流转,而且因法官变更而必须重新开庭,不利于案件的高效处理。由于全国层面对程序转换后的庭审组织如何衔接并无明确规定,各地实践亦未能涵括各种情形进行类型化规定,造成审判组织衔接不科学,影响了小额诉讼的适用效果。

2.庭审程序衔接不畅顺

程序转换后是否需要重新开庭是实践中经常会遇到的问题。《民诉法》《民诉法解释》未对该常见问题作出规定,只有《民事诉讼程序繁简分流改革试点问答口径(一)》规定,"以重新开庭为原则,只有双方当事人同意不再开庭的除外"。如果程序转换一般都需要重新开庭,那就意味着要重新排期、重新送达,小额诉讼原本效率高的优点将因程序转换而被全盘抹杀。因此实践中,不少法官认为如果适用小额诉讼将可能因程序转换而必须重新开庭,那还不如不要适用小额诉讼,宁愿适用普通程序进行独任审理,采用后者总体审理时间将比小额诉讼转化为其他程序的时间更短。由此可见,程序转换后的庭审程序衔接不顺畅与低效率已经成为制约小额诉讼适用的重要因素。

3.答辩举证衔接不合理

程序转换后是否需要重新答辩和举证亦是实践中必须明确的问题。首先,关于是否需要重新答辩,本文考察的各项规定并未进行明确。规定的缺失必然造成实践中的无所适从。其次,关于是否需要重新举证质证,《民诉法解释》第

① 石春雷:《民事案件程序分流诸问题》,载《甘肃政法大学学报》2021 年第 6 期。

278 条规定"双方当事人已确认的事实,可以不再进行举证、质证"。但关于该规定,实践中存在适用争议。其一,现实中很少出现全部事实双方都无争议的案件,关于该类案件是否需要重新举证和质证存在争议。其二,在被告缺席的案件中,必然不存在双方当事人已确认的事实,此类案件重新进行举证和质证是否有必要值得商榷。

(五)裁判:文书简化仍待提升

根据课题组的统计,2022 年 G 市法院仍有 13.31% 的小额诉讼案件未适用简化裁判文书。当前影响小额诉讼裁判文书简化的主要原因是简式文书适用规则不明。为方便研究,下文对最高院发布的文书样式①、繁简分流试点文书样式②、G 省③以及 G 市④的相关规定进行研究。经梳理归纳,相关规定的差异集中在三个方面:适用条件、文书样式及配套制度。

第一,适用条件的差异规定。从以往调研来看,被调查者谈"裁判文书简化"提出的建议多半是"明确简化裁判文书的适用标准"。⑤ 小额诉讼可适用简式文书包括要素式裁判文书、表格式裁判文书和令状式裁判文书,这已是共识。但小额诉讼在缺席判决情况下能否适用简式文书,以及是否需要当庭宣判各类规定差异较大(见表 1)。

表 1　简式文书适用条件的差异规定

差异因素 相关规定	缺席情形	当庭宣判
最高院样式	未明确能否适用	未明确是否需要
试点文书样式	未明确能否适用	不载明裁判理由的文书要当庭裁判

① 最高人民法院于 2016 年发布的《民事诉讼文书样式》列明了各类简式文书的样式及适用条件,以下简称该样式为"最高院样式"。参见最高人民法院修改后民事诉讼法贯彻实施工作领导小组编:《民事诉讼文书样式》(上册),人民法院出版社 2016 年版,第 340~350 页。

② 最高人民法院于 2020 年 9 月 30 日印发《民事诉讼程序繁简分流改革试点相关诉讼文书样式》,以下简称"试点文书样式"。该样式另明确小额诉讼简式文书除适用该样式外,也可以继续适用 2016 年《民事诉讼文书样式》中的要素式、表格式、令状式判决书格式。

③ G 省高级人民法院下发《关于推行民事裁判文书改革,促进办案标准化和庭审规范化的实施意见》,以下简称"G 省法院规定"。

④ 《G 市法院关于部分民商事案件适用简化裁判文书的实施意见》,以下简称"G 市文书规定"。

⑤ 林遥:《民商事类型化案件要素式审判机制研究——以 C 市法院民事庭审优质化改革情况为样本分析》,载《法律适用》2018 年第 15 期。

续表

差异因素 相关规定	缺席情形	当庭宣判
G 省法院规定	令状式文书:缺席判决不得适用	令状式文书:须当庭宣判
	要素式文书、表格式文书:未限定	要素式文书、表格式文书:未限定
G 市文书规定	令状式文书:缺席判决不得适用	令状式文书:原则上应当当庭宣判并即时送达裁判文书,特殊情况下亦可在当庭宣判后三日内向当事人送达裁判文书
	要素式文书、表格式文书:未限定	要素式文书、表格式文书:未限定

第二,文书样式的差异规定。小额诉讼适用的简式文书样式必然要比普通文书的样式简略,但关于简式文书具体简化什么内容,相关规定差异较大。经研究,相关规定均明确裁判文书的标题、落款两大部分以及正文部分的当事人基本情况、案件由来、审理经过、裁判依据、裁判主文及尾部不做省略,主要差异集中在主文的事实及理由部分如何简化,课题组归纳主要的差异因素,制成表 2。

表 2 简化文书样式的差异规定

简化内容 相关样式	简式文书种类	诉辩意见	事实认定	裁判理由
最高院样式	要素式文书	省略	按要素罗列	省略
	令状式文书	不省略	省略	不省略
	表格式文书	只写原告诉请	省略	不省略
试点文书样式	未区分类别	不省略	不省略	不省略(对于案情简单、法律适用明确,法官通过当庭裁判说明裁判理由,并将裁判过程用庭审录音录像或庭审笔录完整记录的,裁判文书可不写裁判理由)

续表

简化内容 相关样式	简式文书种类	诉辩意见	事实认定	裁判理由
G省法院规定	要素式文书（含插入及附有表格型）	省略	按要素罗列	不省略
	令状式文书	只写原告诉请	不省略、简要概括	省略
G市文书规定	要素式文书（含插入表格型）	省略	按要素罗列	不省略
	令状式文书	只写原告诉请	不省略、简要概括	省略
	表格式文书	不省略（用表格列举）	不省略（用表格列举）	不省略（用表格列举）

第三,配套制度的差异规定。简式文书不仅要求在文书撰写上进行简化,更需要立案、庭审、送达等一系列制度进行配套。最高院样式未规定相关配套制度。试点文书样式仅规定不载明裁判理由文书的庭审笔录要求。G省及G市规定均明确规定相关配套制度,其中关于要素式文书的配套规定基本一致,关于令状式文书的配套规定主要差异在于庭审笔录的内容及《适用令状式裁判文书告知书》的送达,具体差异见表3。

表3　简式文书配套制度的差异规定

配套差异 相关规定	令状式文书的庭审笔录要求	令状式文书送达《适用令状式裁判文书告知书》的要求
试点文书样式	（不载明裁判理由的文书）裁判过程及裁判理由,已在庭审录音录像或者庭审笔录做完整记录	无
G省法院规定	庭审笔录应当包括宣判过程、法院认定的事实,以及详细裁判理由、依据和判决主文	在送达裁判文书时送达
G市文书规定	仅规定对庭审过程全程录音录像,未明确庭审笔录要求	在送达案件受理通知书、应诉通知书时向各方当事人送达,也可根据案件情况在庭审过程中以口头方式告知当事人

三、完善对策

小额诉讼是直接反映效率价值的程序,一方面迅速地推进诉讼,了结纠纷,缩短诉讼周期,另一方面降低讼成本,尽可能减少诉讼投入。[①] 但同时也有不少学者提出担忧,一审终审的小额诉讼可能会有损诉讼程序的公正价值。从调研来看,G 市法院的小额诉讼案件充分体现了效率价值,案件平均审理周期不足 30 天,简化文书适用率达 86.69%。同时 G 市法院适用小额诉讼并未降低对公正价值的追求,当事人对小额诉讼程序较为认可,合意适用率达 42.85%,小额诉讼案件再审发改率维持在低于万分之一的较优水平。根据实证调研,小额诉讼程序能够实现公正与效率的平衡,并未通过牺牲公正换取效率,因此应针对当前制约小额诉讼运行的不利因素进行完善,以期充分实现小额诉讼的制度价值。

(一)完善小额诉讼的识别立案机制

适用范围过窄以及立案识别困难是小额诉讼适用率在试点改革后有所下降的原因之一,鉴于小额诉讼能够较好地实现公正与效率的统一,且当事人合意适用小额诉讼的积极性逐渐增强,对此有必要探索拓宽小额诉讼的适用范围及明确立案识别标准。

1.规定非单纯金钱给付类案件经当事人同意可适用小额诉讼

非单纯金钱给付类案件包括两种类型:一是仅有非金钱给付请求;二是既有金钱给付请求,也有非金钱给付请求。但无论上述哪种类型的案件,都有可能是"事实清楚、权利义务关系明确、争议不大"的简单案件。从域外比较来看,德国就并未将小额裁量程序的适用范围限定为"金钱给付类"案件,除职务责任案件与婚姻家事案件外的所有类型案件,不区分财产案件与非财产案件,均可在诉讼标的额低于 600 欧元时适用小额裁量程序审理。[②] 我国将小额诉讼限于单纯金钱给付类案件可能影响小额诉讼的有效使用,不利于全面解决简单案件纠纷。因此,课题组认为在双方当事人均同意的前提下有必要肯定非单纯金钱给付类案件可以适用小额诉讼。而且,如果是仅有非金钱给付请求的案件,不需要满足标的额条件。

2.缩小排除适用小额诉讼的案件类型

首先,起诉时被告下落不明并非必然导致该案案情复杂,而且原告要求适用

[①] 张卫平:《双向审视:民事诉讼制度建构的实体与程序之维》,载《法制与社会发展》2021 年第 2 期。

[②] 占善刚、曹影:《德国的小额裁量程序及其启示》,载《法治研究》2022 年第 4 期。

小额诉讼的权利不应因为被告逃避诉讼而被剥夺。因此,对于符合法定适用小额诉讼标的额的简单案件,虽然原告起诉时被告下落不明,仍有适用小额诉讼程序的空间。其次,需要评估、鉴定的案件也不应被完全排除适用小额诉讼,因为这些案件可能事实很清楚、权利义务关系很明确,一旦完成评估、鉴定就可以迅速作出裁判。最后,对于当事人提出反诉的案件,如果案情仍然符合简单标准,特别是双方当事人均同意适用小额诉讼程序的,应当允许适用小额诉讼程序。适时审判请求权是当事人的基本权利,当事人同意为程序的简化提供了充分的正当性,应充分尊重当事人的选择权。① 因此,上述三类案件不宜绝对排除适用小额诉讼,可考虑将上述案情作为案情疑难复杂的一个表现,赋予法院决定是否适用小额诉讼的制度空间。

3.完善案件繁简分流标准

首先,加强对案件繁简判断的动态分析,梳理可以适用和排除适用小额诉讼的所有案件类型,对每一类案件的案由、诉讼主体、诉讼请求、法律关系、标的额等要素设定具体、可操作的繁简界定标准体系,确保符合小额诉讼程序的案件一律适用小额诉讼程序审理。其次,在登记立案时,由当事人填写《案件情况登记表》,由程序分流员录入立案信息系统,借助信息系统智能识别案件繁简要素,程序分流员再根据繁简界定标准进行人工识别,通过"算法+人工"的方法快速识别,识别为适用小额诉讼的在审判系统中统一标注"小额"字样。运用互联网技术,可以事先将确定的、客观的程序分流标准录入案件管理系统,使案件进入法院后能第一时间被识别出匹配的程序,并自动分流至该程序。② 最后,定期组织资深的、具有丰富民事审判经验的法官提炼更新"事实清楚""权利义务关系明确""争议不大"案件的客观表现要素,将该要素引入立案系统,在立案期间根据客观表现要素实现小额诉讼案件的精准识别。

(二)优化小额诉讼的审理程序

针对小额诉讼程序与简易程序同质化的问题,课题组认为应当进一步优化小额诉讼案件的审理程序,充分发挥其便捷高效低成本的优势。

1.缩短举证期限和答辩期间

首先,探索将小额诉讼的答辩期间、举证期限均规定为不超过7日。要发挥小额诉讼程序相比其他程序的独特优势,可以改变全部程序统一适用15日最长答辩期间的现状,将小额诉讼的答辩期间、举证期限均规定为不超过7日,以解决答辩、举证耗时的问题。法院应当在受理小额诉讼程序案件时告知放弃答辩

① 刘加良:《小额诉讼程序适用的改进逻辑》,载《法学论坛》2021年第1期。
② 石春雷:《民事案件程序分流诸问题》,载《甘肃政法大学学报》2021年第6期。

期间、举证期限的法律后果,并征询当事人是否同意放弃。当事人明确表示放弃的,可以直接开庭审理。当事人明确表示不放弃答辩期间、举证期限的,法院应当合理确定不超过7日的答辩期间、举证期限。其次,应当明确答辩期间与举证期限可以合并计算。关于答辩期间与举证期限能否合并计算,最高院之前有观点认为举证期限的起算点为答辩期间届满后。① 课题组认同《民事诉讼程序繁简分流改革试点问答口径(二)》提出的可以合并计算的观点,理由有二:其一,《民诉法解释》第99条和《最高人民法院关于民事诉讼证据的若干规定》第50条均规定,人民法院应当在审理前的准备阶段确定当事人的举证期限。结合《民诉法》第十二章第二节,审理前的准备阶段为立案后至开庭审理前的阶段。因此,审理前的准备阶段已经包括答辩期间,按照现有规定不能认定举证期限的起算点为答辩期间届满后。其二,现实中原告一般在起诉时已经提交证据,如果原告收到被告的答辩状针对新的争议焦点认为应当补充证据,法院不会以原告的举证期限届满为由限制其举证权利。

2.优化庭审程序

首先,推行在线庭审,除当事人明确表示不同意的以外,小额诉讼案件可以采取在线视频方式进行庭审。小额诉讼案件的庭审应当录音录像,并可以录音录像作为庭审记录,不再另行制作书面笔录。在小额诉讼程序中将庭审录音录像代替笔录制度与无须记载当事人、证人笔录的要求相结合,可以进一步减少法院有关庭审笔录的工作压力,提高法院工作效率,进而提升当事人参与诉讼的效率。② 其次,开庭的时间或地点可以根据当事人申请并经法院同意后灵活确定。最后,推动要素式审理,庭审可以不受法庭调查、法庭辩论等庭审程序限制,直接围绕诉讼请求或者案件要素进行,原则上应当一次开庭审结,并争取做到当庭宣判,当庭送达裁判文书。

3.完善配套制度

小额诉讼程序配套规制的完善能够辅助该程序发挥出更好的积极作用和价值优势。③ 围绕小额诉讼程序简便高效的特点,构建完整的规则体系。第一,探索小额诉讼免收案件受理费,或者规定小额诉讼收费标准比照简易程序案件减半收取,提升当事人适用小额诉讼的意愿。第二,强化小额诉讼程序与执行程序的衔接,法院可以在作出判决后直接征询当事人是否申请执行,当事人提出申请

---

① 最高人民法院修改后民事诉讼法贯彻实施工作领导小组编:《最高人民法院民事诉讼法司法解释理解与适用》(上册),人民法院出版社2015年版,第337页。

② 林剑锋:《论我国小额诉讼中"一次开庭审结"的实现》,载《法治研究》2022年第3期。

③ 于涛、刘新星:《小额诉讼程序改革的法理审视与制度完善》,载《云南民族大学学报》2022年第4期。

的,案件通过法院主动执行转由执行部门立案执行。第三,充分发挥智慧法院的技术优势,依次推进并完善在线庭审、在线交换证据材料、无纸化办公,减少纸质材料的产生,争取实现小额诉讼案件完全电子化归档。

(三)限定小额诉讼的转换条件

课题组认为应当优化小额诉讼程序的法定转换条件,并通过设置合理的审批程序等方式限制小额诉讼程序的任意转换。

1.优化小额诉讼程序的法定转换条件

对于并非必然导致案件复杂程度提高的情形,应当交由法官根据案情审查决定是否转换程序,而不宜规定为须一律转换程序。针对现行规定,以下转换程序的法定情形值得商榷。首先,当事人申请或法院依职权委托评估、鉴定,并非必然导致案情复杂程度增加。在评估、鉴定期间不计入审限的情况下,应当由法官自主决定是否转程序。其次,当事人提起反诉并非必然导致案情复杂。即使当事人提起反诉,如果本诉与反诉的标的额均不超过小额诉讼的立案标的额,且案件并未因提起反诉使案情变复杂的,可以继续适用小额诉讼程序。

2.降低当事人和法官的主观转换意愿

首先,提高小额诉讼程序的认可度,向当事人充分阐明小额诉讼程序的时间、成本优势及其救济机制,打消当事人对于小额诉讼程序是否影响案件公正审判的顾虑。对于当事人在诉讼过程中恶意虚构事实来增加或变更诉讼请求等行为,给予相应的处罚。其次,建立专门的小额诉讼案件审理团队,安排法官专职进行小额诉讼案件的审理工作,完善小额诉讼案件的快速流转机制,实现立审执有机衔接,减少因审限不够等非案情因素转换程序的情况。最后,为小额诉讼程序转为简易程序或普通程序设置合理的审批要求,加强对程序转换的审查力度,切实消除小额诉讼程序"当用不用"的现象。为了提高程序转换的效率,避免程序转换的恣意和由此引发的转化后无人愿意接手的情形,可以引入法院内部的监督机制,由庭长负责审查、督促程序的转化。① 在减少程序转换任意性的同时,也要注意避免程序转换审批程序拖沓的问题。

(四)理顺程序转换的制度衔接

针对上文分析的程序转换的制度衔接不畅顺问题,课题组认为可从以下三个方面进行明确和完善。

1.审判组织的衔接

程序转换后应当尽量保持经办法官不变更,理由如下:首先,不变更法官可

---

① 纪格非:《民事程序类型化的基础与逻辑》,载《社会科学辑刊》2022 年第 3 期。

以最大化利用前期审理成果。案件因案情等因素而需要变更程序不代表法官本身不适合审理该案件,因经办法官前期已对该案件进行审理,熟悉案情,即使转换程序也可以更快地审结案件。其次,不变更法官可以减少案件在法院内部重新流转。案件在法院内部流转必然会耗费时间和资源,因此不变更法官可以减少不必要的内部流转流程。最后,不变更法官可以减少人为转换程序。如果规定程序转换后须变更法官,可能会出现少数法官为了变更案件承办人而人为变更程序,不利于小额诉讼发挥应有效果。

2.庭审程序的衔接

2012 年民诉法修改只是确立了小额诉讼的外形,但受制于简易程序规则的束缚,并未在程序构造上体现出更多小额诉讼的特性,以新设"一次开庭审结"为代表的本次民事诉讼法修改,进一步勾勒出小额诉讼程序独有的特质。[①] 小额诉讼程序应当尽量一次开庭审结,至于小额诉讼程序转换为简易程序或普通程序是否应当重新开庭应当分情况具体分析。首先,如审判组织发生变更,那么根据庭审亲历原则应当重新开庭。其次,如审判组织不发生变更,当事人明确同意不重新开庭的可不重新开庭,当事人并无明确同意不重新开庭的可按以下情况分别处理。

根据《民诉法解释》的规定,因当事人申请增加或者变更诉讼请求、提出反诉、追加当事人等,致使案件不符合小额诉讼案件条件的需要将小额诉讼转换为简易程序。其一,如果当事人在庭审前申请增加或者变更诉讼请求、提出反诉、追加当事人,那么法院只需重新指定举证期、答辩期,不存在重新开庭的必要。其二,当事人在庭审中申请增加或者变更诉讼请求、提出反诉,由于法院需重新指定举证期、答辩期,在当事人不明确放弃上述权利的情况下应当重新开庭。其三,当事人在庭审中或者庭审后申请追加当事人,由于该当事人应当参加庭审,因此法院应当重新开庭。

3.答辩举证的衔接

关于程序转换后是否需要重新答辩举证,如当事人自愿放弃上述权利,当然无须重新答辩举证。另根据《民诉法解释》,在程序转换前双方当事人已确认的事实,可以不再举证、质证。在当事人未明确放弃答辩举证权利且双方对相关事实未予确认的情况下,根据上述论述,如需要重新开庭应进行重新答辩和举证质证,但如不需要重新开庭不代表无须重新答辩和举证质证,具体分析如下:首先,如因为当事人申请增加或者变更诉讼请求、提出反诉、追加当事人而将小额诉讼转换为简易程序的,无论是否需要重新开庭,应当就上述新出现事项重新指定答辩期及举证期。其次,如因为需要鉴定、评估将小额诉讼转换为简易程序的,该

---

① 林剑锋:《论我国小额诉讼中"一次开庭审结"的实现》,载《法治研究》2022 年第 3 期。

情况下并非必须重新开庭,当然无须重新指定答辩期,只需对鉴定、评估结论进行质证。

(五)推广适用于小额诉讼的简式文书

要提升小额诉讼的适用效果,应进一步推广适用于小额诉讼的简式文书,具体而言要进行以下完善。

1.厘清简式文书的适用条件

第一,适用简式文书不应限于双方到庭案件。首先,是否双方到庭并非评判案情的标准。部分简单案件即使只有原告到庭但证据确凿且符合小额诉讼标的额条件的,即使被告缺席也可以适用小额诉讼的空间,该类案件应可适用简式文书。① 其次,认为简式文书仅能适用于双方到庭的小额诉讼,同样会损害原告权益。其一,被告经合法程序传唤拒不到庭应视为其放弃诉讼权利,此种情况下更应保护原告的诉讼权利,如经审查案情简单可适用简式文书;其二,部分案件被告故意拖延诉讼不到庭应诉,原告已就此承受不利益,如经审查案情简单适用简式文书,提高诉讼效率才是对原告权利的弥补。

第二,适用简式文书并非必须当庭宣判。简式文书包括要素式文书、表格式文书及令状式文书。首先,要素式文书、表格式文书无须当庭宣判。要素式文书、表格式文书应适用于可以归纳出相关案件要素的案件。表格式文书应属要素式文书的一种类型,即以表格的形式呈现要素。要素式文书、表格式文书的主要作用在于通过归纳案件要素简化文书的事实查明部分,裁判说理部分不能直接省略。其次,令状式文书应当当庭宣判。令状式文书应适用于无须重复说理的案件。令状式文书出具前,法官已在庭审中进行说理并记载于庭审笔录中,因此在令状式文书主要作用在于省略说理简化文书,事实查明部分不一定要直接省略。但因为该类案件在庭审说理时也会涉及事实认定,因此文书的事实查明部分可以适当简化。

2.明确简式文书的体例样式

从上文关于简式文书的比较可知,最高院 2020 年 9 月针对改革试点印发的"试点文书样式"只是在原文书样式上对小额诉讼裁判文书进行简写,并未在文书体例上对小额诉讼裁判文书进行实质性简化,这会影响小额诉讼中简式文书的适用。要推广小额诉讼中简式文书的适用,有必要在全国层面发布突显小额

---

① 虽然《民诉法》第 166 条规定"一方当事人下落不明的案件"不适用小额诉讼程序,但"当事人下落不明"与"被告缺席"并非同一情形,现实中不少案件是被告签收诉讼材料但拒不到庭参加诉讼。

訴訟特点和優勢的簡式文書的体例様式，進而規範簡式文書的適用。① 関于簡式文書応当簡化的内容。首先，簡式文書不能省略文書的標題和落款。該部分応是識別案件及明確審理人員的基本要素，不存在省略空間。其次，簡式文書不能省略文書正文部分的当事人基本情況、委托訴訟代理人的基本情況、案件由来和審理経過、裁判依拠、裁判主文和尾部。上述部分応属案件的基本部分，且本身已比較簡単，無須省略。最后，簡式文書応当簡化文書正文部分的当事人訴辯意見、法院事実査明与裁判理由部分。簡式文書可以根拠案件類型不同，区分建立標準化説理和標準化条文引用机制。②

3.理順簡式文書的配套制度

第一，立案時送達案件要素表。首先，法院対可帰納案件要素的案件応在立案時向原告送達要素表，并尽量要求原告在立案時一并填写。其次，法院在向其他当事人送達訴訟材料時一并送達原告填写的要素表副本，并指引其他当事人囲繞該要素表挙証和発表意見。為方便比対双方対案件要素的意見，可指引其他当事人直接在原告填写的要素表進行確認和発表意見。最后，如当事人未按要求填写要素表的，可由法官助理在庭前会議中組織双方填写，并固定無争議的案件事実。

第二，庭審時按案件要素審理。首先，対于当事人在庭審前已按要求填写要素表的，法官可在庭審中予以確認無争議的事実，并対双方争議的事実進行重点調査。其次，対于当事人未在庭審前按要求填写要素表的，法官可在庭審中按相関要素推進事実査明，確保庭審査明事実的完備性与高效性。

第三，根拠庭審情況確定文書様式。立案時送達要素表以及庭審時按要素調査事実并非意味着該案只能出具要素式文書，法官応根拠庭審情況確定文書様式。首先，如案件事実可按要素充分査明的，可対該案適用要素式文書。其次，如案件事実可按要素充分査明的，且案情簡単可以当庭宣判的，可在庭審中説明裁判理由并当庭宣判，対該案適用令状式文書。最后，如案件事実按要素無法充分査明的，可対該案適用普通文書。

第四，送達令状式文書時附带告知書。令状式文書中会直接省略裁判理由，但法院并非在該案中不進行説理，只是通過充分発揮庭審中心主義在庭審中已

---

① 最高人民法院于2016年針対部分案件類型発布簡式文書様式実際并無限定該類案件才能適用簡式文書，但会带来示範効応，致使部分法官只在該類案件中適用簡式文書。参見最高人民法院修改后民事訴訟法貫徹実施工作領導小組編：《民事訴訟文書様式》（上册），人民法院出版社2016年版，第340～350頁。

② 林遥：《民商事類型化案件要素式審判机制研究——以C市法院民事庭審優質化改革情況為様本分析》，載《法律適用》2018年第15期。

进行裁判说理并当庭宣判。因此适用令状式文书应当附带送达告知书,关于告知书应当注意两点。首先,告知书应告知当事人本案的裁判理由已在庭审中明确并记入庭审笔录,当事人对裁判理由有疑问的可申请复制庭审笔录。其次,告知书应在送达文书时一并送达。立案时不能确定案件是否适用令状式文书,所以在立案时送达该案可能适用令状式文书的告知书并无必要。

结　语

实现"公正与效率"是完善诉讼制度的重要目标。通过实证调研,可以发现随着 2020 年繁简分流改革的推进以及 2021 年年底民事诉讼法的修正,小额诉讼的适用率得到明显提升,其效率价值得到充分体现,公正价值并无削弱。由此可见,小额诉讼这一"舶来品"在我国没有水土不服,经过多年的司法实践已逐渐生根发芽。但同时,当前小额诉讼的运行仍面临以下五个方面的困境,即识别立案存在难题,与简易程序同质化,程序转换随意,程序衔接不畅,判决简化不足。为此,应完善小额诉讼的识别立案机制,优化小额诉讼的审理程序要求,限定小额诉讼的转换条件,理顺程序转换的制度衔接,推行适用于小额诉讼的简式文书。进一步构建和逐步完善具有中国特色的小额诉讼制度,综合提升审判质效,全面促进司法公正。

债权让与中的几个争议问题探析

■王长军　张圣佳*

摘要:债权让与协议生效后,债权便随之发生移转,但因债务人并非债权让与协议的当事人,需得通知债务人,债务人方知悉债权让与的事实。从《民法典》第 546 条来看,我国对债权让与的对外效力采通知生效主义。出让人、受让人均可作为通知主体,能够较好地平衡受让人与债务人的利益。当受让人未经通知而直接起诉债务人履行债务时,司法实务的处理方式很不统一,既有认可起诉作为通知方式的,也有以未经通知为由驳回起诉或者驳回诉请的,造成类案不同判。被告适格虽系诉讼要件,但给付之诉中的被告不存在不适格问题,只要符合其他起诉条件,法院就应当进行实体审理,并以判决方式对双方权利义务作出裁判。

关键词:债权让与;受让人;未通知债务人;驳回起诉;驳回诉讼请求

一、问题的提出

2020 年 3 月 19 日,雷某(甲方)与 A 银行(乙方)签订《贷款合同》。约定乙方向甲方提供贷款 13 万元,期限 96 个月,年利率 18.23％,还款方式为按月等额还本付息法。合同第 12 条还约定:"甲方确认:(1)本合同载明的及甲方向乙方提交贷款申请资料中载明的甲方通讯方式为甲方指定接收文件和法律文书的手机号码、电子邮箱及送达地址等。确认的送达方式需要变更时,甲方必须书面通知乙方。(2)上述送达方式适用范围包括本合同中涉及各类通知等文件以及就本合同发生纠纷时法律文书的送达,包括一审、二审和执行程序。"2020 年 3 月 24 日,A 银行向雷某发放贷款 13 万元,但雷某未按约履行还款义务。

2022 年 4 月 18 日,A 银行与朱某签订《债权转让合同》,将对雷某的债权转

---

* 王长军,四川自由贸易试验区人民法院法官;张圣佳,四川自由贸易试验区人民检察院检察官助理。

让给朱某。A 银行以特快专递向雷某申请贷款时载明的地址寄送了《债权转让通知书》,告知将《贷款合同》下的所有权利转给朱某,要求其向朱某履行义务。4月 25 日,朱某与闫某签订《债权转让协议》,将对雷某的债权转让给闫某。6月23 日,闫某向雷某申请贷款时留存的手机号发送短信:"雷某:本人已从朱某处取得 A 银行对你的债权。现通知你该事宜,你应将欠款本息归还至现债权人闫某处。"雷某无回复,闫某次日即委托律师准备诉讼。6 月 27 日,闫某又向该手机号发送短信:"雷某:本人已从朱某处取得 A 银行对你的债权。因你的违约行为,故剩余贷款本金提前到期。"亦无回复。闫某遂于 6 月 30 日向四川自由贸易试验区人民法院起诉,请求判令雷某偿还贷款本金、支付利息、罚息、律师费等。

雷某未到庭应诉。庭审时,法官拨打雷某贷款合同上留存的手机号,语音提示为空号。闫某自认其拨打时也是无人接听状态,故使用短信方式向雷某通知。本案涉及债权让与中的几个问题,因债权让与而产生的纠纷在民商事审判中的数量逐年增加,颇值研究。

二、债权让与和债权移转有何关系

有观点认为,债权让与和债权移转相同。实质上二者既有区别,也有联系。

债权让与,指不改变债权关系的内容,通过合意债权人将其享有的债权转让给受让人的现象。[①] 这里的债权仅指普通债权,不包括票据、债券等证券化的债权。《中华人民共和国合同法》(简称《合同法》)、《中华人民共和国民法典》(简称《民法典》)将债权让与称为债权转让。债权让与的双方当事人是出让人和受让人,通过合同的方式转让债权。债务人并不是债权让与中的当事人,但由于债权让与直接关系到债务人清偿的对象,因此债务人是与债权让与存在利害关系的第三人。

债权移转,是指在保持债权同一性的前提下使债权主体变动的现象。[②] 债权移转的原因既可能是非法律行为,也可能是法律行为。因非法律行为而发生的债权移转包括两种:(1)基于法律规定而发生的债权移转。例如,被继承人死亡,其对债务人享有的债权于继承发生时归属于继承人。(2)基于裁判命令而发生债权移转。依据《最高人民法院关于人民法院执行工作若干问题的规定(试行)》第 45 条、第 49 条,被执行人不能清偿债务,但对第三人享有到期债权的,人

---

① 李永锋、李昊:《债权让与中的优先规则与债务人保护》,载《法学研究》2007 年第 1 期。

② [日]我妻荣:《新订债权总论》,岩波书店 1964 年版,第 509 页,转引自韩世远《合同法总论》,法律出版社 2011 年第 3 版,第 457 页。

民法院可依申请执行人的申请,通知该第三人向申请执行人履行债务。该第三人对债务没有异议但又在通知指定的期限内不履行的,人民法院则可强制执行。这一规定称为"转付命令",是典型的基于法院裁判命令而发生的债权移转。[①]因法律行为而发生的债权移转也有两种:(1)基于单方法律行为,如遗嘱。(2)基于双方法律行为,即以合同方式发生的债权移转(即债权让与)。可见,债权移转包含了债权让与,债权让与则是债权移转中最主要也是最重要的一种形式。

三、债权让与何时发生效力

A银行向雷某发放贷款13万元,雷某未按约履行还款义务,构成违约,应当依法承担违约责任,故A银行对雷某享有债权。但案涉债权先后经过两次转让,其效力如何是本案争议焦点。《民法典》第545条规定:"债权人可以将债权的全部或者部分转让给第三人,但是有下列情形之一的除外:(一)根据债权性质不得转让;(二)按照当事人约定不得转让;(三)依照法律规定不得转让。当事人约定非金钱债权不得转让的,不得对抗善意第三人。"案涉债权非属不可转让的情形,故依据当事人的意思自治,可以自由转让。

债权让与的效力分为对内效力和对外效力两个方面。

(一)关于债权让与的对内效力

债权让与的对内效力发生在让与人与受让人之间。对具有可转让的债权,有处分权的让与人与受让人只要达成债权让与的合意,债权让与合同便成立,且同时发生效力,债权即行转移,即让与人脱离债权人地位,受让人承继其地位,成为新的债权人。本案中,A银行将案涉债权让与给朱某,朱某再转让给闫某,两次转让均签订了合法的债权让与合同,均发生债权让与的效力,故原告闫某取得了案涉债权。

(二)关于债权让与的对外效力

债权让与的对外效力发生在受让人与债务人之间。由于债权不同于物权,表现在对于公示的要求不同。[②] 在形式主义物权变动模式下,动产需要交付,不动产需要登记,交付或登记是物权变动的要件和公示方式,没有交付或登记则不能产生物权变动的效力。然而,债权让与的标的是债权,由于债权和物(动产、不动产)不同,其存在的状态和让与,仅从外部较难识别,故其变动模式与物权变动

---

① 韩世远:《合同法总论》,法律出版社2011年第3版,第457页。
② 崔建远、韩海光:《债权让与的法律构成论》,载《法学》2003年第7期。

模式也不同。在大陆法系国家和地区,主要有三种。一是让与合意生效主义模式,即一旦债权让与合同在双方当事人之间有效成立,债权让与便自动对债务人发生效力。此种模式以德国为代表。《德国民法典》第 398 条规定:"债权人可以通过与第三人订立合同,将债权转让于第三人(让与)。合同一经订立,新债权人即取代原债权人的地位。"二是让与通知对抗主义模式,即尽管债权随着有效的债权让与合同从原债权人移转给新债权人,但是在债权让与通知债务人之前,债权让与的效力不得对抗债务人。以法国、意大利、日本为代表。《日本民法典》第 467 条第 1 款规定:"指名债权让与的对抗要件,(一)指名债权的让与,非经让与人通知债务人或经债务人承诺,不得以之对抗债务人及其他第三人。"据此,日本民法是以让与人对债务人发出让与通知或债务人对让与表示同意作为对债务人的对抗要件。[①] 具备该要件时,受让人便可以向债务人主张受让的债权。在未将债权让与通知债务人的情形下,当受让人对债务人提出请求履行债务的,债务人不仅可拒绝清偿,而且该请求也不发生时效中断的效力。[②] 三是让与通知生效主义模式,即债权让与非经通知对债务人不生效力。台湾地区"民法"第 297条第 1 项:"债权之让与,非经让与人或受让人通知债务人,对于债务人不生效力。但法律另有规定者,不在此限。"甚至在债务人明知时亦同,因而债务人对于受让人得拒绝清偿。[③]《合同法》第 80 条第 1 款规定:"债权人转让权利的,应当通知债务人。未经通知,该转让对债务人不发生效力。"《民法典》沿用了这一规则,第 546 条第 1 款规定:"债权人转让债权,未通知债务人的,该转让对债务人不发生效力。"由此可知,为保护债务人,在债权转让的对外效力上,我国一直采让与通知生效主义,即债权转让未通知债务人,该转让对债务人不发生效力,即使受让人取得了债权,债务人有权拒绝受让人的履行请求;债务人向让与人履行债务的,债权消灭。如果债权转让通知了债务人,则债权转让对债务人发生效力,此时债务人即对受让人负有履行义务,并且有权以此拒绝让与人的履行请求;如果债务人仍然向让与人履行,则不发生债权消灭的效力。[④]

笔者认为,三种立法模式各有优劣。由于债权让与的对外效力需要平衡债务人与受让人的利益,避免厚此薄彼,采让与通知生效主义更为周全,该模式既能保护不参与到债权让与合同中去的债务人的利益,要求让与双方在债权让与达成合意后及时通知债务人,避免债务人因不知悉债权让与而可能遭受不利益,

---

① [日]我妻荣:《新订债权总论》,王燚译,中国法制出版社 2008 年版,第 458 页。

② [日]我妻荣:《新订债权总论》,王燚译,中国法制出版社 2008 年版,第 472 页。

③ 郑玉波:《民法债编总论》,三民书局 1996 年第 15 版,第 473 页,转引自韩世远:《合同法总论》,法律出版社 2011 年第 3 版,第 457 页。

④ 黄薇主编:《中华人民共和国民法典释义(中)》,法律出版社 2020 年版,第 1048 页。

又能充分尊重作为债权人的让与人处分其债权的自由,有利于鼓励债权让与和促进市场经济交易。① 2022 年 11 月 4 日,最高人民法院向社会公布了《关于适用〈中华人民共和国民法典〉合同编通则部分的解释(征求意见稿)》(以下简称《意见稿》),第 50 条第 1 款规定:"债务人因未接到债权转让通知而已经向让与人履行,受让人请求债务人履行的,人民法院不予支持;债务人接到债权转让通知后仍向让与人履行,受让人请求债务人履行的,人民法院依法予以支持。"可见,最高人民法院也赞同对外效力采让与通知生效主义。

本案中,案涉债权涉及先后两次转让。第一次是 A 银行向朱某转让,A 银行于 2022 年 4 月 28 日以特快专递按照借款合同第 12 条约定的送达地址,向债务人雷某寄送了《债权转让通知书》,详细告知雷某案涉债权已转让给朱某的事实,履行了通知义务,故该次转让对雷某发生效力。关于第二次转让的对外效力,则涉及让与通知的主体问题。

四、债权受让人能否通知债务人

在债权让与的通知主体上,大陆法系大致有三种立法例。其一,由受让人通知,以法国、意大利为代表。其二,由让与人通知,以日本为代表。《日本民法典》第 467 条规定,不是由让与人发出的通知或是债务人本人的承诺,通知无效,对债务人及第三人不能产生对抗的效力。此种规定是为了保证债权让与通知的真实可信而确立。认可日本民法这种观点的学者认为,只有让与人才能作为通知的主体,受让人的通知无效,判例上为避免受让人在无债权转让事实时虚假通知,不允许受让人代让与人进行通知。② 其三,既允许让与人通知,也允许受让人通知,但对于受让人的通知,要求受让人提供充分的债权移转的证据。③ 如《俄罗斯民法典》第 385 条第 1 款规定:"债务人在新债权人出示证明债权移转的证据之前有权拒绝对其履行债务。"《德国民法典》第 410 条规定:"仅在原债权人向债务人交付有关让与的证书后,债务人始对新债权人负有给付义务。新债权人未出示上述证书而发出通知或者催告,而债务人以此为理由立即拒绝时,其通知或者催告无效。原债权人已将让与事实书面通知债务人的,不适用上述规定。"

---

① 王利明、崔建远:《合同法新论·总则》,中国政法大学出版社 1996 年版,第 431~432 页。

② 杨明刚:《合同转让论》,中国人民大学出版社 2008 年版,第 155 页。

③ 李永峰、李昊:《债权让与中的优先规则与债务人保护》,载《法学研究》2007 年第 1 期。

我国对于债权让与受让人能否通知债务人,有两种对立的观点。否定说认为,从《合同法》第80条第1款"债权人转让权利的,应当通知债务人"的语法结构来看,"债权人转让权利的"与"应当通知债务人"之间是用逗号隔开,可见该条中"转让权利"与"通知债务人"二者的主语相同。"转让权利"的主语是"债权人",因此,"通知债务人"的主语也应当是"债权人"。[①]《民法典》第546条第1款"债权人转让债权,未通知债务人的,该转让对债务人不发生效力"的语法结构与前者一致,故债权转让的通知主体也只能是让与人。有学者认为,受让人无法成为债权让与的通知人,如果允许受让人对债务人作出通知,则债务人还需要对受让人所提供的相关证明材料进行审核,这会不当增加债务人的负担。[②]还有观点认为,债权让与行为是基于转让人的意思而发生,符合转让人的意志与利益,转让人就应当将整个过程结束,应当负有通知义务,所以转让只能由让与人作出。[③]

肯定说则认为,债权让与通知既可以由让与人直接通知债务人,也可以由受让人持其与让与人达成的让与协议等相关债权让与凭证进行通知。其一,如果只允许让与人为通知主体,那么当让与人因为某些原因而故意不通知或者迟延通知债务人,这将给受让人行使债权造成不便,即使受让人可以诉请让与人履行通知,但耗时费力,给受让人徒增烦恼,也会导致债权交易的效率低下,实不可取。其二,从国际大趋势来看,也趋向于承认让与人和受让人均有让与通知资格。[④]其三,债权转让通知的目的是保护债务人,[⑤]保证债务人能及时了解到权利转让的情况,避免债务人因不清楚转让人和受让人之间已经达成转让合意而误为清偿。故运用目的解释方法对《民法典》第546条第1款的规定进行扩张解释,将受让人纳入债权转让通知主体范围也是合理的。其四,债权转让时,因债务人一般不知晓转让的事实,为确保通知属实,维护债务人的利益,避免不实通知给债务人增加辨明其真假的负担,并可能会对让与人的债权产生不利益,原则上应当由让与人通知债务人。但是,如果受让人能够证明债权让与的事实,则其也应当有权对债务人作出通知。而且在受让人作出通知时,债务人可以向让与人核实债权让与的事实,这并不会过分加重债务人的负担。[⑥]其五,全国人大常委会法工委在《〈中华人民共和国合同法〉释义及实用指南》一书中,对《合同法》

① 债权转让未通知债务人需承担的法律后果,https://china.findlaw.cn/zhishi/a979227.html,下载日期:2022年10月19日。

② 李永军:《合同法》,法律出版社2010年版,第373页。

③ 王利明:《合同法研究》,中国人民大学出版社2011年第2版,第217页。

④ 杨代雄主编:《袖珍民法典评注》,中国民主法制出版社2022年版,第483页。

⑤ 黄薇主编:《中华人民共和国民法典释义(中)》,法律出版社2020年版,第1047页。

⑥ 王利明:《债法总则研究》,中国人民大学出版社2018年第2版,第615页。

第80条的释义也认为,"对于债务人的通知,一般应当由原债权人进行。但是,经与原债权人协商同意后,也可由新债权人进行。此时新债权人必须向债务人提供必要的关于合同权利已经转让的证明文件"。①

笔者认为,肯定说着眼于便于债权的实现,提高债权让与的效率,有利于受让人;否定说则侧重于债权让与的安全性,注重对债务人的保护。将通知主体严格限缩于让与人,可能导致受让的债权实现处于不确定状态,受让人的合同目的能否实现也不确定,这将损害受让人的利益,有时甚至对受让人极为不利,如让与人死亡或下落不明时。让与通知是将债权让与的事实予以通知的行为。其性质为观念通知,不需要有发生债权让与效力的法效意思。② 因此,让与人和受让人都具备通知的能力,均可作为通知主体。只是让与人通知的,只要告知债权让与的事实即可;而受让人通知债务人的,则必须提供能够足以证明债权让与的证据,以确保债务人的利益,这是二者的根本区别。《意见稿》第50条第2款规定,"让与人未通知债务人,受让人通知债务人并提供确认债权转让事实的生效法律文书、经公证的债权转让合同等能够确认债权转让事实的证据的,人民法院应当认定受让人的通知发生法律效力",体现了这一理念,值得称道。

本案中,闫某作为债权受让人,于2022年6月23日向雷某手机发送短信,仅载明:"雷某:本人已从朱某处取得A银行对你的债权。现通知你该事宜,你应将欠款本息归还至现债权人闫某处。"该短信内容既未附债权转让协议,也无债权凭证,不符合受让人通知的要件,故该通知对雷某不发生效力。同理,闫某6月27日发出解除合同,宣布借款合同提前到期的通知对雷某也不能发生效力。

五、受让人能否以直接起诉债务人代替通知

有观点认为,闫某以短信通知虽然不当,但其向法院起诉雷某,通过法院送达了起诉书,也是履行了让与通知,故对债务人雷某发生效力。这就涉及债权让与的通知方式问题,即受让人是否须在提起诉讼前通过一定方式向债务人送达债权让与通知,还是可以通过直接提起诉讼的方式进行。

从大陆法系立法例看,法国、意大利民法规定通知须有一定形式;《泰国民法典》第306条第3项规定应以书面形式通知;《瑞士债务法》第167条则规定通知不需要任何方式;我国《合同法》《民法典》对此未作规定,理论界存在两种对立的观点。

---

① 吴高盛主编:《〈中华人民共和国合同法〉释义及实用指南》,http://192.0.100.105/lib/twsy/twsycontent.aspx? gid=A191925&tiao=80,下载日期:2022年10月20日。
② 韩世远:《合同法总论》,法律出版社2011年版,第475页。

赞同直接起诉的理由主要有:(1)债权受让人直接向人民法院起诉,通过法院送达起诉状的方式通知债务人债权转让事宜,属于有效通知。[①] (2)在目前的市场条件下"缺乏诚实信用"在某种程度上已是不争的现实,不赋予债权人通过诉讼方式为通知义务的权利就不能很好地适应客观形势。[②] (3)就通知的形式而言,一般意义上的形式可以达到通知的目的,诉讼形式作为公示性更强、效率性更高、效果更佳的形式也应该被允许。[③]

否定直接起诉可以代替通知的理由主要有:(1)通知是让与人或受让人将让与事实告知债务人以便对债务人行使权利的行为,而诉讼则是解决当事人之间权益争议的措施,此时争议已经发生,再予通知为时已晚且无意义。[④] (2)在未通知债务人时,通知对债务人不发生效力,此时受让人对于债务人而言并不属于权利主体,因此其进行起诉的行为属于主体不适格,故不适格情况下的起诉形式也不能代替通知形式。[⑤] (3)通知被认为会赋予债务人一定的期限利益,如果以诉讼形式通知,则该期限利益便不复存在,债务人会面临突然更换债权人的境地,不利于保护债务人。[⑥] (4)基于合同相对性原则,当事人签订债权转让合同时,其效力仅能直接约束转让人与受让人。在债务人尚未接到通知的情况下,受让人与债务人之间尚不存在债权债务关系,原则上不能直接以债务人为被告提起诉讼。[⑦]

在我国的司法实务中,两种处理方式都有。如《北京市高级人民法院审理民商事案件若干问题的解答之五(试行)》(京高法发〔2007〕168号):"20.债权转让没有通知债务人,受让债权人直接起诉债务人的,法院应如何处理?答:债权转让没有通知债务人,受让债权人直接起诉债务人的,视为'通知',法院应该在满足债务人举证期限后直接进行审理,而不应驳回受让债权人的起诉。"而《广东省高级人民法院民二庭关于民商事审判实践中有关疑难法律问题的解答意见》(2012年3月7日)第18条规定:"债权转让生效的时间点和通知的主体如何确定?答:债权转让合同是确立债权转让人和债权受让人之间权利义务法律关系

---

① 参见"郑州华晶金刚石股份有限公司与郑州元化企业管理咨询有限公司、郭留希等民间借贷纠纷申请再审案",最高人民法院(2021)最高法民申1580号民事裁定书。

② 王海勇:《试论债权转让合同通知义务的履行》,载《政法论丛》2008年第1期。

③ 方新军:《合同法第80条的解释论问题——债权让与通知的主体、方式及法律效力》,载《苏州大学学报》2013年第4期。

④ 王利明:《合同法研究》(第2卷),中国人民大学出版社2011年修订版,第219页。

⑤ 王克先:《浅谈债权转让通知》,载《当代法学》2003年第12期。

⑥ 王海勇:《试论债权转让合同通知义务的履行》,载《政法论丛》2008年第1期。

⑦ 贺小荣主编:《最高院二巡会议纪要》(第3辑),人民法院出版社2022年版,第164页。

的合同,对于债权转让人和债权受让人而言,债权转让合同自成立时生效。由于债权转让行为涉及原合同的债权人和债务人之间的法律关系,原债权人的债权因转让行为而消灭,而债务人履行债务的接受主体将由原债权人转为新的债权受让人。《合同法》第80条规定了债权转让通知义务,债权转让未经通知债务人,该转让对债务人不发生效力。据此,对债务人而言,债权转让生效的时间点以通知为准,未经通知债务人,债权受让人无权请求债务人履行义务。"从两个高级人民法院的处理方式,可见实务中分歧极大,相反的处理亦不鲜见。在这个问题上,《意见稿》第50条提供两种方案。方案一,第3款规定:"受让人起诉债务人请求履行债务,但是没有证据证明债权人或者受让人已经通知债务人,其主张起诉状副本送达时发生债权转让通知的效力的,人民法院依法予以支持。因此产生的诉讼费用,由受让人负担。"方案二,"本条第三款不作规定"。方案一显然采赞同直接起诉,但通过诉讼费由受让人负担,予以平衡,较之于纯粹的赞同直接起诉,有较大的进步。方案二则是删除第3款,回避此问题,可见此问题争议极大。

笔者认为,能否直接以诉讼代替通知依然涉及债务人与受让人的利益平衡问题,宜以诉讼外通知为原则,以直接起诉为例外。第一,让与通知对于债务人属于生效要件,未通知债务人时,受让人与债务人之间没有债权债务关系,受让人一般无权向债务人主张权利,包括以提起诉讼的方式。第二,以直接起诉代替通知缺乏法律依据。债权让与中,法律明确规定通知债务人是债权让与当事人的法定义务,而非权利。对《民法典》第546条做文义解释,通知方式应为一般方式,难以得出通过公权力(法院送达)方式通知债务人的结果。如果以直接起诉可以代替通知,反而将受让人的通知义务变为权利,与法律规定不符。第三,依法理,让与通知属于观念通知的范畴,其不需要有发生债权让与效力的法效意思,却可以类推适用民法关于意思表示的规定。债权受让人对债务人提起诉讼,此种方式并不属于观念通知,只能视为受让人事实上为通知的一种特殊情形。第四,允许以直接起诉代替通知,实质是以法院的送达代替受让人通知,属于滥用公共资源,其价值导向存在偏差。司法机关是公权力的重要一环,行使审判权需耗费司法资源,司法资源属于社会公共资源的一部分,涉及公共利益;司法资源也具有资源的稀缺性、有限性,并不能无限支取,每个人都可以利用,但必须是合理合法、有效有限地利用。第五,认可直接以起诉代替通知可能剥夺债务人的履行意向和程序权利。在法律明确规定应当通知债务人的情况下,受让人直接起诉要求债务人履行义务,实质上将致使债务人不能选择履行债务,被动接受成为被告的不利地位。特别是在转让的原债权尚未到期或者已经到期但原债权人尚未催告的情况下,债务人主观上并无拒绝履行的意愿,却只能被动成为被告丧失自行履行选择权,被动付出应诉成本,还要承受裁判带来的否定性负面评价,对其亦有失公允。① 第六,直接以起诉代替通知,导致受让人与债务人的利益失衡,弊大于利。近十余年,诉讼案件逐年递增,人民法院不堪重负,加班已成常态,这也是导致法院人才流失的一个重要原因。直接起诉虽然方便受让人,无异于鼓励受让人直接起诉,深得不良债权购买人的赞扬,但可能造成债权让与的无序和滥诉,不必要地增加案件。如本案的受让人闫某,明知约定有送达地址且债务人手机号已停用,却以短信通知走过场,直接起诉才是其目的。债权让与中,应该兼顾受让人与债务人的利益。如果由受让人通知,其可以选择信件、微信、电话等多种方式,简便易行,丝毫不为难受让人,特别是在让与人与债务人约定了送达地址的情况下,即便债务人"玩失踪",受让人也可轻松完成通知义务,因为不论其是否实际收到,均产生送达的法律效果。有时直接起诉徒增讼累,也浪费司法资源,事实上,有的债务人在收到通知后完全可能主动向受让人履行或与其协商而解决。第七,直接诉讼只能作为一般通知难以实现情形下的补充形式。即类似于人民法院的公告送达,只有在其他送达方式无法完成时才能使用公告送达。笔者认为,以下两种情况才允许采取诉讼通知的形式:其一,在一般形式的通知无法送达债务人时,如债务人下落不明,且让与人与债务人未约定送达地址;其二,通知人采取了一般形式的方式,但是债务人主张并未收到让与通知,两者发生纠纷时。

本案中,A 银行与雷某签订合同时约定了送达地址,A 银行转让给朱某时以邮政特快专递方式按照合同约定的送达地址寄送,符合法律规定,轻便履行了通知义务。闫某从朱某处受让,完全可以照此方式邮寄送达,却在债务人手机已经停机的情况下发送短信,明显属于走过场,实质是通过直接起诉的方式代替履行通知义务,故法律对此应当予以否定评价。

六、受让人直接起诉,法院应当判决驳回还是裁定驳回

受让人直接向法院起诉债务人,法院认为未履行通知义务而应予驳回时,应当判决驳回诉讼请求还是裁定驳回起诉,实务中分歧颇大。两种处理方式的差异也很大,因为我国通说认为,判决是审理程序终结时对案件的实体事项作出的判定;裁定是对审理和执行中的程序事项和个别实体事项作出的判定。② 因此,判决与裁定的差别首先在于,判决是针对案件的实体问题进行处理;裁定是针对案件的程序问题进行处理。

---

① 贺小荣主编:《最高院二巡会议纪要》(第 3 辑),人民法院出版社 2022 年版,第 169 页。

② 江伟主编:《民事诉讼法学》,北京大学出版社 2015 年第 3 版,第 106、117 页。

有的法院以未经通知,债权让与对债务人(即被告)不发生效力,原告主体不适格而判决驳回诉讼请求;①也有认为债权人转让权利,通知债务人的主体为债权人,人民法院不是通知的责任主体,原告要求通过诉讼的方式由法院代为通知债务人,不符合法律规定,裁定驳回原告的起诉。② 还有法院认为原告没有充分证据证明与被告之间存在债权债务关系,其要求被告承担还款义务,属于原告主体有误③或原告主体资格不适④或债务人不是适格被告⑤而裁定驳回。

2022年11月2日,笔者在中国裁判文书网,分别以关键字"债权转让 未通知债务人 裁定驳回起诉"和"债权转让 未通知债务人 驳回诉讼请求"进行检索,结果为驳回起诉366篇、驳回诉讼请求66篇,前者是后者的5.5倍。梳理此类案件数量较大的省区,江西、辽宁、浙江、四川、天津、云南裁定驳回起诉;湖南、重庆驳回诉讼请求;其余省份则两种裁判结果都有。据此可见,此类案件的裁判分歧甚大,导致类案异判,影响了司法权威。

虽然裁定驳回起诉是目前法院的主流做法,但笔者认为不妥,应当判决驳回诉讼请求。理由如下:

(一)否定受让人的原告主体资格不当

《中华人民共和国民事诉讼法》(以下简称《民诉法》)第122条第1项规定:"起诉必须符合下列条件:(一)原告是与本案有直接利害关系的公民、法人和其他组织……"民事诉讼原告最重要的特征就是与案件有"直接利害关系",缺失直接利害关系人的主体则不能启动诉讼程序,如果错误受理也要裁定驳回起诉。所谓原告与案件的直接利害关系体现为两种形态:一是原告是发生争议的民事法律关系的主体之一;二是原告虽不是民事法律关系的主体之一,但其依照法律规定,对争议的民事法律关系中涉及的民事权益享有管理权和支配权。换言之,原告认为自己享有或管理的民事权益受到侵害,故向法院提起诉讼,此时原告与案件具有利害关系。由于直接利害关系存在与否涉及对争议民事法律关系的主体和内容的判断,属于案件实体问题,因此人民法院在判断原告与案件是否具有

① 房朝军、韩美玲:《债权转让未通知 起诉还款被驳回》,http://www.hncourt.gov.cn/public/detail.php? id=46651,下载日期:2022年10月19日。
② 徐雪:《债权转让未通知债务人 受让人起诉还款被驳》,http://gzzy.jxfy.gov.cn/article/detail/2017/11/id/3074780.shtml,下载日期:2022年10月19日。
③ 胡泊:《债权转让未通知债务人 受让人起诉还款被驳回》,https://bjgy.bjcourt.gov.cn/article/detail/2007/03/id/850696.shtml,下载日期:2022年10月19日。
④ 青海省高级人民法院(2018)青民初5号民事裁定书。
⑤ 贺小荣主编:《最高院二巡会议纪要》(第3辑),人民法院出版社2022年版,第164页。

直接利害关系时,应主要以原告主张的事实和理由为准。[1]

前文已述,债权让与合同发生在让与人与受让人之间,只要让与人和受让人达成让与的合意,债权让与合同便成立,原则上同时发生效力,债权即行转移,受让人取得债权。受让人取得债权则享有实体权利,其作为原告,符合《民诉法》第122条第1项原告与本案有直接利害关系的条件。如本案中,A银行将债权转让给朱某,朱某再转让给闫某,两次转让都签订了合法的债权让与合同,均发生债权让与的对内效力,将债权让与事实通知债务人只涉及债权让与是否对债务人雷某发生效力的问题,丝毫不影响闫某取得案涉债权。闫某既然取得了案涉债权,其与本案就具有直接利害关系,符合原告的主体资格。故以原告主体不适格而裁定驳回的做法,值得商榷。

(二)认为债务人非适格被告不当

1.被告只须"明确"即可。《民诉法》第122条对被告的条件规定为:"起诉必须符合下列条件……(二)有明确的被告。"故从法律规定的要求来看,仅仅是有明确的被告即可。[2] 而对"明确的被告"如何理解,将导致法院是否受理。对此,《最高人民法院关于适用〈中华人民共和国民事诉讼法〉的解释》(2022年修正,以下简称《民诉法解释》)第209条规定,"原告提供被告的姓名或者名称、住所等信息具体明确,足以使被告与他人相区别的,可以认定为有明确的被告。起诉状列写被告信息不足以认定明确的被告的,人民法院可以告知原告补正。原告补正后仍不能确定明确的被告的,人民法院裁定不予受理"。因此,"有明确的被告"是指原告所起诉的对象应当特定化、具体化,人民法院能够根据原告的起诉,明确与之发生争议的对方当事人。原告只要能够通过提供被告的姓名或者名称、住所等信息,使被告与他人相区别,则被告就是能够被识别的,即可以认定为有明确的被告。[3] 本案中,雷某的姓名、性别、身份证号码、住址等基本信息齐备,完全符合起诉对被告的要求。

2.给付之诉中的被告均适格。在被告明确且符合其他起诉条件的情况下,人民法院就应当进行实体审理,以判定被告是否承担民事责任。经过实体审理,认为被告不应该承担责任,法院又该如何处理呢?目前的司法实务有两种处理

---

[1] 江必新主编:《新民事诉讼法条文理解与适用》,人民法院出版社2022年版,第567页。

[2] 张卫平:《起诉条件与实体判决要件》,载《法学研究》2004年第6期。

[3] 最高人民法院修改后民事诉讼法贯彻实施工作领导小组编著:《最高人民法院民事诉讼法司法解释理解与适用(上)》,人民法院出版社2015年版,第559页。

方式。其一,认为原告所起诉的被告不适格,应裁定驳回原告的起诉;[①]其二,认为原告的诉请不符合法律规定,应当判决驳回诉讼请求。[②] 两种方式反映了不同的处理思路,分歧在于债务人是否系适格被告。

所谓当事人适格,是指对于作为诉讼标的之特定权利或法律关系,可以作为当事人来实施诉讼、要求本案判决之资格。[③] 具备该特定的诉讼原告之资格者,称为适格的原告;具备该特定的诉讼被告之资格者,称为适格的被告。此种资格,称为诉讼实施权或诉讼行为权(Prozessfuhrungsrecht)。由此可知:某人于某诉讼是不是适格的当事人,无法依一般原则决定之。[④] 在不同的诉的类型中,当事人适格的审查与判断有所差别。给付之诉中,主张自己享有(作为诉讼标的的)给付请求权的人是适格原告,而原告主张的负有该义务之人是适格被告。因此,给付之诉中当事人适格的判断通常不独立进行,而被"原告对作为被告之人提出的给付请求权是否存在"这个本案判断所吸收。原告采用给付之诉这种形态就意味着原告与被告已经是适格当事人。[⑤] 故双方就被告应否承担给付义务发生争议,属于实体问题,法院对该争议的审查系对实体问题的审查。经过实体审查,如果认为原告主张的请求权基础不成立,被告不应该承担民事责任,则不应以被告不适格为由裁定驳回,而应当依据实体法,以判决方式对双方的权利义务关系作出判断,驳回原告的诉讼请求。不少法官的裁判思路矛盾之处在于:一方面,他们在观念上认为被告适格应是一项诉讼要件,所以才在认定被告不适格时适用裁定驳回起诉;另一方面,在做法上却采用了实质当事人的审查标准,以"被告是否实际实施了侵权行为""被告是否实际占有涉案标的物"或"被告是否实际是合同相对人"判定被告是否适格,这其实是将被告适格作为本案胜诉要件。[⑥]

主张裁定驳回的观点有种担忧,认为若直接判决驳回诉讼请求,则待受让人履行让与通知后,再行起诉时,就会因重复起诉而不再得到法院受理,不符合公平正义理念。[⑦] 笔者认为,此种观点值得商榷。如本案中,闫某因未依法履行让与通知义务,法院认定其与被告雷某不存在借款法律关系而判决驳回,只要闫某另行履行让与通知,如像 A 银行一样通过特快专递向送达地址邮寄,不论雷某

---

① 参见最高人民法院(2018)最高法民终 841 号民事裁定书。

② 最高人民法院(2019)最高法民终 168 号民事裁定书。

③ [日]新堂幸司:《新民事诉讼法》,林剑锋译,法律出版社 2008 年版,第 204 页。

④ 姚瑞光:《民事诉讼法论》,中国政法大学出版社,第 63 页。

⑤ [日]新堂幸司:《新民事诉讼法》,林剑锋译,法律出版社 2008 年版,第 207 页。

⑥ 袁琳:《民事诉讼中被告适格的审查与裁判》,载《法学》2021 年第 8 期。

⑦ 振邦研究:《债权转让未通知债务人,受让人能否直接起诉?》,http://www.zjzhenbang.com/profession_collect/view/id/1073.html,下载日期:2022 年 10 月 20 日。

是否收到,都视为通知送达。闫某则可另行起诉。虽然后诉与前诉的当事人相同、诉讼标的相同、诉讼请求也相同,看似符合一事不再理,①但因履行通知的事实发生在前诉判决之后,根据《民诉法解释》第 248 条"裁判发生法律效力后,发生新的事实,当事人再次提起诉讼的,人民法院应当依法受理"之规定,不构成重复起诉。

结 语

对于债权让与的裁判处理既涉及私法规则,又涉及司法对市场行为的导向。《民法典》出于对债权流通自由以及债务人利益的保护,在债权让与问题上采用通知生效主义,在实务操作中采取让与人、受让人均可通知的模式,这样的规则设计尊重了债权让与自由,也注重对债务人的保护。而对于受让人未经通知直接起诉进行实体上的驳回,既符合法理,又督促让与合同当事人依法履行通知义务,亦是民事诉讼引导当事人通过积极行使权利,倡导诚信诉讼、节约司法资源的应有之义。

---

① 《最高人民法院关于适用〈中华人民共和国民事诉讼法〉的解释》(2022 年修正)第247 条规定:"当事人就已经提起诉讼的事项在诉讼过程中或者裁判生效后再次起诉,同时符合下列条件的,构成重复起诉:(一)后诉与前诉的当事人相同;(二)后诉与前诉的诉讼标的相同;(三)后诉与前诉的诉讼请求相同,或者后诉的诉讼请求实质上否定前诉裁判结果。当事人重复起诉的,裁定不予受理;已经受理的,裁定驳回起诉,但法律、司法解释另有规定的除外。"

机动车辆实际权利人排除强制执行的司法认定

■马瑞丽*

强制执行程序的最关键之处系寻找并有效处置被执行人的财产,实现生效法律文书确定的给付内容。随着汽车普及率的提高,机动车交易市场日趋活跃。在司法实践中,当对机动车采取查封、扣押措施时,往往会出现登记权利人与实际占有人不符的情形。此时,实际占有人提出自己是实际权利人,该车辆能否被执行,就成为一个亟待解决的法律问题。

一、对机动车辆实际权利人排除强制执行的争议

《最高人民法院关于人民法院办理执行异议和复议案件若干问题的规定》(以下简称《执行异议和复议规定》)是为了规范法院办理执行异议和复议案件所制定的司法解释,是当前执行法官办理执行异议案件的主要法律依据。《执行异议和复议规定》第 25 条第 2 款规定,对案外人的异议,人民法院应当按照下列标准判断其是否系权利人:已登记的机动车、船舶、航空器等特定动产,按照相关管理部门的登记判断;未登记的特定动产和其他动产,按照实际占有情况判断。司法实践中应按照相关部门的登记情况判断机动车的权属关系。《中华人民共和国民法典》(以下简称《民法典》)第 224 条规定,动产物权的设立和转让,自交付时发生效力,但是法律另有规定的除外。第 225 条规定,船舶、航空器和机动车等的物权的设立、变更、转让和消灭,未经登记,不得对抗善意第三人。《民法典》对动产物权变动采用"交付生效主义"。

司法实践中亦有诸多争议:持肯定态度者认为,作为特殊动产的机动车采用交付作为物权变动的基本模式,另以登记为对抗要件。当案外人对机动车辆享有的权利符合交付实质要件时,能够排除执行;持否定态度者认为,《执行异议和复议规定》第 25 条已明文规定,已登记的机动车按照相关管理部门的登记判断,当登记权利人为被执行人的,该车辆仍应被执行,不能排除执行。上述观点尚待

---

* 作者系温州市中级人民法院法官。

商榷,欲就机动车辆实际权利人能否排除强制执行作出认定,必先对实际权利人对机动车辆享有的实体权利予以审查。

二、"形式审查"还是"实质审查"

依据《中华人民共和国民事诉讼法》第 234 条之规定,案外人提起异议之诉前,需先行向执行机构提出执行异议,由执行机构进行初步审查,裁定驳回后,可申请再审或提起执行异议之诉。可见,执行异议之诉作为与执行异议衔接的后续诉讼程序,是一个独立于执行异议的完整的审理程序。当机动车辆实际权利人作为原告提起执行异议之诉时,该程序的目的在于纠正因表面权利判断而对实际权利人的利益造成损害的执行错误,应采取实质审查的方式。然而执行异议是执行程序的一环,与执行异议之诉分属于民事诉讼法规定的不同诉讼程序,功能定位并不相同。执行异议的制度功能在于快速地实现生效裁判文书确定的债权,其价值取向更注重程序效率性。执行异议之诉的制度功能在于以诉的方式实现对执行错误的救济,其价值取向以公平优先、兼顾效率。相应地,二者对案外人民事权益的审查原则和审查方式也不尽相同。执行异议更侧重于对执行标的上的权利进行形式审查。《执行异议和复议规定》原则上只适用于执行异议的处理,不适用于执行异议之诉案件的审理。《全国法院民商事审判工作会议纪要》在引言部分特别强调,"实际权利人与名义权利人的关系,应注重财产的实质归属,而不单纯地取决于公示外观"。笔者认为,当机动车辆实际权利人作为案外人提起执行异议时,审查原则应以形式审查为主,实质审查为辅,而不是简单地坚持登记要件的外观主义原则,将登记作为机动车辆权属判断的唯一标准,即不能简单地持否定态度。

三、机动车辆实际权利人排除强制执行规则构建的理论基础

一是明确责任财产的认定。在强制执行法上,债务人的责任财产也被称为执行标的。民事主体以责任财产为限对外承担法律责任。法院在执行程序中若错误地将非属债务人责任财产之财产列为执行标的,则不仅不能使债权得到清偿,还可能让第三人的权利受到损害。当有证据证明拟执行标的不属于被执行人的责任财产,则第三人对执行标的的权利足以排除执行,法院应当停止对该执行标的的执行。《最高人民法院关于适用〈中华人民共和国民事诉讼法〉执行程序若干问题的解释》第 14 条规定,案外人对执行标的主张所有权或者有其他足以阻止执行标的的转让、交付的实体权利的,可以提起执行异议。上述司法解释在所有权之外还肯定了"其他可以阻止执行标的的转让、交付的权利"。被执行人虽

然对执行标的享有所有权,但是因法律规定或他人合法权利的存在,被执行人不能合法处分该财产,那么案外人就可以排除执行。

二是排除公示的绝对效力。《民法典》第 224 条规定了动产物权的设立和转让,自交付时发生效力;第 225 条规定了登记的公示效力,明确特殊动产物权变动未经登记不能对抗善意第三人。我国法律对包括机动车在内的特殊动产采取"交付生效＋登记对抗"结合的方式,兼采德国为代表的"公示要件主义"与法国、日本采纳的"公示对抗主义"优缺点。执行程序以高效实现生效法律文书所确定的债权为己任。执行机构应依财产之外观,认定是否属于债务人之责任财产,无庸确实调查该财产实体上是否为债务人所有。在执行程序中,登记于被执行人名下的财产是被执行人的责任财产,至于外观上表现出来的所有权关系与事实层面上的所有权归属是否相符,则无须调查。即对于权属登记在被执行人名下的机动车先行采取控制性的强制措施,如果产生权属争议,则通过后续的执行异议及执行异议之诉予以解决。《执行异议和复议规定》也明确规定了第三人在符合特定条件下,即使并不是不动产的登记权利人,也可阻却执行,即对物权登记原则之排除。现实生活中,当事人在交易后仅实际转移对车辆的占有,未及时办理变更登记的情况屡见不鲜。此时,该机动车登记所显示的原所有权人并非真正的权利人。法院在执行特殊动产时直接以未满足登记这一形式要件就绝对排除权利的存在,明显不符合我国立法之目的。

三是严格"善意第三人"的界定。如前所述,现有法律规定确立了机动车物权变动采取"交付生效＋登记对抗"模式,但需要注意的是,"登记对抗"针对的对象仅为"善意第三人"。那么,一般债权的申请执行人是否属于"善意第三人"呢?笔者认为答案是否定的。理由如下:第一,善意第三人之界定。对善意第三人如何界定,学界有广义和狭义之分。广义的善意第三人是指不知道也不应当知道物权发生变动的物权关系相对人,也包括信赖登记的一般债权人。狭义的善意第三人仅指不知道也不应当物权发生变动的物权关系相对人。[①] 一般来说,民法上所谓的善意,主要针对主体的主观心态,即行为人在为法律行为时不知存在某种足以影响该法律行为之法律事实的一种心理状态。[②] 如果对善意第三人的范围不予限定,认为只要对转让人与受让人之间机动车变动的事实不知情,都可以构成《民法典》第 225 条所称善意第三人的话,那么受让人依据本条所取得的机动车物权的效力就会受到过多不必要的限制。法律赋予某些特殊的债权具有对抗物权的效力仅是个别例外情形,不能颠覆物权优于债权这一民法基本规则。

---

① 江必新、刘贵祥:《最高人民法院关于人民法院办理执行异议和复议案件若干问题规定理解与适用》,人民法院出版社 2015 年版,第 356 页。
② 王利明、王轶:《动产善意取得制度研究》,载《现代法学》1997 年第 5 期。

因此,应将"善意第三人"的范围予以限缩。第二,第三人须与转让人之间存在交易关系。所谓交易关系,体现在民法制度上,就是基于法律行为而产生的法律关系。这里的法律关系主要体现为合同关系。第三人之所以与机动车产生法律上的关系,是基于他不知在己之前已存在受让人的物权取得关系,信赖转让人仍享有对机动车的处分权,从而建立与转让人之间的合同关系。就机动车辆物权变动而言,《民法典》第 225 条所称善意第三人仅限于信赖机动车辆登记簿的登记而与机动车名义登记人进行交易活动的第三人,具体包括自转让人受让机动车的再次受让人,以及以法律行为方式取得该机动车上其他物权的人,应将一般债权的申请执行人排除在外。第三,现行司法解释已明确将被执行人的一般债权人排除在外。《最高人民法院关于适用〈中华人民共和国民法典〉物权编的解释(一)》第 6 条规定:"转让人转让船舶、航空器和机动车等所有权,受让人已经支付合理价款并取得占有,虽未经登记,但转让人的债权人主张其为民法典第二百二十五条所称的'善意第三人'的,不予支持,法律另有规定的除外。"

四、机动车辆实际权利人排除强制执行的具体规则构建

一是人民法院查封前异议人已与被执行人签订合法有效的机动车辆买卖合同。首先,关于买卖关系的认定。实践中,对于此处的买卖关系存在两种理解:一种是狭义说,认为应限于为购买机动车辆之目的而成立的合法有效的买卖关系;另一种是广义说,认为除狭义的理解外,还包括基于以物抵债等方式形成的法律关系。笔者认为应采狭义说。如果认为以物抵债协议足以形成优先于一般债权的权益,无异于使得本应处于平等受偿地位的普通债权仅因以物抵债协议的签订就产生了优劣之别。这无疑是对普通金钱债权领域下债权平等这一基本民事原则的严重冲击,也在无形中助长普通债权人通过这一方式获得优先受偿地位的不诚信行为。其次,关于查封的认定。该查封既包括诉前保全查封,也包括诉中保全查封、执行查封等。既包括本案查封,也包括其他案件查封。对此处的查封做广义理解也符合从严审查案外人的权益要件的裁判理念。因为在机动车辆已经被人民法院采取强制措施后,异议人无论是从法律规定层面,还是从一般社会公众朴素认知层面,均应知晓机动车辆的物权处分已经受到限制,再行签订买卖合同显然没有尽到签订合同时应有的注意义务,具有重大过失,案外人不能认定为善意,应自行承担不利后果。最后,关于合同的形式。《民法典》第 469条规定了合同订立可以采用书面形式、口头形式或其他形式。故无论采取何种形式,只要有证据证明确实存在合同即可。

二是人民法院查封前异议人已经实际占有该机动车辆。对占有进行保护时,必然会涉及构不构成占有的判断,所以需要对占有的概念予以明确。通说认

为,占有应该具备以下要件:(1)有事实上的管领。动产为控制,不动产为利用。(2)有占有的意思。一方面要判断买受人对机动车辆是否实现了支配和控制。支配体现为案外人能对机动车辆加以使用,控制体现为机动车辆要处于案外人实际管理或影响下。直接占有和间接占有均属于对物事实上的控制。另一方面要判断买受人占有的行为是否合法,如买受人未经出卖人同意强行占有的,其对机动车辆现实的控制就不符合此要件中的占有。司法实践中,可结合小区出入记录、车辆保险单据、维修违章处理单据等综合判断。

三是起诉前异议人已经支付了全部价款。首先,异议人支付的一般应是全部价款。支付价款要件主要涉及对付款事实的审查。从执行之债的发生来看,申请执行人与被执行人债权债务纠纷中主债务之所以能够形成,立足于前者对后者整体清偿能力的合理信赖。被执行人名下的机动车辆作为价值较大的财产,应视为该信赖下的责任财产。要求付清全部价款应在司法实践中严格执行。因为机动车辆相比于不动产,价格相对较低,且买受人陷入此类纠纷基本源于二手交易。付清全部价款具有较大现实可能性。对于尚未支付全部价款的,应该参照《执行异议和复议规定》第28条第3项之规定,买受人应当按照人民法院的要求将剩余价款交付执行,避免对该要件扩大适用而造成我国机动车登记制度的混乱。其次,关于价款支付方式。价款支付方式可以是现金支付、银行转账、电子支付等。为防止案外人与被执行人恶意串通逃避执行之情形,司法实践中,可以从支付价格过程是否符合交易习惯来判断。如买受人通过银行转账方式支付价款,则应提供相应的银行流水凭证;如买受人通过现金支付,则应仔细询问其现金的来源、支付的时间和地点等;如买受人通过第三人支付,则需提供第三人支付的相关凭证。总之,对此要件的审查应以排除合理怀疑的较高标准掌握。

四是异议人对未办理过户登记不存在过错。《最高人民法院关于人民法院民事执行中查封、扣押、冻结财产的规定》(以下简称《执行规定》)第15条引入的无过错原则对买受人作出极大的限制,如果其无故不积极过户,就不会受到保护。可以说,无过错原则的引入将买受人得以优先保护的权利关进了笼子,由此也将《执行规定》第15条的负面效应降至极限。当案外人已向登记机构提交了过户登记的申请,但终未办理产权过户登记手续是由被执行人不予协助、办理登记存在客观障碍、登记机关原因等案外人意志以外的原因造成的,则当然认定未办理登记非因买受人原因。当已经具备办理机动车权属转移登记条件时,买受人不积极行使权利,未及时办理登记,因而在查封执行前仍未完成物权变动的,应认定为买受人怠于主张登记请求权。对于此种情况的合理期限,我国尚没有法律对此作出一个明确的期间规定,即买受人应在多长时间内请求出卖人办理过户登记手续。笔者认为,机动车辆买受人虽有积极办证的行为,但滞后于合理期限未办理过户登记的,应认定案外人自身原因,排除执行不予支持。理由如下：对第三人的债权赋予了物权的排他性，即债权物权化，是对我国物权优于债权这一民法基本原则的突破。机动车辆买受人享有的权利在其权利性质上仍属于债权请求权，从诉讼时效理论看，请求权须义务人给付才能实现。若权利人能行使权利而长期不行使，必将导致当事人之间的社会关系的事实状态和其对应的法律状态存在长期不一致，不利于建立稳定、确立的社会关系，不利于财产的正常流转及有效利用，也不利于维持社会秩序的稳定。"法律不保护躺在权利上睡觉的人。"为鞭策权利人在合理期限内积极行使请求权，笔者建议可以参照民事诉讼时效的规定，将过户登记的合理期限定为三年。

银行贷款加速到期后对逾期利息的判定
——以温州法院裁判路径为视角

■李　劼*

一、银行贷款加速到期后对逾期利息判定的司法现状

随着我国金融业的快速发展,贷款加速到期条款这一国际贷款业务惯例已被银行金融借贷合同普遍采用,并成为银行标准借贷合同文本中的一部分。作为银行保护其贷款安全的风险防范措施,各大银行借贷合同范本中的加速到期条款主要包含两方面的内容:一是合同中约定的危及贷款安全的情形,即贷款加速到期的事由;二是贷款加速到期后银行有权提前收回贷款本息的范围,即借款人所需支付的贷款本息、损害赔偿等计算、清理问题。在银行贷款加速到期条款中,一般均约定银行宣告贷款提前到期的,银行有权就宣告提前到期的贷款按罚息利率标准计收逾期利息。由于银行贷款加速到期条款在我国法律上尚无明文规定,对该条款的法律性质、规制手段等,目前亦缺乏明确的阐释,导致审判实践中就银行贷款加速到期后对有关逾期利息的判定做法不一。主要有三种模式:一是支持加速到期贷款逾期利息的支付请求,但以合同约定的借款到期日作为逾期利息的起算点;二是支持加速到期贷款逾期利息的支付请求,并以银行宣告贷款提前到期日作为逾期利息的起算点;三是对加速到期贷款逾期利息的支付请求不予支持,对于加速到期的贷款仍按合同约定的利率标准计收利息,温州法院即按此裁判规则执行。笔者认为,模式一中合同所约定的到期日尚未到来,所作判决既有预判之嫌,也不利于既判的稳定,因为可能案件都已执行完毕,而判决主文所确定的逾期利息的起算点还尚未到期,故该审判模式并不可取。针对模式二、三的研判则应从银行贷款加速到期条款的法律性质进行探究,充分考量借贷双方的利益平衡并结合当前国家经济政策等因素,对银行贷款加速到期条

---

*　作者系温州市中级人民法院金融庭审判员。

款中有关逾期利息约定的合理性和正当性进行判断。

二、银行贷款加速到期条款的法律性质

(一)银行贷款加速到期条款应界定为约定解除权条款

对于银行贷款加速到期条款的法律性质,目前有两种代表性的观点。一种观点认为,其为借贷双方约定的解除权条款,因在合同履行期内债务人发生约定的违约情形,金融机构通过行使合同解除权,使未到期的债权提前到期,以便终止双方之间的权利义务关系,未到期贷款的提前归还属于发生违约情况后银行行使合同解除权的效力体现。另一种观点认为,其系作为一种附条件的合同条款,此条款的生效以发生约定的违约事实为条件,银行无须通过解除合同即可保障其在借款合同中的利益,银行提前收回贷款系作为一种独有的违约责任承担方式,并以《民法典》第 673 条为证。对此,笔者同意第一种观点,主要有以下三方面的理由:

第一,合同解除权系作为法定的违约救济手段,并常与违约补救和违约责任联系在一起。就解除权本来的功能而言,在于非违约方"合同义务的解放",由此而派生的功能尚包括非违约方"交易自由的回复"及违约方"合同利益的剥夺"。[①] 借款期限本属于金融机构应当严格遵守的合同义务,合同解除后则金融机构终止履行期限义务,对借款人而言则是对其借款期限利益的剥夺,借款人对于已经发放的贷款产生返还义务,因此,银行行使提前收回贷款权应以解除合同为必要条件,也是借款合同解除后的应有之义。且合同解除权是一种典型的形成权,其特点在于守约方在合同到期前无须征得合同相对方同意即可通过单方意思表示了结当事人之间的权利义务,在债的内容上变更为清算关系,这也符合银行在贷款到期日前彻底消灭与债务人现有借款合同关系的终极目的。《民法典》第 673 条规定:"借款人未按照约定的借款用途使用借款的,贷款人可以停止发放借款,提前收回借款或者解除合同。"该款将提前收回借款与解除合同并列选择使用,这成为主张加速到期条款并非约定解除权条款的重要论据,但以违反借款用途为条件的提前收款在我国立法上有其特殊的背景和渊源,其起源于1981 年制定的《经济合同法》第 40 条[②],当时政策性贷款的用途关乎国家的信贷政策、产业政策等,对国民经济发挥着至关重要的作用。《合同法》第 203 条、《民

---

① 韩世远:《合同法总论》,法律出版社 2008 年第 2 版,第 451 页。
② 《经济合同法》第 40 条规定:"借款方不按合同规定使用政策性贷款的,应当加付利息;贷款方有权提前收回一部分或全部贷款。"

法典》第 673 条均借鉴和继承了《经济合同法》的条款,突出强调借款用途的重要性,并对提前收回借款以违约责任的形式予以特别规定。考虑到立法继承及金融市场的发展状况,都有其一定的合理性和必要性,但这并不意味着该条款当然类推适用到其他违约情形上,其仅是在借款人违反借款用途的情况下,直接赋予贷款人以特别的权利,使其可以不解除合同即可行使停止发放贷款并提前收回借款的权利,以切实保障贷款安全与贷款目的之实现,并作为对借款人的适当处罚。

第二,在附条件的合同条款中,条款的生效以发生约定的事实为条件,条件成就时合同条款即生效,无须当事人作出意思表示。按照此种解释,加速到期条款所约定的条件一旦成立,条款则生效,借款人即应承担提前还款的义务。反观约定解除权,因其属形成权,故必须通过需受领的意思表示为要素的单方法律行为行使之。亦即,约定解除权所关注的是当事人的解除权是否产生,故在解除合同的事由发生时,合同并未即时失去效力。倘若享有合同解除权的当事人不行使解除权,合同效力依然如故,不受影响。只有在解除权人向合同对方当事人发出解除合同的意思表示且到达对方当事人时,合同效力才能归于消灭,此与附条件的合同条款判然有别。从实践来看,发生合同约定的加速到期事由后,贷款并不必然提前到期,银行贷款加速到期均需以银行行使提前到期权为前提,即通过向债务人发送书面通知的方式宣告贷款提前到期或是直接向法院起诉的方式宣告贷款提前到期,并以此确认提前到期日。因此,从银行的实际操作来看,银行贷款加速到期条款的性质也更符合约定解除权条款的性质。

第三,不同于借款期限届满后债务人未按期还款的违约,加速到期条款所约定的违约情形系银行一方针对借款到期前所拟定的情形。从合同条款来看,拟定的条件设置对借款人较为严苛且内容较为宽泛,除了借款人在借款期限内不能履行还本付息的义务外,常见的约定事由还有:债务人有交叉违约的情形;债务人发生停业、歇业、重大财务亏损、因其对外担保而发生的资产损失,或其他财务危机,威胁到银行债权实现的;债务人的控股股东或关联企业经营或财务方面出现重大危机,可能会使银行的债权实现遭受威胁的;债务人的高管人员涉嫌重大经济犯罪,银行认为该种事实已经或可能影响到其债权利益实现的;债务人的经营模式发生重大变故,可能影响债权实现的;等等。而诸如可能影响到银行债权实现的事由,借款人事先往往难以准确判断条件成立与否,在此情况下,若加速到期条款所约定的条件一旦成立,条款则生效,借款人即应承担提前还款的义务,借款人的权益将处于极为脆弱之地位。而根据《民法典》第 656 条第 1 款关于解除权行使的规定,对相对人发生效力须以通知为前提,一旦相对人有异议,还可请求人民法院或者仲裁机构确认解除合同的效力,由此,非解除方的权益具有法律保护途径。此外,在贷款合同中没有约定贷款加速到期条款时,当借款人出现根本违约及合同目的不能实现的情况,银行也可以基于《民法典》第 563 条有关法定解除权的规定主张贷款提前清偿。而按照第二种观点解释,若合同中没有约定贷款加速到期条款,在贷款到期前银行只能消极等待借款人还款,这也不利于银行在借贷合同履行期间的风险防控。因此,将加速到期条款界定为约定解除权条款更利于同时保障合同双方当事人的权益。

(二)逾期利息不属于合同解除后法律规定的效力范围

对于合同解除后的效力范围,《民法典》第 566 条第 1 款直接继承了《合同法》第 97 条的规定,其立足于一般情形对于未有约定的合同解除的法律效力进行了规范。《民法典》第 566 条第 1 款规定:"合同解除后,尚未履行的,终止履行;已经履行的,根据履行情况和合同性质,当事人可以要求恢复原状或者采取其他补救措施,并有权要求赔偿损失。"参照该规定,一旦银行行使解除权提前收贷,则对于未发放的贷款,可以停止发放;对于已发放的可以要求归还并可要求违约方赔偿损失。《民法典》第 584 条规定:"当事人一方不履行合同义务或者履行合同义务不符合约定,造成对方损失的,损失赔偿额应当相当于因违约所造成的损失,包括合同履行后可以获得的利益;但是,不得超过违约一方订立合同时预见到或者应当预见到的因违约可能造成的损失。"该条是关于违约损失赔偿范围和确认规则的规定。我国法律上的违约损失赔偿,具有补偿性,赔偿损失的责任范围应与对方因其违约而遭受的包括利益在内的损失额相等,即使受损害一方的经济状况与合同假如得到履行时他本应得到的经济状况相同。合同解除场合的赔偿损失,也依然是违约损失赔偿,赔偿范围以履行利益(包括合同履行后可以获得的利益)为主,在不发生重复填补问题的前提下,也可以包括其他损失的赔偿(信赖利益、固有利益)。① 借贷合同中所约定的利息,是借款人占用一方资金而向贷款人支付的对价,是银行发放贷款意在获取的相应的营业利润,也即贷款合同在正常履行的情况下银行所应获得的利益,故银行提前收贷后有权要求债务人赔偿损失的范围应为按合同约定的利率标准所计算的利息。而逾期利息则是借款人未按照约定的期限返还借款,按照约定或国家有关规定支付的利息,在金融借贷合同中一般是在合同利率的基础上上浮一定标准的罚息利率来计收逾期利息,其属于违约金的范畴,具有违约惩罚性质,区别于补偿性的损害赔偿。因此,参照现行法关于合同解除后果的既有规定,逾期利息并不属于合同解除后的效力范围。

① 韩世远:《合同法总论》,法律出版社 2018 年版,第 686～687 页。

三、对银行贷款加速到期条款中有关逾期利息的约定进行规制具有合理性及正当性

《民法典》肯定了当事人因对方违约解除合同,不影响其根据合同约定的违约金条款要求对方承担违约责任的观点,并在《民法典》第 566 条第 2 款规定:"合同因违约解除的,解除权人可以请求违约方承担违约责任,但是当事人另有约定的除外。"虽然具有违约惩罚性质的逾期利息并不属于合同解除后法律所规定的效力范围,但根据上述法律规定,合同的解除不影响合同中约定的违约条款的效力,那么对银行贷款加速到期条款中有关逾期利息约定的效力进行规制是否仍有据可循?细察各大银行的贷款加速到期条款均是采用格式条款形式,银行明显处于优势地位,借款人意思自治空间受到了限缩,合同中所约定的可能危及贷款安全的情形又往往偏向贷款方利益,考虑到银行在国民经济中的重要社会职能及背后的金融安全,对有关银行格式条款的法律效力,司法实践中大多予以认可,不轻易进行否定。但由于提前收回贷款行为打破了既有的契约规制,在最大限度维护金融债权安全的同时,又会对债务人正常的生产、生活产生重大影响,不利于社会经济秩序稳定,因此,在维护贷款安全及金融安全的前提下,也有必要对加速到期条款进行适度的规制,以防止贷款加速到期条款整体上过分偏离公平原则。

具体到对银行贷款加速到期条款中所约定的逾期利息的效力予以规制,主要有以下三方面的考量因素:首先,贷款合同对借款人来说最主要的目的就是在预期的期限内使用资金,借款期限事关借款人的核心利益,一旦贷款合同加速到期,则意味着借款人丧失期限利益,这对于借款人而言是一种相当严厉的惩罚。因此,银行在贷款到期日前选择使用加速到期条款对借款人核心利益即期限利益的剥夺已具有违约惩罚性质,有效地制裁了借款人的违约行为,并保障了银行对其债权的提前救济。况且,贷款提前到期得到法院支持后,借款人仍不能履行的,执行处罚也会提前到来,亦可实现惩戒的目的。若再对提前到期借款按照罚息利率标准计收逾期利息进行惩罚,则存在对银行债权的双重救济以及银行利用其优势地位对借款人进行双重惩罚之嫌。其次,《民法典》第 566 条第 1 款系立足于对未有约定的合同解除的法律效力进行规范,乃是立法对于合同解除法律效力的指导性的范式,其中主体平等自然是预设的前提,而对于主体地位、权利义务已不平衡的银行贷款加速到期条款而言,其所约定的合同解除的法律效力,对借款人归加的义务一般也不宜超过该规定。同时,贷款加速到期条款中所约定的可能危及贷款安全的情形很多并不属于根本违约以及合同目的不能实现的情况,银行据此提前收贷,对借款人而言已过于严苛,合同解除后的法律效果

则不宜再过于严苛,以避免对借款人造成过分的负担。最后,从金融裁判理念的变化看,从原来一味注重金融债权保护,转变为以金融风险防范为重点,开始注重金融和实体经济良性互动。目前,企业违约大多不是恶意违约,而是资金链断裂,造成贷款逾期。如果宣告贷款提前到期,银行还可以提前计算逾期利息,则容易造成银行对宣告提前到期权进行滥用,对危困企业的必要容忍度降低,不仅不利企业帮扶和风险的化解,也与当前金融为实体经济服务等经济政策相悖。综上,笔者认为,虽然法律规定合同解除后不影响合同中违约条款的效力,但从银行的优势地位、借贷双方的利益衡平以及与政策联动等角度出发对贷款加速到期格式条款中有关逾期利息约定的效力进行规制,仍具有正当性及合理性。

四、温州法院关于银行贷款加速到期后对逾期利息判定的判词示例及判决主文表述

对银行宣告提前到期贷款主张逾期利息的诉求,温州法院裁判规则统一不予支持,并形成统一判词示例:"借款宣告提前到期,原合同约定的借款到期日尚未到期,故不存在借款逾期的情形。且贷款银行约定有权宣告提前到期,是在出现根本性违约或债权不安等情形下赋予债权人的权利救济,属于解除权行使,其后果是使合同关于到期日的合同约束力归于消灭。故贷款银行既已选择宣告贷款提前到期,其要求计收逾期利息的请求缺乏合同依据。且在此情形下,请求支付逾期利息存在双重救济适当性的考量,容易造成宣告提前到期权利的滥用,及对不良贷款风险化解的必要容忍度降低。"

温州法院对于此类案件判决主文的表述,可归纳为两类:(1)普通贷款宣告提前到期判决主文表述:被告××于本判决生效之日起十日内偿还原告××银行借款本金××元及利息、复利(计至宣告提前到期日结欠利息为××元,复利为××元;从宣告提前到期日之日起,以本金××元为基数按年息 X%①计收利息,以结欠利息××元为基数按年息×%②计收复利,均计算至债务实际履行完毕之日止)。(2)按揭等分期还款贷款宣告提前到期判决主文又可分为以下两种表述模式:(1)被告××于本判决生效之日起十日内偿还原告××银行借款本金××元及利息、复利及逾期利息(宣告提前到期日之前已到期本息,以各期结

---

① 期内利息利率即合同约定的利率标准。
② 逾期利息利率。

欠金额①为基数,从各期到期日起按年息×‰②计算逾期利息及复利,均计算至所涉债务实际履行完毕之日止;宣告提前到期日未到期的结欠本金额××元③,按年息×‰④计收利息,计算至所涉债务实际履行完毕之日止)。(2)被告××于本判决生效之日起十日内偿付原告××银行借款本金××元及利息、逾期利息、复利(计算至××××年××月××日,利息为××元,逾期利息为××元,复利为××元;自××××年××月××日起至实际履行完毕之日止,利息以××⑤为基数,按月利率×‰⑥计付,逾期利息以××元⑦为基数,复利以××元⑧为基数,均按月利率×‰⑨计付)。也即是,合同解除后按合同约定的利率标准所计算的利息系守违方有权要求违约方所赔偿之损失范围,故温州法院对提前到期的借款仍应以合同约定的利率标准计算利息以填补银行损失。又因违约损害赔偿具有补偿性,此时按合同利率标准所计算的利息内涵上已有别于宣告贷款到期前即合同解除前借款人所应支付的利息,故对贷款宣告提前后按合同约定利率标准计收的利息不再计算具有违约惩罚性质的复利。而在银行宣告贷款提前到期前已正常到期的借款,借款人就该部分借款仍应按合同的约定支付尚欠的利息、复利并从到期日起计收逾期利息。

五、结语

银行贷款加速到期条款是金融机构防范和化解金融信贷风险,维护其金融债权安全的重要手段。贷款安全及背后的金融安全构成了加速到期条款极为重要的合理性基础,即基于银行所负有的社会公共职能,为合理维护其经营安全,从而赋予其一定的优势权利。反向探究,它也对加速到期条款的制定和适用提出了规制标准,即加速到期条款的设置需围绕着贷款安全这一核心要求,而不得随意增加借款人的责任负担。为此,在对银行贷款加速到期条款有关逾期利息约定的审查中,必须秉持辩证思路,以整体、发展的视角进行考察,不

---

① 等额本息分期付款的金额构成包括本金和利息,由于计算逾期息和复利的标准通常相同,故一并表述。各期结欠的本金额和利息额,可在事实认定中予以明确。
② 逾期利息利率。
③ 扣除宣告提前到期日前已到期的本金额,已到期的本金额已按逾期利率计息。
④ 期内利息利率。
⑤ 未到期本金。
⑥ 期内利息利率。
⑦ 已到期本金。
⑧ 已发生利息。
⑨ 逾期利息利率。

仅要探究其中的法理基础,综合权衡其中关涉的多种因素,以现实各方的利益平衡,还应将其置于国家经济政策的大背景下进行联动,并将之纳入司法裁判的考量范围。

诉 源 治 理

诉源智治作为范式转型的展开

■ 仇　金*

摘要：针对法院诉源治理的成效与预期不符,诉讼解纷的审判压力依旧高位的问题,单纯技治主义的诉源治理智能化,无法满足源头化解矛盾、减少诉讼增量的治理目标。唯有对诉源治理进行诉源智治的范式革新,才能更好地实现新时代"枫桥经验"的守正创新。当前,对诉源智治的认知不足是造成诉源治理范式转型困境的成因。诉源智治新范式以满足人民群众对解纷需求为导向,以凝聚智治思想理念、明确智治功能定位、实现人机智治对话为组成,以法院为中心,打造一体化联动智慧平台,预警预判矛盾纠纷,助力矛盾纠纷源头化解的全社会参与、全链条防控、全流程监督取得实效,推进法院审判工作现代化和社会治理现代化。

关键词：诉源智治；诉源治理；多元解纷；"枫桥经验"；人工智能

一、引言

我国的社会治理存在维稳诉求大于维权诉求、单向管控多于社会协同、即兴举措高于常规制度等问题,社会治理能力亟须全面提升。"既要抓末端、治已病,

---

* 作者系西南政法大学法学院博士研究生。

更要抓前端、治未病"，①对法院职能向前延伸提出了新要求。作为新时代"枫桥经验"，诉源治理旨在从源头上避免或者减少潜在的诉讼纠纷和诉讼案件。② 发挥协商、调解、仲裁、公证、行政裁决等诉讼外纠纷解决机制的功能作用，调和潜在纠纷当事人的利益诉求，以缓解法院"案多人少"的压力。人民法院在诉源治理的实践探索中取得了一定成绩，但仍存在前端非诉力量空置化、预警预判功能碎片化、矛盾源头化解收效难等问题和不足，导致化解矛盾纠纷的漏斗型分层过滤体系未能真正建立，当事人依旧喜好选择诉讼程序解决纠纷。从结果意义来看，诉源治理非但与预期不符，反而造成既有的多元化纠纷解决机制呈现衰落趋势，快速增加了法院诉讼解纷的审判压力。③

通过科技赋能，实现诉源治理数字化、智能化、规范化和精细化的转型升级，是改善诉源治理质效的有效路径。但就科技手段适用的范围、场景、规范、限度等问题，法院实践呈现出差异化表现。由于统一规范缺位、角色定位模糊、程序保障不足，造成了诉源治理实践失序以及智能化被诟病。笔者认为，对诉源智治的认知不足是造成诉源治理范式转型困境的成因。诉源智治新范式是指在数字时代，社会个体及各种机构依托人工智能等科技手段，搭建线上线下共融平台，调和潜在或现有的纠纷当事人之相关利益，并采取方法措施持续地预防和减少社会纠纷的活动。智治不是简单的科技利用，而是运用数字化、智能化、法治化手段，推进诉源治理水平和治理能力在理念方法、功能定位、行为模式等方面产生根本质变。通过诉源智治，对诉源治理进行范式革新，才能坚守诉源治理的理念初衷。④

二、问题省思：诉源治理及其智能化的缺憾

（一）诉源治理的历史嬗变

20 世纪 60 年代，浙江省诸暨市枫桥镇孕育出"小事不出村、大事不出镇、矛盾不上交、就地解决"的"枫桥经验"。历经时代发展，"枫桥经验"续造了新时代内涵，诉源治理便是新时代的"枫桥经验"，使之从一套乡村社会治安维稳方案转

---

① 习近平：《坚定不移走中国特色社会主义法治道路　为全面建设社会主义现代化国家提供有力法治保障》，载《求是》2021 年第 5 期。

② 四川省成都市中级人民法院编著：《诉源治理：新时代"枫桥经验"的成都实践》，人民法院出版社 2019 年版，第 1 页。

③ 王国龙：《法院诉源治理的司法理念及功能定位》，载《政法论丛》2022 年第 6 期。

④ 董储超、舒瑶芝：《诉源治理导向下的纠纷解决：理念澄清与范式革新》，载《交大法学》2023 年第 4 期。

变为中国特色的基层社会治理模式。在党委政府统一领导下,充分组织、依靠和发挥各单位、各部门以及全社会力量,运用政治、经济、行政、法律、文化、教育等多项手段,实现矛盾纠纷的源头预防和化解,维护社会稳定。

诉源治理的出现并非偶然,而是对转型社会多元解纷诉求的探索和回应。我国素有重视合理化解矛盾纠纷的传统。21 世纪初,为摆脱法院"案多人少"重负而形成的大调解机制,把民间调解、行政调解、司法调解整合起来,为纠纷当事人提供诉讼外的程序选择。① 从域外来看,20 世纪起源于美国的 ADR(Alternative Dispute Resolution)概念,提出了一套法院诉讼程序之外的替代性非诉讼纠纷解决方案,旨在减轻法院诉讼压力、克服诉讼程序僵化、降低当事人诉讼成本以及对裁判结果的不可接受性。随后,世界范围的 ADR 潮流发掘出了其在社会治理方面预防纠纷的积极价值,令 ADR 从最初的诉讼替代物发展成为纠纷解决的优先选择或主渠道。② 也正因如此,ADR 促成了多元化纠纷解决机制的建构。所谓多元化纠纷解决机制是指"一个社会中,多种多样的纠纷解决方式以其特定的功能和运作方式相互协调地共同存在,结成一种互补的、满足社会主体的多样需求的程序体系和动态的调整系统"。③ 多元化纠纷解决机制下的法院,不再是唯一的解纷主体。和解、调解、仲裁、行政裁决等纠纷处理形式均可完成纠纷解决任务。

虽然诉源治理与 ADR、大调解机制、多元化纠纷解决机制有许多共同和相似之处,但区别亦明显:第一,在治理方法上,诉源治理重视纠纷解决方式的递进性和层次性,"非诉挺前、诉讼断后"是其本质特征。从这个意义上讲,多元化纠纷解决机制为诉源治理提供了制度基础,但诉源治理不仅关注矛盾纠纷非诉化解的可能性,而且更重视多种纠纷解决方式之间的先后顺序及其有效衔接。换言之,其重点在于诉讼解纷对其他非诉讼纠纷解决方式的映射效应以及司法保障功效,要求做到"全流程精准防控"。第二,在治理对象上,诉源治理强调减少诉讼案件的产生和延伸。大调解机制和多元化纠纷解决机制的目标是"治已病",为法院诉讼寻求替代性解决方式,预防社会纠纷只是其附带功能。诉源治理则"既要治已病,更要治未病"。第三,在治理主体上,协同共治是诉源治理的主要特征。要做到源头预防和减少矛盾纠纷,就需要依靠党委政府协调各方力量,使各解纷防线相互协作、多元共治,而不是依靠某个单一的解纷力量"单打独

---

① 章武生:《论我国大调解机制的构建——兼析大调解与 ADR 的关系》,载《法商研究》2007 年第 6 期。

② 范愉:《当代世界多元化纠纷解决机制的发展与启示》,载《中国应用法学》2017 年第 3 期。

③ 范愉主编:《多元化纠纷解决机制》,厦门大学出版社 2005 年第 2 版,第 2 页。

斗"。第四,在治理目标上,诉源治理是国家治理、社会治理的重要组成,其目标已经不局限在社会纠纷的个案解决,而是通过自治、德治、法治的治理模式,形成共建、共治、共享的社会治理格局。

(二)诉源治理及其智能化的实践探索

为使法院更好地融入诉源治理,最高人民法院先后印发《关于深化人民法院司法体制综合配套改革的意见——人民法院第五个五年改革纲要(2019—2023)》《关于建设一站式多元解纷机制一站式诉讼服务中心的意见》《关于深化人民法院一站式多元解纷机制建设推动矛盾纠纷源头化解的实施意见》《关于规范和加强人工智能司法应用的意见》等规范性文件,指导法院加强诉源治理和服务多元解纷,并明确要求以人工智能等新技术丰富社会纠纷化解渠道。围绕此方面,地方法院也进行了各自的探索。

1.建设线上调解平台

搭建线上调解平台是法院诉源治理智能化最普遍的实践形态。通过一站式多元解纷平台的建设,实现工作的信息化、数据化和可视化。例如重庆法院"合舟共济"线上解纷平台,积极探索"互联网＋多元化解"工作,平台对接人民调解、行业调解、公证、仲裁等非诉纠纷解决程序,具备在线调解、案件指引、数据统计等功能,当事人、调解员、法官都可以通过各自的端口登录使用。同时,"合舟共济"线上解纷平台还嵌入了政府的综合治理大平台,升级为矛盾调处平台。平台功能从以诉调对接为主升级为立案、审判、执行全流程一体化服务,平台覆盖范围从法院升级到全区。①

2.提供智能应用程序

该模式下,法院通过官方网站、解纷平台或智能机器人提供法律咨询、法律文书模板、诉讼风险评估等功能。以诉讼风险评估功能为例,通过分析千万份裁判文书,形成了类型化案件的裁判数据库。在诉前阶段,当事人可在平台上申请案件智能评估,平台通过识别事实要素、法律规则、自动生成含有法律风险提示等内容的评估报告,促使当事人理性判断自身诉求获得法院支持的可能性,并引导当事人采取诉前调解方式解决争议,提升案件的调解成功率。② 还有的聚焦

---

① 《重庆法院纠纷易解平台暨应用子平台合舟共济 e＋平台运行情况》,载重庆合川法院微信公众号,2017 年 12 月 15 日。类似的线上解纷平台还有成都法院的"和合智解"多元解纷平台、浙江高院"浙江在线矛盾纠纷多元化解平台"、广州互联网法院的数字金融协同共治"Rong"平台,等等。

② 《让纠纷在指尖"理上网来"! 在线矛盾纠纷多元化解平台了解一下》,载杭州中院微信公众号,2018 年 7 月 6 日。

专门领域,进行专业化细分,如杭州市余杭区法院 2015 年主持开发的道路交通事故纠纷"网上数据一体化处理"平台,发展为全国推广的"道交纠纷网上数据一体化处理'余杭模式'",并在 2022 年升级为凤凰道路交通智审应用。当事人或者法官可在平台中录入案件事实要素,计算赔偿结果,从而打消当事人不合理的诉讼预期,提高调解成功率,还能节省法官耗费在计算上的办案时间。①

3.便捷解纷程序流程

杭州互联网上线法院司法区块链,通过将司法区块链技术融入交易过程并接入在线解纷平台,交易行为发生的同时证据同步上链,防止篡改。一旦此次交易发生争议并诉讼开庭的,法官就能通过区块链技术进行一致性比对,实现事实和证据的高效认定,促进纠纷快速解决。西湖法院在全国首创金融纠纷领域的司法链智能合约,通过调解模块自动完成"自愿签约—自愿履行—履行不能—智能扣款",全程公开透明、不可篡改。司法链上每个环节都要运行智能合约进行验证,确保对合约数据隐私进行保护。司法链智能合约是从调解协议中约定的还款给付条款自动转化而来的,当债务人不主动履行调解协议时,系统将自动扣划债务人款项直至合约自动终止;当债务人履行不能时,债权人可快速申请法院强制执行。②

(三)诉源治理及其智能化的问题理析

就数据来看,诉源治理的工作成效与其源头化解社会解纷、减少诉讼增量的初衷仍存在一定差距。即便其对法院受理案件的增速放缓起到一定积极效果,但由于案件受理基数大,依然远超司法资源的负荷能力。③ 2022 年度全国各级人民法院受理案件总数仍是处于高位的 3372.2 万件。④ 2023 年上半年全国法院新收各类案件 1696 万件,同比增长 11.01%。⑤ 照此估算,2023 年全年的受理

---

① 《"数智"驱动"蝶变"升级　余杭法院发布凤凰道路交通智审应用》,载平安余杭微信公众号,2023 年 6 月 21 日。

② 《西湖法院又 get 一个全国首创!金融借贷纠纷用上司法链智能合约》,载杭州市西湖区人民法院微信公众号,2021 年 4 月 20 日。

③ 杜前、赵龙:《诉源治理视域下人民法院参与社会治理现代化的功能要素和路径构建》,载《中国应用法学》2021 年第 5 期。

④ 《最高人民法院工作报告——2023 年 3 月 7 日在第十四届全国人民代表大会第一次会议上》。最高人民法院受理案件 18547 件,地方各级人民法院和专门人民法院受理案件 3370.4 万件。http://www.news.cn/2023-03/17/c_1129439924.htm,下载日期:2023 年 5 月 29 日。

⑤ 《常态化!最高法按季度对外公布司法审判工作主要数据》,载最高人民法院微信公众号,2023 年 8 月 7 日。

案件总数极大可能与 2022 年持平甚至略增。

既有观点认为,造成诉源治理成效不显著的主要原因在于法院角色与法院职能的错位。基层法院在诉源治理中无清晰的角色定位和角色担当,良莠不齐的工作模式导致实践中出现数据形式主义,反而加剧了法院人案矛盾。① 它们不仅对法院诉源治理的正当性构成挑战,也成为法院诉源治理最为普遍的反对理由:诉源治理实践存在伦理风险、法治风险和技术风险,有损法官角色中立,冲击国家机关职能分工并且未能有效缓解"人案矛盾"。② 以法院为主推动的诉源治理存在异化风险,法院在诉源治理中的现实角色,存在追求主导地位的心态与渴望包揽纠纷解决工作的做法。对于法院的审判职能而言,此等现象具有相当的弊害,应回归法院本职定位。③

诚如上述观点所言,法院不宜过度介入诉源治理。基于"内外共治"的立场,法院在诉源治理工作中既要助力诉前阶段的纠纷解决,又要做好诉讼阶段的裁判本职。在矛盾纠纷递进式发展的四个阶段——初始、次级、诉前、诉讼——分别做到避免纠纷发生、促进纠纷分流、减少诉讼案源、防止"衍生案件"。④ 但不得不承认,司法的有限性表明,通过法院司法实现公平正义存在局限。法院是维护社会公平正义的最后一道防线,但不能扩大解释为纠纷解决的最后一道防线,更不应当是纠纷解决的第一道关口。将社会纠纷的预防和化解职能全权交给法院承担,既不可能更不现实。最高人民法院也注意到此,发生了立场转变。2019年发布的两个"一站式多元解纷"文件已经透露出法院参与诉源治理的角色定位从"主揽"到"参与"的显性过渡,现实角色也逐渐向应然状态回归。

在社会价值多元、矛盾纠纷繁杂的数字时代,依靠传统人力战术,已经不能满足人民群众对智能解纷的需求。诉源治理工作成效不显著,是诉源治理范式的智能转型不充分的结果:其一,解纷平台强制调解,忽略当事人的权利保障。如何定义和理解"诉源",将对诉源治理的目标和方法产生重大影响。而目前法院推动的诉源治理,对象仅为法院立案受理的诉讼案件而不是针对纠纷本身。⑤

---

① 严玉婷、张晓玲:《习近平法治思想指导下基层法院参与诉源治理路径分析——基于帕森斯结构功能主义视角》,载《上海法学研究》2021 年第 3 卷。

② 周苏湘:《法院诉源治理的异化风险与预防——基于功能主义的研究视域》,载《华中科技大学学报(社会科学版)》2020 年第 1 期。

③ 曹建军:《诉源治理的本体探究与法治策略》,载《深圳大学学报(人文社会科学版)》2021 年第 5 期。

④ 四川省成都市中级人民法院课题组:《内外共治:成都法院推进"诉源治理"的新路径》,载《法律适用》2019 年第 19 期。

⑤ 左卫民:《通过诉前调解控制"诉讼爆炸"——区域经验的实证研究》,载《清华法学》2020 年第 4 期。

这也是为何部分法院出现了诉前强制调解的现象,即对于起诉到法院的案件,无论当事人是否自愿,法院强制性地先行启动诉前调解程序。① 虽然诉前强制调解没有颠覆调解自愿原则,②但是这无疑损害了当事人的程序选择权,导致了他们在行使诉权的过程中遭受阻碍和延迟。从表面上看,调解协议的达成,是各方平等自愿的结果。但从法经济学角度思考,则会发现达成调解协议只是当事人(尤其是原告)对长时间、高成本的诉讼"马拉松"妥协的结果。诉源治理不应与当事人诉权对立。③ 而要尊重并赋予当事人就纠纷解决的程序选择权,因为只有对当事人诉权进行程序保障,才能促成司法公正的实现。④

其二,诉源治理智能融合不足,没有相应的纠纷"诊断"和"对症下药"功能。首先,基础数据不充分。体现在数据收集渠道不畅、数据来源不全,尤其是调解、仲裁等非诉解纷方式难以获取相应案例数据。法院、调解、仲裁、行政机构大多拥有自己的平台和系统,没有建立统一的数据库,数据库之间因标准不统一而缺乏系统性和联动性,既造成数据的重复收集,也使得数据与数据之间未能产生协同作用力,"数据壁垒"抑制有效的智能学习,难以得出精准的智能分析结果。其次,联动对接不畅通。诉源治理各主体之间责任主体不明确、考核机制不完善、对接机制不健全,均构成非诉与非诉之间、诉非之间的协同融合和联动不够的要因。各治理主体之间有待进一步增强合力。最后,平台功能不健全。一站式多元解纷平台围绕诉前调解进行功能开发,既未能实现矛盾纠纷的诉前智能预警预判,也不能实现立案阶段繁简分流,还缺乏诉中智能审判的相应功能。另外,平台录入项目烦琐、工作量大,导致部分调解员出现一定消极情绪,影响了数据的可靠性。

三、范式转型:从诉源治理迈向诉源智治

当前,百年未有之大变局造就了价值多元、矛盾突出的社会样态。矛盾纠纷源头化解存在严重的供应链危机,已成为影响社会治理的痛点和难点问题。数字社会的加速转型,促进了社会意识、组织机制、制度配套和价值观念的迭代更新,也造就了社会主体之间结构关系的再定义。社会主体结构依靠人与人的互

---

① 特别程序、督促程序、公示催告程序、破产程序,婚姻关系、身份关系效力确认案件,以及其他依性质不能进行调解的案件除外。
② 刘加良:《非诉调解前置主义的反思与走向》,载《政法论丛》2020 年第 5 期。
③ 张卫平:《"案多人少"问题的非讼应对》,载《江西社会科学》2022 年第 1 期。
④ 唐力:《司法公正实现之程序机制——以当事人诉讼权保障为侧重》,载《现代法学》2015 年第 4 期。

动连接实现,数字社会将这种连接方式变得更简单、更普遍。因此,社会治理形式、方法、过程、水平也必然随之深刻转型。以数字化转型整体驱动治理方式变革,运用现代信息技术为"中国之治"引入新范式、创造新工具、构建新模式,是坚持和发展新时代"枫桥经验",提升社会治理现代化水平,打造共建、共治、共享社会治理格局的保障。

有研究认为,智治成为"枫桥经验"的时代特征和创新发展的重大成果,是继自治、德治、法治的新模式,几者是并列关系。[①] 对此,本文的立场是,智治是数字时代全面依法治国战略的产物,它依然属于法治范畴,是在法治的轨道下运行的治理模式。从诉源治理迈向诉源智治的范式转型,折射出治理主体之间共有的价值理念、理论模型和实践模式的转变,以整体智治统一技术的价值理性和工具理性,[②]为实践提供治理框架,源头化解社会纠纷。

(一)数字正义观下的智治理念

数字正义的本质是社会正义而非"机器正义",分配正义、程序正义、互动正义和信息正义是数字正义的主要表现形式。[③] 司法人工智能使得法治价值从"接近正义"转为"数字正义"成为可能。[④] 数字正义的实现程度,取决于多元主体的利益需求的满足程度。[⑤] 诉源智治新范式将行政资源为导向的诉源治理活动,转为以多元主体需求为导向,改善诉源治理及其智能化的制度供给与多元主体纠纷解决的实际需求不匹配问题。在基本理念方面,其包含三个方面:

一是动态解纷理念。随着时间及事态发展,矛盾纠纷或激化或消减,直到最终解决。静态化的"一招鲜吃遍天"想法不可取,必须因地制宜、因时制宜,实现动态化解。在初始阶段,对矛盾纠纷进行大数据预警预判,早发现、早预警、早处置;在次级阶段,提升仲裁、调解、公证等多元解纷供给的持续性和有效性;在诉前阶段,做好诉非衔接,引导当事人选择适宜的方式化解纷争;在诉讼阶段,充分利用语音转换、录音录像、类案检索、区块链等技术辅助裁判,力争"案结事了"实质解纷功效,促成以"诉讼中心主义"的纠纷解决模式真正转变为"非诉优先,诉讼断后"的矛盾纠纷递进式、漏斗型分层过滤体系。[⑥]

① 姚海涛:《新时代"枫桥经验"在市域治理中的司法实践与创新路径》,载《中国应用法学》2023 年第 2 期。

② 喻少如、许柯:《整体智治:公共法律服务数字化转型的内在机理与创新路径——以杭州市滨江区"一码解纠纷"为例》,载《电子政务》2023 年第 5 期。

③ 周尚君、罗有成:《数字正义论:理论内涵与实践机制》,载《社会科学》2022 年第6期。

④ 马长山:《司法人工智能的重塑效应及其限度》,载《法学研究》2020 年第 4 期。

⑤ 郭春镇:《数字化时代个人信息的分配正义》,载《华东政法大学学报》2021 年第3期。

⑥ 李占国:《诉源治理的理论、实践及发展方向》,载《法律适用》2022 年第 10 期。

二是智能裁判理念。从世界范围看,人工智能由浅入深地介入司法,并尝试直接参与决策或进行局部裁判。[①] 依托大数据的分析能力,已能够实现法律检索、类案推送等辅助裁判功能。这也意味着司法裁判需要引入智能裁判理念,在裁判电子化、信息化基础上,利用数据自动收集、分析、推送、报告功能,提升审判质效。司法裁判本质上是一种以追求正确性为目标的规范性论证说理活动,理由思维是其重要内容,需要警惕试图以数据计算取代论证说理,因为这种做法将导致对司法裁判中的因果关系和归责关系的双重无视。[②] 同时,法院在贯彻智能裁判理念时,应坚持法官主体地位,技术工具主义的基本立场,不应过度依赖于智能化手段,更不可将智能分析决策结果视为绝对正确,以防司法改革沦为技术改革。[③]

三是适度能动理念。法官能动性的大小,取决于司法权力配置与当事人权利救济二者之间的博弈。诉源智治要求司法发挥能动作用,但反过来讲,司法谦抑性决定了能动作用的发挥应当保持必要限度。即使对于办案结果的要求,仍需要做到法律效果、政治效果、社会效果的"三效"统一,法院和法官也要保持克制,谨防其在社会治理中的角色再次异化。适度能动需要推行"以法院为中心"诉源智治,其主要优势有以下几点:第一,以法院为中心,统筹各解纷主体实现一体化纠纷解决平台建设,实现社会纠纷数据的体系化处理;第二,大数据技术的进入,各主体间的数据得以实现体系化、智能化,数据分析的容量、精确以及效率大大提高;第三,数据信息的高效处理,便于个案具体信息抽象化,加以专家研判,可以更加准确地作出社会矛盾预警预判,实现社会矛盾层级治理。但这并不意味着法院重新回到"大包大揽",而是向前参与和指导前端的解纷程序,以达成各解纷主体的思想共识,为诉非对接等程序转换做准备。

(二)风险防控兼程序保障的智治功能

诉源治理的对象为潜在的诉讼纠纷,即法院立案受理的诉讼案件。而诉源智治则不局限于案件,其治理对象是纠纷本身,贯穿纠纷的产生与消灭,其治理内容囊括价值准则、裁判规则、行为标准、决策程序等。因此,纠纷预防和化解的治理功能进一步向风险防控和程序保障延展。风险防控的注入将有助于防范矛

[①] 由浅入深介入司法的四个层面:一是逐步代替人力从事相对简单机械、重复性高的工作。二是作为助理完成辅助性任务。三是对海量裁判文书进行统计分析并作出预测,为法官裁判提供参考信息。四是直接参与决策或进行局部裁判。栗峥:《人工智能与事实认定》,载《法学研究》2020年第1期。

[②] 冯洁:《大数据时代的裁判思维》,载《现代法学》2021年第3期。

[③] 王禄生:《司法大数据与人工智能技术应用的风险及伦理规制》,载《法商研究》2019年第2期。

盾纠纷发展为诉讼阶段的不可逆危机,通过在前端部署重大风险防控,实现社会安全稳定优解,促成从纠纷解决"损害—反应与救济"范式向"风险—预防与控制"范式的科学转型。① 诉源智治强调以智能化提升社会公共安全准确感知、预测、预警和主动决策反应能力。当前,在社会治安管理实践中,通过面部识别、数据可视化、决策分析模型的部署应用,风险判断的准确性已经开始大幅提升,管理人员也能更灵活地响应危机和引导资源。在市场监管中,将移动终端、区块链等数字技术植入监管机构,实现了监管数据的实时采集和全流程可溯源,为风险防控带来了革命性变革。

诉源治理因对当事人的程序保障不到位,而导致其对公平正义的感知出现不满。例如,他们对于诉讼程序的不满主要是因为判决结果不符合自己的预期。当事人对司法的运作方式感到陌生,他们常常感知不到程序正义,主要通过实体正义评价司法。② 要解决这一问题,第一种途径是做足裁判结果与当事人预期的匹配性。但诉讼两造对立,两全其美的结果不会一直存在。第二种途径则是做好程序保障。程序机制是司法公正的表达,也是司法公正的实现方式。要想提高当事人对纠纷处理结果的可接受性,则需要让当事人通过程序正义感知实体正义,为他们提供充分的程序机制、程序制度和程序保障。程序保障从强化当事人人权、到作为判决效的基础、再到成为民事诉讼的目的,经历了三个阶段的理论更新。程序保障第三波以作为纠纷主体的人为基点,探讨诉讼应当做什么和怎么做的问题,并指出了不可过度期待诉讼程序发挥彻底解决纠纷的功能。因为,不论调解还是判决,都是纠纷解决过程的一个片段。换言之,诉讼只是为纠纷解决提供了一个契机。相反,构成程序内容的当事人之间的"对话"才是最重要的,只要根据合理的对话规则进行对话或对论,自然会在当事人之间形成合意,促成争议解决。这个时候,解纷形式是判决、调解抑或撤诉不再重要。③

(三)人机协同对话型智治行为

单纯的诉源治理智能化,只能实现技治主义的表层治理,但无法更进一步地挖掘诉源治理行政资源之外的其他社会资源。我们强调社会治理多元共治,表明治理主体既包括党委、政府、法院、仲裁、调解等组织、行业,也包括每一个社会

① 苏和生:《个人信息保护公益诉讼的程序构造——从损害救济模式向风险防控模式的转向》,载《华中科技大学学报(社会科学版)》2023 年第 4 期。
② 贺欣、冯晶:《陌生感与程序正义:当事人对法院民事审判的态度》,黄磊译,载《中国政法大学学报》2023 年第 1 期。
③ 段文波:《程序保障第三波的理论解析与制度安排》,载《法治与社会发展》2015 年第 2 期。

主体。尤其是纠纷当事人,他们兼具治理主体和被治理对象双重身份,他们的利益诉求应受到重视。

"互联网+"开启了一个对话时代。党的二十大报告明确提出,要畅通和规范群众诉求表达、利益协调、权益保障通道,完善网格化管理、精细化服务、信息化支撑的基层治理平台。诉源智治构筑一个纠纷解决对话互动平台,并在对话过程中健全社会公众利益诉求表达机制、公众利益协调和权益保障机制,利用数字技术为社会公众营造良好的参与环境,使用信息共享平台帮助公众获取参与信息、强化公众之间的信息交流互动,利用集成数据精准挖掘公众需求、提供个性化服务等。可以说,构建和健全的数字化智治体系,必将成为社会利益表达、社会运行畅通、矛盾纠纷化解的关键支撑力量,在全面数字时代发挥更加重要的作用。

通过这样的程序设置,实现对话平台的搭建和对话程序的规范。一方面,让纠纷当事人、解纷主体、媒体、高校、相关组织和团体,以及社会民众广泛参与,将个案作为一个论题加以议论和评价,规范收集不同群体声音的交织与争论,在保持一定程度的独立思考精神的基础上,保证法官准确认知和分析不同群体的意见和建议,破解狭隘的法官"独白"的思维模式,增强社会民众对裁判结果的理解与认同。另一方面,让法官、检察官、当事人和其他诉讼参与人等诉讼主体归位,叠加人机互动,并在智能平台中使复数主体就事实和法律适用依序充分对话,"说者对有效性要求的表达和听者对它的理解、听者根据其理解接受或拒绝说者提出的有效要求、双方通过对话和相互纠错,达到对某一有效要求的一致理解。根据一致意见指导和约束自己的行为,被讨论和批判的理由可以使当事人之间由对抗走向包容、合作,促进裁判结果的可接受性"。①

四、范式核心:一体化联动智慧平台

(一)一体化平台的搭建

诉源智治的范式核心是需要搭建上位统筹的一体化联动智慧平台。一方面,我国各地法院的司法信息化建设尺度不一,重复建设问题比较严重。法院往往建设自己的平台,解纷功能大同小异,但使得法院之间、法院与政府之间的数据标准和数据对接存在障碍,增大了成本再投入并影响平台效果。因而,基于涉及解纷机构数量较多、处理纠纷范围存在差异,且机构之间具有一定层级性等特征的考量,更宜采用以较高级别的主管部门负责开发建设,其他机构使用反馈并

---

① 朱福勇:《论对话式裁判对民事程序瑕疵之矫治》,载《社会科学》2016年第7期。

不断优化的自上而下模式,整合各解纷平台资源,实现司法机关、行政机关、调解组织三合一对接,构建新时代的纠纷解决平台模式。另一方面,一体化与一站式有所区别:一站式侧重解纷场所或平台选择的便捷性,旨在汇聚多元主体、集合多项功能,实现多项操作,使得纠纷当事人与解纷主体能够在一个固定的场所或平台下实现纠纷解决。而一体化强调共享共通共用,各主体实施的行为在不同阶段具有同样的整体效果,不割裂行为之间的评价,从而提高效率、避免重复劳动。强调一体化原则,是连接诉讼与非诉,完善诉非衔接机制的重要基础,侧重纠纷解决在时间上的整体性。

诉源智治一体化平台从数据一体化、技术一体化、服务一体化三个角度进行数据来源、本体解析、要素分析、模型建构(见图1)。针对搜集数据的分析处理及关联性检测等,需要人工智能技术和法律实证研究相结合,实现人人对话和人机对话,促进抑制纠纷源头并促成纠纷实质解决。具体做法是:先将人民调解、商事调解、律师调解、行政调解、公证、仲裁、诉讼等解纷主体处理的具体案例与人民群众的诉求进行统合,构建完备的多元解纷知识库及法律法规知识库;然后对矛盾纠纷的时间、地点、人物、行为、结果、因果关系等法律要素进行抽取、识别、分析和构建,形成智能化的事实表达;再将大数据集中、归类、分析、研判,并通过矛盾评估指标,对矛盾纠纷进行分流,对异常指标纠纷进行矛盾预警和层级排查,对正常指标纠纷分配至最合适的解纷手段,化解纠纷。通过诉源智治

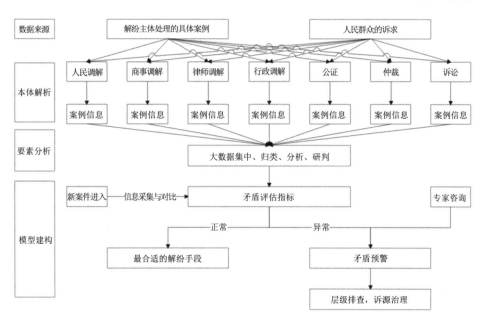

图1 诉源智治一体化联动智慧平台

一体化联动智慧平台,健全繁简分流、小额速裁、诉调对接等工作机制,实现各部门、各环节、全流程协同作用,推动数据收集、分析、执行和反馈,形成闭环管理,以实现智治平台的机器学习与自我优化,达到纠纷实质化解。

(二)预警预判的模型精耕

在党的十八届四中全会之前后,社会矛盾预警机制的地位和作用发生明显变化:一是建立健全社会矛盾预判预警的定位不同。预警机制从社会危机管理监督角度转变为提升社会治理水平角度。二是建立健全社会矛盾预判预警的目的不同。原先的目的在于提高政府应对社会危机的能力,而现在主要目的是更好地化解社会矛盾纠纷,维护人民利益。从中可以看出,预警预判机制在社会治理体系中化解社会矛盾的价值和作用愈发凸显(见图2)。

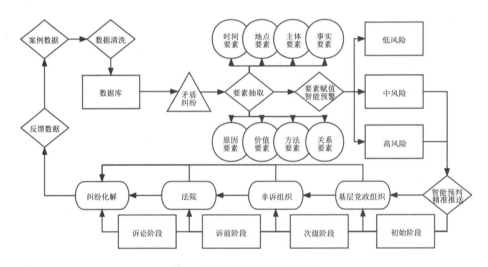

图 2 矛盾纠纷预警预判模型

我国巨大的人口规模决定着社会治理任务的复杂性。有人的地方就有纷争。人口基数巨大意味着社会纠纷的潜在数量巨大。假设位于前端的非诉讼纠纷解决机制持续表现不佳,一旦纠纷集中爆发,将增大司法非正常运行的可能性。也正因如此,我国不能成为"诉讼大国"。但是本应挺在前端的非诉讼纠纷解决机制自身吸引力不足,未能实现分流诉讼解纷的目标期待。从诉讼经济角度来看,法院诉讼成本过低是一个重要因素。越是增加司法供给,提高纠纷的受理及审判效率,反而吸引越多的案件进入法院。[①] 相反,部分地区仲裁,尤其是

---

① 苏力:《审判管理与社会管理——法院如何有效回应"案多人少"?》,载《中国法学》2010年第6期。

商事仲裁,仲裁费明显高于法院案件受理费。与此同时,仲裁规则的程序设置还更加严格于民事诉讼法及证据规定。加之传统诉讼文化带给当事人的行为惯性和安全感,诉讼解纷依旧是当事人的优先选择。因此,非诉引导类似一种辅助治理方式,更为根源的治理方式是通过大数据进行矛盾纠纷预警预判,做到提前预防、源头治理。

社会矛盾预警是指通过发现和评价社会系统运行中的不稳定或消极因素,对社会危险的临界值进行早期预测。在此概念下,首先要从经济、社会、政治、环境、文化等方面,构建社会矛盾预警指标,从而对纠纷提供定量或者定性分析。一旦指标预警,则预示着纠纷即将到来。究其原因,指标的异常变化来源于社会纠纷的生成、激化与爆发,通过观察指标的异常变化,为衡量矛盾纠纷的发生提供可能。矛盾纠纷预警预判模型的构建,实质是要实现诉源发现和处理的智能对话,建立完善的纠纷处理动态预警和处理网络,使解纷机构有序参与。就智能对话而言,其不同于传统纠纷解决过程中以当事人主张、抗辩、再主张、再抗辩,并辅之以法官释明的对话进程,为预防和解决纠纷的智能对话按照"知识积累—要素抽取与识别—程序对话"的逻辑进路展开,实现纠纷事实的对话式处理。

当然,在预警预判模型的建构和运行中,将不可避免地收集当事人的个人信息、压缩个人隐私空间。正视技术的可能与限度,注意技术运用过程中的正当程序,是法律人理应坚守的底线。预警预判模型还需要完善纠纷主体的知情权、选择权、异议权和救济权,推进纠纷主体间对话合法化,以强化纠纷主体之间对矛盾化解对话的参与和监督。针对诉源智治推进中公民隐私权,信息权,知情权等可能带来的风险与挑战,认真评估可能引发的法律安全伦理问题,提前布局、不断升级,确保诉源智治向安全、可靠、可控方向发展。未来,诉源智治的法律规范和制度供给不断充实,实现有法可依、有例可循。

五、结 语

诉源治理是新时代"枫桥经验",诉源智治是新时代"枫桥经验"的理论创新,是中国特色社会主义法治的话语表达。当下,ChatGPT、Midjourney 等生成式人工智能迅速发展,传统纠纷与新型纠纷交织并存,给诉源治理范式带来全面挑战。本文摸清了法院以诉源治理智能化推进社会治理虽然得到普遍欢迎,但是现实效果欠佳的事实。单纯的技治主义路线存在治理局限,难以全面提升矛盾纠纷源头化解的效率、效力和效果。为此,诉源智治新范式将挖掘出更加强大的治理资源。诉源智治新范式以满足人民群众对解纷需求为导向,以凝聚智治思想理念、明确智治功能定位、实现人机智治对话为组成,以法院为中心打造一体化联动智慧平台,整合社会力量、规范程序保障,预警矛盾纠纷,增强矛盾纠纷防控的动态性和精准性,助力矛盾纠纷源头化解的全社会参与、全链条防控、全流程监督取得实效。

乡村振兴背景下人民法庭的功能转型与实现路径

■ 胡洁林 *

摘要：近年来随着信息技术的发展，人民法院的地缘优势逐渐丧失，呈现出定位滞后、功能弱化等趋势。在乡村振兴发展背景下，实现人民法庭功能转型成为当下亟待解决的问题。本文立足当下，深入探究新时代人民法院职责和功能定位，提出优化区域布局、整合审判资源、破解内生困境，探索以德法相济、深化诉源、协作联动助力法院深度融入基层治理，有效发挥人民法庭司法价值和基层治理功能。

关键词：乡村振兴；人民法庭；功能转型；基层治理

引　言

　　人民法庭作为基层法院的派出机构和基本单位，是人民法院"基层的基层"，处于人民法院服务人民群众的最前沿和化解社会矛盾的第一线。随着乡村振兴战略的实施，城市化进程的推进及互联网、交通等基础设备的日益完善，人民法庭的地缘优势逐渐丧失，司法资源供给不足、群众诉求日益多元、法理人情冲突加剧、解纷机制迭代放缓等问题的凸显给人民法庭功能转型增添诸多挑战。在乡村振兴战略持续推进与城镇化日益凸显的双重背景下，人民法庭是完成使命退出舞台还是更进一步走出新发展的十字路口？本文以 H 市 T 县人民法庭为考察样本，立足社会转轨时期利益多元化的现实及乡村振兴大背景，力求全方位了解人民法庭的基本情况，尝试重塑新时代人民法庭功能定位，构建现代化法治逻辑下人民法庭参与司法审判和乡村治理新路径，为乡村振兴战略的有效实施提供法治保障。

---

　　* 作者系浙江省湖州市长兴县人民法院法官助理。

一、全景扫描:人民法庭司法功能运行现状

实施乡村振兴战略使得乡村社会发生重大变化,对人民法庭实现司法审判职能和参与乡村司法治理提出更多新要求。为客观反映当前人民法庭司法运行功能现状,本文以H市T县各人民法庭为样本,通过实地走访法、裁判文书分析法、数据分析法等综合研究发现问题如下。

(一)人民法庭区域布局情况

1.人民法庭管辖范围偏大

一是城区法庭与法院距离较近。T县设有5个派出法庭、3个乡镇法庭和2个城区法庭。其中2个城区法庭距离法院仅6公里,开车10分钟,公交车也只需15分钟,对群众来说,法庭在距离上没有明显优势;二是法庭管辖半径辐射范围较大。在T县调查样本中,平均每个法庭管辖3个至4个乡镇街道,平均管辖面积286平方公里,最大的是S镇人民法庭,管辖面积约375平方公里,最小的是M镇人民法庭,管辖面积仅约180平方公里;法庭辖区人口平均数为12.7万,最多的是H镇人民法庭,达14.6万人,最少的是M镇人民法庭,仅约7万人(见图1)。

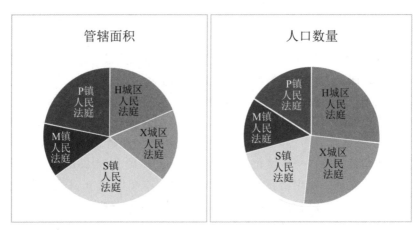

图1　T县人民法庭管辖面积、人口数量分布

2.部分人民法庭办案压力偏大

一是乡村振兴战略的实施直接导致城区法庭经济、互联网、知识产权案件的快速增长及乡镇法庭涉农、涉家事纠纷案件的多元化,人民法院承载案件的压力随之增长,一定程度上影响了法庭之间收案差距。通过对T县人民法庭的走访

调研发现,各人民法庭之间存在收案不均衡、城区法庭收案远高于乡镇法庭现象(详见图2)。① 二是为减少城区法庭案件数量,T县法院在案件管辖权方面作出改进。对于符合一般地域管辖制度的案件,双方当事人只要有一方户籍地在乡下的,由所在乡镇法庭管辖。该制度虽能有效减少城区法庭的办案压力,但对于当事人而言,本可以在城区法庭起诉的案子却要在乡下法庭立案,违背了"便于当事人诉讼"的工作原则。

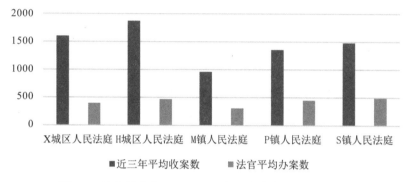

图2　T县人民法庭2019—2021年平均收案数、办案数情况

(二)人民法庭司法功能运行情况

1.人民法庭功能同质化倾向

一是部分人民法庭与机关庭室功能同质化。经调查发现,部分人民法庭受理案件不仅数量与机关庭室无区别,在案件处理模式上,也缺乏人民法庭地缘优势的特色亮点。以T县M镇人民法庭为例,2021年度案件类型主要为民间借贷纠纷、合同纠纷及离婚纠纷,在对同类案件的处理上,缺乏创新机制和特色管理模式。二是人民法庭审判业务功能逐渐弱化。当前,各种审判质效数据的硬性指标、争先创优的数据考核以及各种会议的参与等非事务性工作,使得原本疲于办案的法官更无精力投入审判工作。

2.人民法庭审判职能有待延伸

一是调查取证自主性不强。以T县P镇人民法庭为例,随机抽取100份民事裁判文书,涉及人民法庭调查取证的案件仅有8件。经实地走访发现,由于调查取证的烦琐程序,通过制作询问笔录、证人出庭等方式能查明的案件,承办法官往往不重视调查取证。二是巡回开庭、指导调解不够。通过实地走访发现,T

---

① 通过2019—2021年近三年各人民法庭收案量及人均法官办案量数据显示,平均办案量最多的是H城区人民法庭,达1870件,最少的是M镇人民法庭仅960件;人均法官办案量最多的是S镇人民法庭,达480件,最少的是M镇人民法庭仅300件。

县各人民法庭在案件数量和审判质效的指标压力下,深入群众走访、巡回办案、指导调解次数不够频繁,"坐堂问审、关门办案"现象普遍。三是执前督促程序不完善。经数据统计,近三年来 T 县人民法庭的自动履行率一直位于 60% 左右,加上新冠肺炎疫情对经济的影响,执行难现象愈发严重。

(三)人民法庭社会治理职能发挥情况

1.非诉讼解纷需求增长明显

以 T 县 S 镇人民法庭为例,该镇以花卉苗木产业为主,随着农村产业的振兴和发展,基层社会价值观念、利益、需求等差异变化引起案件呈现主体多元化、诉讼利益多样化等新特点。[①] 如因当事人存在私人怨恨无法化解、谙熟诉讼流程故意拒接电话、拒收材料、不配合程序的案件数量愈发变多;民间借贷中当事人虚假陈述频发、借贷主体突破"熟人"界限趋势明显、电子数据成为重要证据形式等(见图3)。

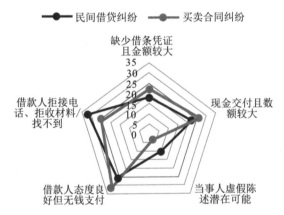

图3 2021 年 T 县 S 镇人民法庭民间借贷、买卖合同纠纷特点分布

2.多元解纷机制适用不足

一是人民法庭所提供的治理功能与村民需求不相吻合。通过实地走访发现,T 县 M 镇人民法庭审理的一件案件事实清楚、法律关系明确的案件,当事人仅因几百元诉讼费谁承担的问题而没有达成调解。这类案件在处理方式上难以单纯地通过法条去说服村民的情感需求,也无法通过裁判去满足村民的真实要求。二是多元解纷方式的适用力不足、支持力不够。T 县人民法庭多元化解工作起步较早,但以人民法庭为中心主动推进力度不够大。虽创新推出"浙江解纷

---

① 随机选取 2021 年 T 县 S 镇人民法庭以判决、调解方式结案的民间借贷、买卖合同裁判文书各 200 份,针对案件性质特点进行集中梳理。

码""联合巡诊团""共享法庭"等机制,但在使用率、知晓率上有待提高。

二、追根溯源:人民法庭运行困境的深层次原因

当前,我国基层社会正发生深刻变化,城乡格局、纠纷类型、审判资源、诉讼观念、司法需求等变化陆续出现,人民法庭面对的形势和任务也更具挑战,亟须对其进一步分析。

(一)内生困境

1.法庭功能定位滞后,司法功能发挥局限

随着矛盾纠纷发生规律的变化,社会治理进入微时代,特别是在乡村振兴战略的背景下,乡村对司法的需求、依赖和期待日益提高,人民法庭走进了以审判为中心而多办案的定位误区,全面推进乡村振兴思想认识不到位,服务基层社会治理主动性不强。[①] 人民法庭设置的初衷是发挥地缘优势,方便当事人起诉应诉,方便副本送达,方便当事人执行等,但随着城乡一体化发展、互联网的应用和在线司法的普及,跨辖区当事人比例增高,在线诉讼普及,法庭的地缘优势在弱化,而案件量不平衡等问题突出。

2.法庭资源配置薄弱,案多人少矛盾突出

目前人民法庭在司法资源配置上并未完全匹配当前的工作要求,审判力量配比薄弱,人均办案量趋于饱和状态,T县平均每个法庭员额法官3名,法官助理1.5名,书记员2名,人均办案350多件。审理裁判理念和参与社会治理后劲不足,年轻、高学历的法律人才往往更倾向于离市县较近的机关或庭室,乡下法庭对优秀审判人员的吸附力不强,同时年轻干警也因基层经验、群众经验欠缺,在接待当事人、处理案件上灵活性不足。

3.法庭审执衔接不畅,纠纷解决难以终局化

"执行问题既是法律问题,也是社会问题;执行治理既是法律治理,也是社会治理。"人民法庭负责协助执行既是最高院设定的执行工作发展目标,也是人民法庭参与乡村治理的客观要求。[②] 从T县人民法庭审执情况来看,执行难主要表现在查人找物难、财产变现难、排除非法干预难、清理历史欠账难等方面。目前,审执分离是大多数法庭的运行常态,而矛盾纠纷难以终局化的主要原因在于法庭诉讼环节审执衔接不够、执前督促程序未完善,出现责任不明、相互脱节等

---

① 刘桂玲:《多元化解纠纷语境下的人民法庭职能演进》,载《吉林人大》2021年第8期。
② 王小梅:《法院执行信息化建设的成效、问题与展望——以人民法院"基本解决执行难"为背景》,载《中国应用法学》2018年第1期。

现象,不仅无法实现当事人诉讼权益,还会增加衍生案件的发生。

(二)外延阻碍

1.群众诉求多元化,诉源治理主动性不强

广大基层群众司法需求日益增长,他们既要求法官公正司法,也期待法官清正廉洁、和蔼可亲;既追求司法结果公正,也要求司法程序公开简便、诉讼成本低廉。① 一方面,基层法官长期处于疲于办案和群众司法需求的矛盾中,在这种理念支配下,法官必须遵守中立、超然的要求,而忽视了乡村社会与城市社会司法需求的差异化。另一方面,基层治理工作过度依赖人民法庭,将法庭作为社会矛盾的兜底,逐渐出现"诉讼单边主义"倾向,遇到疑难复杂的案件就引导当事人"调解不成就起诉",造成司法资源的浪费。

2.法理与乡土人情冲突,传统规则难以适用

人民法庭所代表的国家法理权威常常与乡村社会的礼俗人情发生冲突,当法理规则与乡村礼俗规则存在较大分歧时,乡村居民用乡村礼俗对抗法理规则居多,而当乡村礼俗规则与主流意识形态和价值原则相悖时,法理的力量就会通过国家权力来抑制或取缔那些"陈规陋习"。② 以 T 县法院为例,尽管已经在多个乡镇、街道设立一个中心法庭,但仍然很难有力地实现乡村法治的多重目的,亟须完善"情理法"三治融合治理体系,弥补法理与人情冲突所带来的法治化功能转型难题。

3.解纷机制适用不足,社会矛盾司法化严重

由于社会参与解纷的机制尚不完善,一些本可以通过民间方式解决的损害赔偿、婚姻家庭、土地纠纷等案件成为人民法庭审理或信访的难点,社会矛盾司法化日益凸显。③ 一是解纷合力不够,相关部门、基层组织解决矛盾纠纷的自主性不强,如浙江解纷码、微法院、共享法庭使用频率不高,主观上未重视。二是解纷活力不足,矛盾纠纷诉求信息渠道不通、问题重复出现,非诉调解组织对开展诉调对接工作重视程度不高、畏难情绪突出,容易出现"小事拖大,大事拖炸",影响了矛盾纠纷调处效果及司法确认效果。三是协同机制不畅,各乡镇间解纷相关流程、制度、标准、资源等不一,矛盾纠纷碎片化、数据不相协同、分析预警研判少等问题突出,同时考评机制量化不实,压实责任难。

---

① 应金鑫:《新时代人民法庭参与社会治理的立足点》,载《人民法院报》2019 年 10 月 23 日第 2 版。

② 张青:《当代中国社会结构变迁于乡村司法之转变》,载《中国农业大学学报(社会科学版)》2019 年第 5 期。

③ 丁亚琦:《诉源治理视域下诉调衔接机制的完善》,载《人民论坛》2022 年第 3 期。

三、寻求突破:人民法庭功能转型的创新机遇

在中国社会进行现代化建设和依法治国的社会背景下,中国的农村社会和社会治理发生了明显变化,虽然区域总体布局不合理、司法审判职能发挥不突出、基层社会治理发挥不充分,但是乡村振兴战略的构建、新型乡土结构的变迁、信息化转型的加速为人民法庭功能转型提供了良好契机。

(一)乡村振兴战略为人民法庭司法审判提出更多的法治要求

司法审判治理体系的好坏直接关乎乡村振兴战略的实施,关乎推进国家治理体系和治理能力现代化的进程。[①] 基层法院作为提供司法服务的前沿阵地,应提高政治站位、准确把握新时代人民法庭的功能定位。一要积极回应群众新要求、新期待。坚持和发展新时代人民法庭工作原则,将"三个便于""三个服务""三个优化"贯穿工作始终。[②] 二要立足审判职能,积极服务全面推进乡村振兴。妥善处理涉及"三农"传统纠纷,以及涉种子、粮食和农产品等新业态纠纷案件,促进农村产业融合发展。三要妥善处理村民自治纠纷案件。妥善审理涉及农村土地承包、宅基地"三权分置"等纠纷案件,助力农村改革和农业农村现代化建设。

(二)新型乡土社会为人民法庭参与基层治理提出更高的自治要求

随着经济体制的转轨、交通的便利和城乡二元对立结构的慢慢消解,以及网络传播新媒体的发展,新型乡土社会加速演变,一种新型乡土结构——后乡土社会随之产生。[③] 后乡土社会的产生源于乡民的需要,由大众化的法官在转型期乡土社会背景下,在充分考虑并认同乡民的实际心理和需求的前提下,摸索总结出来的一条方便解决纠纷的路径。[④] 首先,在新型乡土社会结构中,人民法庭与乡村社会存在一定的隔阂。法庭和法官都不属于乡村社会,法庭具有社会治理的功能,但又会与后乡土社会出现亲和的趋势,这会造成两种文化的不相容。其次,乡村社会结构的变迁以及人民法庭的转型在很大程度上使得乡村司法的自

---

① 周佑勇:《推进国家治理现代化的法治逻辑》,载《法商研究》2020 年第 4 期。

② "三个便于"指的是便于人民群众参与诉讼、便于人民法庭审理案件、便于人民群众及时感受到公平正义;"三个服务"指的是服务乡村振兴、服务基层社会、服务人民群众高质量生活需要;"三个优化"指的是优化法庭布局、优化队伍结构、优化专业化建设。

③ 高其才:《乡土社会中的人民法庭》,载《法律适用》2015 年第 6 版。

④ 费孝通:《乡土中国》,北京大学出版社 2012 年版,第 95 页。

治性有了明显增强,而乡土司法的现有功能已无法满足乡村社会日益权利化和规则化的司法需求,亟须对后乡土社会中人民法庭参与基层治理提出更高的善治要求。

(三)数字化改革为人民法庭进行功能转型提出更优的善治要求

随着数字化技术与现实生活的进一步融合,现实世界与虚拟世界的边界逐渐模糊,形成了一个既包容物理世界又对其进行数字化重建的"液态社会",人们的行为和生活方式都在数字化进程中不断重组。数字化时代的到来,能有效解决当前人民法庭存在的司法审判职能弱化和基层治理功能发挥不足的问题。如通过数字化平台实现线上立案、调解、开庭,使案件突破时空壁垒;通过解纷码、共享法庭服务终端,创新基层治理方式;通过自动化要素式"简案快审""难案精审",提高办案质效。人民法庭进行数字化转型是满足乡镇法庭司法需求和创新移动互联网时代社会治理的必然选择,也是新时代乡村振兴背景下人民法庭建设功能转型的必然趋势。

四、实现路径:人民法庭功能转型的对策建议

人民法庭需要进行司法功能转型,以便适应不断变化发展的社会环境,更好地实现人民法庭的司法宗旨,回应人民群众的关切期待。

(一)重塑功能定位:深刻审视人民法庭设立的原则和标准

人民法院审判工作根本是为大局服务,为人民司法,就是落实习近平总书记提出的"努力让人民群众在每一个司法案件中感受到公平正义"等要求。[①]人民法庭作为法院的前沿阵地,更要深刻把握服务群众、解决纠纷第一线与守护公平正义最后一道防线的辩证统一关系,要确立符合时代需求、符合人民期待、符合司法规律的工作理念、方向、举措。

一要立足审判职能,实现社会公平正义。做到"以审判为中心",既可以具体到解决基层社会矛盾纠纷,也可以通过个案实现普法、释法等外延工作。如积极延伸审判职能,在依法妥善处理家事、邻里纠纷过程中,加强基层法治宣传,通过巡回审判、判后释法等方式,培育和弘扬社会主义核心价值观。二要推进多元解纷,深入基层治理。充分发挥人民法庭在社会基础矛盾纠纷化解的引领、推动、保障作用,发扬新时代"枫桥经验",积极参与基层治理,力争"小事不出村、大事

---

① 张军:《公正与效率是永恒的工作主题》,https://ipc.court.gov.cn/zh－cn/news/view-2855.html,最后访问日期:2024年3月9日。

不出镇、矛盾不上交"。三要以人民为中心,践行司法为民。积极应对乡村振兴带来的城乡经济一体化、交通运输便利化、诉讼服务信息化新形势,优化法庭布局,加强司法便民诉讼网络建设,充分利用互联网技术,使乡村便民诉讼网络更加畅通与高效。

(二)破解内生困境:充分发挥人民法庭审判职能

1.明确法庭职责,助推人民法庭专业化发展

在新的定位下,人民法庭的核心功能是依法独立公正行使审判权,直接功能在于"化解矛盾"和"彰显规则",人民法庭应立足审判职能,充分发挥人民法庭优势特点,助推人民法庭专业化发展。

一是法庭工作理念由单纯办案向主动参与社会治理转变。积极改变关门办案、坐堂办案、作息办案等传统司法模式,创新多方联动化解纠纷,积极打造支部联建、矛盾联调、法官联村、共享联创"四联工作机制",最大限度地将矛盾纠纷化解于诉前,消灭于萌芽。二是法庭工作方式由就案办案向司法便民转变。打造镇、街特色社会矛盾纠纷调处化解中心,实行人民法庭入驻矛调中心创新机制,构建"调解优先、诉讼断后"的功能布局,让群众化解纠纷"最多跑一地"。三是法庭工作模式由线下办案向线上线下一体化诉讼服务模式转变。从"微法院"到"解纷码"再到"共享法庭"的迭代升级,全域数字法庭的建设工作取得阶段性成效,应继续适应信息时代潮流,通过打造"共享法庭"2.0版本,创新构建"职能分流"解纷体系、"实战实效"预警体系和"多跨协同"治理体系,让人民群众真切感受到公平正义就在身边。

2.优化区域布局,实行人民法庭差异化发展

要尽快形成"城区法庭集中审理专业化类型案件、乡村法庭快速立审执多数简单案件、城乡法庭负责部分特定类型案件"审判格局,为高质量发展和高品质生活提供精细化、精准化的司法服务。

一是适度增设人民法庭,优化法庭管辖范围。充分考虑各人民法庭辐射范围、受理案件数量、便于人民诉讼等因素,选择性增设人民法庭。如T县拟将院内H城区法庭迁移至新办公场地,另新设B城乡法庭,使B城乡法庭、H城区法庭和X城区法庭形成以县法院为中心的三足鼎立态势,既优化了法庭布局,也完善了法庭管辖范围。二是城区法庭要侧重加强"专业化法庭"建设,避免与机关庭室存在受案范围"同质化"现象。如产业特色明显地区,可以成立专门或集中负责劳动、家事、物业案件的专业法庭,以更好地服务乡村振兴和辖区基层治理的需要。三是乡村人民法庭要侧重加强"综合法庭"建设,积极参与基层治理。依法治理民间借贷虚假诉讼、妥善处理涉"三农"纠纷、整顿民间高价彩礼等不良习气,推动文明乡村建设。四是城乡法庭应加强负责当地特色产业案件。

如 T 县新设的 B 城乡法庭,将集中管辖审理全县破产清算案件及部分镇街民事一审案件,既能保证普通案件的管辖权,又能确保专业案件受理范围,推动人民法庭专业化发展。

3.整合审判资源,推动人民法庭科学化发展

人民法庭依法独立行使审判权和积极参与社会治理两项职能的有效发挥,需要正视人民法庭在司法能力和司法权运行机制方面的不足与缺陷。

一是简案下放、难案上收、突出法庭速裁职能。① 将机关庭室管辖的法院所在地的简单民事案件下放人民法庭处理,将法庭复杂案件上交机关审理,明确法庭与机关庭室之间的相互转办措施,从而形成人民法庭审简单案件、机关庭室审复杂案件的格局。二是简案快审、繁案精审,打造繁简分流机制。② 案件立案后,根据案件性质、特点和流程,以及系统中已经设置好的要素和权重分值,自动甄别案件类型,真正实现应简尽简、当繁则繁、科学分流、公正高效、简案快办、难案精审的分流格局和工作机制。三是构建以审判为核心的审判辅助管理模式。区分二者梯度,明确法官助理、聘用制法官助理和书记员的职能定位,将复杂、疑难的专业性案件由法官助理进行业务辅助,将简单的一般性案件交由聘用制法官助理进行业务辅助,将专业性审判辅助事务交由法官助理协助,将一般性审判辅助事务交由书记员承担。

(三)消除外延阻碍:推进人民法庭深度融合基层治理

1.德法相济,构建"三治融合"治理体系

基层治理是国家治理的基石,推动健全基层社会治理体系,是人民法庭服务和保障乡村振兴落地落实的重要抓手。③ 要正确认识和处理自治、法治、德治的相互关系,尊重乡村民主自治实践,充分发挥人民法庭在乡村振兴建设中的重要作用。④

第一,自治层面,需要司法职能与乡村规则有效对接。人民法庭在发挥司法审判业务及基层治理功能时,不仅需要适用国家法律,还应考虑乡规民约、乡土人情、风俗习惯等社会规范,妥当运用司法能动作用,发挥社会规范对社会治理秩序的调整作用与教化作用。第二,法治层面,法治作为审判职能的适度延伸,

---

① 陈东升、王春:《诉源治理的浙江实践》,载《浙江人大》2021 年第 4 期。

② 吴英姿:《民事速裁程序构建原理——兼及民事诉讼繁简分流改革的系统推进》,载《当代法学》2021 年第 35 期。

③ 龚浩鸣:《乡村振兴背景下人民法庭参与社会治理的路径完善》,载《法律适用》2018 年第 23 期。

④ 耿玉基:《乡村矛盾的实质治理:以"三治融合"为阐释对象》,载《河北法学》2021 年第 39 期。

需要人民法庭去协调配合其他部门、社会组织。如联合多部门开展联合巡诊团，及时摸排矛盾纠纷，建立矛盾预警机制，发挥以案释法、法治教育作用。第三，德治层面，充分发挥司法文化的宣教功能。人民法庭参与社会治理应当充分吸收注重和谐、淡化对抗、礼仪教化等传统文化理念，赓续乡村治理传统。如对于矛盾尖锐、涉及道德因素的案件，可加强裁判文书说理部分，编纂典型案例总结宣传。

2.依托信息技术，实现诉源治理数字转型

做好诉源治理工作需要高效、精准的对接机制，依托数字化信息技术，统筹优化人民法庭诉源治理方式，以更好地满足乡村司法治理的现实需求。

一是数字赋能，完善乡镇诉源考核评价指数体系。[①] 以诉源治理全流程为基层线索，通过对考核评价指数情况、纠纷投诉数据的高发事件进行智能分析，建立风险隐患及可能引起群体性事件的问题预警提醒；赋权牵头部门，建立"矛调治理指数"，对协同部门进行评价，实现"乡镇吹哨、部门报到"的治理场景。二是依托信息技术，创新数字化诉源治理工作机制。[②] 通过决策—优化—评估—预警工作机制，全面量化从纠纷的源头、萌芽、发展到化解全过程工作评价体系；应用数字化、智能化技术，聚焦"纠纷"由生到灭全链条，通过诉源治理调解力量分层分级管理、智能判决、智能执行履约，提升诉源治理审判质效。三是进行全流程机制革新。建立统一调解人员星级评定、激励机制、优化调解资源共享机制，推动调解资源下沉，提升村镇调解专业度；整合资源，将矛盾联合巡诊团、解纷码、共享法庭打造成线上线下一体化多元解纷体系。[③]

3.加强协作联动，打造多元共治崭新局面

推进执源治理工作，是切实解决执行难，提升社会治理水平，营造法治化营商环境，推进信用县域治理的重要举措。[④]

一要从单一治到多元治，联合调执化解纠纷。通过人民法院执行局驻派各乡镇法庭驻点联络员，加强与人民法庭、社会各部门的协同参与和联系；积极推动执源治理从"末端治"向"源头治"转变，通过全程督促履行、全面查控协作、依法强制倒逼、积极教育引导，切实推动生效法律文书自动履行率全面提升。二是

---

① 周苏湘：《法院诉源治理的异化风险与预防——基于功能主义的研究视域》，载《华中科技大学学报(社会科学版)》2020 第 34 期。

② 张春和、林北征：《司法区块链的网络诉源治理逻辑、困惑与进路》，载《中国应用法学》2019 年第 5 期。

③ 杜前、赵龙：《诉源治理视域下人民法院参与社会治理现代化的功能要素和路径构建》，载《中国应用法学》2021 年第 5 期。

④ 周晓清：《打好执源治理组合拳，标本兼治解决执行难》，载《人民法院报》2021 年 7 月 21 日第 5 版。

从法院管到基层管,坚持强基导向促执行。乡镇街道、村居社区承担教育引导村民、辖区内企业树立诚信守法、自动履行意识的责任;建立诚信档案,对不主动履行生效法律文书的义务人,在辖区村社内进行曝光,定期将相关台账报政法委备案;充分发挥基层综治网格员作用,在调处过程中、执前督促中,实时掌握义务人员下落、协查财产线索、协助送达法律文书。三是从线下治到线上治,数字赋能执源治理。通过搭建执源治理在线平台不断提升"智能审执衔接"场景应用新模式,实现线上立审执全流程操作;将执源治理工作中的高发易发事项进行资源整合,通过任务分解、流程再造、制度重塑,打造多部门参与的多跨场景和全覆盖的线上执行网络,推动从"单打独斗"到"协同作战",从"经验决策"向"大数据决策",从"单向管理"向"一体化协同治理"转变。

结　语

没有任何一条先验的法则放之四海而皆准,必须经历挑战推演后的实践创新,找寻最合适的解决之道。人民法庭的功能定位,必须立足基层矛盾纠纷化解和社会治理的实际,在乡村振兴大背景下加强人民法庭建设,重塑功能,夯实根基。人民法庭是人民法院工作的基础,是人民法院践行党的群众路线、密切联系群众的重要桥梁,在基层社会治理中发挥着至关重要的作用,只有明确功能定位,注重强基导向,充分发挥审判职能,推进人民法庭深度融合基层治理,才能助推基层治理体系和治理能力现代化,为高质量发展和高品质生活提供精细化、精准化的司法服务。

延期司法确认调解协议机制研究[*]

■周一颜 周 畅^{**}

摘要："延期司法确认调解协议机制"以诉源治理与解纷资源再配置为基本任务，以诉讼与非讼的软性衔接为改革机理，以纠纷实质性解决与自治效益提升为价值理念，力求将"非诉讼纠纷解决机制挺在前面"，助力实现解纷资源优化配置、营造诚信社会氛围，化解诉源治理改革难题。作为一项革新成果，该机制的有效运行将纠纷拦截在司法程序之前，但仍存在着认同基础与适用动力偏弱、诉调衔接异化与司法负担回转的现实困境，需要通过机制的内部重塑和外部融合衔接，重新确立法院的非中心化解纷地位，从而更有效地发挥人民调解作为非诉讼纠纷解决机制的独立价值。

关键词：延期司法确认；调解协议；诉源治理

引 言

当前社会关系整体呈现出焦躁化倾向，矛盾纠纷多发，加之经济下行压力较大，人民法院的生效裁判文书履行难度加大，当事人逃避法律义务的潜在可能性亦增加，矛盾关系愈加激烈，不利于社会关系的稳定和谐。如何有效预防、化解复杂社会情形之下暴露的社会矛盾冲突，又确保当事人积极履行法律义务，成为社会治理能力和治理水平提升的重要挑战。为完善社会治理体系，2021年2月19日，中央全面深化改革委员会第十八次会议通过了《关于加强诉源治理推动矛盾纠纷源头化解的意见》，强调要发展新时代"枫桥经验"，把非诉讼纠纷解决机制挺在前面，推动更多法治力量向引导和疏导端用力，加强矛盾纠纷源头预防、前端化解、关口把控，从源头上减少诉讼增量。党的二十大进一步指出要健

* 本文为2021年度温州市瓯江青年社科学者专项课题"数字生态下的矛盾纠纷多元化解机制改革研究——以温州市为例"(21QN10)的研究成果。

** 周一颜：温州大学法学院副教授、法学博士；周畅：华东政法大学法律学院硕士研究生。

全共建共治共享的社会治理制度,提升社会治理效能,在社会基层坚持和发展新时代"枫桥经验",并健全城乡社区治理体系,及时把矛盾纠纷化解在基层、化解在萌芽状态。① 因此,积极探索非诉讼纠纷解决机制的优化方案,推动诉源治理和多元解纷的发展具有重要意义。

人民调解制度作为非诉讼纠纷解决当中重要的一环,为解决前端矛盾起到重要作用。然而,很多案件本可以在调解阶段得到解决,却因为司法确认又重新进入司法程序,致使人民调解制度的独立价值遭到质疑,无法从根本上巩固诉源治理的效果。在此背景之下,浙江省高级人民法院印发《深入推进诉源治理工作指引》(浙高法〔2021〕85号),首次提出"延期司法确认调解协议机制"(以下简称为"延期确认机制")的理念。该机制指的是达成调解协议的当事人通过书面约定在债务履行期限届满前暂缓申请司法确认,由人民法院加强引导债务人在约定的履行期限内自觉履行。若债务人未在约定期限履行,则债权人于约定期限届满后30日内向法院申请启动司法确认程序。

理论界对司法确认的研究较多停留在该制度的自身完善上,对诉调衔接环节的完善措施研究较少。浙江省部分基层法院积极探索延期确认机制的落实,将目光转向对诉调衔接环节的完善。本文将深入研究延期确认机制,总结分析其在诉源治理工作中的实施效应和作用空间,提出优化措施,为人民调解制度和司法确认制度的完善发展提供理论支持和改革对策。

一、延期确认机制的创设背景

延期确认机制诞生于深化建设诉源治理的过程之中,诉源治理经过多年的发展,虽取得了卓越的成效,为社会矛盾提供了新时代的解纷思路,但仍存在许多方面的现实难题。

(一)诉讼与非诉资源调配失衡

诉源治理主要通过三个层次的部署加以实现:一是在基层治理上避免、减少纠纷的发生,二是避免已出现的纠纷形成诉讼,三是通过诉非衔接渠道化解已经形成诉讼的纠纷。② 诉源治理的每一个阶段都格外强调非诉讼纠纷化解机制的

---

① 习近平:《高举中国特色社会主义伟大旗帜 为全面建设社会主义现代化国家而团结奋斗——在中国共产党第二十次全国代表大会上的报告》,https://www.gov.cn/gongbao/content/2022/content_5722378.htm,下载日期:2022年10月16日。

② 周苏湘:《法院诉源治理的异化风险与预防——基于功能主义的研究视域》,载《华中科技大学学报(社会科学版)》2020年第1期。

重要性,期望尽可能地运用矛盾源头的治理力量将纠纷遏制在诉讼以前,因此要求调动更多解纷资源向非诉讼阶段施力。然而,由于我国长期存在着寻求法院解决纠纷的社会传统,当前的解纷机制仍无法摆脱以法院为中心的格局。有学者曾指出,我国"法院的角色定位和运作机制始终走不出工具主义的怪圈,社会纠纷的解决过分依赖于法院,民间解纷机制发育不良",①而这一问题延续至今。以人民调解为例,实践中调解员往往会在调解结束后积极引导当事人进行司法确认,以图巩固调解的质量,但这从根本上影响了人民调解作为独立的解纷机制的作用,潜意识中将司法公权力视为人民调解的"背书",形成对法院的依赖。法院在多元解纷体系当中应属于"末端治理"手段,当事人只有在私力救济无法满足需求时,才会选择公权力实现权益救济。司法过早或过度地介入非诉讼程序,必然会诱发矛盾导流至法院,甚至堆积于此,无法从根本上化解法院"人案矛盾"的难题。

加之立案登记制的推行,在"有案必立,有诉必审"的立案导向之下,立案愈加便捷,当事人更倾向于选择更具公信力的司法诉讼一次性解决所面临的纠纷,忽略了其他非诉讼解纷方式的独特优势和价值。非诉讼解决机制因此缺乏充足的实践基础,难免陷入滞缓发展,归于衰落。大量纠纷涌入司法程序,诉讼量的增长与司法资源严重不足之间的矛盾更加尖锐,仅 2022 年,全国各级法官人均办案就达到 242 件,②法院办案压力倍增。这也直接导致纠纷解决迟延,百姓打官司不方便、不顺畅,矛盾纠纷积聚于法院。

(二)司法确认调解协议功能异化

在非诉讼解纷机制中,人民调解制度是最重要的一环,扮演着纠纷化解"守门人"的角色,其能以自愿和谐、灵活便捷、低成本的方式解决当事人纠纷,应当在社会解纷体系中发挥不可替代的作用。经过多年的制度探索,由人民调解所形成的调解协议可以通过司法确认制度获得法律上的强制执行力,以实现诉讼与非诉讼制度的协调衔接。司法确认创设之初就在于解决人民调解"调而难结"的困境,保障调解协议的效力,以此鼓励当事人选择调解解决纠纷,将矛盾化解于非诉讼阶段。③ 然而,随着司法确认的广泛适用,该制度却呈现出"异化"的趋势,反而成为法院的负担。

---

① 傅郁林:《"诉前调解"与法院的角色》,载《法律适用》2009 年第 4 期。

② 周强:《最高人民法院工作报告——在第十四届全国人民代表大会第一次会议上》,http://lianghui.people.com.cn/2023/n1/2023/0317/c452482-32646450.html,下载日期:2023 年 3 月 7 日。

③ 连继民、王健:《诉前司法确认之定西样本》,载《民主与法制》2009 年第 20 期。

诚然,司法确认是在人民调解力量薄弱的背景下诞生的,其根本目的是保障调解的完备运行,也的确为诉讼与非诉讼机制的衔接发挥着积极作用。但需要注意的是,司法确认的衔接功效仅仅是从调解协议效力的问题入手,并没有从根本上在司法程序前端化解纠纷。矛盾纠纷继续留存,甚至有在司法阶段二次扩大的风险,降低了解纷的效率。从司法现状来看,如果盲目追求执行力而过分扩张适用司法确认,就会实质上抹杀诉外解纷机制的独立功能,使其沦为司法支持制度的附庸,①其滥用或将逐渐成为公权力侵害私权处分权的便利途径,动摇调解自愿性的根基。从长远来看,司法确认反而会加剧通过法院解决纠纷的路径依赖,导致人民调解最终仍然是为诉讼服务的结果。如果控制不当,这一剑走偏锋的"支持"方式将极易形成司法替代调解等异化现象,②进一步将人民调解机械地变质为准司法程序,最终导致各自的制度优势和独立价值因为调解协议大量进入司法确认程序而相互削弱。

(三)司法过早介入稀释前期调解优势

我国自古以来就延续着"以和为贵""天下无讼"的传统思想,调解作为根植于我国传统的纠纷解决机制,在民事纠纷领域一直发挥着举足轻重的作用。当前的社会环境下,人们常常因为简单的矛盾纠纷而诉至法院,这虽能将问题解决,但往往导致"案结事了"但"人不和"的局面,双方感情易受到影响甚至破裂。虽然面对案件的审判压力,法院会主动引导部分案件至人民调解组织优先进行调解,但即使双方通过调解的方式平和解决纠纷,在达成调解协议后,被申请人往往尚未来得及偿还债务,申请人即主动提出申请司法确认。很多案件实际上具有较高的履行可能性,本可以在调解阶段得到解决,债务人却因为司法确认而又被迫重新卷入司法程序、执行程序,导致其失去喘息的机会,甚至留下诉讼案底,从而不可避免地影响到当事人的"个人信用体系"。这就导致强制执行工作由社会矛盾"解压阀"转变成新矛盾的"激发器"。③ 司法过早介入当事人履行义务的过程,反而削弱了双方前期调解过程中达成自愿性合意的独立解纷优势,无法正向激励被申请人履行债务,不利于矛盾纠纷的化解。过多的诉讼不仅加剧了社会关系的对抗和紧张,也破坏了道德诚信、自治协商、家庭温情、社会宽容和

---

① 潘剑锋:《"基本"与"其他":对〈民事诉讼法〉相关制度和程序修订的体系化思考》,载《法学评论》2022 年第 2 期。

② 潘剑锋:《论民事司法与调解关系的定位》,载《中外法学》2013 年第 1 期。

③ 潘剑锋、牛正浩:《新时代"枫桥经验"视域下的社会化协同执行机制——基于 J 省法院的实证研究》,载《东岳论丛》2021 年第 3 期。

责任、传统习俗等重要的价值观念和社会规范。①

二、延期确认机制的理论逻辑

基于诉源治理的改革现状,浙江省高级人民法院重新思考人民调解与司法确认的制度衔接,着眼于非诉讼纠纷机制一端,创设"延期确认机制",构建多元解纷机制的完善路径。

(一)价值理念:纠纷实质性解决与自治效益提升

无论是个人纠纷还是群体纠纷,它们都会给社会和谐埋下不稳定的因素,而社会治理手段更高层面的价值目标则在于修复受损的人际关系。延期确认机制站在当事人双方的立场考虑,通过滞缓司法程序的介入,以"等候时间"换取当事人自动履行的"诚信空间",正面激励债务人主动履约,以表其诚意与歉意,使双方仍以平和的方式解决纠纷。同时,也进一步恢复、巩固双方的信任关系,避免案件进入强制执行程序对当事人的征信体系产生信用污点,解决人民群众对诚信的担忧,避免双方矛盾的尖锐化。这是社会解纷手段回归"以人民为中心"的精细化治理的要求,更加追求纠纷的实质性化解,修复受损的人际关系,而不仅仅停留于司法确认调解成果后即告纠纷解决的形式层面。

延期确认机制的产生背后反映的正是对社会治理时代变迁的诉求:发展和完善非诉讼解纷机制不仅是为了化解纠纷,更是要强调人民的自主解纷、自愿解纷,通过私力救济方式解决绝大部分矛盾,实现自治,以此维护需要长久维系的合作关系和人际关系,以及共同体的凝聚力和社会的稳定。② 这一机制使得当事人能坚持以更高效、易接受的方式完成权益救济,甚至能够自主解决更深层次的顽固矛盾,以调解的优势化解处在法律规范边缘地带、道德规范难有定论的纠纷,从而打消当事人寻求公共服务解决私人之事的后顾之忧。机制作为诉源治理中新兴的一环,得以从全新视角着眼思考,借助非诉讼手段的力量维护当事人的合法权益以及督促义务履行,促进自主解纷和自觉履约的和谐环境建设,减少司法等公权力治理社会的成本。

诚然,诉源治理并不是一味地强调调解。调解不等于完全实现"案结事了",司法裁判亦不是全然破坏"人和",调解与司法二者若能以各自的优势,在各自应

---

① 龙飞:《多元化纠纷解决机制促进法研究》,中国人民大学出版社 2020 年版,第 29~30 页。

② 范愉、李浩:《纠纷解决——理论、制度与技能》,清华大学出版社 2010 年版,第 38 页。

发挥作用的场域内有效解决纠纷,即是治理和谐社会的理想手段;但在多元化纠纷解决体系的场域,司法应当让位于非诉讼解纷手段,促使多种纠纷化解方式齐驱并进。将非诉讼手段挺在前面,更能够发挥传统道德和民间习俗的价值,舒缓当事人之间的激烈对抗情绪,最终达到情理法的融合,司法效果与社会效果的统一。

(二)改革机理:诉讼与非诉的软性衔接

在深化多元化纠纷解决机制改革过程中,需要注重统筹性、系统性与协调性。① 这表明完善多元解纷机制需要从衔接机制入手,程序的有效协调衔接决定了机制的运行效果。延期确认机制则是在重新审视司法确认在诉调衔接过程中的运行情况后,通过对"非诉讼纠纷解决机制挺在前面"进行生动诠释和创新发展,从而促进多元解纷体系的合理完善。作为非诉讼纠纷解决机制的一个后置程序,延期确认机制找准人民调解与司法确认的平衡点,最大化发挥诉调衔接的效能,避免调解案件再次进入司法程序,从而解决当下非诉讼治理过于依赖终端诉讼的现状。在该机制下,私力救济和公力救济协调衔接形成完善的权利救济体系:既注重前端矛盾纠纷源头的识别和排查,提倡私力救济下的自治性,遵从人们调解的自愿性和履约自愿性,最大限度保障调解的适用符合其本质属性;又注重诉讼与非诉讼纠纷化解方式的互动,兼顾公平与效率,从而使社会解纷力量联动运行,逐渐形成"调解为主,诉讼断后"的权利救济思路。

需要说明的是,延期确认机制并不是绝对否认司法确认的威慑性、保障性的积极作用,而是为了在发挥其优势的基础上,更加强调对其所保障的基本制度,即"人民调解制度"的重视。人民调解其本身同样是对司法确认形式审查中可能暴露的恶意串通调解、虚假诉讼等行为的风险防控手段,注重调解的解纷质量反过来更加能够确保司法确认发挥末端司法的权威作用。

(三)实施路径:诉源治理与解纷资源再配置

从功能主义的视角来看,社会的不同要素满足不同的社会需要,发挥着各自的功能,进而共同维持社会稳定。延期确认机制立足于社会解纷资源的优化配置,通过对解纷资源的再分配,将更多的解纷力量向非诉讼阶段倾斜。一方面,该机制使得大量纠纷内容简单、伦理道德性强的案件留存在人民调解的轨道上,以更加柔性的方式修复受损的人际关系和社会关系,将更多的矛盾纠纷化解在源头、前端,以达到从源头上减少诉讼增量的目标;另一方面,该机制使得少部分

---

① 胡仕浩:《中国特色多元共治解纷机制及其在商事调解中应用》,载《法律适用》2019年第19期。

纠纷内容纷繁、法律关系复杂的案件进入诉讼的轨道,以确保法院坚持最终司法裁判的功能定位,更加专注于审判工作,从而为其他社会纠纷化解渠道提供权威的、可复制的司法经验。

司法的固有局限与纠纷的多元化解决定了司法必须克制,①且不可能承揽社会所有矛盾纠纷的解决任务。过度强调以法院为中心的诉源治理格局,必然会强化社会通过法院解决纠纷的路径依赖。这要求社会治理体系通过非诉讼解纷机制的完善来分担纠纷化解任务,将宝贵的司法资源转移至真正需要通过司法程序解决的案件上来,以化解司法对案件"大包大揽"带来的低效侵占资源的矛盾。因此,延期确认机制是对当前异化混同的调解与司法的重新归位,是对二者各自功能的明确界定,以确保每一种纠纷类型都能找到最佳、最适宜的解纷途径,提高整体解纷体系的质量和效能。

同时,延期确认机制延迟法院出具裁定书和送达相应文书的时间,一定程度上节约了司法成本资源;也提前避免了案件进入执行程序,保留了案件空间,发挥出诉源治理的积极作用。值得强调的是,诉源治理追求的是纠纷实质性化解,而不是司法案件的"预先审查",所以若要使诉源治理真正发挥社会治理的作用,就必须要有更多的非诉讼机制予以补充,将解决社会矛盾纠纷的压力从法院身上向前转移,重新调配社会解纷资源。

三、延期确认机制的运行实践

目前,落地适用该机制的法院数量较少,W市C县人民法院(以下简称为"C县法院")作为率先探索该机制的法院之一,结合本县司法实践现状,形成了较为完善的机制运行模式,取得了良好的成效。因此,本文以C县法院、C县人民调解委员会(以下简称为"C县调委会")的实践情况为样本进行实证研究,深入研究该机制的相关情况。

(一)运行情况

延期确认机制包含"法院识别""延期申请""督促自动履行""司法确认救济"四个主要环节。首先,法院须对当事人达成的调解协议进行识别。该机制主要适用民间借贷、金融借款、买卖合同纠纷、交通事故、劳动争议等案情相对简单、义务较为明确的属于金钱给付内容的案件。法院在对"案件类型"和"是否具有履行可能性"进行综合考量后,可以引导当事人适用该机制。其次,双方当事人

---

① 陆永棣:《从立案审查到立案登记:法院在社会转型中的司法角色》,载《中国法学》2016年第2期。

在法院引导下,达到以下条件即可申请延期确认:(1)双方已经达成调解协议;(2)案件事实清楚;(3)债务人有一定的还款能力;(4)履行期限较短。即使没有完全达到以上条件,当事人双方同样可以通过共同约定适用延期确认。法院收到达成合意的申请后即可先予登记,但暂缓出具司法确认裁定书,中止司法程序运转。再次,债务人须在调解协议约定的期限内履行条款的义务,法院在该过程中发挥纠纷化解的主导作用,督促债务人积极履行。若债务人如期清偿了债务,则视为当事人自动撤回司法确认的申请,法院则不予立案,案件在调解阶段即告终结,且对当事人的信用情况不会产生任何影响。最后,若债务人超出履行期限未履行调解协议义务,债权人则可直接单方面申请完成司法确认程序,法院审查后直接出具裁定书,债权人即可以该裁定书向法院申请强制执行,由国家力量敦促债务人予以履行。

实践证明,延期确认机制呈现了较好的司法效益和社会诚信效益,对于社会矛盾化解具有积极意义。截至 2022 年 3 月,C 县法院受理申请延期确认的案件均在"宽限期"内自动按约履行,司法确认撤回率为 100%,涉案金额累计将近 14 万元。

(二)实施困境

然而,目前适用该机制的案件的撤回率虽高,但整体适用率偏低,面临诸多实践困惑,若不及时厘清,将影响制度效能及今后推广。

1.适用标准不明

延期确认机制属于当前诉源治理工作探索过程当中首次提出的创新机制,适用延期确认机制的试点法院较少,缺乏一定的实践经验和理论支撑。因此机制适用的判断标准并不明确,存在主客观因素杂糅的问题。如对于"履行可能性高"的因素认定来说,法官的主观性较强,根据当事人关系、债务人清偿能力、履行期限长短等,应采择哪几项因素或应重视哪几项因素未能言明,而如何把握是否适宜采用该机制成为决定当事人能否真正主动履行义务的重要前提。若债务人本身的财产不足以履行债务却成功申请了延期确认,不仅会为债务人骗取拖延履行时间推波助澜,还会损害债权人的合法权益,债权无法及时实现。另外在现行实践下,机制的限制条件较复杂,法官畏于拓宽受案范围,仅允准在绝对标准上的简单、小额、短期的案件适用该机制,导致仅有极少数的案件真正通过延期确认得到优效解决,局限了机制的适用场域。换言之,这也是衡量标准不明晰的结果,法官难以合理识别适用案件。

2.认同基础薄弱

从延期确认机制本身的设计来说,基于司法人员对该机制的有关认识理念、推广力度和实施意愿等各因素之间存在价值差异,再加上司法资源的紧张,办案法官对人民群众的引导工作缺少针对性和灵活性,致使人们难以形成稳固的认同基础。同时,由于多数双方当事人在决定通过法院解决矛盾前,已进行一定的交涉,但没有达到预期的效果,申请人自然无法信任其在延期后还能按时履行义务,才会选择通过相对更具有强制力和保障力的司法方式,以期在最短的时间内实现自身权益的保障。机制的介入在一定程度上再次拖延了被申请人履行义务的期限,申请人达不到预期的履行效果,甚至还需要承担额外风险,导致双方当事人之间缺乏信赖基础,因此适用延期确认机制的意愿并不强烈。

除此之外,该机制缺乏配套程序以及激励性措施予以保障,调解协议义务的履行仍然主要依靠当事人的主动和自觉,而法院的介入也仅能起到定期问询督促的作用,债权人在债务人仍未履行后还要耗费同样的时间重新进行司法确认,导致机制运行仍受限于客观障碍,当事人适用的积极性并不高。

3.司法负担回转

从延期确认机制的适用效果来看,人民法院负担反而回转是机制陷入瓶颈难以突破的最大痛点。若义务人按期履行义务,则视为双方已自动撤回司法确认申请,但在这一段"宽限期"内,为了确认当事人是否进行按期履行调解协议义务,人民法院需要长期与双方当事人保持联系,跟进义务人的还款情况,才能确定案件是否有进行司法确认的必要,个别案件甚至会持续十数月,这在很大程度上反而增加了办案法官的工作量,案件数量压力转移为期限压力,并未从本质上解决司法资源的紧缺。同时,这也产生了司法超出"不告不理"这一"被动"界限的潜在风险。

诚然,现代化的社会治理体系需要法院主动承担一定的政治责任,但法官对当事人案件的过多介入不仅有损法官的中立角色,还牺牲了司法的基本价值取向,并且仍未改变法院在多元解纷体系当中的中心化地位。办案法官需要花费额外的精力处理某一非诉讼的案件,使得诉调衔接出现异化,法院成为承担非诉讼纠纷解决机制任务的主体;此外,非诉讼案件在法院堆积,无法有效化解纠纷,甚至会冲击法院正常的司法裁判秩序,对司法资源造成了额外的占用。

诉源治理虽为法院提出,但高昂的救济成本和有限的司法资源,决定了法院不可能成为诉源治理的主导和中心,[①]在很大程度上仍然需要依赖社会多元化的纠纷治理力量。实证研究也表明应当重新界定法院的治理地位,着重调配诉讼与非诉讼资源比重。但延期确认机制目前难以实现对法院中心地位的重新矫正,非诉讼案件仍无端占据一部分司法资源,最终导致司法压力的舒缓作用并不显著。

---

① 周苏湘:《法院诉源治理的异化风险与预防——基于功能主义的研究视域》,载《华中科技大学学报(社会科学版)》2020 第 1 期。

(三)潜在需求

最高人民法院院长张军曾指出:"诉调对接还要再向前进,促进诉源治理。纠纷一旦进入法院大门,就说明矛盾已经激化。"[①]延期确认机制的最终目的,是使更多经调解即可解决的纠纷在调解阶段即告终结,突出人民调解在社会治理当中的价值和作用,拦截案件进入法院大门。虽然从长远来看,该机制不具有长久的生命力,但在司法确认适用异化的背景之下,该机制仍有广泛推行的价值,以促使司法公权力的强制干涉让位于私权自治的自愿和协调。在当下整个纠纷解决网络体系中,该机制作为人民调解制度的辅助性机制,仍然具有较大的适用潜力。

在非诉讼纠纷解决机制大力推行的司法规律和潮流之下,司法确认理应进入"黄昏期",需要通过非诉讼手段逐渐弱化司法确认的适用。2020年全国调解成功的案件中,有31.83%申请了司法确认。[②] C县法院2021年全院案件中,仅是申请司法确认的案件就约有1200件,数量庞大。C县调委会数据亦表明,该委员会2021年调解案件总量中,适用司法确认的案件数量占比约70%,究其原因,则在于调委会的调解员主动引导当事人适用司法确认。实证研究表明,如此大量的调解案件经过司法确认重新进入了司法程序,既挤占了确需司法审判的案件的资源,也容易损害社会治理的效率,阻碍诉调衔接的发展。

此外,人民调解现已完全有条件、有基础、有能力承担社会解纷的大部分任务,解决当事人的矛盾纠纷问题。2020年全国各类调解平台累计汇聚调解案件1360万件,调解成功率65%,大量矛盾纠纷通过诉前调解的方式化解。[③] C县调委会的数据表明,该委员会2021年实际进行调解的案件数量为1350件(含诉调移转案件),包括民间借贷纠纷、交通事故纠纷、买卖合同纠纷等,其中调解成功的案件数量为1203件,约占总数的89.11%。可见,绝大多数的当事人愿意并且能够在调解的阶段解决双方之间的矛盾纠纷,达到良好的调解效果。且经诉调衔接进入调委会的案件,约有79.89%是从C县法院引调而来,经过人民调解程序能够为法院解决诸多简案易案,节省大量的司法资源。故言之,司法确认制度的适用必要性已不显著,可以借以延期确认机制的"诉前拦截"减少司法确认

[①] 白龙飞:《抓好"关键少数"做实教育整顿 以队伍建设的铜墙铁壁厚植党的执政根基》,载《人民法院报》2023年6月1日第1版。

[②] 《中国法律年鉴》社编辑部:《中国法律年鉴(2021)》,中国法律年鉴社2021年版,第188页。

[③] 《中国法律年鉴》社编辑部:《中国法律年鉴(2021)》,中国法律年鉴社2021年版,第188页。

的实施,以此在最大限度上助力人民调解重新焕发作为独立的非诉讼解纷手段的价值。

延期确认机制在适用的过程中取得了一定的成功经验,使得人民调解制度有蓬勃发展的实践土壤,实现治理资源的重新导流,符合其创设之时的初衷。从本质上说,人民调解协议本就是建立在当事人自愿达成合意的基础上,当人民调解不再依靠于强制执行力的支撑而有效运作时,其"自治处分、自愿协商"的本质属性将再次凸显出优势。调解的自愿性当然也包括履行协议义务的自愿。该机制对当事人履约的鼓励,也会提高当事人所达成协议的真诚履约质效。延期确认机制是公权力对私权协议的让步,确保了更多的社会解纷力量向引导端和疏导端合理施力,从而完善非诉讼纠纷解决机制的运行。最重要的是,该机制在社会整体上实现了良好的社会效益。对于当事人,尤其是对债务人来说,他们在规避征信负面影响的情况下从中直接获益,这直接提高了债务人履约的积极性,营造了"案结事了人和"的社会和谐氛围。

四、延期确认机制的改革转型

延期确认机制是人民法院在诉源治理的改革背景下积极探索多元解纷机制、优化诉调衔接的最新成果,为纠纷当事人提供了权益保障的新路径,使矛盾纠纷调解与司法确认强制之间的平衡问题得以解决。针对该机制实施过程中所暴露的问题,有必要进一步从机制的内部和外部两方面思考转型举措,以达到机制设立的目的,促进非诉讼纠纷解决机制的体系化完善,因此本文提出以下改善思路:

(一)延期确认机制的内部重塑

1.坚持群众路线巩固信赖基础

无论是作为红色法治文化代表的"马锡五审判方式",还是被誉为基层治理典范的新时代"枫桥经验",其核心都在于坚持群众路线。① 延期确认机制作为创新成果,应当从群众的实践经验出发,巩固该机制的理论基础。一方面,通过总结基层优秀调解员、员额法官的丰富办案经验,厘清适用于当地情况的案件难易标准、繁简标准,提供上层规范的指引,清除模糊的主观判断给机制的适用效果带来的障碍。另一方面,要尽可能通过确立标准鼓励群众积极适用机制,不论对何种条件的判断来说,都可以在具体规则上采用绝对主义标准和相对主义标

---

① 王斌通:《新时代"枫桥经验"与矛盾纠纷源头治理的法治化》,载《行政管理改革》2021 年 12 期。

准相结合,即在判断机制的适用案件时,首先采用绝对主义标准考察案件本身是否属于简案易案、当事人是否具有完全的偿债能力等;再考虑相对主义标准确定债务当事人能否在合理期限内履行义务,即使自身无法即刻清偿债务,也应允许其适用该机制保全互相的诚信与和睦关系,以此巩固对案件的信赖基础,突破案件适用的局限。

在延期确认机制的推广过程中,调委会和法院作为当地重要的司法信息宣传口,应当合理、充分利用报纸等传统媒体资源,以及微信公众号、门户网站等新型媒体,广泛宣传该机制的具体优势及成功案例,以此筑牢群众的认同基础,使群众对机制产生信用,从而有效地在调解之后、诉讼之前再增加一道"关卡"。

2.建立多维正向激励机制

机制是否具有权威取决于机制运转所依赖的外在环境系统是否支持机制的运转。[1] 在调研过程中,C 县调委会 73%的调解员强调有必要为及时履行义务的当事人提供诚信履行激励措施,来鼓励债务人主动履行,提高其履行的积极性。调委会或法院应当给予诚信履行的主体正向激励、柔性引导,改变以往通过信用惩戒手段"一刀切"的局面,譬如为负担过重的当事人适当减免滞纳金、违约金;法院探索建立诚信履行名单库,将当事人自动履行与提升信用评价挂钩;法院根据当事人的履行情况出具《主动履行证明书》;银行为诚信履行的当事人提供银行贷款减息等激励手段。通过正向的激励机制来促进债务人履行义务,可以打破僵局,最大限度地维护当事人的权益,减少当事人征信因此受到的影响,实现当事人从"要我履行"到"我要履行"的思维转变。

3.保障债权人二次救济

延期确认机制为双方当事人留下了缓冲的空间,但这并不能成为债务人推卸责任、逃避义务的"避风港"。若债务人在"宽限期"届满后仍未按照约定履行调解协议义务,债权人可以提出异议并进行申诉,债务人应当在收到申诉后主动释明理由或继续履行。若争议无法解决,可由办案人员在平台上进行审核,并督促债务人履行约定。若在还款约定期限后一周内未能化解纠纷的,系统则自动进行司法确认,启动司法程序;债权人也可以在债务人逾期后立即向法院申请出具司法确认裁定书,并为其开辟"绿色通道",缩短申请执行的审查期限。与此同时,应当对此类二次违反诚信的当事人予以惩戒,延长限制其贷款、出行、高消费等行为的期限。避免债务人倚仗公权力而二次损害债权人的私权益。这不仅为债权人提供便利,缩短了因延期后而增加的等待迟延时间,同时也增强债务人的风险意识,提高其履行意愿,以免被申请强制执行而影响自身信用权益。

---

① 钱大军:《组织与权威:人民调解的兴衰、重振和未来发展逻辑》,载《法制与社会发展》2022 年第 2 期。

延期确认机制的设立并非为了惩罚当事人,而是为了解决矛盾,促进债务人主动履行其义务,因此多管齐下,运用多种方式帮助当事人履行义务,实现权利救济,能够更加凸显出"司法为民"的社会治理理念。

(二)基于治理体系现代化的外部展望

未来,若要真正实现将"非诉讼纠纷解决机制挺在前面",并使其"挺得住"的目标,需要引导人们在选择解纷手段时摆脱司法中心主义的束缚。这一过程不仅要求充分考虑诉讼与非诉讼机制之间的衔接,确保诉讼为非诉讼提供有力保障;同时也要确保非诉讼纠纷解决机制必要的独立性,避免其完全依附于诉讼机制。因此,延期确认机制若要从本质上化解人民法院负担沉重的难题,重新确定法院在社会治理体系中的非中心地位,并且最大化发挥非诉讼手段在诉源治理当中的重要作用,则需要更好地融入现代化社会治理网络体系当中,着眼于"源头治理""数智赋能""下沉基层"等三方面。

1.扩大调解职能,实现源头治理

第一,确定调解对延期确认机制适用的主导作用。就延期确认机制本身而言,其与调解的关系密不可分,将落实机制的适用任务前移至调解阶段,由人民调解组织承担,确定调解的目标不仅在于化解纠纷,还在于督促履行,更有利于实现调解的效能。基层法院受理的绝大多数案件属于适用调解的案件,而调委会作为解决矛盾纠纷的第一道关卡,往往能在第一时间引导当事人解决矛盾纠纷。因此调委会应承担起形式和实体审查的责任,准确把握适用于延期确认的案件的类型,鼓励当事人选择适用延期确认机制以督促义务履行,从而巩固、夯实前期调解的成果,发挥人民调解的解纷作用。经过调委会及调解员的宣传,当事人可以逐渐增加对延期确认机制的信任,在更多案件中发挥其作用,实现纠纷的诉源治理。赋予人民调解更多解纷责任,也是实现法院在解纷治理过程中去中心化的有效路径,能更有效地调动社会各方力量治理纠纷。此外,为了提高调解员督促履行的积极性,应当完善调解案件补贴奖励机制,鼓励调解员引导当事人适用延期确认机制。若调解员在案件调解后积极主动回访、督促当事人完成调解协议义务履行,则给予一定的补贴奖励,以此保证案件通过延期确认机制能够化解在诉讼程序的前端,将其更广泛地运用到解纷过程之中。

第二,拓宽延期确认机制的案件类型。目前,延期确认机制仅适用于民间借贷、金融借贷、买卖合同纠纷等案情相对简单、义务较为明确的金钱给付案件,适用范围较小,有必要拓宽机制的适用案件类型,尤其是伦理道德、情感关系复杂丰富的案件,如亲友纠纷、邻里纠纷、伴侣纠纷,等等,以便突出调解的独特优势。调委会应允许案情复杂、标的额较大的案件当事人主动选择适用该机制,也可以在评估之后通过延期司法确认解决此类案件,从而拓宽人民调解组织的职能。

在调解力量坚实、稳固、成熟的地区推行此机制,能够以非诉讼力量更好地构建当事人之间的信赖基础,达到协调当事人关系、最终解决纠纷的目的,使得大量民事案件止于未讼。

2.数智化赋能提高债务人履约的主动性

数字司法建设是新时代实现数字社会治理的内在要求。[①] 当下,人们对公平正义的理解更趋多元和丰满,更加注重参与司法的便捷性、简便性,获得司法的普惠性等司法服务所带来的附加利益。[②] 近年来,司法数智化蓬勃发展,社会解纷服务的数字化运行成为必然趋势,推进全域数字司法建设成为浙江省的改革热潮,这也是"枫桥经验"在互联网时代的新继承和新发展。基于"浙江解纷码""人民法院在线服务""在线矛盾纠纷多元化解平台"等互联网平台的广泛推行,延期确认机制有条件借助诸类平台实现机制的智能化运行,推动诉源治理平台应用迭代升级。譬如,在小程序上实现申请机制运行、履行义务确认及履行义务二次违反的及时救济等。债务人可以在履行义务后,定期将有关还款凭证或记录上传至平台以示按约履行,债权人则及时确认还款信息以保证自身权利实现,待双方当事人确认后,平台再次提交给调解员进行形式审查确认,从而使当事人双方自主、自觉、自愿推动机制的运行,以此提高债务人履约的积极性与便利性。借助数智化的运行,有利于打破时间和空间上的限制,形成调解与司法资源的整合和互相辅助,实现机制流程的系统化再造,从而减轻人民调解组织和人民法院的负担,避免司法资源的过多介入。

3.下沉基层末梢与共享法庭并轨

基层既是社会矛盾冲突的源头,也是利益疏导调和的窗口。浙江省全面铺开建设的"共享法庭"是依托镇街村社、行业组织现有硬件设施,集成了浙江解纷码、人民法院在线服务等软件模块,聚焦基层矛盾纠纷高发单位和群体,将镇街、村社作为基本布局点,通过在镇街、村社设立"共享法庭",将调解指导、诉讼咨询、网上立案、在线庭审、普法宣传等司法服务功能延伸到基层一线的服务集合体。[③] 共享法庭将解纷力量下沉至基层末梢,让群众在家门口就能享受到全方位司法服务,达到就地预防、调处优先的效果。在城镇化推进过程中,乡村仍然是法治建设的薄弱环节,乡村社会不仅矛盾多发、高发,法治力量也不足,村民法

---

① 卞建林:《立足数字正义要求,深化数字司法建设》,载《北京航空航天大学学报(社会科学版)》2021 年第 2 期。

② 李占国:《"全域数字法院"的构建与实现》,载《中外法学》2022 年第 1 期。

③ 余建华:《浙江全面加强"共享法庭"建设》,载《人民法院报》2021 年 10 月 8 日第 1 版。

治意识淡薄。① 而人民调解具有扎根基层的特点,将延期确认机制运用于共享法庭中,下沉至街道、村社,能够更加全面地覆盖到来自最基层的案件,满足最广大人民群众的多元解纷需求,突出诉源治理的"溯源"要求,将社会治理的重心下移。此外,在共享法庭解决的通常是简单的邻里纠纷、侵权、亲友借贷等案件,这为延期确认机制的推行提供了案件实践土壤,也为亲友、邻里矛盾的化解提供了良好的平台,通过多元化的柔性方式及时化解,可以避免"一场官司几代仇"现象的发生,有利于维持基层社会的友好和睦的关系,将矛盾遏止于源头。

结　论

随着社会发展进入新时代,矛盾纠纷化解的任务更加沉重,切实解决履行难的问题尤为艰巨,亟须以诉源治理为指导、非诉讼纠纷解决机制为主力,将矛盾化解于诉讼前端,以此减轻人民法院解纷的沉重负担。中国社会正处于持续的转型和变迁之中,矛盾纠纷的类型和特点亦呈现出新时代的特征,需要根据时代的发展、进步及时完善和调整。我们要始终坚持发展新时代"枫桥经验",贯彻党的群众路线,构建矛盾风险防控的新模式,激发社会治理的革新动力,最终实现社会"善治"。延期确认机制为非诉讼纠纷解决机制的发展作出试探性的尝试,提示着社会治理力量需要更加着眼于非诉讼阶段,启发人们纠纷化解不仅仅是法律层面的权利义务的明晰与划分,更是社会层面的和谐、敦睦、友善的处理与化解。进一步探索完善诉源治理和发展多元解纷体系,是社会治理模式探求的内在要求,也是建设法治、和谐、美丽中国的内在要求。

---

① 龙飞:《多元化纠纷解决机制促进法研究》,中国人民大学出版社 2020 年版,第34 页。

内地与澳门跨境民商事纠纷在线非诉解决机制探讨*

■张 科**

摘要:随着内地与澳门跨境交易的数量、类型增多,内地与澳门跨境民商事纠纷日益呈现出多样化、复杂化、国际化的特点。内地与澳门跨境民商事纠纷在线非诉解决机制的灵活、高效和低成本等优势获得了越来越多国家机构、社会组织和当事人的认可。从内地与澳门跨境民商事纠纷在线非诉解决机制的类型、特点及存在问题出发,探究契合时代发展需要的内地与澳门跨境民商事纠纷在线非诉解决机制。

关键词:民商事纠纷;在线;非诉解决机制

澳门特别行政区成立后,内地与澳门的民商事交往的范围和深度不断拓展。特别是随着中共中央、国务院印发《粤港澳大湾区发展规划纲要》(以下简称《大湾区纲要》)以及《横琴粤澳深度合作区建设总体方案》的全面深入实施,澳门全面融入国家发展大局,参与国际市场竞争的步伐不断加快。内地与澳门跨境民商事纠纷的多样化、复杂化和国际化的特征也日益显著。在粤港澳大湾区向国际一流湾区和世界级城市群建设迈进的大背景下,对内地与澳门跨境民商事纠纷在线非诉多元解决的探究,致力于为新时期涉外民商事纠纷的处理提供新思路。

一、内地与澳门跨境民商事纠纷在线非诉解决机制概述

(一)诉讼实践概述

自从澳门特别行政区成立后,诉讼作为内地与澳门跨境民商事纠纷最为常

---

* 本文系全国人大常委会香港澳门基本法委员会基本法研究项目"内地与澳门跨境商事纠纷在线司法机制研究"(JBF 202327)阶段性成果。

** 作者系广东海洋大学法政学院副教授。

见的解决方式发挥着重要的作用。随着近年来智慧法院建设和在线化规则体系的日臻完善,内地与澳门民商事纠纷在线诉讼方式经历了从无到有,从试点到铺开、从局部环节要素到点面联动的发展历程。

根据《中华人民共和国澳门特别行政区基本法》(以下简称《澳门基本法》)的相关规定,澳门特别行政区法院对内地与澳门跨境民商事案件具有对审判权力并且作出的生效判决具有既判力。① 根据《中华人民共和国民事诉讼法》及相关司法解释中对于涉外民事诉讼的相关规定,内地人民法院审理内地与澳门跨境民商事案件所作出的判决也具有既判力。根据《澳门基本法》第 93 条规定,最高人民法院与澳门特别行政区就民商事诉讼案件的司法文书、调取证据、认可和执行民商事判决确立提供协助的特别安排。② 《内地与澳门特别行政区关于相互认可和执行民商事判决的安排》自 2006 年 4 月 1 日起生效。该安排体现了司法为民的理念,通过维护两地司法判决的效力从而更好地为两地的发展提供有效的司法保障。③ 《关于内地与澳门特别行政区法院就民商事案件相互委托送达司法文书和调取证据的安排》(以下简称旧《文书和证据安排》)于 2001 年 9 月 15 日起施行。旧《文书和证据安排》中关于司法文书的送达要求、委托程序以及协助安排证人、鉴定人到对方辖区出庭作证都未体现出在线行为的规制和指引。④ 根据法释〔2020〕1 号的规定,最高人民法院审判委员会第 1790 次会议通过了《最高人民法院关于修改〈关于内地与澳门特别行政区法院就民商事案件相互委托送达司法文书和调取证据的安排〉的决定》(以下简称新《文书和证据安排》)。新《文书和证据安排》对内地与澳门跨境民商事案件的在线诉讼行为作出若干突破性的规定。首先,总体上明确增加了两个法域法院公用的司法协助网络平台

---

① 《澳门基本法》第 2 条规定,中华人民共和国全国人民代表大会授权澳门特别行政区依照本法的规定实行高度自治,享有行政管理权、立法权、独立的司法权和终审权。第 82 条规定,澳门特别行政区法院行使审判权。

② 《澳门基本法》第 93 条规定,澳门特别行政区可与全国其他地区的司法机关通过协商依法进行司法方面的联系和相互提供协助。

③ 参见法释〔2006〕2 号《最高人民法院关于内地与澳门特别行政区相互认可和执行民商事判决的安排》。

④ 旧《文书和证据安排》第 3 条第 1 款规定,各高级人民法院和澳门特别行政区终审法院相互收到对方法院的委托书后,应当立即将委托书及所附司法文书和相关档转送根据其本辖区法律规定有权完成该受托事项的法院。第 20 条规定,如果未能按委托方的请求全部或部分完成调取证据事项,受托方法院应当向委托方法院书面说明妨碍调取证据的原因,并及时退回委托书及所附全部档。第 21 条第 1 款规定,受委托方法院可以根据委托方法院的请求,并经证人、鉴定人同意,协助安排其辖区的证人、鉴定人到对方辖区出庭作证。

载体,并且确立电子方式优先适用,邮寄方式补充适用的模式。① 2020年,内地与澳门司法协助网络系统作为首个跨境平台上线运行,实现了送达取证协助的全流程在线转递、在线审查、在线办理和在线追踪。新《文书和证据安排》增加了作证行为可以通过在线方式实施。② 2022年1月,最高人民法院发布了《最高人民法院关于支持和保障横琴粤澳深度合作区建设的意见》。该《意见》在"强化横琴法院职能作用"方面强调要提升智慧法院诉讼服务水平。支持横琴法院加强智慧法院建设,以"一网通办""一次办好"为目标,完善国际化、标准化、智能化诉讼服务平台建设,着力构建全流程在线诉讼新机制和诉讼服务新模式,加强与港澳诉讼服务对接,为境内外当事人提供便捷、高效、低成本的纠纷解决服务。③横琴法院建立跨境立案机制,制定网上立案指引,推行在线授权委托见证服务,开通网上阅卷服务,对跨境民商事案件100%率先启动诉前调解,推行"在线调解+在线司法确认",创新推出跨境纠纷联合调解机制,精准对接当事人解纷需求。④ 2022年12月,广东省高级人民法院公布了《关于粤港澳大湾区内地人民法院审理涉港澳商事纠纷司法规则衔接的指引(一)》。该《指引》对粤港澳大湾区内地人民法院就跨境商事纠纷案件的管辖、诉讼主体、司法文书送达、证据审查及域外法律适用等诉讼规则衔接问题发出指导性意见。⑤ 2023年1月,广东省高级人民法院颁布了《关于服务和保障广州南沙深化面向世界的粤港澳全面合作的意见》。该《意见》对包括内地与澳门跨境民商事纠纷在内的案件的在线

---

① 新《文书和证据安排》第3条第1款规定,双方相互委托送达司法文书和调取证据,通过内地与澳门司法协助网络平台以电子方式转递;不能通过司法协助网络平台电子方式转递的,采用邮寄方式。该规定较旧《文书和证据安排》属于新增加的规定。

② 新《文书和证据安排》第23条规定,受委托方法院可以根据委托方法院的请求,并经证人、鉴定人同意,协助安排其辖区的证人、鉴定人通过视频、音频作证。该规定较旧《文书和证据安排》属于新增加的规定。

③ 参见法发〔2022〕4号《最高人民法院关于支持和保障横琴粤澳深度合作区建设的意见》。

④ 《横琴法院专题报告入选2022年〈法治蓝皮书·珠海法治发展报告〉》,https://www.thepaper.cn/newsDetail_forward_18628885,下载日期:2022年10月26日。

⑤ 《关于粤港澳大湾区内地人民法院审理涉港澳商事纠纷司法规则衔接的指引(一)》第4条规定,内地法院审查香港特别行政区、澳门特别行政区的企业或者其他组织的信息资料,可以登录香港或者澳门官方网站查询确认。第5条规定,香港特别行政区、澳门特别行政区当事人委托诉讼代理人的,可以通过在线视频等方式办理授权委托见证手续。

化处理规定了多项措施。①

(二)仲裁

1.《最高人民法院关于内地与澳门特别行政区相互认可和执行仲裁裁决的安排》(2008年)

2007年9月17日,最高人民法院审判委员第1437次会议通过了《关于内地与澳门特别行政区相互认可和执行仲裁裁决的安排》(以下简称《仲裁裁决安排》),并于2008年1月1日起实施。《仲裁裁决安排》是继内地与澳门特区2001年签署《关于内地与澳门特别行政区法院就民商事案件相互委托送达司法文书和调取证据的安排》、2006年签署《内地与澳门特别行政区关于相互认可和执行民商事判决的安排》之后,在司法协助领域内的又一重大成果。② 根据《仲裁裁决安排》的规定,澳门特别行政区仲裁机构及仲裁员按照澳门特别行政区仲裁法规在澳门作出的民商事仲裁裁决、内地仲裁机构依据《中华人民共和国仲裁法》在内地作出的民商事仲裁裁决,不存在《仲裁裁决安排》第7条规定情形的,都可以分别在内地和澳门特区得到认可和执行。对于被执行人在内地和澳门特区均有财产可供执行的,当事人可以分别向内地、澳门特区法院提出认可和执行的申请,内地、澳门特区法院都应当依法进行审查。对申请予以认可的,法院就可以采取执行措施,查封、扣押或者冻结被执行人财产。仲裁地法院应当先执行清偿。内地、澳门特区法院执行财产的总额,不得超过依据裁决和法律规定所确定的数额。对于一方当事人向一地法院申请执行仲裁裁决,另一方当事人向另一地法院申请撤销该仲裁裁决,被执行人申请中止执行且提供充分担保的,执行法院应当中止执行。《仲裁裁决安排》是继两地签署关于民商事案件相互委托送达司法文书和调取证据的安排、关于相互认可和执行民商事判决的安排后,在司法协助领域内的又一重大成果,标志着两地司法协助关系更趋密切,相互协助的范围更加广泛。③ 由于当时对于法院合作的数据平台没有共建的具体细节安排,因此《仲裁裁决安排》中对于所涉的认可和执行仲裁裁决的工作主要还是依

---

① 《关于服务和保障广州南沙深化面向世界的粤港澳全面合作的意见》第9条规定,完善涉港澳民商事案件网上授权委托见证机制。第12条规定,完善国际化、标准化、智慧化诉讼服务平台建设,全面提升粤港澳大湾区法院跨区域司法协助水平,依托南沙自贸区法院升级港澳国际司法协助平台,推行跨境网络诉讼服务全方位在线办理。

② 《仲裁裁决安排》共16条,内容包括:适用范围;受理申请的法院的级别规定;申请认可和执行的申请书的内容及提交的具体要求;司法文书的语言要求;认可和执行仲裁裁决的条件;申请执行的期限;财产保全措施规定;《仲裁裁决安排》的溯及力;等等。

③ 《内地与澳门相互认可和执行仲裁裁决安排在京签署》,http://www.gov.cn/jrzg/2007-10/30/content_790247.htm,下载日期:2022年10月11日。

托传统的纸质司法文书为载体开展。

2.《最高人民法院关于内地与澳门特别行政区就仲裁程序相互协助保全的安排》(2022 年)

2022 年,最高人民法院和澳门特别行政区签署了《最高人民法院关于内地与澳门特别行政区就仲裁程序相互协助保全的安排》(以下简称《仲裁保全安排》)。这是在之前签订的《仲裁裁决的安排》基础上,在司法协助领域的又一项重要制度安排,实现了内地与澳门仲裁领域相互协助的全过程覆盖。2019 年,澳门通过了新的仲裁法,参照联合国仲裁示范法和比较法上的先进经验和实践,与国际上仲裁制度的最新发展高度接轨。此次《仲裁保全安排》通过司法机关及时对仲裁程序当事人提供必要的保全措施,保障仲裁裁决得到及时有效履行,可以切实增强仲裁解决纠纷的实效性和针对性。《仲裁保全安排》将澳门依法设立的仲裁机构全部纳入,在任何一个澳门仲裁机构已经或将要提起仲裁程序的当事人,都可以根据安排请求内地法院协助保全。这体现了中央对澳门仲裁业以及澳门法律服务业的大力支持,对促进仲裁在澳门的广泛推广和应用,将产生积极推动作用。

3.珠澳跨境仲裁合作实践

2022 年 10 月 28 日,珠海国际仲裁院与澳门律师公会仲裁中心、澳门世贸中心仲裁中心、澳门仲裁协会联合开通并启用了珠澳跨境仲裁合作平台在线办案系统,签署了共建珠澳跨境仲裁合作平台的协议。根据协议,将整合两地仲裁资源,发挥两地制度优势,探索两地仲裁机构深化共商共建共管共享跨境仲裁合作的新模式,构建粤港澳大湾区纠纷解决合作新机制,打造横琴粤澳深度合作区跨境争议解决新高地。该平台专门使用了国家行政许可的电子证书签章服务,已实现立案、缴费、组庭、开庭、裁决等仲裁程环节全流程在线办理。这不但让各合作机构可依各自仲裁规则和需求个性化定制系统环境,并基于跨域多维云平台保障了数据存取安全。① 在仲裁领域,广东省司法厅指导"粤港澳仲裁调解联盟""粤港澳大湾区仲裁联盟""粤港澳大湾区国际仲裁中心""珠澳跨境仲裁合作平台"等进一步发挥作用,推动粤港澳三地仲裁规则衔接,支持仲裁机构持续完善与国际接轨的仲裁规则。② 珠海国际仲裁院与珠海市中级人民法院签署合作

① 澳门特别行政区第 5/2022 号法律《以电子方式送交诉讼文书及支付诉讼费用》,https://www.court.gov.mo/tools/attachment/1661908495teava.pdf,下载日期:2022 年 10 月 21 日。

② 章宁旦:《广东推进大湾区法律服务融合发展》,http://www.moj.gov.cn/pub/sfbgw/fzgz/fzgzggflfwx/fzgzggflfw/202210/t20221011_465064.html,下载日期:2022 年 10 月 28 日。

框架协议,同时双方共同发布《关于共建诉讼与商事仲裁工作协调机制的若干意见》,以司法审判最大限度支持商事仲裁为出发点,规定了若干具体措施,对一些困扰仲裁实践的难点问题,提出了解决方案。《粤港澳大湾区与西部地区仲裁机构多边合作备忘录》以凝聚各项行业共识,包括共同推广互联网仲裁,包括但不限于网上立案、证据存管、远程庭审等。参照中国仲裁法学研究会制定的《互联网仲裁推荐标准》,各方在互联网仲裁方面可进行技术共享并互相提供技术协助。基于新型、典型、热点和疑难案件的分类梳理和总结分享成功处理的经验,①2023 年 1 月,珠海五名律师首次入选澳门世界贸易中心仲裁中心仲裁员。这顺应了粤港澳大湾区发展的潮流,践行共商合作、共建平台、共享成果的理念,发挥律师优势,解决争议纠纷,深化了在线仲裁全面实施人员优化的新实践。

(三)调解

1.自贸区跨境商事纠纷的调解

2020 年,广东高院与广东省司法厅联合发布《广东自贸区跨境商事纠纷调解规则》,并于当年 12 月举行了首批 30 名港澳籍调解员聘任仪式。横琴法院跨境多元解纷体系的构建,一定程度上也为司法规则衔接提供了更广阔的空间。"内地+港澳"跨境纠纷联合调解机制,其目的在于更好地发挥港澳籍调解员熟悉当地法律规定、社会观念的优势,提高解纷质效。《人民法院在线调解规则》(以下简称《调解规则》)于 2021 年 12 月 27 日由最高人民法院审判委员会第 1859 次会议通过,自 2022 年 1 月 1 日起施行。在《调解规则》中明确规定了对于跨境民商事纠纷的在线调解员的选任规定。②《调解规则》对内地与澳门民商事纠纷的在线调解规定了较为规范的人员选任规范。

2.调解基础性工程的实施

调解化解商事争端具有灵活性强、成本低、效率高等优势。《大湾区纲要》提出,"完善国际商事纠纷解决机制,建设国际仲裁中心,支持粤港澳仲裁及调解机构交流合作,为粤港澳经济贸易提供仲裁及调解服务"。广东省司法厅联合香港特区政府律政司、澳门特区政府行政法务司建立粤港澳大湾区法律部门联席会议制度,积极推动粤港澳三地法律服务规则"软联通"。联席会议于 2020 年通过

---

① 《湾区与西部促多边仲裁合作》,https://www.ccpit.org/mo/a/20220403/20220403nd6p.html,下载日期:2022 年 10 月 25 日。

② 《调解规则》第 6 条第 2 款规定,符合条件的港澳地区居民可以入驻人民法院调解平台,参与调解当事人一方或者双方为香港特别行政区、澳门特别行政区居民、法人或者非法人组织以及大陆港资澳资企业的民商事纠纷。第 28 条规定,人民法院可以建立婚姻家庭、劳动争议、道路交通、金融消费、证券期货、知识产权、海事海商、国际商事和涉港澳台侨纠纷等专业行业特邀调解名册,按照不同专业邀请具备相关专业能力的组织和人员加入。

《粤港澳大湾区调解平台建设工作方案》;2021年8月26日,粤港澳大湾区调解工作委员会揭牌成立。近年来,广东省司法厅开发粤港澳大湾区调解平台小程序,将"预约调解、远程调解、联合调解、邀请调解"与"赋强公证、仲裁裁决、司法确认"等功能汇合,打造当事人、调解员、调解组织、公证机构、仲裁机构、法院在内的多方对接的"一站式"调解服务平台,指导珠三角九市司法局引导、支持、规范辖区内调解组织和调解员参与粤港澳大湾区调解工作。为贯彻落实《大湾区纲要》,推进粤港澳三地调解规则衔接、机制对接,促进大湾区调解员专业化发展。广东省司法厅、香港特区政府律政司、澳门特区政府行政法务司联合制定了《粤港澳大湾区调解员资格资历评审标准》《粤港澳大湾区调解员专业操守最佳准则》。两项标准已于2021年12月10日由粤港澳大湾区法律部门第三次联席会议审议通过,并开发粤港澳大湾区调解平台小程序。截至2020年年底,广东省成立粤港澳大湾区调解联盟合作平台1个,建成深圳市前海国际商事调解中心、广东自贸区南沙片区贸促商事调解中心、横琴新区国仲民商事调解中心、港珠澳商事争议联合调解中心等13家商事调解组织。①

3.调解的示范性实践推进

为推进粤港澳三地调解规则衔接、机制对接,促进粤港澳大湾区调解高质量发展,广东省司法厅、香港特区政府律政司、澳门特区政府行政法务司联合制定了《粤港澳大湾区跨境争议调解示范规则》(简称《示范规则》)。该《示范规则》于2022年12月30日开始施行。《示范规则》充分借鉴《新加坡调解公约》、联合国贸法会调解规则、香港调解条例,以及粤港澳三地知名调解机构调解规则,既兼顾粤港澳三地调解实际情况,又紧跟国际调解主流。《示范规则》与2021年发布的大湾区调解员"两项标准"构成制度体系,明确了大湾区机构调解和非机构调解两种模式,对跨境争议范畴、调解程序、调解员选定或指定、调解员义务、调解收费、调解期限等进行统一规范。同时,《示范规则》建议当事人在和解(调解)协议中选定适用法律,避免纠纷进入司法程序后产生的法律适用问题,并允许经认可的调解机构和大湾区调解员开展调解收费,充分体现了可行性、协同性和创新性等特点。②

4.专门领域的调解

2019年,澳门、珠海(横琴)、中山、江门消费者组织签署"跨域视频调解机制"合作协议,并上线"跨域视频调解平台"。珠江西岸城市群可实现多方在线视频连接,当地消费者均可通过该机制以在线视频"零跑动"解决消费纠纷,各地消

---

① 《广东积极构建粤港澳大湾区调解工作机制　一站式调解助三地快速化解纠纷》,https://www.thepaper.cn/newsDetail_forward_10774942,下载日期:2023年1月22日。

② 《粤港澳大湾区调解示范规则发布,将推进三地调解规则衔接》,https://new.qq.com/rain/a/20230105A08U9R00,下载日期:2023年3月6日。

费者组织也可实现重要消费信息的预警和实时共享。① 随着琴澳合作的持续深入，特别是"跨境理财通"业务落地在即，跨境金融纠纷将难以避免，而传统的跨境金融纠纷解决方式存在着程序烦琐、耗时长、成本高等问题。2021 年 6 月 10 日，在中国人民银行广州分行和广东省金融消费权益保护联合会指导下，"3＋4"《战略合作框架协议》签订暨横琴（珠澳）金融纠纷调解室揭牌仪式在珠海和澳门两地会场成功举办。珠海和澳门的 7 家机构领导和代表共同签署了"3＋4"《战略合作框架协议》，在金融纠纷调解、金融知识教育、投资者培训、日常工作交流方面达成合作。其中，"3"是指珠海市金融消费权益保护联合会、横琴新区金融行业协会、珠海国际仲裁院，"4"是指澳门世界贸易中心仲裁中心、澳门银行公会、澳门保险公会、澳门保险中介行业协会。横琴（珠澳）金融纠纷调解室的设立，可在线或线下为琴澳两地金融消费者与提供金融服务的机构因购买、使用金融产品或接受金融服务发生争议或纠纷进行调解。② 2023 年 6 月 29 日，粤港澳深地区保险纠纷调解工作合作备忘录签约仪式暨交流座谈会在广州举行并签署了《粤港澳深地区保险纠纷调解工作合作备忘录》。该《备忘录》明确了粤港澳深四地保险纠纷调解机构的合作方向，建立联络机制以及跨境保险纠纷调解申请合作机制，为消费者提供一个高效、便捷、低成本的纠纷化解途径，推动四地金融消费者权益保护。

二、内地与澳门跨境民商事纠纷在线非诉方式处理机制存在问题

（一）内地与澳门跨境民商事纠纷在线非诉方式的规范过于零散

2021 年由最高人民法院颁布的《人民法院在线诉讼规则》，对于适用在线方式审理的案件进行了总体的规定。③《最高人民法院关于支持和保障横琴粤澳深度合作区建设的意见》强调完善国际化、标准化、智能化诉讼服务平台建设，着力构建全流程在线诉讼新机制和诉讼服务模式。总体而言，对于内地与澳门跨境民商事纠纷在线诉讼的方式的规范指引，既涵盖了总体的宏观层面的内容，也

---

① 《粤澳联合推出消费维权跨域视频调解机制》，http://www.gov.cn/xinwen/2019-11/29/content_5457048.htm，下载日期：2023 年 3 月 6 日。

② 《共建跨境金融纠纷调解室，琴澳金融合作持续深化》，https://www.sohu.com/a/483171268_104992，下载日期：2022 年 10 月 24 日。

③ 《人民法院在线诉讼规则》第 3 条规定："人民法院综合考虑案件情况、当事人意愿和技术条件等因素，可以对以下案件适用在线诉讼：（一）民事、行政诉讼案件……"

包括对具体法院细化措施的落实。而对于内地与澳门跨境民商事纠纷的非诉解决方式并没有集合仲裁及调解进行统一的顶层设计以及确立整体规范。目前粤港澳三地的仲裁机构及仲裁规则都有较大的差异。对于内地与澳门跨境民商事纠纷的仲裁、调解的解决方式在线化的实践也主要停留在双方当事人同意的前提下部分案件材料的电子传送。对于更多体现在线元素嵌入仲裁、调解实质环节的如当事人集中举证、质证、辩论、评议等在线实践并不常见。《网络安全法》《数据安全法》《个人信息保护法》《数据出境安全评估办法》等均对数据跨境流动作了若干原则性规定。内地与澳门跨境民商事纠纷无论是在线仲裁还是在线调解都不可避免地涉及单位或者个人的相关数据的跨境流动。内地与澳门在数据规制方面的法律有着重大的区别。内地与澳门跨境民商事纠纷的在线仲裁或者在线调解方式对于跨境数据的规制缺失相当程度上制约了这两种方式解决内地与澳门跨境民商事纠纷的广泛运用。

(二)未建立起类型化、特色化的民商事纠纷非诉在线解决矩阵品牌

内地与澳门跨境民商事纠纷的在线仲裁机制形成了仲裁平台功能强大、仲裁进行及裁决保障性措施完善、仲裁实践特色欠缺的局面。在调解方面,内地与澳门跨境民商事纠纷形成了在线调解平台多样、专业调解特色凝练欠缺的特点。这深刻地反映了随着内地与澳门跨境民商事纠纷数量不断上升,内地与澳门跨境民商事纠纷在线多元解决机制从传统的诉讼模式向非诉讼模式不断进行扩张。同时,对于在线诉讼的诉前调解、诉讼中调解的转化机制的具体操作内容尚未明确。内地与澳门跨境民商事纠纷在线仲裁与其他类型的民商事纠纷的在线仲裁区别的显著特色也尚未形成。总体而言,在线诉讼、仲裁、调解三种民商事纠纷模式在内地与澳门民商事纠纷解决过程中基础设施建设基本完善,但是对于类型化、特色化的纠纷解决矩阵品牌尚未形成。尤其是契合澳门特色产业发展如旅游类、金融类、健康产业类纠纷的非诉解决体系特色品牌尚未形成。

(三)在线纠纷处理人才运用及培养路径不清晰

无论是在线诉讼、仲裁还是调解模式,在人员选用程序上既体现了开放的、包容的机制,同时又对专业领域体现出较大程度的粗线条的框架式标准。尤其是在调解领域,对于在线调解人员的选任由于有诉前调解、诉讼中调解、非诉调解、专门行业调解等,致使调解专家的选任标准不一致且适用调解平台多样化,从事多类型调解的局面较为常见。但是后续对于调解专家的管理,尤其是后续培训以及典型案例的归纳、跟踪环节较为薄弱。对于在线仲裁和在线调解人员的准入、平台技术运用、不同纠纷解决模式的选择,以及对接还缺乏统一的规范予以调整并作出指引。跨境民商事纠纷在线多元解决机制的人才培训在对外交

流的方面也没有清晰的指引。尤其是按照《大湾区纲要》的发展要求,要打造粤港澳地区成为区域调解中心,对于在线纠纷人才的培养是在线纠纷处理品质高低的决定性因素。跨境民商事纠纷的非诉在线处理机制的完善不能仅仅依靠单向在人员选任环节引入澳门籍调解员就完成使命,而应该在后续的建设中充分考虑从粤港澳大湾区民商事纠纷在线机制典范以及构建,在粤港澳大湾区中树立起典型模范作用,抓住在线诉讼在我国已有的超前实践实现粤港澳大湾区、东亚甚至环太平洋地区的争议解决示范中心。跨境民商事纠纷的非诉处理模式能够为粤港澳大湾区民商事纠纷确立典型,积累建立纠纷解决示范中心的宝贵经验。

(四)在线纠纷处理延续执行机制的缺失

从内地与澳门跨境民商事纠纷在线多元解决机制的过程来看,在线平台的功能设计充分考虑了各方的利益诉求,并日臻完善。但目前纠纷在线平台的功能模块设计主要集中在案件受理、证据的交换、文书送达、庭审、仲裁、调解过程的在线化,而对于执行环节的在线化内容尚缺乏必要的考虑。2022 年 6 月,内地的《民事强制执行法(草案)》中对于跨境民事强制执行方面的规定并没有作出专章的安排说明。但实践中,执行环节恰恰是内地与澳门跨境民商事纠纷最终解决效果检验和接受挑战最多的领域。由于受到不同法域的影响和当事人所处位置、财产所在地不同等因素的影响,内地与澳门跨境民商事纠纷的执行环节涉及两个法域的法院对于跨境的人、财、物进行实际、直接的联系及处理。基于民商事纠纷前述环节的在线处理,这也就导致了相应的非诉执行依据如仲裁裁决、调解协议是在线完成的,相应的作成过程在线有完整的记载过程。而对于执行环节而言,涉及财产的保全及处置,更加应该自跨境民商事案件的立案之始对于财产线索置于登记公示的状态,让双方当事人都有相关的财产线索追踪的意识。执行依据作出过程的全程在线化使得执行环节在线化成为必要和可能。

三、完善内地与澳门跨境民商事纠纷在线非诉解决机制的对策

(一)制定规范、统一的跨境民商事纠纷多元在线多元解决机制规范

对于内地与澳门跨境民商事纠纷非诉在线多元解决机制的规范性文件制定应该由最高人民法院和司法部牵头,集合广东省高级人民法院、广东省司法厅、联合澳门特别行政区终审法院、澳门仲裁机构及调解机构进行联合制定。同时,

在该指引性的规范法律文件中对于数据的跨境流动、使用应该在相关上位法的框架内确立相应的规则。此外,对于跨境民商事纠纷的非诉多元解决机制应该给予当事人更加充分的选择权并规定不同非诉纠纷解决机制之间可以相互转化的程序。随着珠澳横琴深度合作区建设的全面推进,在珠澳横琴深度合作区多元化纠纷多元解决机制已有经验的基础上,进行跨境民商事纠纷在线多元化组合建设的框架式指引规范,能够最大限度形成资源互补、凝练特色,打造体现善用"一国"之策进行"两制"善治的多元化纠纷多元解决机制的品牌。

(二)引导建立品牌化、特色化的跨境民商事纠纷在线解决中心

2021年9月,澳门特区政府公布的《澳门特别行政区经济和社会发展第二个五年规划(2021—2025年)》中确定除了发展传统的旅游业以外,发展科技研发和高端制造、大健康行业、文旅会展商贸产业及现代金融四大新兴产业的总体方向。与四大产业所关联及其带动的经济模块发展而相关联的商事纠纷必然也会大幅增加。尤其是在内地与澳门的民商事交往进一步融入"双循环"的过程中,内地与澳门民商事纠纷的复杂化、多样化、国际化的趋势会进一步加强。粤港澳大湾区到2022年年底的经济总量已经超过13万亿元人民币,跻身世界主要经济体前十,与意大利、加拿大处于同一梯队。综合实力显著增强让粤港澳大湾区正朝着建成国际一流湾区和世界级城市群的既定目标加速前进。[①] 粤澳双方的法律职业共同体可以通过行业规则互认、定期交流、类案归纳、典型案例库建设、风险情况预警等机制打造具有粤港澳大湾区特色的纠纷解决"矩阵",积累具有显著区域性特色的国际民商事纠纷标准经验,丰富世界一流湾区特色纠纷解决中心的建设内涵。

(三)打造专业的跨境民商事纠纷在线非诉解决机制人才体制

内地与澳门跨境民商事纠纷在线多元解决机制的建设需要从高等学校人才培养、湾区法律职业共同体常态与专题培训相结合、外来人才流动支持等方面共同发力。目前,内地与澳门特区高等学校在民商事纠纷专门人才培养的专业设置、课程开设、实践训练等方面均没有实现充分的协同创新。首先,在高等教育层面,内地高校与澳门高校在未来的民商事纠纷人才培养方面应该在人才培养目标、培养模式、课程设置、教师资源、实习实践方面有更加充分的合作并实现资源共享、成绩互认。其次,内地与澳门法律职业共同体对于跨境民商事纠纷的在线非诉解决机制的常态化、专题化培训交流应该在两地主管部门的主导下有序

---

① 《彰显生机与活力! 粤港澳大湾区创新驱动力不断增强》,https://news.cctv.com/2023/03/23/ARTIiuuU5VTEmUceuO1NPTwl230323.shtml,下载日期:2023年4月6日。

开展,并注意对有关的典型案例经验进行归纳总结,为后续的相关立法提供实践样本和经验参考。最后,应该秉持开放、包容的态度并提供有竞争力的条件,吸纳全球范围内的优秀专家加入民商事在线非诉队伍。

(四)建设以共享共理为内核的跨境在线执行平台

执行环节是落实具有法律效力的民商事文书所确立的权利义务的最终阶段,也是彰显司法保障的刚性特征的环节。未来内地的《民事强制执行法》中应该设立专章对于跨境的民事强制执行问题进行框架式、指引式的规定。目前,对于内地与澳门跨境民商事纠纷的主要执行依据包括判决、仲裁裁决、公证文书都实现了互相的认可,已经为在线执行平台的构建奠定了坚实的基础。内地与澳门跨境民商事纠纷执行工作涉及两地当事人的动产、不动产以及个人身份信息的甄选、收集、固定,以及采取相应的执行措施,是一项除了需要司法部门参与以外,诸多其他部门也需要参与的系统工程。所以,以共享共理为内核的内地与澳门民商事案件跨境在线执行平台的建设应该从只涉及行为执行的领域逐步协同相关的征信部门向不动产、动产领域进行必要信息审核的建设的过程。

基层法院参与纠纷联动预防的困境、成因与实现进路
——基于诉源治理层面的实证解读[*]

■厦门市思明区人民法院课题组^{**}

摘要:基层法院与地方政府在纠纷联防方面存在意愿不足、定位偏差、手段局限、成效不佳的困境,反映出预防共识滞后治理实践、方式滞后新发展阶段、工作缺乏制度约束等问题。基层法院应以司法数助治理作为与地方政府一体推进纠纷预防工作的着力点,发挥大数据优势,精准高效探寻纠纷产生原因及规律,系统集成传统纠纷预防方式,创新拓展预防手段。从创立多元协同的纠纷预防共同体,创建双向互动的长效工作机制,创设以供需适配为导向的应用场景三方面进行制度建构。

关键词:社会治理;诉源治理;纠纷预防;数助治理

党的十九届四中全会强调,"必须加强和创新社会治理"。党的二十大报告作出"完善社会治理体系"的重大部署。中央全面深化改革委员会于2021年适时提出,"法治建设既要抓末端、治已病,更要抓前端、治未病。加强矛盾纠纷源头预防,完善预防性法律制度,从源头上减少诉讼增量"。最高人民法院亦在全国范围内部署开展诉源治理,①既是对党中央重大决策部署的贯彻落实,也是对近年来全国范围内出现诉讼爆炸严峻形势的积极回应。随着最高人民法院接连

---

* 本文系福建省法学会重点法学课题[立项编号:FLS(2022)A06]的阶段性成果。

** 课题负责人:刘新平(厦门市思明区人民法院党组书记、院长,二级高级法官)。课题组成员:李辉东(厦门市思明区人民法院审委会专职委员、三级高级法官)、赵国军(厦门市思明区人民法院执行局副局长、一级法官)、林蕾(厦门市思明区人民法院二级法官)。课题执笔人:赵国军、林蕾。

① 《最高人民法院关于深化人民法院司法体制综合配套改革的意见——人民法院第五个五年改革纲要(2019—2023)》指出,完善"诉源治理"机制,坚持把非诉讼纠纷解决机制挺在前面,推动从源头上减少诉讼增量。这也是首次正式确立诉源治理的司法理念。

出台多元化纠纷解决机制文件,①以非诉化解为重心的诉源治理机制改革在多地基层法院得以纵深推进。然而,诉源治理是一项社会系统工程,其核心内涵包括源头预防、非诉化解、裁判终局三个维度。② 作为诉源治理的重要内容之一的矛盾纠纷源头预防,其功能作用尚未得到充分重视与有效发挥。矛盾纠纷的源头治理是一个全方位"工程级"概念,它以法律体系、社会规范、行政权力、司法运行、机构内控、民间习俗等为前提,借助多维异构的主体与要素之间的碰撞和交互作用,最终实现个人与社会、个人与国家间关系有序化的结果。③ 因此,需要依托于"党委领导、政府负责、社会协同、公众参与、法治保障、科技支撑"的社会治理模式,需要基层法院融入地方政府的矛盾纠纷预防格局,一体推进。基层法院作为法治建设的基础力量和社会治理力量的重要一极,如何参与矛盾纠纷预防是其在新发展阶段面临的"新答卷"。我们调研发现,现阶段基层法院与地方政府在纠纷联动预防层面存在着耦合困境,困境之下交织着理念、方式、制度等多重原因。而在愈加复杂的社会大背景下,具备智能化、信息化特征的司法数助治理能够发挥大数据在事物之间建立关联的优势,精准高效地探寻纠纷产生原因及规律,系统集成传统纠纷预防方式,创新拓展预防手段,实现政府与法院的互利双赢,从而成为基层法院参与纠纷联动预防的有效路径选择。本文围绕福建省高级人民法院提出的"数助治理"工作部署,以厦门思明法院实践为样本,力求为基层法院参与纠纷联动预防提供重要制度范本。④

一、实践之问:基层法院与地方政府纠纷联防的耦合困境

在社会治理过程中,基层法院必须与其他社会治理主体的作用实现有机融合,才能形成最大合力。⑤ 通过实证分析,我们发现,当前基层法院与地方政府等社会治理主体尚缺乏有效融合,制约了矛盾纠纷预防的成效。

---

① 2016 年最高人民法院印发《关于人民法院进一步深化多元化纠纷解决机制改革的意见》,明确要求充分发挥司法在多元化纠纷解决机制建设中的引领、推动和保障作用。2021年 9 月,最高人民法院依法印发《关于深化人民法院一站式多元解纷机制建设 推动矛盾纠纷源头化解的实施意见》,提出要紧盯矛盾纠纷产生、发展、演变三个阶段,突出源头预防、前端化解、关口把控重点环节,从源头上减少矛盾纠纷产生,减少衍生诉讼案件发生,切实维护社会稳定和安全。

② 薛永毅:《"诉源治理"的三维解读》,载《人民法院报》2019 年 8 月 11 日第 2 版。

③ 杨力:《诉源治理理论》,法律出版社 2022 年版,第 7 页。

④ 因思明法院位于厦门市中心城区的特点,本文侧重于立足市域社会治理视角。

⑤ 李炳烁:《通过司法的基层社会治理:解释框架与转型空间》,载《江苏社会学科》2018年第 3 期。

(一)纠纷联防意愿不足

如前所述,诉源治理的核心内涵包括源头预防、非诉化解、裁判终局三个维度。在现实语境下,基层法院基于审判机关定位的固有认同以及司法克制主义的羁绊,往往聚焦于非诉化解和裁判终局两个维度,天然地对纠纷预防重视不够。在思明区法院的走访调研中,高达82.6%的法官认为法院不应主动参与纠纷预防,主要理由是纠纷预防超出了法院的职能范围(占比35%),受限于时间精力能力(占比23%)等综合因素,法院也难以采取行之有效的预防措施(见图1)。虽然最高人民法院发文明确要求各级法院将诉源治理工作积极融入地方社会治理格局,但在纠纷预防层面,各级法院总体表现较为克制,实际对接融入效果并不理想。

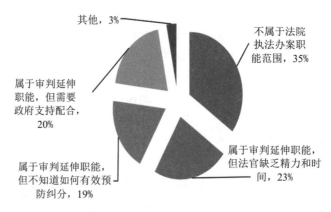

图1 基层法院参与纠纷预防意愿度调查统计①

司法行政部门和公安机关以及基层社区网格是地方政府倚重的矛盾纠纷预防根本力量。然而社会转型时期纠纷多发,并呈现类型多样、主体多元、性质疑难的特征,基层政府治理难度加大,行政职能发生转变,从"全能型政府"逐渐过渡到"依法行政",越来越多的纠纷被引导进入法院。在以经济指标为主要考核指标的背景下,多数地方政府尚缺乏预防纠纷的动力,未主动将其纳入职责范围。

(二)纠纷联防定位偏差

党委领导、政府主导下的纠纷预防多方参与格局尚未形成,多数基层法院与地方政府各自为政,或者出现法院"一头热"的情况。而法院在参与纠纷预防过程中,更偏重于"供给侧"预防,即更多从自身关注点出发,对外输出信息,从而产生两方面问题:一是法院局限于典型个案折射的社会风险信息或者决策建议,缺

---

① 本次问卷调查共向90名员额法官、12名法官助理发放问卷调查,有效回收100份。

少对输出对象需求的掌握,对外输出的信息并非输出对象关注重点,难以引起重视;二是法院信息输出可能产生类似传播学中的"看门人"效应,[①]即法官传达的信息是在自身眼中具有法律意义的信息,其他可能对于行政判断至关重要的信息却被法官出于本能过滤掉。行政机关若据此做出行政决策,很可能受制于信息不完整从而决策失当。

(三)纠纷联防手段局限

基层法院现有的纠纷预防手段呈现分散化特点,体系性弱,多数局限于传统普法宣传、司法建议、白皮书、态势分析等方式,在诉源治理举措中的分量偏低。最高人民法院司法改革领导小组印发的 12 批 190 个革案例中,有关纠纷预防内容的案例仅有 7 个,所占篇幅较少,涉及风险评估化解、在线法律咨询、直播普法、类案答疑等创新方式(见表 1)。然而这些创新方式大多未能突破传统方式的范畴,相关探索仍然较为有限。

表 1　人民法院司法改革案例选中涉及纠纷预防的案例汇总

序号	法院	案例名称	相关举措
1	上海市普陀区人民法院	依托社区法官打造前哨式解纷模式	工作室与基层调解力里共享所掌握的社区纠纷信息及排查到的重大矛盾纠纷和社会不安定因素,对潜在的矛盾纠纷早发现、早疏导、早化解
2	浙江省高级人民法院	创新运用新时代"枫桥经验"打造具有浙江特色的矛盾纠纷解决体系	浙江法院依托"在线矛盾纠纷多元化解平台",提供在线咨询、评估等服务,推动纠纷处理模式从事后处理向源头预防转变
3	浙江省诸暨市人民法院积桥法庭	传承创新"祸桥经验"筑牢基层治理"桥头堡"	进一步完善联调联动机制。对涉及相关行业协会、商会、工会、国土、工商等部门的案件,移送成员部门诉前委派调解,或由法庭牵头、邀请部门派员共同参与化解,实现法庭与乡镇各部门预防和化解纠纷的良性互动。定期召开联席会议,探讨工作过程中出现的新情况、新问题,剖析典型案例及矛盾纠纷的难点、疑点,总结经验,查找不足,制定改进措施等

---

① 鲁篱、凌潇:《论法院的非司法化社会治理》,载《现代法学》2014 年第 1 期。

续表

序号	法院	案例名称	相关举措
4	安徽省滁州市中级人民法院	弘扬"小岗精神"打造"三治融合"乡村治理样本	定远张桥法庭根据其地方民族特点,建立二龙回族乡法官工作室,和当地党委政府相关负责人建立微信群,邀请回族德高望重的阿訇作为特邀调解员,成为专为回、汉两族矛盾纠纷提供司法服务的"解铃人",创建德治为先、预防在前模式,实现了"无讼"民族乡创建目标
5	福建省漳州市中级人民法院	调解创新惠民生共治共建再升级	在全市推广龙海联片调解微信服务平台"和谐号"做法,法院、公安、司法、调委会等有关部门和各个村调解主任均加入其中,整合社会治理资源,打造群防群治信息共享网络,有效实现纠纷预测预警预防
6	广东省深圳市中级人民法院	广东省深圳市中级人民法院	做好调解组织专业能力培育……制定《律师参与先行调解工作流程指引》,充分发挥律师预防和化解矛盾纠纷的法律专业优势
7	北京市朝阳区人民法院	研发案件空间系统推广"定制式"司法服务	围绕案件总量大而且事关民生的纠纷,与相关机构、企业、社区、群众"一对多"互动、"网对网"交流,法官开通"直播",提供类案专项答疑、专题讲座、释明常见法律风险,"观众"扫码观看,期间可发送文字消息进行互动、查看主播和"观众"人数,通过统一类案裁判尺度,精准预防和减少矛盾纠纷;及时响应基层司法服务需求,结合"京法巡回讲堂""法律十进"等活动,开展"合作直播""典型案例发布"等订单式服务,积极培育基层群众的遵法和守法意识,提升基层自治组织运用法治思维和法治方式预防化解矛盾纠纷的能力

　　担任社会治理负责者角色的地方政府,也未能寻找到与法院共同预防纠纷的有力抓手,多数时候两者立足自身立场各自进行纠纷预防,缺少互动沟通和资源整合。从笔者在互联网上搜索到的近年来各地政府关于纠纷预防化解的文件

来看,数量较少,仅有 6 份(见表 2)。① 个别地方政府虽然正在试图与法院协同推进,但相关措施较为有限,且尚停留在宏观层面。

表 2 关于纠纷预防的地方性文件梳理

序号	发布日期	发布部门	文件名称	是否设"纠纷预防"专章	涉及法院纠纷预防的内容
1	2021 年 6 月 8 日	浙江省湖州市人民代表大会常务委员会	《湖州市预防和化解矛盾纠纷条例》	是	各级人民政府、人民法院、人民检察院应当充分运用现代信息技术,统筹推进矛盾纠纷隐患排查、风险预测等数据的应用、共享,加强预测预警,通过数字化业务平台的协同,为预防和化解矛盾纠纷提供高效便捷服务
2	2021 年 2 月 26 日	上海市第十五届人民代表大会常务委员会	《上海市促进多元化解矛盾纠纷条例》	否	未明确提及
3	2020 年 9 月 27 日	辽宁省人民代表大会常务委员会	《辽宁省矛盾纠纷多元预防化解条例》	是	司法机关应当依法办案,及时公开执法司法依据、程序、流程、结果和生效法律文书,通过法律文书公开查询、以案释法等形式,疏导化解案件当事人的疑惑,回应社会关切,引导当事人尊重事实、服从裁判,主动息诉息访

---

① 截至 2020 年 12 月的数据。

续表

序号	发布日期	发布部门	文件名称	是否设"纠纷预防"专章	涉及法院纠纷预防的内容
4	2020 年 6 月 5 日	吉林省人民代表大会常务委员会	《吉林省多元化解纠纷促进条例》	否	各级人民政府统筹协调人民法院等部门按照各自职责建立纠纷排查调处和风险防范机制；各级人民政府和有关部门对资源开发、环境污染、公共安全等方面的纠纷，以及人数较多、可能产生重大社会影响的纠纷，应当采取预防性措施
5	2020 年 9 月、10 月	北京市委全面深化改革委员会	北京市委全面深化改革委员会发布《关于深化矛盾纠纷源头预防前端化解 加强诉源治理的工作措施》	不详	未搜索到具体文件
6	2020 年 9 月 1 日	四川省眉山市委办、市政府办	《关于建立健全诉源治理机制加强矛盾纠纷源头预防和前端化解的实施意见》	不详	未搜索到具体文件

(四)纠纷联防成效不佳

在近年来纵深推进诉源治理的大背景下,法院受理的案件数却并未出现明显下滑拐点,基层法院与地方政府纠纷联防及化解成效还不甚理想。首先,从进入法院端的诉讼案件数据来看,思明区法院 2017 年至 2020 年受理案件数、万人成讼率①呈不断上升趋势(见图 2、图 3)。2020 年受疫情影响,万人成讼率小幅下滑,但收案总量依然上行。其次,从纠纷预防举措的反馈成效看,基层法院常规纠纷预防方式输出信息有限,未能发挥显性作用。比如,思明区法院 2017 至 2020 年共开展实地普法宣传 85 次,发送司法建议 97 份、发出审判态势分析、白皮书 8 份,微信、报纸、电视等媒体宣传 1045 篇次。走访中多数法官坦言类似"送法进社区"、法律咨询等普法宣传活动的效果较为有限。部分单位对司法建议的答复流于表面,多数单位仅做简单答复。这些预防举措更多的是"应景式""运动式"的权宜之计,缺少长效机制谋划,实际落实情况难以保障,未能从源头上解决问题。最后,大量司法原始数据、统计数据未能发挥纠纷预防效用。来自在线庭审、中国裁判文书网的数据为原始数据,司法流程、语言的专业性、复杂性使其不具备亲民特征,难以直接或间接起到纠纷预防的效果。这些数据完整性和及时性明显不足,难以有效反映进入法院案件的全貌。

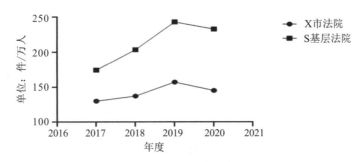

图 2　2013—2020 年思明区法院与厦门市法院万人成讼率对比图

二、溯源之思:基层法院与地方政府纠纷联动预防困境成因

纠纷预防理念、方式滞后与制度缺失等因素共同造成基层法院与地方政府纠纷联动预防的耦合困境,这也意味着在探索纠纷联动预防路径的过程中,应当以理念、方式、制度的革新为基础。

(一)纠纷预防理念滞后诉源治理需求

当前部分基层法院多元调解逐渐呈现"内卷化"倾向,虽然资源投入持续增

---

① 万人成讼率是以某一地区的常住人口和登记在册的流动人口总数为基数,每一万人当中,法院受理的一审民商事案件数,它反映了一个地区社会治理效果及社会矛盾的激烈程度。

图 3　2013—2020 年思明区法院收结案情况

加,但化解效率及化解案件占比均未能有效提升,司法多元调解陷入难有实质性发展的刚性结构之中,呈现"没有发展的增长"。① 这一现状警醒我们:在实质性改革多元化解机制的同时,也应当将目光聚焦于纠纷源头预防。然而,在对法院功能定位及纠纷预防的理解认识上,相关理念仍然较为滞后。

一方面,对司法权与行政权的职能定位认识失之偏颇。我国司法权脱胎于行政权。长期以来,社会对司法权能及其与行政权的关系尚未形成清晰的认知。对法院超出裁判范围的包括纠纷预防举措在内的社会治理行为较为警惕,因担心越界、错位治理而采取消极态度。"遇事找法、解决问题用法、化解矛盾靠法"的法治要求常被误读为"化解矛盾找法院",将法院定位于纠纷发生后的"兜底"部门,从而低估了法院预防纠纷的能力。

另一方面,对纠纷预防与非诉化解认识较为片面。纠纷预防独立于非诉化解,然而实践中纠纷预防更多与纠纷化解"挂靠"在一起,被表述为"纠纷预防化解",相关举措也常不加以区分,纠纷预防尚未从纠纷化解中真正独立出来。纠纷预防的主体、对象、目标、方式等机制内容尚处于与纠纷化解混同的状态,未形成独立体系。从更深层次分析,我国的法律制度更多表现的是事后补救措施,而

---

① 刘璨、高阳:《基层法院司法 ADR 内卷化现象及矫正——以司法 ADR 团队优化为视角》,载《司法体制综合配套改革与刑事审判问题研究——全国法院第 30 届学术讨论会获奖论文集(上)》,第 524 页。

较少体现为事前的风险预防。① 基层法院、政府乃至全社会,长期来存在不同程度的重化解、轻预防观念,纠纷预防共识尚未达成。需要特别指出的是,现代社会需要的是对纠纷的弹性预防而非刚性预防,有选择地预防消极纠纷,即那些无助于维权、无助于社会进步,反而扰乱社会秩序、不利于社会稳定的纠纷,否则有可能造成对维权途径的阻灭。②

(二)纠纷预防方式滞后新发展阶段

不同时期、不同主体对纠纷预防的需求不同。我国传统乡村型社会纠纷预防方式主要由地缘社会组织的领袖或代表人物(如里长、保长、会馆首事等,乡绅是他们中大多数人的共同身份),纠纷预防理念是"和为贵"和"贵绝恶于未萌",预防方式是教化、救助、维权的结合,表现为普法教育、宣讲、举善纠恶(即公开表扬好人好事,批评坏人坏事),组织老百姓互助互济,预防"穷"极生乱,订立规约或章程等。③ 随着社会的不断发展,将纠纷视为"恶行"的时代已然过去,涌入法院的纠纷呈爆炸式增长,传统纠纷预防方式显然已经难以完全适应时代变化,纠纷预防的理念和方式亟须因应时代而变革。当前,我国社会已步入新发展阶段,社会形态由乡村型社会转为城市主导型社会,社会主要矛盾发生重大变化,矛盾纠纷成因复杂多元,牵涉主体众多。我国处于结构转型与体制转轨同步启动的社会转型期,旧的社会资源分配体系、控制机制、整合机制正在趋于解体,而新的体系与机制尚未完善并充分发挥作用,还会诱发和加剧一些特殊类型的风险,如贫富差距过大、社会越轨乃至犯罪激增、道德失范、信任危机等。④ 纠纷预防因而呈现"综合性、开放性"的特点。诚如学者所言,城市空间结构助推了基层社会向"陌生人社会"转变的速度,使法治和民主尚未健全的社会出现信任困境,难以有效形成长期的信任关系,即使城市社会已经有较完善的法律、政策、规范性文件等制度性资源,将类似"枫桥经验"的镇域治理经验推介到城市社区中也会出

---

① 郑智航:《司法建议制度设计的认识偏差及校正——以法院参与社会管理创新为背景》,载《法学》2015 年第 2 期。

② 陈会林:《传统社会的纠纷预防机制——以明清地缘社会为中心》,中国社会科学出版社 2014 年版,第 190 页。

③ 陈会林:《传统社会的纠纷预防机制——以明清地缘社会为中心》,中国社会科学出版社 2014 年版,第 166~189 页。

④ 童星:《中国社会治理》,中国人民大学出版社 2020 年版,第 29 页,转引自郑杭生、洪大用:《中国转型期的社会安全隐患与对策》,载《中国人民大学学报》2004 年第 5 期。

现适应障碍。① 同时,应当注意到,基层法院单一的、分散的纠纷预防方式消耗了大量人力物力,但输出的相关信息难以精准对标政府和社会需求,基层社会属地管理和部门管理的"条块"治理模式,难以形成治理合力,这也是政府与基层法院之间尚未寻找到有效的"结合点"的重要原因。最高人民法院近两年在全国试点法院开展"数助决策"工作,依托司法大数据助力社会治理,为纠纷预防提供了良好借鉴,但仍局限于法院单一视角,相关做法偏宏观,应用场景还不够丰富。

(三)纠纷预防工作缺乏制度硬约束

调动社会多元力量参与城市基层社会治理需要制度供给支撑才能形成合力。② 具有综合性、开放性特点的纠纷预防工作更加需要调动包括政府及有关部门、法院、检察院、公安、社会自治组织等社会多元力量参与,需要制度供给支撑方能形成联动协调局面。然而,目前许多地区仍然存在制度空缺,负责组织协调纠纷预防工作的机构不明确,也缺乏相应的工作机制。部分地区出台了相关文件,但有些文件未对纠纷预防进行专章规定,纠纷预防措施较为笼统。从文件中对纠纷预防的相关内容来看,相关责任主体职责范围仍然较为含糊,不够明确,如表述为"建立纠纷排查调处和风险防范机制",经费来源、有效激励、全面考核等制度内容不够完善,制度约束力度较弱,也缺乏更细致的规范和标准。有的地方政府虽已认识到其与法院均为责任主体,并将纠纷预防纳入考核体系,但仍未将之与纠纷化解作为两种不同维度的诉源治理方式予以区分考核。这些文件所涉考核方案多为"纳入考核""纳入平安建设考核",缺乏细化的考核指标。前述最高人民法院司法改革领导小组发布的改革案例中亦未见到压实主体责任的相关规定。

三、理论之维:司法数助治理应用于基层纠纷联动预防的基础与定位

司法数助治理所蕴含的科技潜能能够系统集成基层法院传统纠纷预防方

---

① 师容:《新时代"枫桥经验"的城市化适应性分析》,载中国人民公安大学、公安部公安发展战略研究所"枫桥经验"研究中心编:《新时代"枫桥经验"与基层社会治安治理创新》,中国人民公安大学出版社2022年版,第25页。
② 师容:《新时代"枫桥经验"的城市化适应性分析》,载中国人民公安大学、公安部公安发展战略研究所"枫桥经验"研究中心编:《新时代"枫桥经验"与基层社会治安治理创新》,中国人民公安大学出版社2022年版,第25页。

式并对之进行定位校正,为全社会提供足够丰富的纠纷预防服务,从而成为基层法院与政府之间重塑纠纷预防格局,实现互利双赢的主要路径选择。

(一)理论基础:司法数助治理契合基层法院功能定位

基层法院是国家权威治理体系在基层社会治理实践中的具体展开,其被嵌入以"政法"为组织基础的国家治理体系当中。[①] 基层司法权本身即为国家对基层社会治权的一个重要部分,承担着维护基层社会稳定、推动地方经济发展等基本社会治理功能。[②] 坚持纠纷源头预防、源头治理,是新发展阶段基层社会治理的重要方式,也是平安中国建设的重要需求。基层法院是国家的审判机关,但首先是政治机关,具有政治属性,其不仅承担着减少纠纷和衍生诉讼的责任,同时也发挥着司法优势助推社会基层治理、调和矛盾纠纷的前端责任。[③] 故而基层法院进行纠纷预防具有正当性基础。

法院是司法裁判的生产者,[④]也是规则之治的践行者,更是司法数据的生产者。近年来,四级法院的审级制度日趋呈现"金字塔"型,位于塔底的基层法院以分流、解决纠纷为职能重点。[⑤] 承担基层绝大多数纠纷化解任务的基层法院,坐拥海量司法原始数据和统计数据,其囊括的多类型纠纷、全流程数据可以说是当地经济、治安、执法等社会生活各方面的缩影。这些司法数据来源于审判产生的个案,产生于纠纷解决的各环节,数助治理运用信息化技术汇聚、整合、分析司法数据,可生产出风险警示告知书、司法建议、审判白皮书及案例宣传等数据产品,服务于基层纠纷预防,更好地引领规则之治,本质上是司法裁判功能的反向延伸和深化,也是基层法院在新发展阶段积极发挥基层社会治理功能的体现。

(二)实践基础:司法数助治理具备纠纷预防能力

陌生社会中不能预计存在情感媒介,建立公共规则能够促使互不认识、缺少情感的人增强行为预期的一致性、行为后果的预见性。规则的基本作用不是事后处罚,而是事前预防,它是对预期行为的治理:通过构建行为规则,使人们能够

---

① 强世功:《法制与治理——国家转型中的法律》,中国政法大学出版社 2003 年版,第123～124 页。

② 王国龙:《基层社会治理中的司法治理》,载《渭南师范学院学报》第 33 卷第 7 期。

③ 四川省成都市中级人民法院课题组:《内外共治:成都法院推进"诉源治理"的新路径》,载《法律适用》2019 年第 19 期。

④ 宋远升:《法院论》,中国政法大学出版社 2016 年版,第 60 页。

⑤ 徐青青:《准确定位四级法院的角色及功能配置深化司法体制综合配套改革》,载《人民法治》2018 年第 1 期。

产生较为一致的预期,从而指导自己的行为。[①] 法律是重要的、适用于社会公众的普遍规则,然而,美国著名法学家劳伦斯·弗里德曼指出,大众对法律的观念是零星、扭曲的,而且经常是错的。[②] 在错误的法律观念的影响下,大众的行为极可能产生偏差,从而引发纠纷,而作为法律使用者、司法裁判者,法院依托真实案例及裁判结果进行纠纷预防能够为大众提供决策指引、行为预期、风险规避信息。此外,大数据分析技术和人工智能能够快速处理超出人脑计算速度的复杂事务,正在改变社会的治理结构和秩序生成机制,掌握数据的人可以引导和控制人类行为。[③] 大数据分析技术和人工智能的优势使得其可以快速定位纠纷易发人群,辨别纠纷高发行为,发现纠纷产生规律,制定针对性预防策略,从而应对纠纷预防的综合性、开放性、复杂性特点,解决基层社会治理的"碎片化""内卷化"问题,并可节省纠纷预防的人力投入,减轻法院案多人少的后顾之忧,实现纠纷预防的精准性、高效性。

近年来,随着"数字中国""智慧城市"建设,各地法院纵深推进智慧法院建设,人民法院大数据管理和服务平台、调解系统、在线立案系统等上级法院统建或基层法院自建的信息系统沉淀了大量原始数据。除此以外,尚未纳入信息系统的沉没数据(庭审笔录、信访接待情况、专业法官会议记录等数据)也日益受到重视,有望被纳入智慧法院数据治理体系。早在2016年,最高人民法院院长周强即提出要加强司法大数据的挖掘、分析与研判,助力政府决策、社会治理和公共服务,这一提法在此后最高人民法院有关信息化建设的会议上被反复强调。2019年3月最高人民法院面向全国开展"数助决策"试点工作,2020年福建省高级人民法院首次提出全省开展"数助治理"工作(见表3)。2022年12月,最高人民法院发布《关于规范和加强人工智能司法应用的意见》,提出到2025年,基本建成较为完备的司法人工智能技术应用体系。伴随数字中国的深入推进,我国新组建了国家数据局。可见,基层法院从微观层面将司法数助治理应用于纠纷预防具备实践基础与现实期待。

---

① 张静:《社会治理组织、观念与方法》,商务印书馆出版2022年版,第46~47页。
② [美]劳伦斯·弗里德曼:《法律如何影响人的行为》,邱遥堃译,侯猛校,中国民主法制出版社2021年版,第20页。
③ 郑戈:《在法律与科技之间——智慧法院与未来司法》,载《中国社会科学评价》2021年第1期。

表 3　司法"数助治理"之提出与演变

序号	时间	会议/文件名称及内容
1	2016 年 11 月 10 日	最高院院长周强出席天平司法大数据有限公司成立活动时强调,要加强司法大数据挖掘与分析,准确研判经济运行风险、社会发展动态,有效支持政府决策科学化、社会治理精准化和公共服务高效化
2	2017 年 11 月 24 日	最高院院长周强在中国司法大数据研究院调研时强调,深刻认识和把握新时代司法工作特点,充分运用司法大数据,全面提升人民法院工作能力和水平,促进公正司法,服务经济社会发展,为实现"两个一百年"奋斗目标和中华民族伟大复兴的中国梦做出新的更大贡献
3	2018 年 4 月 4 日	最高院院长周强在网络安全与信息化领导小组 2018 年第一次全体会议上强调,要充分挖掘利用司法大数据,拓展司法大数据服务能力,提升数据汇聚、分析、应用水平,有效服务司法管理和社会治理
4	2019 年 3 月	最高院网络安全和信息化领导小组办公室经报院领导同意,面向全国高、中、基三级法院征集试点单位,以提升法院内部管理现代化水平和服务党委、政府科学决策为主线,开展"数助决策"试点工作。利用数据全方位反映试点法院及当地社会治理取得的显著成绩和存在的突出问题,为促进人民法院管理现代化和当地政府社会治理模式创新提供示范案例
5	2020 年 5 月	福建省高级人民法院发布《关于司法数助治理中心建设方案》,提出要充分发挥司法大数据作为经济社会"晴雨表""风向标"的作用,提升全省法院司法大数据助力、保障和提升国家治理、社会治理、司法治理的水平,促进提升司法工作现代化水平,更好地为现代化治理提供科学决策参考,并明确指出要实现常态化数据深度使用,在数据汇聚、融合、分析的基础上,揭示经济社会发展的新动向、大趋势和风险点,通过类案指引、数助治理报告、经济治理报告、经济社会运行司法指数、风险提醒等,系统性归纳提出司法适用的标准、司法管理的导向、社会治理的方向
6	2021 年 8 月 26 日	最高院院长周强在中国司法大数据研究院调研时强调,要立足司法实践,着眼社会需求,发挥司法大数据作为经济社会发展的"风向标""晴雨表"的作用,准确研判经济运行风险和社会发展动态,服务党委政府决策科学化、社会治理精准化

续表

序号	时间	会议/文件名称及内容
7	2021年9月1日	最高人民法院印发的《关于深化人民法院一站式多元解纷机制建设推动矛盾纠纷源头化解的实施意见》中提到,深度应用司法大数据,并与其他信息数据资源开展对接,加强对诉讼高发领域、新类型纠纷、涉诉信访案件,以及社会治理动态和热点问题的分析研判,对发现的普遍性、倾向性、趋势性问题提出司法建议,并向有关部门提供大数据分析报告,督促有关部门提供大数据分析报告,督促有关部门和企业主动承担出台政策、完善规则、风险评估、合规审查、安全生产等责任
8	2022年12月1日	最高人民法院发布的《关于规范和加强人工智能司法应用的意见》中指出,加强人工智能服务多元解纷和社会治理;支持司法资源推荐、诉讼和调解咨询问答、诉讼预期辅助评估、社会治理风险预警与辅助决策等智能化应用,为化解社会矛盾、服务社会治理提供新的途径和方式;不断拓宽人工智能司法应用场景和范围;结合人工智能技术创新进程和人民法院改革发展实践,积极探索诉讼服务、审判执行、司法管理和服务社会治理等领域的重大应用场景,不断拓展新的应用范围

(三)坐标定位:司法数助治理要求一体推进纠纷预防

党的二十大报告提出"社会治理共同体"的概念,强调健全共建共治共享的社会治理制度,建设人人有责、人人尽责、人人享有的社会治理共同体。新时代社会治理新模式要求党委领导、政府负责、其他社会主体协同参与,构建起社会治理共同体。纠纷预防作为社会治理的关键环节,尤为需要政府、法院以及各类社会组织协同推进。基层法院在参与地方社会治理,预防矛盾纠纷方面具有得天独厚的优势,更容易接近纠纷群体,发现社会风险,聚合纠纷预防有效信息。而行政权与司法权虽然在权利性质、社会功能、价值追求等方面虽存在明显区别,但作为执行相同法律法规、追求同一法治目标的不同机关,行政权与司法权在维护公民合法权益,促进法治建设(包括预防纠纷)上又具有一致性,具有协调一致、取得共识的前提和基础。① 将司法数助治理作为基层法院与地方政府一体推进纠纷预防工作的着力点,有利于优化政府决策,降低社会风险,从源头减少诉讼增量,对于基层法院与地方政府来说是双赢之举。为确保预防成效,双方

---

① 张坤世:《司法权与行政权:中国法治语境下的关系定位》,载《社科纵横》第35卷第7期。

应当建立良性互动、有机衔接机制,在主体责任、考核监督、对接推广、应用场景等方面协同推进。

纠纷预防工作具有综合性、开放性的特点,客观上要求多机构、多部门协同推进。从政府端来说,地方政府应通过制定地方性法规等方式从制度机制上自上而下搭建一体推进纠纷预防工作的制度体系,指明数助治理等纠纷预防的方法路径,明确参与主体及各自职责任务,并从经费来源、考核指标、处罚措施等方面加以保障。从法院端而言,基层法院作为纠纷预防的重要主体,应从自身职能定位出发,将当地政府文件中的原则性条款细化为可操作的举措,确保制度落地见效。

四、数助之治:基层法院与地方政府纠纷联动预防的实现进路

最大化发挥司法数助治理的纠纷预防功能,关键在于基层法院如何以有效方式融入政府主导的纠纷联动预防大格局。应从以下三个方面进行制度建构。

(一)高位嫁接:创立多元协同的纠纷预防共同体

1.明确主体范围

司法数助治理并非叠床架屋、另起炉灶,亦非法院单兵突进,并仅靠系统内部的机制性修补,而是积极融入党委领导的市域社会治理体系,依托社会治理共同体,由当地负责矛盾纠纷多元预防化解指导工作的机构牵头,联合律师、公证人员、法学专家等法律职业共同体,深度对接党政机关、人民团体、行业协会等综治平安责任单位,有效链接公共法律服务中心、综治中心、矛盾调处化解中心等"触角",发动市场主体、新社会阶层、社会工作者和志愿者等共同参与矛盾纠纷预防。

2.明确主体责任

法院化解纠纷是典型的"末梢治理",而诉源治理的主线是从源头预防化解纠纷,在很大程度上依赖社会多元纠纷化解力量,尤其是党政的主导与行政部门的干预。[①] 故而纠纷联防应当由地方党委政府负总责,由司法行政部门负责工作开展。法院以司法数助治理的方式参与纠纷联防,应当为直接责任主体。公安机关、检察院等其他承担纠纷化解的单位亦应为直接责任主体。

---

① 周苏湘:《法院诉源治理的异化与预防——基于功能主义的研究视域》,载《华中科技大学学报(社会科学版)》2020年第1期。

国家数据局及有关职能部门应当承担数据统筹协调、数据共享对接和应用等数据治理工作。

3.明确考核指标

聚焦运行情况和工作成效两个重点,建立反映纠纷预防特色的考核评价体系,并将其纳入牵头抓总部门和包括基层法院在内的直接责任部门的年度综治考核。一是运行情况方面,设置包括机制运作情况,数据联通情况,数助治理报告制作、发布、推广情况,群众满意度等指标。二是工作成效方面,包括高危矛盾纠纷发生率是否降低、案件总量增幅是否减缓、纠纷高发领域诉源执源是否明显减量、涉众群发案件和信访案件是否明显减少等指标,并设置相应的权重系数,确保发挥考核指挥棒作用。围绕上述宏观指标,基层法院可以考虑设置微观层面的细化指标,将纠纷预防工作完成情况作为部门及个人评先评优的重要依据,将各项纠纷预防任务分派到具体部门及个人,从制度上加强监督激励。

(二)高效联通:创建双向互动的长效工作机制

1.常态化工作对接

在统一制度部署下,纠纷预防责任单位各司其职,但同时应当注意联络协调,互通有无,根据当地实际情况适时调整纠纷预防策略。可以定期召开联席会议,部署开展数助治理工作,收集数据治理需求,制定数助治理计划和方案,分析研判辖区内矛盾纠纷风险形势,协调解决工作中出现的问题和困难,确保法院输出的信息精准高效。

2.标准化数据联通

基层法院坐拥海量纠纷化解数据,从中可以推导分析纠纷预防的行动方向和目标人群,而政府是数据最大的生产者和拥有者,政府数据约占整个社会数据的 80% 以上。[①] 因而,基层法院与政府之间有必要对接共享数据,从长远来看,双方还应当建立统一的数据标准,降低系统间数据对接和交换的成本。公安机关、检察院、信访局等其他纠纷化解职能单位亦掌握大量纠纷化解数据,可以一并进行数据对接和共享。以我国组建国家数据局为契机,统筹数据资源整合共享和开发利用,打破数据孤岛,服务于基层法院与政府之间数据共享和应用。

3.多渠道发布推广

基于大数据多面覆盖及定向关联的功能,司法数助治理兼具普惠共享和精准定位的特性,司法数助治理报告所揭示的问题为多群体面向,不仅可以面向特

---

① 迪莉娅:《大数据环境下政府数据开放研究》,知识产权出版社 2014 年版,第 1 页。

定单位发出,还可以面向社会公众或特定类别群体发出,弥补了司法建议仅能针对特定单位发出的功能性缺失。这类报告需要依托政府部门、社会团体、基层群众自治组织等社会各主体建立起的纠纷预防共同体及相关网络平台发布推广,以提升公众知晓率。

(三)高度黏合:创设供需适配的应用场景

搭建供需适配的应用场景,其意义不仅在于提升纠纷预防的精准性,还在于将纠纷预防的重心倾向于消极社会纠纷。通过立足社会各主体的需求,为之提供决策服务、风险规避、行为指引信息,从而达到弹性预防纠纷的目的。

1.决策服务型应用场景

旨在分析司法案件、司法活动与地方政府、企业、社会团体等单位数据间的规律性联系,发现纠纷发生与党委政府决策、企业经营管理之间的关联,揭示纠纷预防的关键节点。

一是强化决策服务意识。关注审判执行态势变化,包括收案情况、案件特点、结案情况等,特别是新类型案件、社会特点案件、群体性案件的相关情况。同时通过纠纷联防常态化工作对接机制、审判执行工作、普法宣传等渠道了解外部需求。依托司法数助治理加大对某一时期数据突变情况、某一领域或多领域突出问题、某一单位亟须了解领域的数据归集、分析、研判力度。

二是系统集成决策服务手段。白皮书、审判态势分析、专报信息、司法建议为基层法院传统纠纷预防方式,依托司法数助治理,可以使这些传统预防方式建立在翔实数据基础上,更能引起外部单位的重视。司法数助治理还可以为政府、企业提供新型决策服务,如数字体检(见图4)、数据通报与共享等。司法大数据能够折射或者反映出国家或者省市区县的经济社会运行状况,对当地进行"数字体检",及时发现社会风险隐患或治理成效,有助于提升当地党委和政府决策服务能力,推进社会治理决策闭环。[1] 数字体检也可应用于发现辖区企业经营管理成效或不足,优化企业运营管理机制。数据通报与共享包括原始司法数据(如重大案件、事项)和统计数据。

三是建立"自主通报＋需求供应"决策服务模式。司法数助治理集成的多种决策服务手段均可基于数据重大变化、发现突出问题而由基层法院自主通报相关单位,也可基于地方政府、辖区企业需求而进行精准供应。纠纷联防共同体还可以在数据交互共享的基础上共同开展调研,联合制作特定领域纠纷联防报告,发送相关职能部门和单位(见图5)。

---

① 孙晓勇:《司法大数据在中国法院的应用与前景展望》,载《中国法学》2021年第4期。

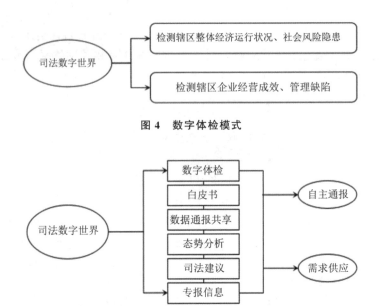

图4 数字体检模式

图5 "自主通报+需求供应"决策服务模式

2.风险规避型应用场景

旨在分析司法案件、司法活动与社会公众行为之间的规律,发现纠纷与人的行为、群体之间的关联,进而针对性发出风险警示,从而避免类似纠纷再次发生。

一是强化法律风险隐患发现防范。通过关注司法大数据变化、执法办案、接访接待、调研座谈等多渠道发现具有普遍性、趋势性的社会和法律风险,加强对高发纠纷、群体性纠纷、信访申诉纠纷等纠纷类型的大数据统计、分析、研判,精准揭示存在于社会公众中的风险隐患,并制定针对性防范策略。

二是创新"行为+群体"法律风险警示告知机制。基层法院通过大数据实时监测可获取变量数据信息,再通过大数据分析建立变量数据与特定行为、群体之间的关联,从而发现高风险行为及高风险群体,并采用灵活方式和通俗易懂的语言风格精准发出警示告知(见表4)。警示告知可以根据内容面向特定或不特定群体发出,方式不限,宜采用被警示对象易理解、易操作的语言表达方式,根据具体情况附加建议、法条、典型案例等相关材料。对于实施违法失范行为的高风险群体,如被司法惩戒人、职业放贷人、套取信贷资金高利转贷人等,还可以同步采取专项名单管理,在知名公众号、报纸等媒体公开曝光,通报相关职能部门,对接征信系统等方式进行警示告知。一方面,引导社会公众减少、避免与之发生交易;另一方面,促使有关职能部门及时采取规制措施,健全社会信用评价体系,从源头上减少和防止纠纷再生。

表 4   风险警示告知机制示例

发布警示	数据基础	分析结论
近两年来审结的 3998 个民间借贷案件原被告身份、关系,包括借贷合意形成、款项交付、资金来源、担保设定、利率约定等在内的案件事实、审理结果等数据	民间融资市场存在 25 类高风险行为(包括未形成书面借贷凭证、现金交付借款、高利放贷等)、7 类高风险群体(包括情侣、老年人、在校生、转贷人等)	向社会公众发出《民间借贷十大风险提示书》,向在校生、转贷人等高风险群体发布专项警示,采用通俗易懂的语言风格披露容易引发纠纷的高风险行为,并附送"防坑"指南

三是致力辐射推广和跟踪反馈。风险警示告知对象为非特定人群,为更大范围提升公众知晓度,基层法院应当依托纠纷联防格局,积极对接相关主管部门、行业协会、司法所、街道社区等纠纷预防共同体,扩大风险警示告知在线下的推广范围,并通过新媒体加大线上宣传力度,链接进入地区公共法律服务网络平台、综治普法网等线上平台,发挥辐射效应。同时,通过线上线下渠道及时掌握反馈意见及适用情况,适时进行答疑解惑,提升警示告知实效。

3.行为指引型应用场景

旨在最大化发挥典型司法案例的指引、规范作用,修正普法主体与普法对象之间信息供应与需求的偏差,实现普法宣传的精准化、高效化,达到源头预防纠纷的目的。

一是高标准建设典型案例数据库。基层法院有丰富的案例资源,具备运用案例资源为社会各部门、各阶层提供行为指引有效信息的能力。中共中央印发的《法治社会建设实施纲要(2020—2025 年)》中指出,认真落实"谁执法谁普法"普法责任制,完善法官、检察官、行政复议人员、行政执法人员、律师等以案释法制度。负有普法责任的基层法院可以在青年法官、法官助理中挑选合适人员,成立普法志愿服务队,从海量案例中精心挑选典型案例,建立典型案例数据库,设置关键词搜索模式,实现案例循环集约使用,科技赋能减轻法官在普法工作上的精力投入。纳入数据库的原始案例应为体现社会主义核心价值观、具有示范意义的新类型纠纷、典型类案纠纷等,可从上级法院或其他部门评选出优秀案例、各庭室日常收集的典型案例、法官自荐案例中挑选。囿于法律语言的专业化特征,典型案例应尽可能转化为社会公众容易理解、接受的语言,重点突出行为指引信息。

二是建立"偏好＋主题＋链接"普法宣传新模式。随着智慧城市的持续推进,多地政府开发了政务便民服务 APP 或其他线上系统,法院可将典型案例数据库接入线上政务服务系统,借力大数据在信息之间建立关联的技术优势,向APP使用人精准推送与其职业、偏好相匹配的宣传案例。也可根据宣传对象确定普法主题,以搜索关键词的方式从典型案例数据库中选取针对性案例进行宣传,变被动咨询为主动宣传。法院还可依托纠纷预防格局向基层治理组织、社会公众开放典型案例数据库的检索应用端口,将端口接入当地公共法律服务网络平台、政务服务网络平台等线上平台,最大化发挥典型案例的指引作用(见图6)。

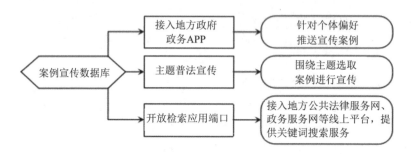

图6 "偏好+主题+链接"普法宣传模式

三是集聚线上线下平台辐射效应。据统计,截至2020年6月,我国互联网普及率已达到67%。[①] 综治普法网、微信公众号、融媒体中心、微信"朋友圈"等线上资源具有几何级数的辐射力,为案例普法宣传提供了广泛渠道。同时公共法律服务志愿队伍及党建志愿服务队伍不断壮大,为案例普法宣传提供了充足力量。基层法院可以集聚纠纷预防共同体的线上平台和线下队伍,为典型案例宣传插上翅膀,发挥出几何级数的纠纷预防效用。

结　语

本文紧贴时代背景及司法实践,着眼于目前诉源治理较为薄弱的环节——纠纷预防层面,指出纠纷预防与纠纷化解应当相互独立,明确了纠纷预防的对象、目标及主要方式。重点从党委政府和基层法院两个角度,考察基层法院参与纠纷预防的可能性、方式与限度,为新时代基层法院以现代化方式参与社会治理提供了新的视角。还指出基层法院作为纠纷预防直接责任主体,应当融入党委政府主导的纠纷联防格局,以司法数助治理为重要对接渠道。在应用场景上,不仅系统集成基层法院传统纠纷预防方式并对之进行定位校正,还提出"自主通

---

① 郑戈:《在法律与科技之间——智慧法院与未来司法》,载《中国社会科学评价》2021年第1期。

报＋需求供应"决策服务、"行为＋群体"法律风险警示告知、"偏好＋主题＋链接"普法宣传等创新预防方式。思明区法院在深入调研的基础上出台《关于构建矛盾纠纷联动预防体系、深化诉源治理的实施意见》，创新推出全国首个纠纷联动预防"1＋3"模式，即以党委领导、法院主办、社会参与的"纠纷预防共同体"为主体，以"社会风险预警、行业治理纠偏、全民守法引领"为抓手，全面推动纠纷预防工作。改革以来，在大标的额民事审判执行案件"下沉"的情况下，2022年新收诉源执源案件由2019年上涨30％转变为下降5.4％，辖区万人成讼率比2019年减少6.5％，源头减量、定分止争成效明显。

开辟"通过司法的社会治理"的通途，乃是当前以及未来一段时期我国社会治理的重要命题。[①] 基层法院以司法数助治理为抓手，依托政府主导下创立的纠纷预防共同体协同推进矛盾纠纷源头预防，是基层法院以现代化手段参与社会治理的创新性举措。随着智慧法院、智慧城市的持续推进，我们相信，司法数助治理在社会纠纷预防体系中还将拥有更加广阔的应用前景。

① 李炳烁：《通过司法的基层社会治理：解释框架与转型空间》，载《江苏社会学科》2018年第2期。

法律职业共同体视域下律法关系重塑研究

■张熠枫　刘　剑*

摘要:法官和律师群体是法律职业共同体的中坚力量,律法关系是共同体内部关系稳定的基石。以辩审矛盾为表现形式的律法关系冲突减损共同体公信力,应强化权责统一的法官责任制、树立程序与实体并重理念、重塑诉讼结构、培育共同法治信仰,实现律法关系良性互动。

关键词:法律职业共同体;辩审矛盾;律法关系

一、问题的提出

共同体是一种有机的、浑然天成的整体,是一种持久的精神与意志相统一的共同生活。[①] 法律职业共同体正是随着经济社会的进步,在法治成为社会主要治理方式时逐步形成的。法律职业共同体的构建基于精神共同体的理论定位,是一种不同于传统血缘、地缘或宗教为纽带而形成的全新的共同体形式,是一种意义共同体、事业共同体、解释共同体、利益共同体。法律职业共同体是基于共同信仰、共同价值、共同思维超越时空的"想象性存在"。[②] 因此,法律职业共同体建立的基本前提在于法律职业内部要跨越职业鸿沟,在观念上凝聚起对法律职业共同体就事业共同体、命运共同体的法治共识,增强法律职业认同感,提升法律职业尊荣感,建立统一的法律职业伦理,真正树立对法治的信仰。

事实上,当前的法律职业群体面临着职业公信危机,这种危机一方面表现在法律职业群体与共同体外部的公信危机,公检法程序空心化、律师执业不端等问

---

* 张熠枫:澳门科技大学博士研究生;刘剑:成渝金融法院综合审判第四庭副庭长。

① ［德］斐迪南·滕尼斯:《共同体与社会——纯粹社会学的基本概念》,林远荣译,北京大学出版社 2010 年版,第 58 页。

② 徐显明:《对构建具有中国特色的法律职业共同体的思考》,载《中国法律评论》2014 年第 3 期。

题,为共同体以外的群体所诟病。另一方面表现为法律职业群体内部的公信危机,法律职业群体内部之间存在分歧和对立,缺少职业互信与认同,多恶语相向、互不理解,尤为突出的是律师和法官之间的冲突,近年来激烈的"辩审"冲突更是频频出现在各类公共话语领域。外部关系处理是否得当,关系到法律职业共同体尊严、权威的建立,而内部关系的融洽与否,更是法律职业共同体能否最终良好建立的核心。法律职业共同体内部相互抵牾、相互冲突也会从根本上减损法律职业群体对共同体外部的公信力,因此内部的相互认同才是构建真正的法律职业共同体的基础和核心。

二、错位的冲突——"辩审矛盾"

法官和律师作为法律职业共同体的中坚力量,如何推动律法关系的良性发展是共同体建立的基石,二者之间因所处角色不同、政治身份差异,学者更多的是将重点集中在如何防止律师和法官不正当交往上面,试图在两者之间建立"防火墙"、隔离带,以期彻底杜绝利益串联。然而随着"法官庭上驱逐律师""律师在法院信访室被打""律师向法官送红薯"等一系列死磕事件的发生,律师与法官之间相互不信任、对立紧张的关系逐渐凸显,引发社会各界的关注。在司法体制改革领域,虽然提出了很多重要命题,如员额制、司法责任制、审判中心主义,省级以下法院、检察院人财物统管,但是对于如何加强法律职业共同体内聚力、推动律法关系良性互动仍然没有引起足够的重视。尽管中央从制度层面对其进行了前瞻性部署,但如何贯彻落实、如何在当前司法改革背景下深入推进完善,还有待探索落实。

法律职业内部存在各种争议、冲突,并不就意味着二者水火不容,不能形成职业共同体。了解这些争议和矛盾背后存在的本质原因,找出问题的解决途径和办法,才是解决问题的关键。

通常情况下,控辩双方通过平等的辩论积极对抗,法院居中作出裁判,使得控辩审三方总是处于"等腰三角形"结构中,这是理想的诉讼和庭辩结构。控方和辩方因为诉讼立场的对立必然进行控辩对抗,控辩双方均是依靠审判方的作为实现诉讼目的,冲突和对立的关系只存在于控方与辩方之间,控方或者辩方与审判方之间原本就不存在对立和冲突。但现实是,在我国当前的司法环境中,律师与法官之间的矛盾存在激化趋势,特别是不断涌现的律师"死磕"现象引出一大司法迷局——辩审冲突。

辩审冲突在实践中演变成多种样态:(1)律师针对程序问题反复抗议,质疑法庭的合法性,不服从法庭指挥,导致庭审程序失控。(2)律师集体退庭或者故意闹庭导致被驱逐,打乱法官节奏。(3)未经允许擅自发言,不遵守法庭纪律,不服从庭审安排。(4)利用网络媒体宣传炒作,在案件审理过程中发表文章、照片,企图引导舆论走向向法庭施压。(5)大兴行为艺术,采用绝食、静坐、举牌等方式进行死磕。审辩冲突从庭上冲突向庭外冲突蔓延,从单纯为了争取程序权利向企图制造舆论攻势蔓延。不可否认,部分律师的死磕行为在一些个案上推动了司法机关公正司法,维护了当事人的合法权益,但从长远来看,律法之间的相互抵牾、相互攻击不仅扰乱了正常的司法秩序,更是减损了法律职业共同体的职业公信,是对中国法治进程的损害,并不可取。

三、律法关系冲突根源

表面上看,律师和法官相互不信任,辩审冲突频发的原因在于双方行为失当。诉讼中,任何一方行使权力(权利)不当都会导致冲突产生。法官在诉讼中意见倾听不足、随意处断程序、未保障当事人程序权利等是辩审冲突爆发的导火索。律师在诉讼中不当行使辩护权,不遵守法庭纪律、滥用程序权利、发表不当言论等,也是导致法官对律师适用妨害诉讼强制措施的直接原因。应该看到,双方的不当行为只是法官和律师冲突的表层原因,在当前的制度体系下,抛开个体行为,二者之间的冲突有着更深层的社会根源。简单来说,律师与法官之间的共同体意识没有形成,尚处于割裂的状态。在当前的司法体制和环境下,这种割裂状态有着深层的主客观原因。

(一)落后的司法理念导致诉讼结构失衡

1.“重实体、轻程序“理念下的行为偏差

长期以来,我国法官在审理活动中一直深受“重实体,轻程序”的传统观点影响,一味追求实体结果公正,将程序当作实现实体公正的手段和工具,忽略程序在诉讼审判中的独立价值。随着律师法、刑事诉讼法的修改以及两个“证据规定”出台,律师的辩护策略从之前的实体性辩护向程序性辩护转变,从辩审冲突事件可以看出律师死磕的多是程序问题。然而,无论是从中国的司法体制还是从司法官员的素质观念来看,程序性辩护都属于一种略显“超前”的辩护形态,[①]法官采取的仍然是重实体轻程序的观念,面对辩护律师提出的程序性问题,法官并没有实现完全的程序公正,漠视程序权利、粗暴剥夺程序权利的行为频繁发生,势必与越来越重视程序性辩护的律师发生冲突。

2.重配合、轻制约下的控辩失衡

我国刑事诉讼包括侦查、审查起诉、审判三个环节,公检法三机关在刑事诉

---

① 陈瑞华:《程序性制裁理论》,中国法制出版社2010年版,第295页。

讼中应当分工负责、互相配合、互相制约。但是,该原则在实际执行中并不理想,三机关之间或多或少存在"配合有余、制约不足"的问题,司法实践中公检法三机关将"互相配合"异化为无原则配合的现象也屡见不鲜。① 一旦部分法官更注重与公诉人之间的合作和配合,就会忽视律师在庭审过程中的对抗作用,律师的对抗一方面是维护和保障被告人在刑事诉讼权利和实体权利实现的有效手段,另一方面也是推动司法审判进程和帮助法官发现案件事实并作出客观、公正裁决的有效机制,法官对律师对抗作用的忽视直接导致律师的对抗矛头不仅仅指向公诉方,也指向法官。在这样的诉讼结构下,法官无法再保持中立的审判姿态,转而成为主动配合、推进公诉行为的助推器,审判实际上流于形式,辩审冲突难以避免。

(二)职业认同阙如导致行为偏差

共同的法律信仰、高度的职业认同、顺畅的沟通渠道、共同的评价标准等是法律职业共同体的主要特征。② 当前,律师和法官在职业行为认知上缺乏共识,是导致律法关系割裂的根源之一。

1.不同的利益驱动导致行为偏差

从社会学角度来看,不论是个体还是公共主体的选择,支配其行为选择的核心因素或者动力都是利益。③ 法官和律师的审判诉讼行为,均是利益驱动下的行为选择。各地法院多年来习惯用绩效考核数据来量化法官的工作成绩,考核指标与评价体系挂钩,不仅上级法院根据下级法院的指标高低排名给予评价,而且指标通过层层分解,最终落实到法官个人,法官的职位升迁、表彰奖励、领导印象等都与指标息息相关。法院这种"指标"偏好使法官变成机械工具,人均结案率、平均审执时间、案件结案均衡率等指标支配着法官的行为。一些法官为了提高审结率,简化程序事项、强制调解、要求当事人撤诉,因而与律师、当事人之间产生冲突。同时,追求报酬和利润则是律师的利益偏好。实践中,部分律师与法官对抗则是利益权衡后的结果。一般情况下,律师的辩护权必须通过说服法官采纳意见来实现,律师在绝大多数情况下并不愿意与法官对抗,只有在博弈后认为对抗有利才会去制造冲突。比如为了获得胜诉利益,采取闹庭、死磕、行为艺术、制造舆论等方式间接向法庭施压,审执部分律师为了转移败诉风险,获取更

---

① 陈光中:《如何理顺刑事司法中的法检公关系》,载《环球法律评论》2014年第1期。

② 陈瑞华:《法律职业共同体形成了吗——以辩护律师调查权问题为切入的分析》,载《中国司法》2008年第3期。

③ [美]理查德·A.波斯纳:《法理学问题》,苏力译,中国政法大学出版社2002年版,第23页。

多知名度,故意制造与法院的矛盾,企图转移矛盾,赢得知名度。

2.不同的职业评价标准导致行为偏差

对于法律职业来讲,无论是法官还是律师,想要获得尊重,非常重要的评价标准是职业能力、职业道德、职业水准。当前法官与律师相互不信任、相互不尊重、相互不认可,其根源在于没有建立起法律职业群体共同的职业评价体系。评价一名律师,不是说他职业能力有多强、职业道德水平有多高,而是看他的知名度、执业收入案源数量甚至律所规模。而对法官的评价标准也不是其专业素养、职业道德,而更关注其级别。法律人士获得根本尊重的前提,应当是建立统一的职业评价标准,完善职业道德准则,这样才能真正地从职业的角度对待彼此。

3.沟通保护机制的缺乏导致关系割裂

律师和法官之间缺乏沟通,既是问题,也是症结。多年来,我国在调整律师和法官的关系中,更注重规制金钱交易、受贿、不正当的赠与等阻碍司法权公正行使的情形,并对此采取政治意义上的惩罚措施,但有时不免矫枉过正,只一味地设置屏障,企图通过"防火墙"来杜绝两者的不正当接触,在限制交往的同时,忽略了建立相互交流协作的桥梁纽带,而关于如何开展两者良性互动的规定寥寥无几。我国并没有西方国家的律师、法官职业交流制度,法学专业学生在毕业后可以自主选择法官或律师作为职业目标,很多成为法官的法律人士从未涉及过律师的业务,无法理解律师的思维模式,而很多成为律师的法律人从来没有在法院工作的经历,也难以理解法官的思维模式。长此以往,导致法官和律师的对话越来越少,隔阂越来越深,法官基于维持正义的理想主义情怀而鄙视律师的商业牟利行为,律师因看不惯法官的不独立和官僚而不屑于加入法官队伍,两者互相不理解的主观意识随着沟通渠道的不畅通而日积月累。由于二者缺少职业上的交集点,没有在职业、业务、思维等各方面上形成共识的两种相互隔离的群体,一直没在职业认知和职业认同方面形成交集。

四、司法改革过程中律法关系的新走向

2015年,中央深改组审议通过《关于完善人民法院司法责任制的若干意见》,在法院系统开启了新一轮司法改革,提出了很多重要命题。首先,围绕司法"去行政化"方面,提出"让审理者裁判、让裁判者负责"的司法改革理念,试图弱化可能造成行政化的因素,包括推动法官员额制改革,提升法官待遇,建立与行政职级完全脱钩的法官单独职务序列,以期实现法官的专业化、职业化、精英化改革;推动司法责任制改革,由法官对办理的案件实行终身负责制;组建审判团队,更全面地放权于法官或合议庭,取消院庭长对案件的审批权;组建专业法官会议,取代审委会部分功能。其次,围绕"审判中心主义"方面,提出以审判为中

心的诉讼制度改革,推动司法审判从理念到制度的全面革新。包括实行以司法审查标准为中心,以庭审标准检验侦查、公诉指控等诉讼活动,确保侦查、审查起诉的案件事实证据经得起法律检验;革新司法审判理念,全面树立罪刑法定、程序正义、人权保障、无罪推定、疑罪从无、证据裁判等现代刑事司法理念;推动庭审实质化,完善证人、鉴定人出庭制度,保证庭审在查明事实、认定证据、保护诉权、公正裁判中发挥决定性作用;探索健全非法证据排除制度,进一步完善非法证据的明确、统一标准和排除非法证据的程序细则等。

可以看到,此次司法改革的部分重要命题已经切中律法关系割裂的要害。2015 年司法改革以来,我国极端的辩审冲突已经大幅度缓和,但改革未能最终实现律法关系的聚合,从而推动法律职业共同体形成,因为至少还存在以下几方面问题:

一是司法"去行政化"结果不尽如人意。一方面,员额制实施未能造就理想的精英化队伍,员额制下法官待遇的改变不足以对法官形成长效、充分的激励。其一,虽然入额法官的工资待遇较入额前有了较大幅度增长,但实际增长数额有限,特别是与律师职业的平均收益相比,尚存很大差距。其二,法官业务职级与行政序列完全脱钩后,导致所对应的行政级别难以具体落实,在工资、绩效、车补等待遇上无法有力保障。其三,员额制改革后,全国减少约 9 万法官,入额法官的工作量大幅度增加,不少法院一线法官年均办案达 300 多件,加之司法审判面临的社会环境日益复杂,对法官办案的质效要求越来越高,法官在履职过程中不仅感受不到舒适度、幸福感,也很难获得成就感。[①] 另一方面,司法去行政化改革并不彻底,法院当前仍然是科层制的内设机构模式。要如何实行去结构化的"扁平化"管理,是否需要进一步取消审判庭以及副院长、庭长、副庭长的设置,以实现机构的科学设置、高效运转? 其一,科层制机构设置是行政部门的机构运行模式,其本身具有很强的效率优势和组织优势,不仅有利于行政事务、人事事务的优化展开,也有利于法院统一裁判意见的行政、各部门运转的高效便捷,扁平化管理意味着松散、低效率,虽然有利于法官独立审判,但同时弊端非常明显。其二,扁平化改革一旦实现,必然导致大量部门缩减、裁撤或者合并,如何进行职务退出和人员分流将是去行政化路径上最大的"拦路虎"。其三,从监督管理层面看,审判权力下放给法官或合议庭后,对案件的监管失去了恰当、有效的方式和途径。特别是法院管理层对法官行权失控的现象、对审判质量下降的担忧,再度催生出对法官行权过程进行监督管理的强调,这也有可能导致某些旧有监管体制在某些方面复归。

---

① 顾培东:《法官个体本位抑或法院整体本位——我国法院建构与运行的基本模式选择》,载《法学研究》2019 年第 1 期。

二是对律师权利的重视仍然不够。《中共中央关于全面推进依法治国若干重大问题的决定》提出,要强化诉讼过程中当事人的辩护辩论权的制度保障,2018年新修订的刑事诉讼法进一步修改完善了律师会见阅卷程序。修订后的刑事诉讼法强化了律师在侦查阶段的会见权和阅卷权利,明确了律师会见犯罪嫌疑人、被告人,不被监听,但对于律师群体关注的律师豁免权、调查取证权、庭审程序权利仍有待加强。

五、路径选择:律法良性互动关系的重塑

律师与法官同为法律实践者,同以法律为语言,以法庭为舞台,以维护公平正义为信念,以促进法治文明和社会进步为使命。相同的信念和使命要求律师与法官在实践中互相尊重、互相支持、互相监督,着力构建起律师与法官之间良性互动关系。

(一)强化权责统一法官责任制

在新一轮司法改革中,司法责任制被置于一个基础性的地位,被称为改革的"牛鼻子"。构建和完善司法责任制,是司法公正的重要保障,是权责统一原则的必然要求,也是中西方司法文明共同的经验汇集。司法要获得人民大众的信赖,首先就应当让人民大众了解司法裁判形成的过程、结果和责任。因此,建立权责统一的司法权力运行机制显得尤为必要。一方面,要还权于主审法官、合议庭,突出法官的办案主体地位,实现审理者裁判。建立健全科学的法官办案机制,准确界定各类审判主体的职责范围,进一步明确法官是依法行使审判权的审判人员,法官助理是协助法官从事审判业务的辅助人员,书记员是审判工作的事务性辅助人员,突出主审法官在审判团队中的核心作用和主导地位。真正落实新型裁判文书签发机制,取消案件审批或变相审批,排除一切对法官行使审判权的不当干扰,院长、庭长除参加审判委员会、专业法官会议外,不得对其没有参加审理的案件发表倾向性意见,着力构建以审判权为主体,结构平衡、边界清晰的权力结构体系。另一方面,没有责任约束的权力必然导致权力的滥用。审判权的运行方式虽然具有一定的特殊性,但其仍然要受审判责任的约束与制约。在深化司法责任制改革的过程中,应进一步完善司法责任追究和惩戒机制建设,落实办案质量终身负责制和错案责任倒查问责制,坚持严肃问责与保障履职相结合,统一规范错案的认定标准、纠错主体和启动程序,明确规定对故意违反法律法规或因重大过失造成错案或其他严重后果的,依法予以追责,倒逼法官严格公正办案,推动司法责任制真正落到实处。

(二)树立程序与实体并重理念

程序公正最初起源于古罗马时代的"自然正义",但近代和现代意义上的程序公正观念产生于英国法,在美国法中得到丰富和发展,并作为一项司法原则被美国联邦宪法所确立。部分法官在裁判过程中偏重于"实体公正",秉持"程序工具"论,认为程序作用和程序价值无足轻重,把程序作为实现实体公正的辅助手段,认为程序法仅仅是实体法的实现工具,这种"重实体,轻程序"观念产生的弊端之一,即裁判者忽视律师在庭审过程中的权利保障,剥夺律师依法行使诉讼权利,也是辩审冲突频发的重要诱因。要改善律师与法官之间的关系和减少辩审冲突,必须程序与实体并重,充分发挥程序独有的价值和作用,坚持实体公正与程序公正并重,既是诉讼规律的客观要求,也符合我国当前国情。因此,在司法实践中,必须摒弃"重实体,轻程序"的落后观念,确立审判权中立的司法理念,改变制约审判权中立的各种制度,唤起人们对法官职业的尊重,极力追求"实体公正与程序公正"同时实现的理想状态,极力杜绝同时引发两者不公的情形发生,[①]若两者发生冲突只能选择其一时,并不能简单地以程序优先或者实体优先来取舍,相关主体应基于诉讼利益最大化的考量科学地作出权衡。

(三)重塑诉讼结构

诉讼结构的失衡,归根结底是因为审判的不中立和不公正。不平衡的诉讼结构使得律师无法在庭审中获得与公诉人相同、平等的法律地位,而处于一种"低位"的对抗地位,法官的"高位"和律师的"低位"通常成为庭审冲突的导火线——部分法官审判专横和律师对程序公正的诉求的矛盾激化。尤其实践中的刑事诉讼案件,"侦查中心主义"致使公安机关在公检法中处于绝对优势地位,法院则沦为整个诉讼过程的配角,司法至上的原则成为虚无。检察机关负有对公安机关和法院实行法律监督的职能,这一职能是对法院和公安机关权力的一种制约,但也带来了一个问题,即检察院对法院的制约力远大于法院对检察院的制约力,导致法院在诉讼过程中处于相对弱势地位,在刑事审判中不自觉偏向公诉方。要矫正已失衡的诉讼结构,解决审判不中立、不公正的问题,必须确立法院的权威地位,将法院从只重配合不重制约的错误中拉出来,确立法院裁判的终局意义。

一是应当确立法院在公检法三者之间的主导地位并不断强化,以改变之前以侦查为中心的模式,大力推动以审判为中心的诉讼制度的改革。二是合理限制检察院的个案监督权,监督权必须以法律规定的检察建议或抗诉的方式,针对

---

① 陈学权:《论刑事诉讼中实体公正与程序公正的并重》,载《法学评论》2013 年第 4 期。

已生效案件,不得对在审案件进行个案监督,不能以列席审委会等方式干预法院个案。三是明确公检法之间的职责,做到职责明确,三者之间不越权、不推诿,相互配合,做好各个阶段之间的衔接,严格保障审判的独立性和中立性,构建起相互制衡的诉讼结构。

(四)培育共同法律信仰

1.培育法治信仰,建构律法良性互动关系的精神基石

对于法治的崇敬与信仰是法律职业从业者应具备的法治理想和价值期待,法律职业不应仅为一己之私利而离群索居,而应为了回应人类内心的一种原始的渴望而产生和存续。这种最原始的冲动就是对社会秩序的追求与公平正义的捍卫。[1] 在当今中国司法的语境中,法治信仰的本质是一种法治意识,这种意识内含着社会成员的主体意识,法官和律师作为社会成员,不仅是法治的服从者,也是法治的参与者与受益者。[2] 法官和律师作为法律职业共同体成员,应树立共同的法律信仰。首先,法官与律师必须树立法律至上、维护法治统一尊严权威的观念;其次,树立以公平正义为共同目标的法治理想;最后,通过共同的意识、价值观形成职业共同体内部精神纽带,建构律法良性互动的精神前提与基石。

2.重塑法律职业伦理,强化职业认同

每一个行业都有自己的道德,一个职业的特征之一在于它有一套伦理规范。作为以法律为业的法官和律师当然也不例外。在职业要求上,法官手中的审判权体现了国家法律的尊严。因此,法官应品行优良,工作作风廉洁奉公,庭审过程中力求谨言慎行。律师作为法律服务的提供者,在遵守法律的前提下,需以当事人的利益为重,法官对律师的职业立场应予以理解。在收入方面,我国法官收入标准与公务员差不多,但与律师收入相比,相去甚远。此时,法官应树立正确的价值观,牢记择业之初的誓言,树立职业荣誉感。职业的高度关联性决定了尊重对方的职业立场和关切、维护对方的权益,就是维护自身的作用和权威,二者是一损俱损,一荣俱荣的正向关系。而律师在职业中也应树立正确的金钱观,恪守职业道德底线。法官和律师在长期的差异化观念熏陶下,必须建立高度的专业认同、职业认同和情感认同。律师应当努力提高自身专业水平,摒弃拉关系、走后门的世俗甚至贿赂之举。与此同时,法官也应当尊重律师人格尊严和相关

---

① [美]德博拉·L.罗德:《为了司法、正义:法律职业改革》,张群,等译,中国政法大学出版社 2009 年版,第 150 页。

② 高一飞、宋随军:《结构与内涵:论当代中国法治信仰的培育路径》,载《湖南大学学报(社会科学版)》2023 年第 2 期。

权利,从而形成两者之间相互尊重、相互认同而又保持必要距离的良性职业关系。

3.加强职业互动交流,增进职业互信

法官与律师之间的冲突和隔阂,多是由于职业间缺乏沟通与交流引起的。要想使两者之间建立起良性互动的关系,首先,应畅通双方的沟通交流渠道,主动搭建有利于双方交流互动的平台。一方面,应建立完善法官与律师之间的对话协作机制,并进行相关的制度安排,且可以效仿香港法律年度开启典礼制度举行法律人的宣言活动,①增加法官、律师对共同体的归属感和荣誉感。另一方面,可以借鉴"美国律师协会"或者"法院之家"的做法,健全完善律师协会、法官协会的功能,努力搭建法官和律师之间相互交流协作的桥梁纽带。其次,可在两者间建立合理的职业轮换制度。两者之间的职业轮换制度,不同于我国法院内部的岗位轮换制,更不是指法官向律师行业的流失,而应是不同职业者间的正常交流制度。

4.尊重司法过程,优化绩效考核指标

目前,我国法院系统自上而下的日趋精细化、数字化的审判绩效考评机制,在不同程度上给被考核的法官造成了一定压力,使得部分法官本末倒置,忽略了本应关注的审执工作本身,投入更多精力到应付考评指标上。这种对考评指标的过分依赖和偏好,会产生波斯纳所言的"法官操纵统计数据的危险"。切忌对考评指标进行盲从和滥用,而应尊重司法,正确看待考评。同时,应结合实际,不断优化绩效考评机制,剔除行政化和事务化色彩,坚持将审判职能的履行作为考评主要依据,设定符合法院属性和法官工作特点的绩效考核原则和方法。在确保审判绩效考核机制科学合理的前提下,将考评结果运用到人事管理及审判资源配置之中,作为法官评先评优、晋级晋职、培训奖励等的重要依据,形成以业绩论英雄的浓厚氛围。充分发挥考评机制其评价、引导、奖惩的功能作用,推动法院工作进入良性循环。

5.健全完善威慑惩戒机制,提升司法公信力

对于律师故意煽动当事人哄闹法庭,辱骂对方当事人、侮辱诽谤法官、网上发表不当言论等干扰案件审理的行为,很多国家都规定了严厉的惩戒机制。而我国目前没有规定藐视法庭罪,对上述行为最多只能以妨害法庭秩序予以罚款、拘留。实践中,法官往往仅以训诫或责令退出法庭了事,缺乏威慑力。建议应加大对妨害诉讼秩序行为的惩罚力度,加大律师妨害诉讼秩序的成本。同时,建议法院和司法行政部门建立"法官与律师非正常关系公告栏",对执业过程中律师

① 胡建:《法治是香港的核心竞争力——香港2011法律年度典礼大幕开启》,载《法制日报》2011年1月19日第5版。

向法官行贿、法官单独会见所承办案件代理律师,以及法官向当事人推荐、介绍律师等行为进行公示,达到一定情节的应列入"非正常关系黑名单",对其执业过程从严监督,情节严重的吊销律师执照或开除出法官队伍,构成犯罪的坚决追究刑事责任。通过严厉的惩戒制度,加大律师与法官建立非正常关系的成本和代价,形成"不敢为"的威慑机制。